Knaur.

www.annewest.de

Weitere Bücher von Anne West im Knaur Taschenbuch Verlag:
Der Venus-Effekt
Erste Hilfe für Verliebte
Gute Mädchen tun's im Bett – böse überall
Sag Luder zu mir
Schmutzige Geschichten
Warum Männer so schnell kommen
 und Frauen nur so tun als ob

Über die Autorin:
Anne West (33) lebt als freie Autorin in Hamburg. Nach ihrem Debüt als jüngste Redakteurin bei *Penthouse* arbeitete die »Freizeit-Sexual-Anthropologin« als freie Journalistin, unter anderem für *Cosmopolitan* und *Bild am Sonntag*.

Anne West

Handbuch für Sexgöttinnen

696 Tipps für den besten Sex Ihres Lebens

Knaur Taschenbuch Verlag

Besuchen Sie uns im Internet:
www.knaur.de

Originalausgabe März 2007
Copyright © 2007 bei Knaur Taschenbuch.
Ein Unternehmen der Droemerschen Verlagsanstalt
Th. Knaur Nachf. GmbH & Co. KG, München
Alle Rechte vorbehalten. Das Werk darf – auch teilweise –
nur mit Genehmigung des Verlages wiedergegeben werden.
Umschlaggestaltung: ZERO Werbeagentur, München
Umschlagabbildung: FinePic, München
Satz: Adobe InDesign im Verlag
Druck und Bindung: Nørhaven Paperback, A/S
Printed in Denmark
ISBN 978-3-426-77953-8

Inhalt

Das unvermeidliche Vorwort und die amoralische Klitoris 11

1 Was ist guter Sex? Und wer hat ihn? (Nr. 1 – 3) 17
Wie liebt Deutschland? 17
Wer, mit wem, und was überhaupt? 19
Wo hätten wir es denn gern? 20
Komm doch – über den Big O und befriedigende Liebhaber 20
(K)Eine Frage der Moral! 22
Kommunikation & Phantasien: Der Status quo 24
88 Prozent aller Frauen reden nicht gern über Sex 25
»Hasi, lass uns mal über die Missionarsstellung reden ... « 26
Sind wir denn alles Prinzessinnen? 26
24 Prozent der Männer träumen von einem Dreier,
  aber nur 7 Prozent der Frauen würden sich darauf einlassen 27
Liebling, was willst du eigentlich? 28
Wunsch und Wirklichkeit 29
Vertrauen in Vertrautheit 31
Was Frauen wollen: Mehr Sex. Aber guten Sex. 32
Ihre eigene Liebesformel 32
Unbewusste Umgehungstaktiken 35
Normal ist kein Makel 36
Technik oder Hingabe? 36

2 Unwiderstehlich! Aber bitte nicht für jeden (Nr. 4 – 75) 37
Sieben Sünden für skandalös guten Sex 49
Phantasien sind das ausgleichende Geschenk für die Realität .. 60
Schöner schmecken 64
Komm in meine Höhle 67
Ich will, dass du mich willst 72
Verbalakrobat, Vollblutliebhaber mit Faible für Action oder doch
der sinnliche Verführer: Welcher Liebestyp ist Ihr Geliebter? 74

Sextoys aus dem Kleiderschrank 77
Knallen Dessous Männer wirklich an? 78
Und was lässt sich sonst noch aus dem Haushalt verwenden? . . 83
Sex nach Rezept: Kulinarische Vorspiele 86

3 Lauter erste Male –
Premieren sind die besten (Nr. 76 – 152) 90
Erstkontakt 90
Erste Dates 90
Der erste Abend davor 91
Tun wir's oder tun wir's nicht? 91
Ein Blick in sein Bad verrät alles, was Sie über seine
erotischen Geheimnisse wissen müssen. Na, ja, fast alles 92
Der heikle Moment, wenn die Hüllen fallen 95
Das Debüt, das alles und nichts entscheidet 97
Der Morgen danach 98
Die ersten Nächte 98
Verzaubern Sie den Mental-Ekstatiker
mit Dirty talk & Phantasien 99
Fordern Sie das Tier heraus – mit Action und Abwechslung 102
Wecken Sie die Sinne des emotionalen Romantikers 105
Ausweitung der Liebeszonen & weitere erste Male 111
Quickies oder Die Kunst von geplantem Spontan-Sex 115
Fotos. Davor? Danach? Dabei! 125
Lass uns unsere ersten Male feiern …
Ideen, um Feiertage zu zelebrieren 130
A Sextoy-Odyssey:
Liebling, magst du meine Spielesammlung sehen? 135

4 Alles Liebe! (Nr. 153 – 248) 141
Soooo romantisch! Allerlei Kleinigkeiten 142
Keine Angst vor Nähe 144
Carpe diem, carpe noctem 146
Romantische Orte für ein Rendezvous und mehr 147
Mach's mir – aber sanft 151

Von Kopf bis Fuß auf Sinnlichkeit eingestellt 153
Hunger! Wenn Liebe über den Mund geht 154
Dufte Spielchen 157
Sieh mal einer an 159
Hör doch mal 161
Lass mich dich berühren 163
Ölfaktorische Spiele 169
Gute Ausrede, um dieses Buch zu lesen 171

5 Das virtuose Kunsthandwerk (Nr. 249 – 469) 172
Ein Hauch von Inszenierung 173
Vorspiele 179
Magische Hände 180
Sie lieben seine Finger –
  so bringen Sie sie in bessere Startpositionen 184
Verdammt gute Fellatio (oder auch: Rattenscharfe Blowjobs) 191
Read my Lips, Honey! 196
Hauptgänge 200
Höhepunkte 206
Nachspiele 213
Akrobatisch oder zärtlich? Stellungen für Mehrwoller 217
Überall, nur nicht im Bett. Stellungen, Spiele, Sensationen:
  So rockt die Hütte! 224
Küchentische & Co 224
Schatz, wo möchtest du gerne noch kommen? 225
Open-air-Stellungen: Positionswechsel gefragt? 231
Feucht, nass und glitschig: Liebesspiele in der Wanne 236
Und wo sonst noch, wo's feucht ist? 238
Auf und in freiem Gewässer 239
Spielzeuge, Spiegel und Schaukeln:
  Für Experimentierfreudige 241

6 Nur für mich – Soloverführungen für Selbermacher
  (Nr. 470 – 521) 246
Selfservice? Ja, unbedingt! 246

Lust an und für sich 250
Sextoys, die keine sind: Sextoy-Sexpertisen 260

7 Lack, Leder, Latex:
Und was soll ich damit? (Nr. 522 – 637) 263
Accessoires für gelegentliche Kinkspiele 264
Griechisch für Anfänger 272
Demi-Analsex – nur mit den Fingern 273
Full Play 273
Soft Play 274
Fetische sind kein S/M,
   sondern alles von sexy bis merkwürdig 276
Rollenspiele für Erwachsene 282
Vorspiele 282
Dirty & Dominant – Sie sagen, wo's langgeht 284
Subtil & Submissiv 286
Risikospiele 287
Gesellschaftsspiele FSK 18 292
Schatz, es sieht uns jemand zu – na, Gott sei Dank! 293
Darf's ein bisschen mehr sein? Zum Beispiel zu dritt? 296
Regeln für Triolen 298
Spiele für mehr als zwei Mitspieler 299
Die Szene und ihre Regeln:
   Swingerclubs, Darkrooms, wilde Orgien 301
Was passiert in Swingerclubs? 301
Darkrooms: Gefährlich oder sexy? 304
Cybersex – Liebesspiele ganz virtuell 305

8 Reden über die wortlose Angelegenheit (Nr. 638 – 678) 307
Verruchtes Vokabular 307
Sagen Sie doch, was Sie wollen 308
Die spielerische Art,
   ins zweideutige Gespräch zu kommen 311
Anschluss unter diversen Nummern: Telefonsex 316

9 Andere Länder, anderer Sex?
   Exotik für den Hausgebrauch (Nr. 679 – 694) 320
   Asia-Sex: Die Entdeckung der Langsamkeit 320
   Endlose Vorspiele: Tantra 322
   Tantra & Sex 323
   Die Liebesstätte und das Vorspielritual:
   Feng Shui & Tantra-Sex 324
   Feng Shui & Sex 324
   Die geheime Sexualenergie: Tao 326
   Tao & Sex 326

10 Wenn er nicht mehr kann und sie fremdgeht –
   und andere heikle Konstellationen (Nr. 695, 696) 351
   Mit 66 Jahren hört der Sex nicht auf 351
   Die Herren der Erschöpfung 354
   Frauen gehen fremd. Männer auch 358
   Sex während und nach der Schwangerschaft 359
   Die Lügen der Männer – seine sieben lässlichen Sünden 361
   Schlechter Sex – schlechte Beziehung?
   Ein paar unerfreuliche Thesen 367
   Wann Sie aufhören müssen, die Sexgöttin für ihn zu sein 375

Nachwort 378

Anhang 383
Kinky Glossar: Lexikon der Leidenschaft –
   Was ist Tossing oder was sind K-Spots? 383
Kontaktanzeigen richtig lesen 384
Adressen schöner Sexshops analog und im Web 385
Sachbücher, Bildbände, Special-Interest-Zeitschriften 388
Aus der erotischen Spielekiste 390

Das unvermeidliche Vorwort und die amoralische Klitoris

Ich wünschte, auf dieser Welt gäbe es ein anständiges Männermagazin, das seinen Lesern eine Klitoris-Kolumne anböte. Wo finde ich dieses Organ, was tue ich mit ihr, wenn ich sie gefunden habe, und welche Variationen gibt es, um das schüchterne Teilchen zu bezaubern. Junge Männer würden so rechtzeitig mitbekommen, dass Sex mehr als das gute Reinrausspielchen mit einer 30-Zentimeter-Latte, selbstverständlich marmorhart, ist, und Frauen könnten sich an kundigen Fingern erfreuen, begeisterten Zungen, klitoriskomfortablen Stellungen, und damit an Orgasmen, bei denen auch mal mehr als nur eine Person (nämlich sie selbst und ihre Hand) anwesend sind.

Und ich finde, eine Klitoris-Kolumne wäre dabei ganz hilfreich. Anstatt dass die Damen in der Heftmitte auf einem vom Chef vom Dienst mit heißer Nadel selbstgestrickten »Fragebogen« angeben, was ihre Hobbys sind (meist »Motorboot fahren« oder »dich bekochen«), was ihr Ziel ist (»Weltfrieden« und »das Leben zu einem Erfolg machen«) und welche Sorte Männer sie betören (einer, »der weiß, wo's langgeht«, oder »mich zähmt«), könnten sie doch auch angeben: Wie meine Klitoris berührt werden möchte. Kleine Kreise, feste Küsse, sanfte Zungenstreichler vielleicht? Liebe Mädchenschreiber, wie die Bildunterschriftentexter von Herrenzeitschriften-Heftmittefrauenbildern genannt werden, Ihre Mission ist klar!

Wir wollen eine Kolumne, mehr Informationen über das Teil der holden Weiblichkeit, über die ein eifersüchtiger Schriftsteller namens Jacques Duval im Jahre 1612 geiferte: »Auf französisch wird sie Versuchung, Dorn der Wollust oder Männerspott genannt.«

Och, ja, Männerspott, aber was soll's: Die wunderbare Klitoris hat keinen einzigen praktischen Nutzen und ist damit einzigartig in der Konstruktion eines Menschen. Sie macht nur Spaß. Rein technisch gesehen ist sie also zwar überflüssig, doch es ist ein Unding, dass amerikanische Eltern ihren Mädchenbabys aus sogenannten ästhetisch-kosmetischen Gründen nach der Geburt eine »zu große« Klitoris kappen (»Sonst findest du keinen Mann, und alle werden in der Umkleidekabine mit Fingern auf dich zeigen!«; selbst Herr Kellogg hat das noch propagiert. Ich boykottiere diese Frühstücksflocken!), und eine noch größere Schande, dass es nicht längst mehr Aufklärungsprogramme in Afrika gibt, um den Mädchen die Beschneidung zu ersparen, die ihnen Schmerzen ein Leben lang beschert.

Aber wer weiß, vielleicht hat die Orgasmusfähigkeit per Klitoris-Streichler ja doch einen Sinn: Uns die Fortpflanzung schmackhaft zu machen, vor allem das Herumtragen eines Knutschkugelbauchs neun Monate lang, gefolgt von dem arg schmerzhaften Gebären eines Schreihalses, der das ganze Leben restlos für sich in Anspruch nimmt und verändert. Oder um überhaupt mit Männern zu schlafen. Wenn nur die Jungs was davon hätten, wäre die Erde wahrscheinlich mit Schnecken bevölkert, die sich selbst befruchten.

Dabei ist die Klitoris nicht einfach. Mal will sie ständig, dann wieder kann man machen, was man will, und sie fühlt sich nur an wie ein tauber Finger, der zu lange mit einem Gummiband abgebunden wurde. Vielleicht erinnert sie uns mit ihrem zickigen Gehabe daran, dass Sex genießen und Sex haben zwei verschiedene Dinge sind. Sind wir müde, betrunken oder nicht wirklich interessiert an dem Mann, sind wir unter Stress oder in Gedanken ganz woanders, sind wir moralisch verunsichert, ob das mit dem One-Night-Stand wirklich so eine prima Idee war, oder emotional noch nicht aus einem Streit heraus – dann streikt das Wunderorgan. Als ob sie sagen möchte: Du willst vielleicht Sex, aber du hast nicht die besten Voraussetzungen geschaffen. Such dir einen anderen, entspann dich, klär deine Sorgen, arbeite weniger, sauf nicht soviel, tritt fremden Moralansprüchen in den fetten Spießerhintern, und dann sprechen wir uns wieder. Es kann aber auch daran liegen, dass wir meinen, uns ständig »gut benehmen« zu müssen. Benimm dich, Schatz, sitz gerade und stöhn nicht so laut im Bett. Ich glaube, die Klitoris findet gutes Benehmen, höfliche Zurückhaltung und das ganze verspannte Was-sollen-die-anderen-Leute-bloß-denken-Getue ziemlich fad. Niveauvolle Gesichter gibt es nun mal nicht beim Höhepunkt, da verrutscht schon mal Tagesdecke und Frisur.

Guter Sex ist für beide Geschlechter unantastbares Grundrecht. Ein Grundbedürfnis, allen Zivilisationsprozessen zum Trotz: Wir sind nicht alles nur Denker, sondern auch Liebende, Geliebte, Vögelnde, Kreuz-und-quer-Fickende, ohne dran zu denken, was morgen ist, und manchmal kommt es nur darauf an: Wie lege ich ihn oder sie so gründlich flach, dass wir beide anschließend mit diesem Glitzern in den Augen auseinandergehen, das nur Wissende haben? Ganz gleich, ob wir aus Liebe, Lust oder schlicht deshalb, weil die Gelegenheit so gut war, aufeinandertreffen: Gut soll es sein.

Die Klitoris will uns diesen guten Sex ermöglichen. Wer weiß, vielleicht will das kleine großartige Ding sogar, dass Frauen ihre Lust eigenverantwortlich angehen und sich richtig egoistisch danebenbenehmen. Herausfinden, was Mademoiselle Clit anmacht, um Höhepunkte zu bescheren. Und das nicht allein durch die Berührung, sondern durch die Stimmung, die Emotion, den Mann zu diesem Spiel.

Das Schöne an der Klitoris ist nämlich: Sie ist frei von jeder Moral. Sie interessiert sich nicht für Gesetze, Regeln, Knigge oder den Psychotherapeuten. Im Gegensatz zu »unmoralischem« Verhalten, das ein Bewusstsein von der Moral voraussetzt, bedeutet »amoralisch« das Nichtwissen um eine Moral. Die Klitoris ist amoralisch. Sie hat keine Ahnung, was sich gehört. Sie ist nur für die Lust da und sonst nichts. Sie lässt sich durch zivilisiertes Regelwerk nicht im mindesten steuern.

Jede Frau besitzt dieses amoralische Lustzentrum. Was kann es Göttlicheres geben? Diese herrliche Unzuchtsperle vereinigt in ihrer Spitze all das, was einem im Leben manchmal verwehrt ist: Unabhängigkeit, Freiheit und das Bekenntnis zur Lust. Hören wir auf, das zu ignorieren und uns bemüht sittsam zu geben.

*

In diesem Buch finden Sie 696 mögliche Wege, um der amoralischen Lust Ihrer Klitoris (oder der Ihrer Freundin) näherzukommen. Sie brauchen nicht alle diese Wege zu gehen, aber Sie werden erkennen, welche davon für Sie die richtigen sind. Und sei es, dass nur ein einziger für Sie ganz persönlich passt. Vielleicht ist es ja Nummer 24 oder Nummer 473, meine persönlichen Lieblinge. Denn für jeden ist (guter) Sex anders. Die einen suchen nach intensiveren Orgasmen, andere nach Möglichkeiten, die Lust in ihrem Kopf zu entfesseln und gen Gürtellinie auszuweiten, die nächsten möchten ihren Liebsten umgarnen, die übernächsten nur ihre Phantasie auf die Reise schicken, ohne in hektischen Aktionismus auszubrechen. Doch ganz gleich, was Sie hier suchen und hoffentlich finden: Lassen Sie sich nicht von der Menge konfus machen. *Sex ist Privatsache, und was Sie tun oder lassen, ist immer Ihre Angelegenheit.* Auch wenn wir in einer Welt leben, wo Sex längst als öffentlich-rechtliches Thema wahrgenommen wird.

Propagiert wird das besonders in allerlei Zeitschriften, »die so tun, als sei Cellulite eine tödliche Krankheit und guter Sex allein eine Frage der Technik, die ständig neu und anders sein muss«, wie meine Freundin Natalie es ausdrückte, oder in Wie-geht-das-Werken, die mechanisierte Handgriffe vorstellen, um neuen Wind unters Laken zu pusten. Da wird man ja schon beim Lesen überfordert.

Sicher gibt es auch in diesem Buch Tipps, die sich gut als »Techniken« verkaufen würden, wenn ich nicht so gegen das Wort »Technik« wäre. Das klingt nach Automatismus und so beliebig wie die Posen, die weibliche Models in der Klamottenwerbung einnehmen. Und doch ist auch auf den folgenden Seiten manches eine »Technik«. Eine Fertigkeit, eine Methode, eine Kunst. Ja. Einigen wir uns auf Kunsthandwerk? Okay. Also ein Buch über sexuell orientiertes Kunsthandwerk, von dem Sie sich inspirieren lassen können, immer in dem Wissen, dass jede Berührung auf jeden Menschen anders wirkt.

Es lässt sich der beste Sex der Welt in der gänzlich unraffinierten Missionarsstellung haben, wo sich nur zwei schweißnasse Körper mit geschlossenen Augen aneinander reiben – ohne angelesene Finesse oder Stellungswechsel alle zwei Minuten, ohne glutheiße Worte oder sonstige Verpackungsschleifchen, die einem ständig unter die Nase gehalten werden, um den an sich schon guten Sex angeblich noch besser zu machen. Manchmal kann man den besten Sex des Lebens haben mit jemandem, den man nicht mal mag! Manchmal hat man ihn mit dem Mann, den man liebt, und das auch noch in Löffelchenposition. Manchmal ist der beste Sex nur der zwischen den Ohren.

All das ist *auch* guter Sex; man braucht dafür nicht immer ein Gegenüber – das ist allein der Liebe vorbehalten.

Wenn Sex aber zur Routine geworden ist, das ist etwas anderes, da lässt sich was draus machen. Und darum *haben Sie jetzt dieses Buch* in der Hand: Um routinierten Sex für Sie variantenreicher zu gestalten, damit Sie öfter guten Sex haben, und zwar so, dass die Wände wackeln und Sie nie mehr im Leben schlechten Sex ertragen wollen.

Was also finden Sie in diesem Buch? Hinweise, die über Handgreiflichkeiten hinausgehen. Wie filme ich uns, ohne dass wir aussehen wie unter der Zahnarztbeleuchtung? Wie wird Sex vor dem Spiegel nicht peinlich? Was passiert in Swingerclubs, was macht einen Strip sexy? Wo beginnt Sex – beim Kuss, beim Flirt, beim Wort oder beim Reinstecken? Wie seh ich gut dabei aus? Muss ich das überhaupt? Wie finde ich heraus, was er mag, wenn er sich nicht traut, es mir zu sagen? Gibt es Traumfrauen, Traummänner, oder sind wir alle eigentlich ganz normale Menschen und ab und an ein Traum für jemand anderen? Stöhne ich beim Telefonsex, was haben Schuhe damit zu tun und wie kriege ich einen überdimensionierten Ladyrocker ohne Schmerzen unter?! Und, und, und ... und vielleicht ist ja der eine oder andere Gedanke dabei, der nur auf Sie gewartet hat. Hoffentlich entdecken Sie viel Neues und Wissenswertes – es stecken viele Erfahrungen in diesem Buch: aus dem Nähkästchen meiner Freundinnen, von Schauspielerinnen, Schriftstellern, Psychologen, Malern, Polizisten, Gastronomen, Lehrern oder Eventmanagerinnen; aus Berichten von Lesern, aus Gesprächen mit Wissenschaftlern und Medizinern, aus Literatur, Chats und »Manöverkritiken«. Denn jeder ist nur Experte in eigener Sache – am besten lernt man immer noch von- und miteinander.

1 Was ist guter Sex? Und wer hat ihn?

»Eine Frau, die erst ihre Kleider ablegen muss,
um zu beweisen, dass sie Sex hat, hat keinen.«
Mae West

»Oversexed and underfucked« – so könnte das vorläufige Endergebnis über deutsche Leidenschaften lauten. Frequenz, Lieblingsstellung, Anzahl der verflossenen Lover: Im Gegensatz zur öffentlichen Meinung, wonach jeder so viel und so speziellen Sex wie möglich sucht und findet, lieben wir uns verblüffend normal. Gerade mal 1 Prozent aller Befragten tut es täglich, und auf vier- bis sechsmal die Woche kommen nur 17 Prozent der Paare – was in etwa der Anzahl der frisch Verliebten entspricht. Singles könnten neidisch werden – sie liegen nur alle zwei bis vier Wochen nicht allein auf dem Laken und wünschen sich zu 59 Prozent dringend einen höhere Taktzahl ihrer Sexrate. Nur jeder elfte Vogelfreie erarbeitet sich dreimal die Woche Sex (die schamlosen Übertreiber mit eingerechnet, die bei jeder Umfrage gleich die vierfache Koitus-Frequenz angeben), aber jedes zweite Pärchen! Das jedenfalls ergaben zwei von *Cosmopolitan* in Auftrag gegebene Gewis-Studien aus den Jahren 2003 und 2005, über die Qualität indes sagen sie wenig aus.

Wie liebt Deutschland?

Eine Beziehung scheint also der Garantieschein für (relativ) regelmäßigen Sex zu sein. Allerdings neigen Befragte bei statistischen Erhebungen dazu, das anzugeben, was sie für »normal« halten – und nicht, was wahr ist. Bei der Anzahl der Beischlafe lässt sich also mogeln, aber wie sieht es aus mit dem guten, handfesten Sex, wo sich erotische Phantasien schamlos ausleben lassen? Wie steht es mit dem besten Sex, der einen überzeugt, alles zu kriegen, was man braucht, um niemand anderem mehr schwanzwedelnd auf den Hintern zu schielen?

Die Wünsche der Befragten verraten mehr darüber als ihre angeblich erlebte Realität: Die Lust ist ein fragiles Etwas. Wenn man die intimen Beichten vergleicht, springen einem ein paar Grundkonflikte ins Auge: Frauen lassen sich von ihren eigenen Stimmungen lotsen, Männer beklagen sich über Frauenmacken und ihre Stimmungen als Urheber ihres Lustknicks! Während Frauen zum Beispiel ihre Abschaltrituale pflegen, um Alltag aus- und Atmo anzuknipsen, ist genau das oft die Verzögerungstaktik, die bei Männern den Rolladen fallen lässt. Frauen mögen Vorbereitung (richtige Kleidung, Essen, Musik), Männer Spontaneität; Frauen wollen den Roman, Männer die Shortstory.

Mit der Zeit kommt offenbar auch die Routine: ein- bis dreimal Sex pro Woche, bevorzugt in der Missionarsstellung, gefolgt von der orgasmuszuverlässigen Reiterposition, ab und an mit einem Vibrator, das reicht den meisten langjährigen Paaren schon. Das Löffelchen, die 69 oder a tergo stehen weit, weit hinten auf der erotischen Präferenzliste – werden wir mit den Jahren etwa zu bequem?!

Immerhin: Solange sie in einer festen Beziehung leben, sind 77 Prozent aller Paare mit der Anzahl der geschlechtlichen Begegnungen zufrieden. Fragt man vorsichtig bei Frauen nach, so gibt jedoch knapp ein Drittel zu: Es dürfte auch mehr sein!

Von *weniger* Sex träumen gerade mal 6 Prozent der Damen. Damit können wir die Vorstellung von der sexuell grundsätzlich unbedarften Frau, die seine Bedürfnisse »erträgt«, in die Tonne treten. Die meisten wollen, und wie! Oft sogar mehr als die Herren, von denen einige ja nur deshalb zu heiraten scheinen, damit sie endlich ihre Ruhe in Sachen Sex haben – aber: Das wurde dann auch nichts. Frauen warten nicht mehr wie noch vor einem Jahrzehnt auf die Verführung, sie nehmen die Dinge (und ihn) selbst in die Hand. Zwar ist das Verhältnis, wer den ersten Schritt zum Liebesspiel macht, noch nicht ganz ausgeglichen, aber Evas Töchter scheinen zu begreifen, dass »Prinzessin Rühr-ihn-nicht-an« ihre Erbse vom Hintern pulen sollte, um überhaupt ein Liebesleben zu haben.

Wer, mit wem, und was überhaupt?

Vibrator, Sekt-Bauchnabel-Cocktail und reizende Unterwäsche hat das Gros der Liebenden bereits wenigstens einmal benutzt. So weit, so Blümchen. Überraschung: Lack-, Leder- oder Latexoutfits sind offenbar trendiger als ihr Ruf! In einem Drittel aller Beziehungen spielten sie bereits mehr als einmal tragende Rollen. Die oft empfohlenen Augenbinden, Eiswürfel, Kälberstricke und Handschellen dagegen bleiben in der Schublade – bei Singles erst recht. Klar, wer will beim One-Night-Stand auch noch die Augen verbinden, man sollte sehen, wer einem am nächsten Tag das üblich-verlegene »Ich ruf dich an« als Andenken hinterlässt. Und warum vermeiden Pärchen den Spielkram? Ist der Kontrollverlust, der mit diesen sinnberaubenden Utensilien daherkommt, abschreckend? Dabei sollte doch gerade die Partnerschaft der Ort sein, wo alles in vertrauter Geborgenheit ausprobiert werden könnte. Es gibt also nur zwei Erklärungen: Entweder zu wenig Vertrauen. Oder: Das Zeug ist so sexy wie Frischhaltefolie.

Zumindest kann jeder, der bisher keine Berührungen mit Bondage light hatte, aufatmen: Fesselerfahrungen gehören genausowenig zum Basisrepertoire erfahrener Liebhaber, wie eine Kuh verpflichtet ist, Eier zu legen. Apropos Erfahrung: Mit durchschnittlich sechs bis zehn Verflossenen blicken die meisten Frauen und Männer in etwa auf dieselbe Vergangenheit zurück – allerdings ist auch hier wieder Vorsicht angebracht, denn aus anderen Studien ist bekannt, dass die Männer bei der Anzahl ihrer Eroberungen prahlen, während die Damen den einen oder anderen Lover lieber verschweigen. Machen Sie sich also keine Gedanken über Ihre Vergangenheit, wenn Sie weit mehr oder weit weniger Exen bieten als der Durchschnitt. Wie viele auch immer Sie hatten, es war nötig, um Sie werden zu lassen, wer Sie sind. Und lügen Sie, wenn ein Mann Sie nach der Zahl der Ehemaligen fragt, binden Sie ihm die Zahl nie freiwillig aufs Nachtkästchen. Denn Männer wollen stets der erste Liebhaber einer Frau sein und eine Frau seine letzte Leidenschaft. Und wichtig ist es eh nicht.

Wo hätten wir es denn gern?

Es wird schwierig, die neue Liebe mit einem anderen Ort als dem Schlafzimmer zu überraschen: So haben es 67 Prozent der Deutschen bereits im Auto getan, 45 Prozent im Hausflur, 53 Prozent unter freiem Himmel und ein Drittel im Büro. Vom Aufzug schwärmen viele, doch nur 1 Prozent könnte uns verraten, wie es war, und der Club der »High Society«, die Flugzeugsessel entweiht haben, ist mit 2 Prozent sehr exklusiv. Im Schwimmbad oder einer öffentlichen Toilette haben es bereits mehr Männer als Frauen gemacht – aber die Herren verrieten nicht, mit wem. Idee für Männer: Das Kino ist mit durchschnittlich 8 Prozent Belegung durch Frauen unterrepräsentiert. Tipp: Wenn die Lady den Film bereits gesehen hat, lässt sie sich eher dafür begeistern, als wenn sie ausgerechnet George Clooney den Rücken zukehren muss.

Komm doch – über den Big O und befriedigende Liebhaber

Nanu? Nur jeder fünfte Mann hat immer beim GV einen Big O? Oh, oh. Und die anderen – etwa vorgetäuscht? Fragen über Fragen, die sich bei der Gewis-Studie 2003 zur Lust & Leidenschaft auftaten. Aber wahrscheinlich ist es doch so: Nicht jeder Mann kann immer bis zum Ende. Soll er auch nicht, können wir Ladys ja auch nicht immer.

Nur am Rande registrieren wir resigniert, dass gerade mal 7 Prozent aller Frauen die beneidenswerte Fähigkeit besitzen, bei *jeder* intimen Fummelei zum Höhepunkt zu kommen. Immerhin können 48 Prozent aller Frauen und 67 Prozent aller Männer von sich behaupten, *meist* per Beischlaf zum Orgasmus zu kommen, ein Drittel Frauen bei jedem zweiten, dritten Mal – doch 46 Prozent täuschten den Big Bang bereits einmal vor.

Insgesamt hat jeder vierte Befragte bereits Höhepunkte simuliert, und nur 41 Prozent aller Frauen behaupten, sie würden nie vortäuschen. Sind wir ein Volk von Schauspielern ohne Gage?

Klar ist jedoch: Das Grundrecht auf Höhepunkte ist ungerecht verteilt, Frauen kommen zwar gern, aber seltener, ein Drittel greift mehrmals im Monat auf Selbstbefriedigung zurück. Wieso auch ist die Klitoris so verdammt weit weg vom Geschehen, und wieso suchen so wenige nach ihr?

Woran aber liegt's sonst? »Er müht sich ab, mir einen Orgasmus zu machen – aber manchmal fehlt einfach die Lust an der Lust«, so eine neunundzwanzigjährige Befragte, fest liiert, unzufrieden. Doch auch Singles haben Last mit der Lust und dem Fallenlassen: »Die meisten haben ein Ritual. Die spulen einen Film ab. Beim ersten Mal merkt man es noch nicht. Aber beim dritten Mal weiß man: Aha, Routine. Dann beginnt das öde Elend.« (39, weiblich)

Aber ist es nur der Mann, der alles hat, aber wenig gibt? Weit gefehlt, zeigten die anonymen Einzelinterviews.

Auch ein Höhepunkt allein macht den Partner nicht zum 1a-Liebhaber mit Sternchen. Die Schulnote »sehr gut« verteilen Männer und Frauen nur sparsam an ihre aktuellen oder letzten Liebhaber, die meisten sichern sich die Versetzung durch ein »gut« oder »befriedigend«. Bei der Selbstbenotung sind Männer einen Hauch unkritischer mit sich selbst, jeder zwölfte hält sich für einen Mr. Bombastic, bei Frauen ist nur jede zwanzigste rückhaltlos von ihren Talenten überzeugt. Erinnert mich an stolze Bierbäuche.

»Alles okay sonst«, lautet die mehrheitliche Selbsteinschätzung. Die individuellen Kommentare zeichnen aber ein etwas anderes Bild: »Ich kann meine Phantasien nicht ausleben«, stellt eine sechsundfünfzigjährige Ehefrau fest, »eigentlich ist bei uns alles normal, nur der Pep fehlt. Es läuft immer auf 08/15 hinaus.« Andere stört auch die Einseitigkeit in der Liebe: »Ich muss meinen Mann immer pushen«, so eine Achtunddreißigjährige, »ich komme mir manchmal vor wie eine Bettlerin.« Eine Einundvierzigjährige ergänzt: »Ich soll mich für ihn auftiffen, er selbst vernachlässigt sich in allem. Da fällt mir bald gar nichts mehr zu ihm ein, was mich anmacht.« Typisch Frau? Immerhin machen sich 78 Prozent aller Frauen Gedanken darüber, wie sie wohl beim Sex aussehen und attraktiv sein können, während das nur für die Hälfte aller Männer gilt. Männer halten jedoch entnervt gegen die Anklagen: »Selbst Frauen mit toller Figur sind im Bett Liebestöter, irgendwo tut es ihnen weh, sie bewegen sich nicht und beschweren sich, wenn ich ihnen das Haar durcheinanderbringe«, so ein frisch geschiedener Siebenunddreißigjähriger.

Bleibt das Resümee: Frauen wollen öfter kommen. Und Männer wollen Reaktionen. Beide warten darauf, dass sich der andere bewegt. Wieviel Zeit kann man doch gleich mit Warten verschwenden?!

(K)Eine Frage der Moral!

Der unausgesprochene Sex scheint das viel Interessantere zu sein. Immerhin macht sich mehr als die Hälfte aller Frauen darüber Gedanken, wie sie ihren Liebsten über ihre Wünsche aufklären und wie sie die Spannung im Bett erhalten können. Damit treffen sie insgeheim den wunden Punkt der Männer: Mehr als die Hälfte sorgt sich still, dass *sie* nicht auf ihre Kosten kommt. Lobenswert. Doch wo bleibt die Tat? Um Verhütung kümmert sich nur jeder vierte Mann, für 41 Prozent aller Frauen ist die Verhütung aber eine größere Sorge als seine Suche nach ihrem Spaßknopf!

Erfüllung finden sie dann woanders: Für 29 Prozent aller Frauen ist der kurzfristige Bettenwechsel eine Idee, mehr Spaß im Bett zu haben. Knapp ein Drittel hat einen aktuellen Seitensprung hinter sich, aber auch 34 Prozent aller Männer haben ihre derzeitige Partnerin schon einmal betrogen. Insgesamt wird in jeder dritten Beziehung fremdgegangen, und 64 Prozent aller Befragten könnten sich lebhaft vorstellen, ihren jetzigen Partner zu betrügen. Hups.

Beim Verzeihen sind sie nicht so freigiebig. 15 Prozent würden sagen: Ist okay, Schatz; die Hälfte würde den Rauswurf folgen lassen und der Rest darüber nachdenken, ob es sich trotzdem lohnt, die

Beziehung weiterzuführen. Dieser Gedanke ist neu: Bis vor fünfzehn Jahren hätte das Urteil eindeutig »Schluss!« gelautet; inzwischen sind immer mehr Paare fähig, sich einzugestehen, dass einer allein nicht alles sein kann. Und dass illegaler Sex – ohne Liebe – nicht automatisch den Todesstoß bedeutet.

Um ansonsten die verheimlichten Leidenschaften auszuloten, griffen die meisten auf Pornographie zurück – so haben 98 Prozent der Männer und 93 Prozent aller Frauen bereits Pornos gesehen, um sich inspirieren zu lassen. Wir Frauen wissen also, wovon wir reden, wenn wir sagen, es gäbe zu wenig erregende Streifen – aber wir gucken trotzdem. Nur 4 Prozent sind völlig gegen Pornos.

Männer wirken insgesamt experimentierfreudiger: 15 Prozent (und davon mehr Gebundene als Singles!) haben es bereits mit dem eigenen Geschlecht probiert, und sei es in ihrer Jugend beim Weitspritzen, jedoch nur 7 Prozent der Frauen. Wie sagte es mal eine Kollegin (29): »Ich langweile mich bei Pornos, bei denen zwei Frauen miteinander rummachen. Ich würde eine Frau zwar gern mal küssen, aber nicht ihre Vagina berühren. Das wäre, wie mich selbst anzufassen. Aber eine Muschi ist meine, es wäre komisch, sie auch bei einem anderen Menschen zu spüren.«

Doch zur Sache, Schätzchen – aufschlussreich ist, wozu Männer bereit wären, Frauen aber auf keinen Fall. Hier klaffen die Interessen deutlich auseinander: So scheuen sich Dreiviertel der Frauen vor Swingerclubs, aber 57 Prozent der Männer wären zumindest nicht abgeneigt. An S/M hat jede zweite Frau kein Interesse, aber zwei Drittel der Männer. Analverkehr kommt für 87 Prozent nicht in Frage, aber nur 16 Prozent aller Männer sehen das genauso. (Alles so schön eng hier, sagt er; das tut doch weh, ist unhygienisch, und was hat meine Klit davon, sagen Frauen.) Auch Fesselspiele oder Dreiersex sind für mehr als ein Drittel der Frauen absolutes No-No, käufliche Liebe finden nur 12 Prozent spannend. Männer sehen das alles weniger eng, mehr als drei Viertel hätten nichts gegen One-Night-Stands, fast die Hälfte würde sich auch mal ein Callgirl bestellen.

Klar, ist ja auch der einfachste Weg, zu bekommen, was man will. Wünsche zu formulieren wäre deutlich unbequemer …

Haben Frauen also ihre lustfeindlichen Prinzipien – oder wissen sie einfach, was ihnen und ihrer Seele guttut und was nicht? Für viele Frauen sind gewisse Praktiken eng mit einer Identitätsverletzung verbunden, für Männer eher mit dem zu erwartenden Spaßfaktor. Und der zählt für sie, nicht, was andere denken könnten. So würden sogar 39 Prozent der Männer für eine 0190-Hotline arbeiten, um Frauen schmutzige Einzelheiten zu erzählen. Warum das Potential verschwenden und es nicht gleich der eigenen Liebsten ins Ohr säuseln?! Vielleicht würde uns Frauen das mehr anmachen als jede Handschelle. Sex, die Nebensache. Schön, aber ganz schön schwierig …

Sex gegen Geld ist für Männer höchst attraktiv. So würden 74 Prozent ohne zu zögern mit einer wildfremden Person ins Bett steigen (Kostenfaktor: 100 000 Euro), aber nur 32 Prozent aller Frauen! Da muss es wohl die Million und Orlando Bloom sein.
Kein Sex gegen Geld ist eher Frauensache: Immerhin würden 83 Prozent aller Frauen ein Jahr lang auf Sex verzichten – gegen 100 000 Euro. Lieber shoppen als poppen? Zwei Drittel aller Männer könnten sich vorstellen, das auch ganz gut auszuhalten.

Kommunikation & Phantasien: Der Status quo

Die Sexforschung hat uns weit gebracht: Sie untersuchte Plateauphasen und Erregungskurven, sortierte G-Punkte und erogene Spots, vermaß den deutschen Durchschnittsakt in aller Länge und Breite und schenkte uns Einsichten wie jene, dass sich weibliche Durchschnittsorgasmen in 6,5 Lustwellen aufteilen. Doch was sagen diese Fakten wirklich über das Liebesleben aus? Mit wem reden wir über Sex? Welche Phantasien warten auf ihre Erfüllung? Wie zufrieden sind Frauen mit ihrem Liebesalltag?

Erstes Zwischenfazit der Gewis-Studie von 2005: Wir verlassen uns offenbar mehr auf Intuition als auf das deutliche Wort. Dabei erwarten zum Beispiel Singles von ihrer neuen Beziehung hauptsächlich, so eine ElitePartners-Studie von 2006: »Kann mit ihm über alles reden« (92,3 Prozent). Auf den Plätzen folgen: Sex (83 Prozent) und »sich mit ihm sehen lassen können« (immerhin 61 Prozent). Hm. Mehr Show als Sex?

88 Prozent aller Frauen reden nicht gern über Sex

Auch wenn im Nachmittagsfernsehen munter über S/M oder Swingerclubs geplaudert wird oder Promis intime Geheimnisse per Pressemitteilung verbreiten, sieht es im Alltag anders aus. »Trieb- und Reizüberflutung« nennen Fachleute das Phänomen, wonach es zwar scheint, als seien wir eine kommunikationsfreudige Nation, aber in der Realität das große Schweigen herrscht.

Die Deutschen reden ungern über ihre eigenen horizontalen Angelegenheiten und beantworten sich Fragen lieber im stillen. Vor allem Männer sind groß in Wortlosigkeit (64 Prozent) und würden eher in einem Buch nachlesen (22 Prozent) als sich bei einem Freund Rat zu holen (Gewis-Studie für Cosmopolitan 2005).

Ob es daran liegt, dass Männer Sex als Leistung ansehen und sich nicht die Schwäche erlauben, in einem »Leistungsfach« nicht weiterzuwissen? Jede fünfte Frau zögert nicht, ihre Freundinnen en detail um Rat zu fragen, obgleich nur 12 Prozent *wirklich gerne* über das Thema reden. Das schlägt sich auf die partnerschaftliche Kommunikation nieder: Nur 6 Prozent aller Paare versuchen *ständig,* ihren Sex über Gespräche zu verbessern.

Das intime Schweigen der Paare – Soziologe Professor Dr. Werner Habermehl interpretiert es so: »Viele empfinden es als Bloßstellung, zuzugeben, dass sie noch unerfüllte Wünsche oder Wissenslücken besitzen, wenn es um die eigenen Bedürfnisse oder die des Partners geht.« Dazu kommt: Wir pendeln zwischen Mythen, Perfektionswahn und diffusen Ideen, dass Sex wie im Porno oder mit Hollywoodromantik funktionieren sollte. Oft halten uns diese abgehobenen Vorstellungen von Sexualität davon ab, uns konkret über das eigene Liebesleben zu äußern.

»Hasi, lass uns mal über die Missionarsstellung reden ...«

Die wenigsten trauen sich, den ungeschriebenen Vertrag des Schweigens zu brechen und Wünsche klar zu formulieren oder im Gespräch herauszufinden, wie es der andere denn gern hätte. Woran liegt's? Zu groß die Gefahr, auf etwas zu stoßen, was man nicht hören will, oder reine Bequemlichkeit? Denn in jeder Beziehung schleift sich eine Bettroutine ein, die sogenannte »comfort zone«, in der sich beide wohlfühlen, auch wenn da noch reichlich unerfüllte Wünsche schlummern. »Beginnt der eine, plötzlich über Verbesserungen beim Sex zu reden, fühlt sich der andere unwohl und unter Druck gesetzt, auch reden zu müssen«, so Professor Habermehl.

Doch nicht nur Bequemlichkeit oder Angst vor Veränderung hält die Mehrzahl der Deutschen davon ab, ihr Intimleben durch Kommunikation zu verbessern, sondern auch die Angst vor Ablehnung, vor der sich vor allem die Männer fürchten. 73 Prozent der Herren verheimlichen ihre erotischen Phantasien aus Furcht vor dem »Nö, lass mal« oder »Du bist aber pervers!«.

Kein gutes Bild, was sie damit von Frauen zeichnen: Sind wir wirklich so entsetzt, wenn er uns seine Wünsche offenbart, oder glauben Männer nur, wir könnten keine klaren Worte vertragen?

Sind wir denn alles Prinzessinnen?

Klare Worte scheuen aber auch die Damen, wenn es um eigene Wünsche geht oder die Erkundung der Vorlieben des Partners. Hier entscheiden sich 73 Prozent der Frauen für eine diplomatische Mischung aus Vorschlägen, Körpersprache und Verführungsszenarien, um ihrem Geliebten zu zeigen, wie sie es denn gern hätten; 62 Prozent vertrauen darauf, seine Bedürfnisse intuitiv zu erspüren. Die wenigsten (15 Prozent) sagen deutlich, was sie wollen, lieber äußern sie ihre Bedürfnisse nur verklausuliert – zum Beispiel indem sie äußere Anstöße vorschieben: »Ich habe gelesen ... ich habe geträumt ... in dem Film wurde gezeigt wie ...« Auch Männer üben sich in Diplomatie. 59 Prozent verpacken ihre Bedürfnisse in unklares Drumherumreden, aber immerhin trauen sich Männer öfter, ihre Geliebte zu fragen: 15 Prozent haken nach, was ihre Partnerin anmacht, während Frauen sich lieber auf Tipps verlassen, die sie gelesen haben.

Nur 4 Prozent aller Frauen fragen nach, wie ihr Partner es denn gern hätte.

Hier offenbart sich die größte Chance für beide Geschlechter, denn die Umfrage ergab, dass ein Drittel aller Befragten hofft, der andere möge ihm endlich sagen, was er will! Männer bevorzugen klare Ansagen, wie sie für ihre Liebste genau der Liebhaber sein können, den sie sich wünscht. Vornehme Scheu, ihn bloß nicht zu überfordern oder zu brüskieren, bringt uns Frauen also nicht weiter. Denn so ausgefallen wie unsere Wünsche scheinen, sind sie nicht, wie die weiteren Umfrageergebnisse zeigen.

24 Prozent der Männer träumen von einem Dreier, aber nur 7 Prozent der Frauen würden sich darauf einlassen

Wer jetzt erwartet, in die Untiefen der erotischen Abgründe entführt zu werden, wird überrascht sein: Die meisten stillen Wünsche drehen sich um Stellungsvarianten und einen Wechsel der Örtlichkeit. Vor allem mehr Positionswechsel wünscht sich die Mehrzahl der Männer – 61 Prozent der Herren träumen von mehr als einer Position pro Akt. Ihre anderen, bisher unausgesprochenen Hauptwünsche: Lust auf andere Orte (47 Prozent), der obligate Dreier mit zwei Frauen (24 Prozent) und kleine Fesselspielchen (23 Prozent).

Hier offenbart sich die größte Differenz zwischen verschwiegenen Männer- und Frauenwünschen: Nur 18 Prozent der Ladys würden sich mehr Stellungswechsel wünschen, 15 Prozent möchten ihm andere Orte vorschlagen, für Fesseln könnten sich 6 Prozent begeistern, und Experimente wie Swingerclubs, Dreier, Rollenspiele oder der Einsatz von Sextoys wäre nur für jede zwanzigste Frau ein Gespräch mit dem Liebsten wert. Vielleicht weil sich der vertraute Sex so schön eingespielt hat? Professor Habermehl: »Die meisten möchten keine konkreten Tipps geben oder abfragen, das wirkt unromantisch und widerspricht der Vorstellung von Sex, in der alles von selbst, spontan und lustvoll passieren soll. Auch wenn zwei dieselben erotischen Präferenzen haben, so ist die Trefferquote gering, dass man im passenden Moment das tut, was sich der andere wünscht.«

Liebling, was willst du eigentlich?

Schweigen aus Angst, Bequemlichkeit, vorgebliches Desinteresse – so kommen wir auf dem Weg zu unserer sexuellen Erfüllung nicht weiter. Denn auch wenn sich die erotischen Spektren der Geschlechter unterscheiden und wir uns alle eingekuschelt haben in die orgasmusgarantierte Missionarsstellung, so bleiben noch viele gegenseitige Fragen und Wünsche offen. Während des letzten Jahres hat nur knapp die Hälfte aller Befragten einen Vorstoß gewagt, um etwas Neues an ihrem Partner herauszufinden, und weniger als die Hälfte der Deutschen ist mit dem partnerschaftlichen Austausch über Sex zufrieden. Beide Seiten hoffen, dass der andere endlich zu reden beginnt oder seine Vorlieben auf andere Weise verrät. Es scheint, als ob die sexuelle Befreiung nicht in der persönlichen Kommunikation angekommen ist.

Viele hängen noch der romantischen Vorstellung an, es werde schon alles irgendwie von selbst funktionieren, wie ein achtundvierzigjähriger Mann in der Umfrage zugab: »Mir würde es genügen, wenn man sich nicht lange verständigen müsste, sondern wenn man sexuell soweit übereinstimmen würde, dass die Sache von beiden Seiten gleich empfunden wird. Das, was ich gern habe, soll meine Partnerin auch mögen, umgekehrt natürlich genauso. Es müsste einfach wie von selbst gehen. Und es dürfte keine Tabus geben.«

Männer dürften sich gern öfter trauen, ihre Wünsche zu offenbaren; Frauen könnten diese Kommunikation fördern, anstatt sich in der Rolle der Moralrichterin zu verstecken. Rücksicht auf die sensible Sexualität des Mannes oder falsche Scham über vermeintlich ausgefallene Ansprüche halten uns Frauen zu oft zurück; wir flüchten uns ins Abwarten, anstatt die Realität zu verbessern. Doch gerade in Langzeitbeziehungen entsteht genau die vertraute Intimität, in der auch speziellere Wünsche kommuniziert werden können, anstatt in Träumen zu verharren.

Wunsch und Wirklichkeit

Die höchste Lust findet im Kopf statt, wie die persönlichen Aussagen der Befragten belegen: Eine Achtundzwanzigjährige träumt von schwülfeuchten Südseenächten, in denen sie sich mit ihrem Geliebten durch Sand und Dschungel wälzt, eine Siebenunddreißigjährige phantasiert vom Fremden, der sie in der Umkleidekabine wortlos verführt, andere stellen sich S/M-Partys vor oder gehen in ihrer Masturbationsphantasie mit nichts als einem Hauch Parfüm unterm Pelz durch die Stadt, bereit, sich sofort zwei Männern auf einer Motorhaube hinzugeben. Die Gier im Kopf ist grenzenlos – aber nur dort?

Die Kraft der Phantasiegebilde nutzen 91 Prozent der Deutschen bei der Selbstbefriedigung, doch wo Frauen von Fremden oder Stränden träumen, bevorzugen es Männer, Zuschauer bei einem lesbischen Doppel zu sein, oder sie träumen von Fellatio oder Analverkehr – und 17 Prozent sogar von Spielen mit dem eigenen Geschlecht, wie die Statements einiger Befragter aufdecken.

Die Gedanken sind frei, hier gibt es keine Grenzen, keine Tabus. Die wollüstige Phantasie bereichert selbst den Akt mit dem eigenen Partner, denn auch wenn er nicht Teil der phantastischen Abgründe ist, so flüchtet die Vorstellungskraft schon mal zu einer Lieblingsphantasie, während wir miteinander schlafen. Der Kick im Kopf entzündet den Körper, die Leidenschaft vermischt Imagination und Realität. In den seltensten Fällen sind also beim Koitus nur zwei Teilnehmer im Raum – hinzu gesellen sich die unsichtbaren Helden der geheimen Lustphantasien.

Na, na, Herr Kollege: 43 Prozent aller Männer lassen sich im Büro ihre heimlichen Phantasien durch den Kopf gehen.

Wollen Frauen sich lieber vorstellen, dass sie von fünf Männern genommen werden, wie es uns eine Dreiundvierzigjährige erzählte, oder die Phantasie ausleben? Ganz klar: Von jenen, die ihre Phantasien in die Realität umsetzten, wären 90 Prozent gern bei der Vorstellung geblieben.

Das gilt nicht nur für hochexplosive Kopfgeburten wie Sex mit mehreren Mitspielern oder Fetischaccessoires, sondern auch für romantische Phantasien, die sich nur um den eigenen Partner drehen. Professor Habermehl sagt: »Der Vorteil von Phantasien ist, dass wir von Szene zu Szene springen können, uns immer wieder die reizvollsten Bilder vor dem inneren Auge heranholen und nach Belieben wechseln.« Diese Perfektion – die perfekte Stimmung, die perfekten Worte, das perfekte Gefühl –, wie sie sich so schön in Gedanken ausmalen lässt, vermag die Realität nicht zu leisten. Also verzichten 40 Prozent der Befragten aus dieser Einsicht heraus darauf, ihre wilden Träume umzusetzen, 53 Prozent fehlt dagegen »nur« die Traute.

Wenn es um die eigenen Wünsche geht, scheinen wir nicht sonderlich risikofreudig zu sein. Vielleicht ändert sich das, wenn wir wissen, dass wir ähnlicher ticken als wir ahnen: Am meisten kickt beide Geschlechter die Vorstellung von einer wortlosen Begegnung an, leidenschaftlich und mit einem Hauch dominanter Komponente, so verrieten es uns die persönlichen Statements der Befragten. Kleine verbale Befehle, Augen verbinden, Fesseln oder rauher Überraschungssex: Mal ehrlich, so ein Rollenspiel dürfte doch auch in die Realität umzusetzen sein, oder?

Doch bis es soweit ist, haben 95 Prozent der Männer und Frauen im Kopf eindeutig den schärferen Sex als im Bett; da lieben wir es eher konservativ, aller sexuellen Revolution und medialen Reizüberflutung zum Trotz. Die sexuelle Selbstbestimmung pendelt zwischen Phantasie und Schweigen, diplomatischem Probieren und der Flucht in die Gedankenwelt. Dabei waren die Chancen nie so groß, zu einer erfüllten Erotik zu gelangen, in der Romantik genauso ihren Platz hat wie wilde Experimente.

Vertrauen in Vertrautheit

In der Praxis lieben es die Deutschen gemäßigt. Nach wie vor bevorzugen wir bei all den wilden Bildern im Kopf den liebevollen Missionar und die orgasmusfördernde Reiterinnenposition.

Insgesamt sind 29 Prozent der Frauen und 27 Prozent der Männer mit ihrem Liebesleben restlos zufrieden, 31 Prozent aller Befragten allerdings überhaupt nicht. Auf Dauer würden sich 56 Prozent der Deutschen trennen, wenn der Sex schlecht bleibt oder der Partner nicht gewillt ist, gemeinsam etwas daran zu ändern.

Soviel zu dem Märchen, dass Sex nicht alles ist – für die meisten ist er weiterhin ein wichtiger Faktor der partnerschaftlichen Zufriedenheit. Verwunderlich also, warum die wenigsten miteinander darüber reden.

Interessante Details offenbaren sich in der Frage, was den Unzufriedenen am häufigsten fehlt: Männer beklagen die fehlende weibliche Initiative und wünschen sich mehr Abwechslung. Hier sind die Frauen gefragt, nicht nur auf Verführung zu warten oder sich auf dem routinierten Samstagabendakt auszuruhen, sondern auch ihm das Gefühl zu geben, dass sie ihn begehrt, will, Lust hat. Und zwar deutlich, denn Frauen meinen immer noch zu 37 Prozent, dass die Initiative gleichmäßig von beiden ausgeht, während ihnen da nur 9 Prozent der Männer zustimmen! Man darf das schlechte Gewissen der Männer nicht unterschätzen: Manche wollen dort abgeholt werden, wo sie auf eine lustvolle Frau warten. Die ihnen einfach mal flüstert: »Natürlich nehme ich ihn gern in den Mund. Bist du nie auf die Idee gekommen, dass es Frauen auch Spaß machen könnte?!«

Was Frauen wollen: Mehr Sex. Aber guten Sex.

Männer, schenkt uns mehr Zeit! Denn Aufmerksamkeit und Initiative ist es nicht, was Frauen am meisten fehlt – 39 Prozent aller Frauen beklagen den Fastfood-Charakter ihrer erotischen Begegnungen. Es mag am Alltagsstress liegen, den wir uns selbst antun, aber auch an der Bequemlichkeit oder dem Unwissen der Herren, dass sie sich nicht auf den erotischen Rhythmus der Damen einlassen. Wir brauchen länger, wir lassen uns mehr von Störfaktoren beeinträchtigen und lieben es, das Gefühl zu haben, begehrt, geliebt, ausdauernd berührt zu werden. Zwar haben 55 Prozent der Frauen den Eindruck, im »normalen« Rahmen von ihrem Partner in ihrer Erotik anerkannt zu werden, doch was heißt normal? Nicht sehr gut, nicht gut, sondern durchschnittlich, so wie jeder annimmt, dass es sich gehört und allgemein üblich ist. Immerhin sind 43 Prozent der Frauen davon überzeugt, dass sich ihr Liebster noch um ihre Wünsche bemüht, auch wenn er sie vielleicht nicht ganz deutlich erkennt ...

Und was wollen Männer? Weniger Schuldgefühle, dass sie sexuelle Bedürfnisse haben. Am ehesten könnten wir sie ihnen nehmen, indem wir selbst bereit sind, weibliche Lust zuzugeben. Mit allem Zipp und Zapp, und ohne aus jedem Blowjob ein Politikum zu machen.

Fazit der Studie: Langzeitpaare sollten darauf achten, dass Sex einen Platz in der Kommunikation einnimmt, dass sie sich Zeit füreinander nehmen, Zeit für gemeinsame Erprobungen, sei es für andere Orte, für Varianten der eingespielten Positionen oder für eine neue, liebevolle Deutlichkeit. Beide können nur gewinnen, wenn sie darauf vertrauen, dass sie einander ihre konkreten Wünsche offenbaren dürfen, anstatt jahrelang Missverständnissen aufzusitzen.

Ihre eigene Liebesformel

Gelingrezepte für guten Sex gibt's also nur in übersichtlicher Zahl – zumindest existiert nicht die eine Regel, die für alle gilt. Es gibt nur Zutaten, aus denen Sie Ihre eigene Liebesformel erschaffen können:

Die innere Einstellung. Auf jeden Fall Kommunikation. Mut,

Neugier, Interesse, Humor, Herzensbildung. Emotion, Intuition für den Moment sowie Gespür für den Mitspieler – und eine Prise Schamlosigkeit. Außerdem eine gewisse Gelassenheit, auf jeden Fall das Zulassen von Unvollkommenheit und das Wissen, dass Sex zwischen einem Paar dynamisch ist, sich verändert und nicht dauernd exorbitant weltverändernd ist. Dazu: ein paar Kenntnisse, die über das Aneinanderherumdrücken und Positionswechsel hinausgehen, und ein wenig Glück in der Partnerwahl. Ja, auch das ist mitentscheidend: Wenn nur einer bereit ist, über Sex zu reden, ihn zu verändern, etwas auszuprobieren, und der andere sich aus diversen Gründen wie Angst, Druck, Desinteresse, Unkenntnis oder schlichter Unfähigkeit weigert, werden Sie sich bisweilen die Zähne ausbeißen. Oder wenn ein Sieben-Tage-die-Woche-Liebhaber auf eine trifft, der siebenmal im Jahr als absolut ausreichend erscheint.

Und trotzdem gibt es einen Sextipp, der vor allen anderen »funktioniert«. Er heißt:

1 Sei wie du bist, zieh keine Show ab, entwickle Gespür für die Bedürfnisse des anderen anstatt ein Zirkeltraining von Tipps durchzuziehen, mach die Augen auf, die Sinne an, hab keine Angst vor Kontrollverlust und zieh bloß nicht den Bauch ein; und, ach ja: Sag deinem Mitspieler oder Geliebten, was du willst, und zwar in dem Ton, in dem du es auch hören möchtest.

Ja, das war's. Das ist alles, was Sie grundsätzlich über guten Sex wissen müssen.

Okay, okay. Grundsätzlich mag das genügen. Aber die Tücke – und das Glück – liegt im Detail, und darum gibt es natürlich mehr, was Sie brauchen könnten, um sich in Ihrem Kunsthandwerk zu vervollkommnen. Außerdem wäre das Buch sonst hier zu Ende …

2 Ladylike schweigen oder riskieren, pervers zu sein?

So mancher sexy Trick wird erst durch den Triumphreport bei der Intima prickelnd – meint man. Dumm nur, wenn sich ihr Gesicht verzieht wie ein nicht ganz aufgepumpter Fußball und einen moralinsauren Schwall Entsetzen ausstößt: »Uäh, du bist ja pervers!« Es folgt spontane Ganzkörpererrötung und Drang nach Selbstentleibung, während die Lady weiter minimalistisch an ihrem Salat pickt. Für fremde Leute, die es in dieser Oversex-Welt willenlos mit allem tun, was rumliegt, haben solche Richterinnen nur betonte Langeweile übrig – aber engen Freunden verweigern sie die Absolution! Variante des Bähbäh-Buhrufs: »Wem's Spaß macht …« Danke, jetzt nicht mehr, wenn der Untertitel »Schämdichschämdich, Billigluder« lautet. Liegt's daran, dass Horizontaldetails so irritierend sind wie früher die Geräusche aus dem Elternschlafzimmer? Oder halten sie den Handspiegel der Moral nur deshalb hoch, um sich selbst Anständigkeit zu bescheinigen? Das Perverseste, was Sie demnach den »Tugend-für-die-Jugend«-Prinzessböhnchen antun können, ist, wie eine Lady zu lieben: schweigend. Und sich eine Gefährtin zu suchen, der nichts Frauliches fremd ist.

Nach einer Untersuchung von www.femaleaffairs.de sind 80 Prozent aller Frauen zu gestresst für Sex – und halten den Sex selbst und seine Mythen für stressauslösend. Mythen wie: Die perfekte Liebhaberin ist schlank, hat große Brüste, weiß alles, macht alles, betreibt Dirty talk, animiert ihn zu Höchstleistungen, will immer, gibt die perfekte Verführerin … blablabla. Oft sind es auch Gespräche unter Freundinnen, wo wie beim Gewicht oder beim Preis für Schuhe schamlos gelogen und nur »alles bestens, alles prima, Supersex die ganze Nacht« geredet wird. Oder im Zweifel gar nicht: Neun von zehn Frauen reden nicht mal mit ihrer Freundin en detail über Sex und seine Begleiterscheinungen. Weder über den guten noch über den schlechten geschweige denn über den leider ausbleibenden. Es ist also ein Mythos, dass sich Frauen immer alles erzählen – sie tun es nicht und bleiben an der sicheren Oberfläche eines Sexgesprächs. Auch Männer gehen selten her und tauschen sich über die Feinheiten eines gelungenen Cunnilingus aus oder darüber, wie es kommt, dass Vaginae beim Sex Pupsgeräusche machen können.

Aber wo wir gerade bei Mythen sind: Meine Herren! Es kommt den wenigsten Frauen darauf an, ob Ihr Schwanz riesig ist, dick, lang, bretthart und vier Stunden am Stück steht. Nein, wir mögen es gern dick, allzu lang stößt nur gegen den Muttermund (vor allem bei der Nummer mit den Waden auf den Schultern), und ansonsten ist der Schwanz weniger der Mittelpunkt unserer Sexualität als der Euren (Männer beginnen bekanntlich relativ spät im Leben so zu genießen, dass nicht nur ihr Penis etwas davon hat, sondern sie auch die Lust der Frau als lohnendes Ziel empfinden). Zwar kümmern wir uns gern um ihn, aber irgendwann kommen wir drauf, dass wir uns auch um uns selbst kümmern sollten. Ein Schwanz allein macht Sex noch lange nicht gut. Ist das nun eine gute oder eine schlechte Nachricht?!

Es ist die Stimmung. Das Küssen. Das Gefühl. Die Innigkeit und Fähigkeit, wie Ihr Euch mit unseren Muschis und Klitor– äh, was ist die Mehrzahl von Klitoris? -issen? -iren? Klitorae? Also, kurz: Wenn Ihr vielleicht nicht den Plural von Klitoris wisst, aber wenigstens mit dem Singular umgeht, als ob es nichts Wertvolleres gibt, wäre das wun-der-voll! So. Das war der Mythos Schwanz, der ständig stehen muss. Muss er nicht. Nehmt Finger, Zunge oder Spielzeug dazu, und wir kommen uns langsam näher.

Unbewusste Umgehungstaktiken

Entdecken Sie Ihre unbewussten Lustvermeidungsstrategien, die Sie sich angewöhnt haben – um vielleicht dem Leistungsdruck zu entgehen, immer »gut im Bett« zu sein. Der Fernseher im Schlafzimmer, mit dem Sie flüchten, das Glas Wein, das zu müde macht für Liebkosungen, die Verabredungen, die Samstagabend gegen Sex sprechen … Decken Sie diese Fluchttaktiken auf und versuchen Sie, sich von ihnen zu lösen. Je mehr Sie Liebesspielen aus dem Weg gehen, desto mehr fremdeln Sie mit Ihrer Sexualität. Steuern Sie gegen – mit eingeplanter Sinnlichkeit und Berührungszeremonien. Gemeinsame Bäder, gegenseitige Kopfmassagen, ein Dinner, bei dem Sie sich gegenseitig füttern …

Normal ist kein Makel

Verabschieden Sie sich leichten Herzens von der Idee, dass jede Begegnung bahnbrechend großartig sein muss, um erfüllend zu sein. Intimität entsteht nicht durch Feuerwerke, sondern durch ein lässiges Miteinander, bei dem es oft eben nur ganz normalen, schönen, unaufregenden Sex gibt.

Technik oder Hingabe?

Perfektion heißt: charakterlos zu sein. Gewagt? Nein: Der Verfasser des *Kamasutra* (und das Teil ist bereits 2000 Jahre alt!), Vatsyayana wusste: »Was nutzt es, technisch versiert zu sein, aber nicht zur Liebe fähig?« Alte Wahrheiten sind heute nicht weniger wahr.

3 **Es gibt Wichtigeres, als gut darüber Bescheid zu wissen, wie was funktioniert:** Wirklich wichtig ist, was genau der Partner als angenehm empfindet, und vor allem, was Ihnen selbst liegt, in was Sie sich ohne nachzudenken hineinfallen lassen können. Ins Küssen? In Massage? Langsamen Sex? Oder Liebe mit viel Lachen? Sex ist nur dann privat, wenn Sie für sich Leidenschaften entwickeln, anstatt Vorschläge von außen »nachzuturnen«. Der effektivste Trick: sich auf das zu konzentrieren, was Sie in dem Moment tun. Ob Sie in der Badewanne liegen, seinen Daumen massieren oder ein erotisches Buch lesen: Tun Sie nur eine Sache, sehen Sie ihm dabei ins Gesicht, und fixieren Sie Ihre Leidenschaft nur auf das eine Detail.

2 Unwiderstehlich!
Aber bitte nicht für jeden

»Die Phantasie des Mannes ist die beste Waffe der Frau ...«
Sophia Loren

Kompliment – Sie werden in weniger als zwanzig Sekunden Ihre
innere Sexgöttin entdecken! Wie? Gehen Sie von sich aus, und gestehen Sie ihm dieselben Hoffnungen zu, die Sie auch haben: attraktiv
sein für den anderen, begehrenswert, einzigartig; das gute Gefühl,
von Kopf bis Fuß gewollt zu werden.

Genau diese Erfahrung ist das Geheimnis von göttlichen Liebhaberinnen: Sie schenken dieses Gefühl dem Mann, der's wert ist. Ihr
inneres Motto lautet: »Ich weiß genau, was ich will: DICH!« Und
dieses Bekenntnis macht ihre unwiderstehliche Anziehung aus: eben
nicht hoheitsvoll und geschniegelt darauf zu lauern, verführt zu
werden, sondern zum Verführen zu verführen, ohne Angst, abge-
wiesen zu werden. Gehen Sie davon aus, dass er von Ihrer Initiative
begeistert ist! Aber ob Sie ihn in Rekordzeit von den Füßen reißen
wollen oder doch lieber langsam-quälend anmachen: Bitte sehr – es
liegen dazu noch 693 Tipps vor Ihnen.

4 **Lust auf Verführung nach dem Kalender.** Lust ist eine Frage von
Stimmung und Verführung? Nicht nur, sondern vor allem eine
Sache Ihres persönlichen Kalenders. Der Hormonzyklus einer Frau
bestimmt ihr Bedürfnis nach Körperlichkeit! Beobachten Sie sich:
Es gibt Tage, an denen Sie ständig an atemlosen Sex denken, und
andere, an denen Sex Ihnen egal ist. Die Macht der Hormone sorgt
dafür, dass wir eben nicht ständig Appetit haben, sondern uns zwischendurch auch um Arbeit, Essen, Kinder und soziale Kontakte
bemühen. Setzen Sie sich nicht unter Leistungsdruck, sondern lieben
Sie nach Ihren ganz persönlichen Gezeiten. Leben Sie Ihre Hormon-

hochs aus (meist um den Eisprung herum oder vor der Periode, wenn der Östrogenspiegel hoch ist und eine Art Gleitmittel der Lust darstellt), und bleiben Sie gelassen in den Zeiten der Unlust, wenn Ihr Hormoncocktail gerade Urlaub nimmt.

Observieren Sie sich weiter: Was genießen Sie? Wissen Sie, ob Sie es als anregend empfinden, den Po geknetet zu bekommen, die Brustwarze behaucht oder in den Kniekehlen leicht gekratzt zu werden? Wenn nicht: Lernen Sie Ihre Stärken, aber auch Ihre Zartheiten kennen. Erst wenn Sie wissen, an welchen Körperstellen Sie mit Konsequenz und wo Sie mit sanfter Zurückhaltung berührt werden möchten, können Sie während eines Liebesspiels bitten: »Wenn ich gekommen bin, leck mir bitte subito über die Nippel und saug an ihnen ...«, oder was immer Sie antörnt.

Von Karrierefrau auf Geliebte umschalten – das ist nicht mit einer Tasse Tee getan (auch wenn Jasmintee, Ingwertee oder Earl Grey tatsächlich in sinnliche Stimmung bringen können). Was Sie brauchen, sind kleine Rituale, um aus dem rasanten Alltag in die zeitlose Körperlichkeit hinüberzuwechseln und in unserer Wisch-und-Weg-Zeitraffer-Welt eine Insel für Ihre zögernde (weil: normal tickende) Lust zu finden.

5 **Aktivieren Sie Ihre innere Energie.** Die Kundalini-Energie wird im indischen Tantra als die »schlafende, aufgerollte Schlange« bezeichnet, ein Symbol für die weibliche psychische Energie. Für uns westlich orientierte Denkerinnen erscheint die Idee diffus, unsichtbare Energieströme im Körper zu besitzen; das hört sich nach Eso und gemeinschaftlichem Umarmen auf indischen Swami-Tempeltreppen an. Doch sowohl die Lehren des indischen Yoga, des chinesischen Tao, des »sexual Qigong« als auch des Tantras beziehen sich auf diese Energiebahnen. Durch regelmäßiges Yoga, Tai Chi, Pilates oder Kegelübungen wird diese Energie aktiviert, sorgt für eine kraftvolle innere Haltung und intensivere Sexualität, die weit über das Empfinden im Beckenbereich hinausgehen soll. Wagen Sie es, in Yoga- oder Tai-Chi-Kursen Ihre Schlange zu entdecken oder quasi:

zu entrollen. Sie können gar nicht genug Power im Becken haben. Ihr Beckenboden ist *der* Quell Ihrer Lust.

6 Schlüpfen Sie in Ihre Haut. Nur jede zehnte Frau schläft im Eva-kostüm, die meisten sind nur bei zwei Gelegenheiten nackt: unter der Dusche und beim Liebesspiel. Und noch weniger haben je ihre Vulva samt Innenleben gesehen. Um so schwerer fällt es ihnen, sich sinnlichen Berührungen hinzugeben – die Haut ist es einfach nicht gewohnt, vom Scheitel bis zur Sohle wirklich gespürt zu werden. Geben Sie sich selbst den Hautkontakt zurück, und verbringen Sie öfter mal einen Abend oder einen ganzen Sonntag nur im oberschen-kellangen Unterkleid aus Satin, Seide oder einem hautschmeicheln-den Stoffgemisch. Das Gefühl von zartem Stoff auf der Haut belebt Ihre Lustrezeptoren, Sie fühlen sich Ihrem Körper näher und in ihm zu Hause.

7 Sex als Hobby. Sie haben die Wahl: Sie können Erotik als etwas ansehen, das von selbst zu funktionieren hat – oder sich von der romantischen Illusion verabschieden und sich dafür entscheiden, Sex als Hobby zu sehen, das immer erfüllender wird, mit je mehr Lei-denschaft, Interesse und Zeit Sie sich ihm widmen. Das bedeutet, sich aktiv mit der eigenen Sexualität auseinanderzusetzen, nicht nur darüber zu lesen oder zu reden. Dafür reicht bereits ein Abend in der Woche oder ein Tag im Monat – an dem Sie zum Beispiel in Ihrem Tagebuch erotische Phantasien notieren, etwas Neues beim Onanie-ren ausprobieren, sich einen wilden Surf durch Interneterotikshops gönnen, Sex verschenken, mit Ihrem Liebsten ein sexy Picknick ver-anstalten, sich in der Kleidung neu erfinden ... Denn auch Sex kann man erst dann richtig auskosten, wenn man sich intensiv damit beschäftigt und eine Freizeitgestaltung darin sieht, die Ihnen einen rosigen Teint, Liebe und einen straffen Hintern beschert.

8 Kleidung setzt Signale – doch wenn die zu oft gesetzt werden, verlieren sie ihre Eindeutigkeit. Je öfter man sich sexy kleidet, aber dann nicht hält, was der Auftritt »verspricht«, desto mehr verliert auch das anregendste Outfit seine Wirkung. Bleiben Sie exklusiv und legen Sie sich eine Garderobe an, die Sie nur dann tragen, wenn es um das Eine geht. Ganz gleich, ob für sich oder für die Zweisamkeit: Legen Sie sich Kleidung zurecht, in der Sie nur mit sich flirten, und andere, die Sie nur im Schutz der Privatsphäre tragen, allein für seine Augen bestimmt. Exklusivität, auch in der Kleidung, ist ein liebevolles Geschenk an den Partner. *For your eyes only, my Love,* und sei es das enge Lackkleid, der rote Mini, das Netzoberteil ohne was drunter …

9 **Liebe dich selbst.** Die indische Philosophie des *Kamasutra* besagt sinngemäß, dass nur jener zur Liebe fähig ist, der sich selbst liebt. Und doch sind Frauen oft begabter darin, einen Makel als persönliche Schwäche zu sehen und ihre Stärken als Versehen. Machen Sie sich selbst Liebeserklärungen – an Ihren Mund, Ihr verständnisvolles Herz, Ihre Hände, Ihren Ideenreichtum. Wenn Sie lernen, Komplimente an sich selbst zu geben, strahlen Sie das aus, was das *Kamasutra* eine »ebenbürtige Partnerin« nennt: Jene, die nicht nur Liebe fordert, sondern Liebe gibt, weil sie davon genug besitzt.

10 **Die Kunst der Massage.** Eine zärtliche Ovarmassage soll die Beckendurchblutung anregen, Stress lösen und die Lusthormone locken – so versprechen es die ayurvedischen »Marma-Massagen«, die auf bestimmte Akupressurpunkte zielen, wie die Brust, Yoni (Ihre Muschel) und den Bauchbereich über den Eierstöcken. Bei der Swara-Abhyanga, der Eigen-Marmamassage, können Sie warmes Öl, Seidenhandschuhe, weiche Bürsten, Pinsel oder duftende Rosenmilchlotion verwenden, oder Sie wenden sie während eines heißen Bades an und kreisen zärtlich um Bauch und Brust.

11 **Die Atmung stimulieren.** In China wird die menschliche Energie »Chi« genannt, in Indien »Prana«. Bewusstes Atmen gehört dazu, um diese Energien zu wecken und zum Beispiel emotionale Blockaden zu lösen oder den Körper auf Sinnlichkeit zu »polen«. Sowohl im chinesischen Tai Chi als auch im indischen Hatha Yoga werden diese

Atemtechniken gelehrt. Die drei einfachsten Techniken: *1. Bewusster ausatmen.* Sie merken, wie oft Sie die Luft anhalten, zum Beispiel auch beim Sex. Atmen Sie beim Masturbieren laut und langsam aus, um einen Orgasmus bis weit über die Gürtellinie zu spüren. *2. Bauchatmung.* Legen Sie (als Frau) die rechte Hand zwischen Nabel und Geschlecht, die linke darüber. Atmen Sie tief bis unter die Hände durch die Nase ein, durch den Mund wieder aus. Effekt: Das Becken wird durchblutet. *3. Die »Linksatmung«.* Legen Sie sich auf die linke Seite, und atmen Sie langsam tief ein und aus. Die Linksatmung regt die rechte Gehirnhälfte an, den Sitz der Emotionen.

12 Komm her, du Tier: Animationen für mehr Mumm im Mann.

Wie bedauerlich: Da mutiert der Mann per Kuschelerziehung zum Softlan-Lover im Streichelzoo – obwohl Frauen manchmal nichts lieber hätten als Sex im Raubtierkäfig. Wie praktisch: Fast jeder Mann würde das Tier in ihm gern mal von der Kette lassen. Sexgöttinnen locken diesen Instinkt mit Körpersprache:

1. Leder-Lust. Ziehen Sie seinen Gürtel aus der Hose. Schlingen Sie ihn hinterrücks um Ihre Handgelenke, drehen Sie sich um. Wenn er ein Mann und keine Maus ist, wird sein erster Reflex sein, die Schlinge festzuziehen und Sie mit Ihrem Lächeln voran aufs Laken zu stupsen.

2. Andreaskreuz, vertikal. Eine Wand im Rücken. Stellen Sie Ihre Beine auseinander, fassen Sie seine Hände und pressen Sie die Arme ausgestreckt an die Wand. Diese Pose ist Provokation pur. Funktioniert auch horizontal – nur dass Sie ihm zusätzlich den Hals zum Biss bieten.

3. »Nicht doch!«-Spiel. Die Magie liegt in der Balance von Verweigerung und Nachgeben beim Liebesspiel: Winden Sie sich weg, halten Sie seine Hüften fest, drücken Sie die Schenkel zusammen – und machen Sie nach wohldosierter Kunstpause weiter. Spätestens beim vierten Pseudoabbruch wird das Tier an der Kette zerren.

4. Der Aufreißer. Ziehen Sie sich eins dieser Fummelkleider mit Druckknöpfen an. Legen Sie seine Hände auf Ihren Busen, schieben Sie die Daumen unter die Knopfleiste. Bedeuten Sie ihm mit leich-

41

tem Druck, seine Finger dort zu lassen. Drehen Sie sich dann abrupt zur Seite, heben dabei Ihre Arme an, so dass das Kleid aufspringt. Jetzt dicht ran an den Mann – seine Hände werden unmittelbar reagieren und seinen Verstand überlisten. Falls nicht, sollten Sie ihn vielleicht doch wecken.

13 Der Blick einer Sexgöttin. Der Augenblick, der alles entscheidet, dauert neun Sekunden. Das ist die Zeit, die Psychologen als den »bedeutsamen Blick« entschlüsselt haben und in der das Gegenüber beginnt, in diesen wortlosen Blick mehr hineinzuinterpretieren als jedes Wort erklären könnte. Direkte Blicke sind in unserer Gesellschaft selten geworden – zu oft verbinden die Menschen einen Angriff damit, ein »Was will der mir denn, was guckt die so, die will mich doch bescheißen«. Ja, sind wir denn alle Hunde?! Die nehmen den direkten Blick in die Augen persönlich und verstehen ihn als Machtanspruch. Eigentlich liegt dem Menschen jedoch der Impuls näher, aus Blicken eine Botschaft zu entschlüsseln. Denken Sie an Sex, während Sie ihn für neun Sekunden ansehen. »Augenliebhaberinnen« schwören darauf, dabei in sein »Seelenauge« (meist das rechte; auf jeden Fall das, was Sie als das »weichere« empfinden) zu sehen und nicht zwischen den Augen zu wechseln. Andere konzentrieren sich auf den Punkt über der Nasenwurzel (das ominöse dritte Auge – mein Tai-Chi-Lehrer Wu-Min hat mir versprochen, dass ich nach zwanzig Jahren Training damit gucken könnte), die nächsten lassen in Gedanken ihre Augenringe unter dem Wimpernkranz »strahlen«, als ob sie mit einem Scheinwerfer ausgestattet sind. Sie stellen sich einfach vor, aus der Haut ströme warmes Licht direkt auf den anderen. Die Macht dieses direkten Blicks, der nicht starrt, nicht fordert, nicht beobachtet, nicht lacht, ist vergleichbar mit einem Gong, der die Stille zerschneidet. Riskieren Sie diesen langen Blick just in einem Moment, wo die Frage »Tun wir es, oder nicht?« in der Luft liegt – beim Abschied im Auto, vor dem Wechsel vom Küchentisch zum Sofa …

Machen Sie den Selbsttest im Spiegel: Atmen Sie durch die Nase ein, den leicht geöffneten Mund aus, während Sie sich in die Augen sehen. Bemerken Sie die Intensität Ihres Blicks? Wie sich Ihr Kinn senkt, wie entschlossen Sie aussehen? Wie bedeutsam jede Bewegung Ihrer Brauen wird? Gut so. Das ist genau der Blick. Jetzt braucht es nur eine Vorwärtsbewegung von Ihnen, damit er über den Tisch greift.

Ihre Augen sind die intensivsten Signalgeber, vor allem, wenn Sie Ihre Blicke wandern lassen: Schlagen Sie die Lider nach einem langen Blick in seine Augen nieder, lächeln Sie, sehen Sie bewusst auf seinen Mund, lassen Sie den Blick von seiner Unterlippe abtropfen, sehen Sie ihm zwischen die Beine und wieder zurück in die Augen. Die Botschaft ist klar: »Jag mich, ich will.«

14 Ein Hauch von mir. Diese Methode stammt von Jackie Collins, Schwester von *Denver*-Biest Joan. Es braucht eine Menge Mut dazu, aber das Ergebnis ist umwerfend. Trauen Sie sich, mit dem Finger heimlich einen Hauch Feuchte aus Ihrer Scham über Ihrer Oberlippe aufzutragen (Variante: über seiner. Tun Sie so, als ob Sie ihm einen Krümel wegwischen wollen. Männer sollten eh mehr Krümel im Gesicht haben, damit wir sie anfassen können). Wenn Sie sich küssen, wird der Duft Ihrer Pheromone ihn wild machen, ohne dass er weiß, warum. Besonders an Tagen, an denen Sie sich sehr sexy fühlen, führt dieser Trick in zwei Minuten zu einer Welle der Leidenschaft. Na ja, ungefähr, denn jeder Mann reagiert anders auf die natürlichen Lockstoffe (Pheromone) einer Frau, die auch unter den Achseln und an der Wange entströmen.

Künstliche Pheromone werden übrigens aus den Duftdrüsen von Schweinen nachgebaut. Hmmm, lecker. Einige Frauen beob-achteten, dass dieses Laborparfüm eher Eifersucht denn Lust hervorruft. Dann lieber doch natürlich nach sich selbst duften.

15 Wer Manipulationen mag, wird diese drei Spielereien lieben, um einen Mann zu verunsichern:
Mut zur Übersprungshandlung: Wenn er von sich erzählt, streichen Sie mit dem Ringfinger über Ihre Schlüsselbeine. Oder Ihre Unter-

lippe. Lassen Sie die Finger langsam den Hals heruntergleiten und an Ihrem Dekolleté enden. Wenn Sie reden, nehmen Sie die Hände von Ihrem Körper weg. Die Botschaft landet in seinem Kleinhirn: Fass! Mich! An! Die Signale werden von seinem Limbischen Gehirn simultan übersetzt: dass Sie berührt werden möchten. Von ihm. Wundern Sie sich also nicht, wenn er plötzlich aufhört zu reden … Vor allem, wenn Sie heute abend Lust auf ihn haben, aber keine Lust, es ihm direkt zu sagen.

Die Kunst des Zögerns: Berühren Sie ihn, auch wenn Sie bereits miteinander vertraut sind, nach einem dieser langen Blicke mit bedeutsamer Langsamkeit. Halten Sie kurz vor seiner Haut inne. Da er erwartet hat, dass Sie ihn berühren, kommt die Verzögerung einem kleinen Stromschlag gleich. Diese überraschende Spannung wird aufgelöst durch Ihre Fingerspitzen an empfindlichen Stellen: Haaransatz im Nacken, Schläfe und Außenspitze seiner Augenbrauen. Auch die Innenseiten seiner Handgelenke, Unter- und Oberarme sind Orte für Zärtlichkeiten, die erotisch, aber nicht eindeutig sind. Getoppt werden diese Annäherungen von einem eindeutigen Move: Dem Strich mit dem Fingernagel über seine Handinnenfläche, gefolgt von einem Kuss direkt in seine Hand.

Der Zungenverweigerer: Ziehen Sie ihn an eine Häuserecke, in einen Flur ohne Beleuchtung, suchen Sie mal wieder die absolute Dunkelheit zum Küssen, um den Sehsinn abzuschalten und sich ganz dem Fühlen und Riechen zu widmen. Die Zunge beim Kuss darf dabei warten: Die Erotik liegt in der Verweigerung und im Vorfreude-Effekt der Hormone. Seine und Ihre Lust wird angekickt durch die verlängerte Erwartungshaltung. Ziehen Sie ihn an sich, entziehen Sie sich, lassen Sie seine Küsse auf Ihrem Hals landen. Necken Sie ihn weiter: mit der Zungenspitze an seiner Oberlippe, seinen Mundwinkeln. Steigern Sie die Leidenschaft, indem Sie ihn küssen, ansehen und nur ein Wort sagen: »Mehr!« Und dabei einen Finger in seinen Mund gleiten lassen. Kneten Sie dabei sanft seinen Rücken, ziehen Sie die Pobacken auseinander, stemmen Sie die Oberschenkel an seine. Versprochen: Nach zwanzig Minuten fühlen Sie sich wie frisch verliebt …

16 Walking on Sunshine. Das Geheimnis von sexy Frauen? Der Gang – immer mit unhörbarem Shaka-boom und Hüftschwung (Sie müssen ja nicht die Absätze schieffeilen wie die Monroe). Frei nach Ally McBeal hören Sie dabei einen für andere unhörbaren Song im Kopf. Ich persönlich schwanke zwischen »Sunny«, »Come with me«, »Sway« und »Let me entertain you«. Effekt: Ihre Bewegungen sind fließender, von spürbarer Intensität, Ihr Gesicht ist entspannt – unbewusst hofft er, dass Sie im Bett genauso lebendig und relaxed sind. Also, Ladys: Wiegen Sie die Hüften. Keine zu kleinen, keine zu großen Schritte. Kein Modelgang Fuß vor Fuß, sondern abrollen. Ja, selbst wenn Sie hohe Hacken tragen – das ist nämlich die Kunst, die Stilettos wie Turnschuhe zu tragen. Und gehen Sie nicht zu schnell, sonst kann er Sie gar nicht richtig bewundern.

17 Die Schwestern von Scarlett Johansson. Eine Stimme zum Niederknien besitzt die fragile Hollywood-Schönheit, die vor allem als *Mädchen mit dem Perlenohrring* viel zu wenig sagen durfte. Ihre Stimme im Original ist so gut, dass man fast selbst für immer schweigen möchte. Aber: So können Sie auch reden. Atmen Sie in Ihr Zwerchfell, stellen Sie sich vor, Sie würden beim Reden bis in die Scham atmen. Beginnen Sie beim Ausatmen zu sprechen, und lassen Sie Ihre Stimme wirken. Er assoziiert reflexartig zerwühlte Haare, warme Bettlaken, Lust … Und reden Sie nicht zu schnell. Oft gleitet die Stimme hoch und hört sich mehr nach Schiffssirene als nach Lustsirene an.

Read my lips: Dunkelrot, knallrot oder doch dezenter Lipgloss? Entscheiden Sie sich im Zweifel lieber für hellen, glänzenden Lippenstift oder Gloss, denn Männer assoziieren mit Lippenstiftfarbe zwei Dinge: Erstens, wie es aussieht, wenn das Jadezepter in diesen aprikosenzarten Spalten hin und her gleitet, und zweitens, ob Ihre Muschel wohl auch so duftig rosa aussehen mag. Dunkle Farben indes wirken zu betont und aggressiv und, ähm … alt. Dekorative Kosmetiker vergessen eben auch manchmal die schlichten Regeln der Verführung.

18 Die Albernheiten einer Sexgöttin. Lackierte Fingernägel lenken die Aufmerksamkeit auf Ihre Handbewegungen. Streicheln Sie Ihre eigenen Finger, während Sie ihn ansehen, fahren Sie sanft Ihre Lippen nach, fahren Sie Ihren Hals hinab, Ihr Dekolleté. Lecken Sie einen Finger an, berühren Sie ihn an der Schulter, ahmen Sie das Geräusch nach, wenn ein Tropfen eine heiße Herdplatte berührt (»Tschhhh«) und raunen Sie: »Jetzt aber raus aus den nassen Klamotten.«

Ähnlich erheiternd: *Mehr Luft!* In der Hitze des Sommers kommt ein Ventilator gut – und besser, wenn Sie ihn neben sich stehen haben und sich für Ihren Geliebten ausziehen. Nicht wie ein Stripgirl, sondern ganz Sie selbst. Nur dass der Luftzug Ihre Haare aufpeppt und eine Gänsehaut zaubert. Wie man die Slow Motion hinkriegt, daran arbeite ich noch.

19 Die gemeine Berechnung einer Sexgöttin. Flirten Sie mit dem Barkeeper, dem Taxifahrer, dem Kellner … oder irgendwem, der gerade noch da ist: Leichte Eifersucht ist das zweitbeste Mittel, um das Männerhormon Testosteron bei Ihrem Herzblatt anzukurbeln. Im Jargon der Evolutionswissenschaftler heißt das: Spermawettbewerb. Als Frau kennen Sie das Spiel auf dem schmalen Grat: Widmen Sie Ihre Aufmerksamkeit abwechselnd ihm und der Umgebung. Lächeln Sie erst in die Ferne, dann ihn an. Folgen Sie einem Fremden mit den Blicken, und sehen Sie dann wieder Ihrer Verabredung direkt zwischen die Beine, während Sie die erlösenden Worte sprechen: »Wollen wir irgendwohin gehen, wo wir alleine sind?« Okay, es ist eine Diva-Methode, aber amüsant – er hat nämlich das Gefühl, einen Schatz erobert zu haben. Das Rezept beruht auf der Tatsache, dass etwas im Marktwert steigt, sobald es einen Rivalen gibt. Kennt man ja aus dem Sommerschlussverkauf, aber so billig müssen Sie sich nicht anpreisen.

Achtung, jetzt folgt ein unmoralischer Vorschlag. Aber ich verstecke mich zunächst hinter einem Weisen, wenn auch einem bereits verstorbenen. Einer der Mitverfasser des *Kamasutra,* Ghotakamukha, gab – sinngemäß – zu bedenken: »Erotisches Geschick ist eine Fertigkeit, die man lernen und vervollkommnen kann. Aber die richtige Handhabung kann nur dem helfen, der sich seiner eigenen Lust bewusst wird«, sprich: seine eigene Sexualität erforscht hat. Je intensiver Sie sich also mit Ihrer Samtmuschel beschäftigen, Ihren Gelüsten, desto mehr sind Sie fähig, diese Lust zu zeigen, zu entfesseln, sich ihr hinzugeben. (Ich liebe diese Ausrede für Onaniefreude.) Kurz gesagt: Ihre Göttlichkeit ist zwischen Ihren Beinen. Es wird Zeit, dass Sie sich dessen bewusst werden. Sehen. Berühren. Schmekken. Riechen. Und lieben. Lieben Sie Ihre Vagina, und hauen Sie jedem eine in die Fresse, der »Pussy« als Verunglimpfung eines soften Mannes hernimmt, oder das F- beziehungsweise V-Wort (ja, genau: Fotze) als Schimpfwort benutzt. Aber mit Anlauf!

20 Machen Sie sich mit Ihrem Geschlecht vertraut, anstatt es nur durch gelegentliches Ertasten zu spüren – erforschen Sie es mit einem langen Blick in den vorgehaltenen Spiegel. Nehmen Sie Farbe und Form auf, versuchen Sie, Vergleiche zu finden – wie eine Blume geformt, farbenfroh wie Papaya, geheimnisvoll wie eine Auster … der Sinn dieses »Erkennens« ist, Ihre Akzeptanz sich selbst gegenüber zu erhöhen, und sich selbstbewusst zu sagen: Ich bin unverwechselbar schön in meiner Weiblichkeit, ich habe Lust, und ich mag, was ich sehe, denn ich sehe: Mich. Die Erlaubnis, ganz man selbst zu sein, ist die höchste Freiheit.

21 Geben Sie Ihrem Geschlecht einen Kosenamen. Die deutsche Sprache ist nicht gerade verschwenderisch mit wohlklingenden Namen für das weibliche Geschlecht, und die klinischen Begriffe wie Vagina, die doofen wie Möse oder Muschi/Mausi oder heftige Ausdrücke wie Loch oder Fotze führen nur dazu, Distanz zu diesem wunderbaren Organ aufzubauen. Seien Sie Ihrer Liebeshöhle gegenüber weniger reserviert, und geben Sie ihr einen Namen, schreiben Sie ihr einen Brief, in dem Sie ihre Vorzüge und Bedürfnisse erklären oder das Versprechen geben, sich zärtlicher um sie zu kümmern. Denn oft ist es die Reserviertheit gegenüber dem eigenen Liebesorgan, was der Auslebung von Sinnlichkeit im Wege steht. Namensvorschläge: Venus. Tigresse. Lovely. Mademoiselle. Queeny. Audrey. Marylin. Dessert. Miss. Spieldöschen. Perle. Venusfjord. Bella. Cara. Wenn Sie mögen, können Sie auch gleich Ihre Brüste neu titulieren. Für mehr Inspiration: Gleich weiter vorblättern zu Kapitel 9 – vor allem die asiatischen Liebeslehren verfügen über viel Poesie für das weibliche Organ.

Wenn Sie Lust haben, schmücken Sie Ihr Schatzkästchen – ob durch eine sorgfältige Rasur, bei der nur der »Mittelstreifen« oder ein »V« stehenbleibt, oder mit Strass-Steinchen über der Scham, einem Bauchkettchen, dessen Anhänger sacht an die Lustperle schwingt, mit Hennaverzierungen mit symmetrischen Ornamenten links und rechts des Schamhügels oder mit einem Wet-Styling, bei dem Sie die Härchen mit Öl oder Gel zum Glänzen bringen. Übrigens: Nach den Lehren des *Kamasutra* ist ein gepiercter Penis (»Lingam«) der bessere. In der alten Schriftenlehre wird er »durchlöchert« genannt; die Stichkanäle wurden dazu benutzt, um Lustwerkzeuge an seinem treuen Liebesdiener anzubringen, auf dass es seine Gefährtin um so netter hätte. Das nennen wir Einsatz! Ich schwöre allerdings auf Natur. Das eine Mal, wo ein gepiercter Hodensack vor mir baumelte, war ich nicht sicher, was damit zu tun sei. Schubsen, ziehen, was dranhängen? Der Herr klärte mich auf: es sei nur für die Optik, wie Ohrringe. Ach so.

22 **Sexy Accessoires.** Legen Sie zwei Schatzkästchen an. Eine Schatulle für Zwei: Liebesspielzeug in greifbarer Nähe, das für beide taugt, wie Seidentücher, Dildo, Analstring, Lederhandschuhe, Gleitmittel auf Wasserbasis, Augenmaske, ein Ledergürtel vielleicht … Und eine Schatulle, die nur Ihnen allein gehört, nämlich für Ihr Einzelvergnügen. Mit Ihrer Lieblingslektüre erotischer Art. Mit einem Hartglasdildo, den Sie im Wasserbad anwärmen (zum Beispiel bei www.paboshop.com, nicht von dem www-Auftritt irritieren lassen). Mit Gleitmitteln, die Sie nach Gelüsten ausprobieren, mal das dünnflüssige, mal das cremige, dann wieder jenes, das wärmt … Außerdem: Lavasteine, die Sie im Ofen anwärmen und auf den Nabel legen können, während Sie mit sich selbst spielen. Ein Aufliegevibrator – sieht meist aus wie ein glatter, manchmal bunter Kiesel, der nur

für die Klitoris gedacht ist. Verschiedene Handschuhe, um zu testen, wie sich die Berührung eines Lederhandschuhs von einem Abendhandschuh unterscheidet …

Die Lust auf Sinnlichkeit liegt übrigens auch im Detail: Die Haare beim Friseur gewaschen bekommen. Den Duft eines Mannes wahrnehmen, die Augen schließen und die Gedanken auf die Reise schikken. Schokolade nicht kauen, sondern lutschen. Nicht einfach in die Wanne steigen, sondern mit dem Schwamm heißes Wasser zwischen den Schenkeln ausdrücken: Sinnliche Erlebnisse sind in allen Lebensräumen zu entdecken. Schulen Sie Ihre fünf Sinne. (An dieser Stelle danke ich meinem Friseur Jörg und seiner Liebsten Grigoria vom Salon *Sculp Cut* für eure wahnsinnigen Hände. Ihr müsst es gut im Bett miteinander haben, schätze ich.)

Sieben Sünden für skandalös guten Sex

Zuverlässig, verbindlich, erwachsen und kompromissbereit: Selbstverständlich sind all das gute Eigenschaften, um eine Partnerschaft zu erleben. Oder im Job ganz besonders gut dazustehen. Überhaupt ein netter Mensch zu sein. Nett, langweilig, und in Gefahr, herumgeschubst zu werden. Dauernd versteht man alles, nur sich selbst nicht. Und: Leider stehen Sie im Weg, wenn es um mehr Kicks im Bett geht. Denn Erotik hat stets den Beigeschmack von Unberechenbarkeit, Glamour, Grenzerfahrungen und Verhaltensweisen, die im Alltag eine Verhaltenssünde darstellen. In der Liebe ist der Luxus von lustvollen Sünden allerdings nicht nur erlaubt, sondern dringend nötig, um sie lebendig zu halten. Und um auch die andere Seite in Ihnen auszuleben, die es nach mehr Leben, mehr Lust, mehr Aufregung dürstet. Begehen Sie diese kleinen Sünden, für Ihren ganz persönlichen Sex de luxe – von der Verführung bis zur Renitenz.

1. Unberechenbarkeit: Seien Sie unzuverlässig! Erst anmachen, dann stehen lassen: Es gilt als verpönt, einen Mann mit Blicken, Berührungen oder zweideutigen Gesprächen zu locken – und sich dann davonzumachen. Wir leben meist nach dem ungeschriebenen Gesetz: Was man verspricht, muss man auch halten. Diese Haltung ist moralisch einwandfrei: Wenn es um Zusagen zum Umzug oder den Bausparfonds geht. Aber sofort eingelöste erotische Versprechen knicken einfach die Leidenschaft! Brechen Sie Ihre Versprechen. Der Sinn: Seine Vorfreude macht ihn glücklicher als die Sofort-Erfüllung – und alles, was nicht gleich zu haben ist, steigt im Wert: Sie! Bedürfniserweckung nennen Psychologen das; es funktioniert bei limitierten Handtaschen genauso wie bei exklusiven, wohldosierten Zuneigungsbekundungen. Er wird, nach den ersten Körben, um so lustvoller und einfallsreicher auf Sie zugehen, um sich für die Mühe zu »belohnen«. Müssen Sie ja nicht dauernd machen – sehen Sie es als Spiel.

Belegt wurde der Vorfreudeeffekt von der US-Psychologin Regina Carelli (Universität Chapel Hill): Die Dopaminkonzentration im Gehirn wird bereits dann höher, wenn mit der erotischen Gabe gerechnet wird, nicht erst, wenn sie erhalten wird. Carelli verglich es mit der Vorfreude auf ein gutes Essen oder einen Kokainkick: Genauso reagiert das Gehirn mit chemischen Glückscocktails. Sie dürfen diese Sünde also begehen und ihn mit Launen, Überraschungsverführungen und Verweigerungsallüren süchtig machen – und glücklich! Vor allem beim Flirt behält eine sündige Verführerin das Uneindeutige bei. Sie bleibt stets geheimnisvoll, dann wieder ist sie frontal offen, bewegt sich wohlbedacht, dann wieder spontan. Das heißt in der Praxis: Flirten Sie nie nur mit ihm, sondern auch mit anderen. Sparen Sie Details aus Ihrem Leben bei Gesprächen aus – deuten Sie sie nur an, wie zum Beispiel erotische Erfahrungen, aber wechseln Sie dann das Thema. Geben Sie kleine, amüsante Schwächen zu, aber seien Sie auch selbstbewusst genug, um ihm zu sagen, dass Sie später allein nach Hause gehen. Lassen Sie sich seine Nummer geben, aber rücken Sie Ihre nicht heraus. Sagen Sie erste Verabredungen kurzfristig ab. Überraschen Sie ihn mit einem Spontanpicknick. Gehen Sie nach dem ersten Kuss als erste. Gehen Sie stets bis an die Grenze des erotisch Erträglichen, und flüchten Sie dann in einen Termin. Tauchen Sie zu einem Kaffeedate in supersexy Kleidung auf, beim Kinoabend aber hochgeschlossen. Gewöhnen Sie sich einen Rhythmus von Distanz und Nähe an, aber hinterlassen Sie ihm bei jedem Rückzug eine Ahnung von dem, was es beim nächsten Mal geben könnte: eine Fortsetzung des Kusses, des Engtanzes, der Handmassage? Die Kunst ist, stets etwas sehr Intimes zu tun, wie ein inniges Gespräch, ein geflüstertes Kompliment in sein Ohr, eine Taxifahrt, bei der Sie an seinem Daumen lecken – und dann der Rückzug, ohne eine weitere Verabredung. Solange er nicht weiß, wann er Sie wieder sieht, wird er an Sie denken. Und sich freuen.

Auch in einer Beziehung lässt sich mit der Sünde Unberechenbarkeit spielen: indem Sie ihn behandeln wie einen Mann, den Sie gerade erst kennengelernt haben! Er ist daran gewöhnt, dass Sie bei Nackenbissen schmusig werden? Diesmal nicht: Sie gehen nur soweit darauf ein, bis er Sie ausziehen will, dann lassen Sie sich ein Bad ein oder telefonieren mit Ihrer Freundin. Überraschen Sie ihn damit, dass Sie Samstagabend keine Zeit haben. Schalten Sie Ihre Vernunft aus, und verführen Sie ihn zu Spontansex in unmöglichen Momenten. Rufen Sie ihn auf der Arbeit an, sagen Sie nur einen Satz »Ich bin so feucht, dass ich es sofort selbst tun muss. Wiedersehen«, und legen Sie auf. Verwöhnen Sie ihn mit Strip und Streicheleinheiten, aber fassen Sie die spannendste Stelle so lange nicht an, bis er bettelt. Und wenn er fleht: Fragen Sie ihn, was er dafür bieten würde. Und sagen Sie dann trotzdem Nein, wenn Ihnen danach ist ... kurz gesagt: Bleiben Sie unberechenbar!

2. Selbstdarstellung: Inszenieren Sie sich! Wer sind Sie heute? Die luxuriöse Sünde der täglichen Neu-Inszenierung begehen wir Frauen leider zu selten. Obwohl ein Blick in Ihren Kleiderschrank belegt: Sie sind mehr als nur eine Frau. Im Schrank hängt das Luder-Outfit neben dem der Business-Dominette, das mädchenhafte Blümchenkleid hinter der coolen Lederjacke, die Diven-Boa gleichauf mit den Sandaletten mit Starqualität ... und genauso, wie Sie Ihre Kleidung danach auswählen, wie Sie sich fühlen, so sollten Sie sich auch geben. Der Sinn ist, die Neugier Ihres Lieblingsmannes oder Verführungsobjekts wachzuhalten und wie nebenbei durch viele Facetten und

Auftritte mehr Sie selbst zu sein als mit jeder eindimensionalen Rolle. Neugier ist das Triebmittel, damit ein Mann Ihnen verfällt: Sie schalten den sogenannten Coolidge-Effekt aus, der besagt, dass ein Mann meint, Sie nach etwa fünfmal Sex zu »kennen«, und damit rechnet, dass Sie sich auch beim nächsten Mal hingeben wie immer – und nach einer neuen Herausforderung Ausschau zu halten beginnt. Nach etwas, was anders ist.

Braucht er nicht: Denn Sie sind ab heute jeden Tag anders. Überraschungen machen Männer auf positive Weise unruhig und unsicher. Doch diese Unsicherheit ist die Garantie, dass er interessiert bleibt, und immer wieder versuchen möchte, Sie zu ergründen. In dem Moment, wo alles klar ist, werden Sie durchschaubar – und, mit Verlaub, alltäglich.

Sie dürfen jede Frau sein – denn das Spiel mit allen von Natur aus angelegten Rollen stärkt Ihre Präsenz, weil Sie keine Facetten Ihrer selbst mehr ausgrenzen müssen. Nach Feierabend gehört Ihnen die ganze Welt der Weiblichkeit: Seien Sie doch, wer Sie wollen! Sie wecken seine Beschützerinstinkte und lassen ihn ganz Mann sein, wenn Sie das Mädchen sind, das sich zart, verspielt und albern gibt; damit vorgaukelt, noch nie etwas von Sex gehört zu haben und sich zögernd hingibt. Sie locken den Jäger in ihm, wenn es Sie nach Starsein gelüstet, und Sie beim Eckitaliener in großer Robe auftreten und mit allen Kellnern flirten. Sie animieren ihn zu lustvollen Übergriffen, wenn Sie Ihrem Luder Raum geben, das sich schamlos im Treppenhaus an ihn presst und mit zu kurzem Rock und zu hohem Schuh zwar eine Modesünde begeht, aber sich dafür als selbstbewusst-williges Opfer an seine Brust wirft. Sie spielen mit seiner Lust, sich Ihnen zu unterwerfen, wenn Sie ihn im schwarzen Gouvernantenkostüm und Strumpfhaltern zum Küchendienst verdonnern. Und Sie irritieren ihn maßlos, wenn Sie unter der Lederjacke ein durchsichtiges Hemd tragen: harte Schale, weicher Kern, eben ganz so, wie Sie entscheiden, wer Sie heute sind.

Führen Sie bei all diesen Rollenspielen per Kleidung und Gebaren präzise Brüche durch, um nicht nur eine Oberfläche zu spiegeln, sondern weiterhin undurchschaubar und damit anziehend zu bleiben: Auch wenn Sie das Mädchen geben, dürfen Sie im Verlauf des Abends mit einem Stahl-Sextoy anrücken oder unter dem Rosenröckchen einen Leder-G-String tragen. Auch als überlegene Diva dürfen Sie hilflos-lustvoll auf dem Tisch liegen und ihn bitten, es endlich zu tun. Und erst recht dürfen Sie im Glamourauftritt die dunkelste Straßenecke suchen, um ihm kurz mal eben einen anmoderierten Blowjob zu verpassen.

Und wenn Sie auf all das Getue keine Lust mehr haben: *Tun Sie – nichts!* Oft ist weniger nämlich mehr – je weniger Aufwand Sie betreiben, desto gelöster kann er reagieren, anstatt sich zu fragen: Wow, wenn sie schon so eine Show bietet, was muss ich dann erst tun? Tragen Sie zum Beispiel nichts außer einer Kette im Bett. Oder legen Sie sich aufs Sofa und sagen Sie ihm leise, dass er Sie ausziehen möge, Sie würden es leider nicht mehr schaffen. Warnung: Bei aller Liebe zur Pose (macht ja Spaß), bleiben Sie sich treu!

3. Trägheit: Machen Sie es sich bequem! Von der Jägerin zur Gejagten: Er sollte es nicht bequem mit Ihnen haben, geschweige denn wissen, dass Sie ihm schon ganz gehören! Zumindest, was den Flirt um Sex angeht. Dass Sie ihn lieben, sollten Sie *niemals* bewusst verheimlichen, das ist schäbig und in Sachen Sex sowieso unnötig.

Nein, es geht um das Spiel der Erotik. Eine gewisse abwartende Faulheit gehört dazu: Sie beruht auf dem Spiel der psychologischen Abwehrmechanismen, bei der Sie Abwehr und Anziehung im Wechselspiel einsetzen. Die Anziehung beruht darin, dass er sich in Ihrer Gegenwart verstanden fühlt. Sobald er überzeugt ist, dass Sie seine Welt mit seinen Augen sehen, fühlt er sich angenommen und wohl bei Ihnen. Doch irgendwann wirkt dieses Wohlgefühl wie warmes Wasser: schön, aber die Hitze fehlt. Zeit für die kleine Abwehr: In dem Moment, wo Sie sich rar machen, gelangweilt zeigen, uninteressiert oder kühl, wird man Ihre positiven Eigenheiten vermissen – es entsteht Sehnsucht. Und dann beginnt dieses wunderbar schaurig-warme Gefühl in der Magengegend, es gedeiht bis zum nächsten Wiedersehen, bei dem er hofft, dass er Sie wieder begeistern oder verführen kann. Die Evolution hat es genau so eingerich-

53

tet: Der Mann bewirbt sich, die Frau wählt aus. Sie müssen nicht ihm hinterher laufen, sondern ihm Gelegenheiten geben, Ihnen nachzujagen. Seien Sie nicht artig, das hat noch keiner Frau je genutzt!

Dazu gehört, dass Sie sich davon verabschieden, seine »Arbeit« zu erledigen: ihn nicht mit Sex-Ideen verführen, anstatt ihn kommen zu lassen. Ihm Gelegenheit geben, sich für das Wochenende was einfallen zu lassen, anstatt ihn mit diversen Vorschlägen zu bombardieren. Nicht zu schnell zu allem »Ja, großartig« sagen und sich auch nicht gleich nach dem Treffen erneut verabreden.

Doch, es wird Ihnen schwerfallen, nichts oder weniger zu tun – als moderne Frau nehmen Sie die Dinge gern selbst in die Hand. Das Problem ist nur: Wo es nichts mehr zu überreden, zu begeistern oder mitzureißen gibt, fühlt Mann sich weniger als Mann. Er fühlt sich seiner Aufgabe – als Jäger und Eroberer – enthoben. Und ohne Aufgabe fehlen ihm Erfolgserlebnisse – doch die braucht er, um sich als guter Liebhaber zu fühlen. Das ist eine der Wahrheiten, mit der wir initiativen Frauen umgehen lernen sollten: Lassen Sie ihn Mann sein.

Verwenden Sie beim Flirt das »Mini-Maxi-Prinzip«: mit wenig Einsatz zu viel Erfolg. Flirten Sie mehr mit Blicken, als sich den Mund fusselig zu reden: Männer sehen mit den Augen, nicht mit dem Herzen oder dem Hirn. Sehen Sie in sein rechtes Auge mit Ihrem Schlafzimmerblick, genießen Sie seine Unruhe. Setzen Sie per Kleidung Schlüsselreize ein – ein langer Schlitz im Rock wird mehr Männer nervös machen als Ihr Bonmot zur Weltlage. Lachen Sie über seine Witze – und dann plötzlich überhaupt nicht mehr. Lassen Sie ihn Ihre Getränke bestellen, auch wenn Sie das prima selbst tun können – Ihre Trägheit ist sein Ansporn, Ihnen zu zeigen, dass er gern etwas für Sie tun möchte. Und Sie? Tun Sie zwischendurch gelangweilt, auch wenn es Ihnen schwerfällt, diesen geistreichen, sexy Beau auch nur Sekunden zu ignorieren. Nichts macht Männer nervöser, als wenn eine Frau ihnen zu entgleiten droht.

Das gilt auch für Beziehungen: Brechen Sie Gewohnheiten auf, sich zum Beispiel stets das Wochenende fürs Paarleben freizuhalten.

Verabreden Sie sich mit Freunden. Gehen Sie allein ins Kino, und machen Sie sich dafür zurecht. Fragen Sie nicht mehr, wann Sie sich wiedersehen. Liegen Sie faul in exquisiten Dessous herum, aber ohne Anstalten zu machen, ihm damit nahezurücken. Sagen Sie mal ja, mal nein zu seinen Vorschlägen. Und, vor allem: Machen Sie es sich beim Sex bequem! Lassen Sie sich nicht mehr so oft auf Stellungen ein, in denen Sie wenig davon haben, sondern verlangen Sie Zusatzhandlungen! Wenn er schon auf Doggystyle besteht, fordern Sie schnurrend eine Rückenmassage dazu ein. Oder fragen Sie ihn, an was er denkt, während er sich auszieht, anstatt sich mit Dirty talk abzumühen. Lassen Sie sich von ihm erotische Literatur vorlesen, oder bitten Sie ihn, ein sexy Filmchen zu besorgen. Fordern Sie ihn zu mehr Oralverkehr auf oder dazu, sich beim Hauptact mehr auf Sie zu konzentrieren. Vorteil für beide: Er hält länger durch, Sie kommen besser. Kurz gesagt: Machen Sie es sich bequem, und lassen Sie ihm im Alltag und Bett mehr Raum, Sie hinzureißen.

4. Dramatik: Lieben Sie leidenschaftlich! Kontrolliert, vernünftig, besonnen: Um eine Diät durchzuziehen, sind das wunderbare Fähigkeiten. Und da wir Frauen dazu neigen, auch Liebe und ihre Begleiterscheinungen wie eine Diät anzugehen, nämlich geplant brauchen wir uns nicht zu wundern, wenn sich die Leidenschaft dünnmacht oder die strategischen Ziele nie erreicht werden. Es fehlt nämlich die wichtigste Zutat: Adrenalin. Dieses Stresshormon, das in den Nebennieren bei jeder Art von Alarmzuständen ausgeschüttet wird, den Blutdruck erhöht, die Knie weich, den Magen flau macht, wühlt auch die Gefühle auf. Es bereitet uns nicht nur auf einen Kampf oder eine Flucht vor, auch »die Liebe wächst mit dem Adrenalin«, sagt die US-Beziehungsforscherin Elaine Hatfield.

Schlagen Sie sich Ihre Vernunft also mal aus dem Kopf! Werden Sie zur Vollblutfrau in jeder Hinsicht – Sie müssen weder immer alle seine Macken verstehen noch Ihre Gefühle zwanghaft unter Kontrolle halten, wenn Ihnen mehr nach Action ist, und natürlich dürfen auch mal Teller fliegen, wenn eine piekfeine Szene angebracht ist.

Lassen Sie Ihren Emotionen Raum: Dazu gehört, sich voll einzulassen auf alles, was Sie tun: sich freuen, grübeln, zornig sein, lieben, begehren, küssen, miteinander schlafen. Fahren Sie eine Nacht durch, um am Meer Sterne zu zählen, und reden Sie sich nicht heraus mit: »Morgen muss ich früh raus.« Wandeln Sie Zorn des Alltags um: Anstatt sich über die Kolleginnen zu beschweren, toben Sie sich mit ihm aus. Raufen statt reden, wilder Sex statt trübe Melancholie. Beißen Sie ihn während eines kleineren Streits lustvoll in den Nakken. Sorgen Sie für Adrenalinkicks – wenn Sie nicht für Szenen wie im italienischen Werbefernsehen gemacht sind, sorgen Sie mit einem Hauch Konkurrenzdruck für den Kick der Eifersucht: Flirten Sie mit den Kellnern, wenn Sie ausgehen. Wenn Sie eine SMS bekommen, lächeln Sie geheimnisvoll oder sagen auf die Frage, wer denn da am Telefon war: »Niemand.« Erzählen Sie ihm von dem neuen smarten Kollegen. Der größte Schatz der Frau ist die Phantasie des Mannes: Auch wenn es keinen anderen gibt, so ist die Idee eines Rivalen schon genug, um sein Herz klopfen zu lassen.

5. Dekadenz: L(i)eben Sie verschwenderisch! Die Erfahrung zeigt, dass Menschen, die in der Lage sind, zu verführen, anderen Menschen Freude bereiten können. Die meisten Menschen sind festgenagelt an Konventionen, Pflichten und in sich selbst. Und dann kommt jemand, der durch Charme, Verständnis und Sinnlichkeit zu einem Spiel auffordert – und plötzlich spüren wir, wie wir erblühen und freiwillig mitspielen. Überraschungen, romantische und spontane Zeremonien gehören dazu, Phantasie und Niveau, um keinem plump zu nahe zu treten.

Als Zeichen Ihrer Bereitschaft zur lässlichen Sünde der Dekadenz sollten Sie sich jede Woche frische Rosen besorgen – die Rose gilt als Symbol der Zügellosigkeit und hedonistischen Lebensart. Denn eine gewisse Verschwendungslust ist ein Zeichen von Neugier, Talent zu leben, Hingabe zu Sinnlichem und ein Bekenntnis zum Egoismus, wovon aber auch Ihr Herzprinz etwas hat. Ein Hauch Luxus, Üppigkeit und Verschwendung gehört in Ihr Bett – das bringt genau das Maß an Chaos mit sich, was Sie spannend werden lässt.

Schaffen Sie sich zum Beispiel Rosé-Champagner an, der während (!) des Akts getrunken wird. Sie thronen auf ihm, greifen nach dem Glas, und ... »Huch, jetzt hab ich alles auf deinen Bauch verschüttet!«, oder geben Sie ihm einen Schluck direkt aus Ihrem Mund. Wühlen Sie sich lustvoll durch Seidenbettwäsche, tragen Sie sündteure Sandaletten und sonst nichts, wenn Sie Milchkaffee, Melonen, hauchdünnen Schinken und (Aufback-)Croissants zum Frühstück auf dem Kissenlager im Wohnzimmer kredenzen – oder stellen Sie nicht nur drei Kerzen auf, sondern dreißig! Lustvolle Hedonie ist ein Aphrodisiakum, Geiz können Sie woanders ausleben, denn sich und ihn mit prallem Leben zu beschenken kickt mehr als jedes bürgerliche Knickertum.

Das beinhaltet aber auch, dass Sie nicht nur zu äußeren Mitteln greifen, sondern auch eine gewisse innere Genießlust leben: Lassen Sie es zu, von ihm verwöhnt zu werden – aber widmen Sie sich zum Beispiel auch mal ganz und ausschließlich ihm. Gehen Sie voll auf im Empfangen oder eben im Geben. Stimulieren Sie alle Sinne und beleben Sie Ihre und seine Neugier, schwelgen Sie in allem, was Erotik zu bieten hat. Seien Sie verschwenderisch im Geben von Küssen, Komplimenten, knisterndem Klassesex: Wenn schon Sex auf der Rückbank eines Autos, dann bitte im (gemieteten oder von Freunden geliehenen) Mercedes. Wenn er Ihnen schon die Strumpfhose zerreißt, dann bitte auch die richtig teure, wo bleibt sonst der kleine Angstlusthit? Und wenn Sie das nächste Mal im Sexshop stehen, holen Sie sich nicht ein interessantes Öl, sondern lieber gleich drei. Übrigens: Am meisten kickt diese Sünde in Kombination mit der Sünde der Unzuverlässigkeit und Trägheit. Sie müssen also nicht dauernd am Erlebnislimit lieben, sondern es einfach ab und an zum Feuerwerk gestalten!

6. Verruchtheit: Überschreiten Sie Grenzen. Leitplanken sind eine sinnvolle Sache, sie geben die Richtung vor und sorgen dafür, dass niemand vom Weg abweicht. So fahren auch Sie geschützt durch Ihr Liebesleben, auf dem einfachen, schnurgeraden, holperfreien – und irgendwann langweiligen Weg. Etwas wagen, das Risiko ausloten,

57

um dann einfach durch die Leitplanke aufs freie Feld vorzustoßen: Erst jenseits der eingefahrenen Wege werden Sie wirklich wissen, was Sie sonst noch vom Leben erwarten dürfen. Da man am Ende eines Lebens meist nur all das bereut, was man nicht getan hat, sollten Sie konsequent die sechste Sünde begehen und einen Hauch unmoralisch werden. Die ethischen Grenzen bleiben dabei bestehen, es geht darum, dass Sie sich nicht länger in gesellschaftlichen Konventionen bewegen sollten, die Ihren Spielraum einschränken.

Brechen Sie Tabus, tun Sie etwas, was in Ihren Augen sehr verboten ist: Stecken Sie dem Mann, mit dem Sie oft im Aufzug fahren und den Sie ungemein sexy finden, den Slip in die Jackettasche. Gut, Ihr eigener Lover freut sich darüber auch, vor allem wenn Sie ihm den getragenen String per Kurier zukommen lassen. Dem können Sie vorher auch noch die verruchte Nachricht dazu geben und ihn fragen, ob man alles lesen kann. Zu heftig? Gut, dann pirschen Sie sich an Ihren inneren Schatten heran: Rufen Sie Ihren Süßen mit verstellter Stimme an, benutzen Sie ein paar obszöne Wörter und legen Sie auf. Ja, Ihre Rufnummer dürfen Sie vorher unterdrücken. Sie dürfen alles ausprobieren und auch Hausverbote riskieren – na und, es gibt genug Bars auf der Welt! Greifen Sie Ihrem Lover je nach Laune diskret oder offensiv an den Hintern, suchen Sie unter dem Tisch nach Ihrem vorgeblich herabgefallenen Ohrring und begleiten Sie Ihre »Suchaktion« mit »Wo ist er denn bloß?« und einer Attacke auf seinen Ladyrocker. Tauchen Sie Ihren Finger in Milchschaum und lecken Sie ihn ab, dabei sehen Sie wahlweise Ihrem Gegenüber, dem Mann hinter der Bar oder dem am Nebentisch in die Augen. Fahren Sie in Unterwäsche Auto oder streichen Sie Ihr Schlafzimmer burgunderrot, besorgen Sie sich einen Strap-on-Dildo und schnallen Sie ihn um, um zu gucken, wie Sie mit einem Shaft aussehen würden; tragen Sie keinen BH unter der durchsichtigen Bluse, wenn Sie mit ihm zum Kino verabredet sind, oder seien Sie so laut beim Sex, dass Ihre Nachbarn gegen die Wand klopfen. Gehen Sie mit einer Freundin in den Swingerclub und lassen Sie sich von Fremden ansprechen, um zu sehen, was es mit Ihnen macht; bringen Sie den Schuhverkäufer in Verlegenheit, weil er Ihre Strumpfhalter sehen kann; oder erzählen Sie Ihrem gefesselten und mit einer Augenbinde versehenen Lover explizit von einer erotischen Phantasie, ohne ihn zu berühren …

Und wozu das Ganze? Weil Sie frei sind, alles zu tun oder zu lassen. Weil gemeinsame Grenzüberschreitungen Sie beide zu mehr Gemeinsamkeit und Nähe bringen. Weil Sie so auch herausfinden werden, ob er zu Ihnen passt oder eher ängstlich weiter in seinen Leitplanken dümpeln will. Und weil ein Hauch mehr Samantha Jones oder Mae West Sie zu einer gefährlich anziehenden Frau macht, die ihre Grenzen kennt: Eben weil Sie darüber hinausgehen.

7. Maßlosigkeit: Seien Sie gierig. Sei bescheiden, brav und lass anderen stets den Vortritt, so wuchsen viele von uns auf: Was uns zu sozialverträglichen Menschen gemacht hat, bringt uns leider in der Liebe nicht weiter. Denn wir bekommen nur, was wir wirklich wollen – und vor allem auch sagen oder uns holen. Von selbst wird niemand darauf kommen, Sie glücklich zu machen.

Aber was ist glücklich? Eine Frage der Neurochemie: Es ist der Dopaminspiegel im Gehirn, der zum Beispiel Verliebte wie Neurotiker auf Speed wirken lässt. Doch auch Nicht-mehr-ganz-so-Verliebte können ihren D-Pegel erhöhen. Am einfachsten mit: mehr Sex. Was Hirnforscher seit jeher vermutet hatten, konnte der Niederländer Gert Holstege von der Universität Groningen kürzlich experimentell nachweisen: Während des Orgasmus wird das »ventrale Tegmentum« aktiviert – der wichtigste Bestandteil des menschlichen Belohnungssystems und die Hauptader des Dopamins. Das High, das wir diesen Hirnarealen verdanken, wollen wir wieder und wieder erleben und uns selbst belohnen.

Also, bitte, belohnen Sie sich, seien Sie positiv-gierig in Ihren Forderungen: Mehr Sex! Steht ganz vorne an. Noch ein Orgasmus gleich dahinter. Und wie wär's damit: Von allem sowieso nur das Beste! Das beste Hotelzimmer, die charmantesten Komplimente, die leckerste Vorspeise, den aufregendsten Vibrator, die schönsten Küsse … Ja, Sie dürfen wollen! Denn erst das, was Sie sich wirklich selbst gönnen wollen, rückt in greifbare Nähe. Sie sind die wichtigste Person

Ihres Lebens, Sie sind eine Königin, die das Beste von allem zu Füßen gelegt bekommen sollte. Vielleicht werden Sie nicht alles zur gleichen Zeit bekommen, aber alles zu wollen ist keine Schwäche, sondern eine Form des gesunden Selbstliebens: Denn Sie haben es verdient. Gierig auf das Leben und seine angenehmen Seiten zu sein heißt auch, sich ein Schatzkästchen an wonnigen Ereignissen anzulegen, wenn die Zeiten härter werden.

Doch zu Beginn jedes Bekommens steht der Wille, es wirklich haben zu wollen und sich nicht mehr zu schämen, überhaupt Wünsche zu haben! Und das Schöne ist: 85 Prozent aller Männer macht es an, wenn eine Frau im Bett weiß, und vor allem deutlich macht, was sie will, was ihr gefällt. Dass der Ton die Musik macht, wissen Sie. – Also! Behaupten Sie ab heute nie mehr, es käme Ihnen nicht so direkt auf einen Orgasmus an. Bei der Olympiade mag Dabeisein alles sein, beim Sex nicht! Finden Sie heraus, wie Sie am besten kommen können, vielleicht einmal beim Vorspiel und dann on top noch mal. Fordern Sie, wenn Ihnen danach ist, ein Kompliment ein: Sie haben sich wunderbar zurechtgemacht, er soll aber bitte besonders den Rock loben. Bitten Sie ihn um ein originelles Kompliment! Ja, er darf es dann noch mal wiederholen. Und sich über Ihre Reaktion freuen.

Phantasien sind das ausgleichende Geschenk für die Realität

Phantasien sind normal, notwendig, lebensweisend: »Eine schmutzige Phantasie ist ein ewiges Fest«, stellte schon William Shakespeare fest. Tja, aber irgendwie sind wir dann wohl meist echte Partybremsen, sobald sich die mentale Zensorin einschaltet: Ein Quickie mit dem Postboten? Aber nicht doch! Eine schnelle Nummer auf dem Konferenztisch? Hilfe, was denke ich da! Oder die Idee, das nächste Mal den Taxifahrer mit einem Strip zu hypnotisieren ... Ach nein, ich liebe meinen Freund doch! Aber wieso denke ich manchmal beim Sex, beim Einschlafen, beim Onanieren oder just in der Straßenbahn, wie es wäre, es jetzt zu tun. Mit zweien, dreien. Mit Zuschauern oder einer Frau. Gefesselt oder nackt auf einer Tischtennisplatte. Hart. Oder langsam. Vier Sklaven, die sich nur mir widmen.

Nein, das darf ich doch alles nicht denken, bin ich denn noch normal?

Na klar.

Was verboten ist oder nicht, bestimmt nämlich allein Ihre innere Kritikerin. Die ist ein spießiges Luder, das einen davon abhält, in der Phantasie genussvoll mit jedem zu vögeln, der uns einfällt, eingebettet in Geschichten, Bilder, und verborgen in den Gedanken, unteilbar, unaussprechlich.

Fragen Sie das sich als Richterin aufspielende Miststück, woher sie kommt, was sie erreichen will und ob sie nicht was Besseres zu tun hat, als die pikierte kritische Stimme Ihrer Sexualität zu sein. Jede Frau hat eine schattenreiche Ecke ihrer erotischen Phantasien, die sie zwar nie real ausleben würde, die ihr aber dennoch in den Sinn kommen. Pflegen Sie diesen heimlichen Untergrund, der Ihrem Selbstbild zu widersprechen scheint. Nehmen Sie sich bewusst einen Abend frei, um Ihren Gedanken nachzuhängen.

Erzählen Sie Ihrem kritischen Spiegelbild wilde Phantasien, lesen Sie herbzarte Literatur, wagen Sie es, Ihre dunkelsten Wünsche einfach bis zum Ende zu denken. Es ist nur in Ihrem Kopf – stellen Sie sich Ihrer verbotenen Seite, denn die Gedanken sind frei. Es ist die magische Kraft der Phantasie, Grenzen zu übertreten (sonst wäre es keine Phantasie mehr), es ist der Zauber des Unmöglichen, der Ihnen erlaubt, in Ihrer Vorstellungswelt alles möglich zu machen. Unsere Vorstellungskraft ist ein Geschenk der Natur, um die Realität zu ertragen; ohne sie wären wir keine Menschen. Es ist eine völlig natürliche Sache, Gedankensplitter jenseits der Konventionen zu haben; eher müssten Sie sich Sorgen machen, wenn Sie keine hätten!

Denn Ihre lustvollen Phantasien werden aus derselben Quelle gespeist, die notwendig ist, um sich in andere hineinzuversetzen, um das Leben zu planen und Träume zu verwirklichen, um querzudenken und auf die Macht der Intuition zu vertrauen. All diese positiven Eigenschaften sind Kinder der Phantasie. Da werden Sie es doch wohl verkraften können, wenn Sie Ihre Vorstellungskraft zu mehr nutzen, als sich nur in andere hineinzufühlen: nämlich dazu, auch Sex in der Phantasie zuzulassen.

23 Die Triebfedern der Lust entdecken. Welches Gefühl innerhalb Ihrer erotischen Phantasien weckt bei Ihnen unmittelbar Lust? Das Gefühl, dominiert zu werden – oder dominant zu sein? Das Gefühl von Wildheit, Abenteuer, Zügellosigkeit – oder die Emotion, die mit Intimität, zärtlichen Massagen, Zweisamkeit einhergeht?

Versuchen Sie das Gefühl hinter Ihren wirkungsvollsten erotischen Phantasien zu benennen. Und auf einen kurzen Nenner zu bringen wie: Ich unten, er oben. Ich dominant (top), der andere devot (bottom oder sub). Ich werde gezwungen/bezwinge, der andere nimmt es sich/gibt sich hin.

So können Sie künftig leichter Bilder, Rollenspiele oder Verführungsabsichten erdenken, die zu diesem klar definierten Gefühl passen – und sich mit Ihrem Liebhaber gezielt Stellungen suchen, bei denen genau das Gefühl hervorgerufen wird, das Sie ankickt.

Für Rollenspiele und andere kinky Aktionen blättern Sie bitte in Richtung Kapitel 7: »Lack, Leder, Latex: Und was soll ich damit?«

24 Lift me up! Intensivere Orgasmen mit der Fahrstuhlübung. Jede Frau besitzt einen Schmetterling im Bauch: Der PC-Muskel, der sich doppelflügelförmig vom Steißbein über den Beckenboden bis zum Schambein spannt und in der vaginalen Wonnepforte einen Ring bildet. Kennen Sie, nix Neues – wir lernten frei nach Dr. Arnold Kegel, ihn brav zu trainieren, vor allem Frauen mit Kindern wissen, wie sorgfältig dieser Ringmuskel trainiert werden kann. Zusammenziehen, lockerlassen, zusammen … ja, genau, es ist jener Muskel, mit dem Sie sonst den Harndrang zurückhalten. Wenn Sie ihn zum ersten Mal bewusst zusammenziehen, ist es wie bei jeder anderen neuen Muskelübung auch: Es fühlt sich schwer an, und es passiert wenig. Da es ein kleiner Muskel ist, wird sich das rasch ändern. Schon nach drei Wochen täglichem Fünfminutentraining hat sich etwas verändert. Ziehen Sie den Muskel zusammen und nach oben, halten Sie ihn fest – aber drücken Sie ihn bitte nicht allzuoft nach unten. Ich will Ihnen keine Angst machen, aber es ist schon vorgekommen, dass Teile der Vagina, die eindeutig nach innen gehören, durch solche verfehlten Überübungen plötzlich herausguckten. Ziehen Sie ihn beim Ausatmen zusammen und nach oben, beim Einatmen lassen Sie ihn einfach entspannen.

Sie werden dadurch nicht nur enger, sondern die Orgasmen werden intensiver. Die Ausläufer des PC-Muskels sind nämlich jene, die auch von Höhepunktswellen durchlodert werden. Und je stärker der Muskel, desto heftiger die Kontraktionen. Je schlaffer, desto eher verlaufen sich die Orgasmen. Und wenn man den chinesischen Weisheiten glauben darf, sitzt das erotische Energiezentrum genau zwischen dem PC-Muskel und dem Nabel, dem sogenannten »tan tien«. Je öfter man sich darauf konzentriert – und sei es eben bei den Zusammenzug-Loslass-Übungen –, desto eher bringen sich Körper, Geist, Seele und Herz in Einklang, vor allem, was die eigene Lust angeht. So sollen auch Höhepunkte leichter zu erreichen sein – ich würde sagen: Einen Versuch ist es wert.

Und geht dieses PC-Dings eigentlich auch beim Sex? Wird er eingesaugt und festgehalten von dem dann ausgebildeten inneren Muskelring? Der Kick liegt im Detail – im PC-Lift. Nach den Basis-Workouts des Zusammenziehens folgen die wirklich effektiven »Aufzugübungen«: Stellen Sie sich vor, dass Sie einen Minifahrstuhl den vaginalen Kanal hochziehen. Ziehen Sie die Muskulatur immer fester zusammen und gedanklich nach oben, atmen Sie dabei aus. Stellen Sie sich vor, Sie würden ihn tief in sich hineinsaugen. »Oben« angekommen, entspannen, einatmen.

PC im Einsatz: Beim »Schamlippenkuss« lassen Sie sich hockend auf ihm nieder, der PC-Ring gleitet »küssend« am Schaft hinab, indem Sie die Liftübung im Schnellvorlauf nachahmen. Bei der Pompoir-Technik liegt er passiv da, Sie lassen ihn zu einem Drittel hineingleiten und bringen ihn mit den PC-Liftings zum Höhepunkt. Ja, das wird anstrengend, aber seine Anbetung ist nicht ausgeschlossen.

PC-Lift im Löffelchen: Nur das Becken nach hinten bewegen und ihn tief in den Bauch hineinsaugen. Er bleibt dabei so ruhig liegen, wie er kann.

Natürlich probieren Sie das auch selbst mit einem Finger aus – und schauen sich bei der Gelegenheit erst mal in Ruhe selbst an. Es gibt keinen schöneren Anblick als die intime, feuchte Feige jeder Frau.

Und, als Lieblingstipp: Versuchen Sie, sich im Moment des Orgasmus zu entspannen. Oft spannen wir Oberschenkel, Po und Unterleib an, während die Welle anrollt. Schaffen Sie es, sich locker zu machen. Der Effekt ist mit einem hoch trainierten PC-Muskel enorm: Heftigste Muskelwellen werden Sie durchs Dach schießen lassen. Weil die kleinen Muskeln mehr »Bewegungsfreiheit« haben, wenn Sie die Umgebung entspannen, und ausufernder kontrahieren. Es ist so gut, und die Aufforderung »Entspann dich, Schatz« hat zum ersten Mal einen tieferen Sinn.

Schöner schmecken

Cunnilingus wäre eine klasse Sache. Wenn die Zweifel nicht wären: Wie schmeckt das? Und das Duftbukett? Wehe, er zupft zu spitz an den Lippen herum! Können wir das Licht ausmachen? Nein? Ist es ihm auch nicht zu anstrengend? Und fühle ich mich nicht nackter als nackt, sondern schutzlos, wenn er seine Zunge in meiner Jadehöhle versenkt? Ach ja, ich trau mich nicht, ich weiß nicht, dann lieber doch nicht ...

Verzichten Sie nicht auf köstliche Küsse jenseits des Bauchnabels. Nicht nur aus Scham, was bei Frauen häufig vorkommt, weil sie denken, sie würden »fischeln«. Das ist eine Erfindung von Kerlen, die lecken unmännlich finden. Der klassische Lachsgeruch entfaltet sich erst, wenn die Verbindung aus Sperma und Vaginalsekret drei Tage lang im Nylonhöschen vor sich hin emulgiert. Sonst: nicht. Überhaupt verändert sich der Schamgeruch nur bei einem Drittel aller Frauen wahrnehmbar; es sind bestimmte Enzyme und Gene, die den Duft im Zyklus verändern. Alle anderen präsentieren ihrem Geliebten im wesentlichen den stets ähnlichen Eigengeschmack.

Was die andere Scham angeht, jene, dass Sie es nicht ertragen können, ihn so nahekommen zu lassen – sie ist psychologisch und nicht mal eben zusammen mit den Härchen auf dem Venushügel wegzurasieren. Vielleicht mögen Sie es nicht, weil Sie es tatsächlich seelisch als zu intim empfinden. Sie liefern einen Teil Ihrer ureigensten Weiblichkeit aus, die sogar Ihnen selbst fremd ist – wann haben wir unsere Zinnobermuschel schon mal in der Hand, wann sehen wir sie bewusst, und wer hat schon mal neugierig von ihr gekostet? Oft ist es das »Unverhältnis« zur eigenen Vagina, was uns zögern lässt, die Beine für seine Zunge zu spreizen. Manchmal ist es aber auch die Furcht vor der Nähe. Ein Mann kommt Ihnen und Ihrer weiblichen, erotischen Seele mit seinem Mund schon ziemlich nah. Eine diffuse Scheu erfüllt manche Frauen bei dem Gedanken, einen Mann so dicht heranzulassen. Zusammen mit der Angst: Was ist, wenn er mich nicht riechen kann, meinen Geschmack nicht mag?

Dabei ist es doch so: Männer beschäftigen sich rasend gern mit dem Mittelpunkt Ihrer Schenkel, sie mögen den Anblick, sie lieben den Duft, und die Natur hat es günstig eingerichtet, dass Ihre Kleine sich »selbst reinigt«, und dieser natürliche Geschmack nacktes Aphrodisiakum für ihn ist. Ob süß-sauer, nach Wein und Nüssen schmeckend, nach Joghurt oder Karamel-Kupfer – Ihr Cocktail ändert sich täglich, ist aber grundsätzlich auch zusätzlich »lecker« zu pflegen.

25 **So gönnen Sie sich eine »smart Pussy«.** Steigen Sie von täglichen Schaumbädern auf Duschen um, und schmeißen Sie alle Intimlotion weg – bis auf jene auf Molke- oder Ziegenmilchbasis. Es reicht, wenn Sie die einmal die Woche einsetzen – zum Beispiel nach einem Hallenbadbesuch. Ansonsten reicht klares Wasser und liebevolle Zuneigung. Ein Zuviel an Waschpasten ist Gift; der pH-Wert (Döderlein-flora, meist 4 bis 4,5) erholt sich gar nicht mehr von der Überdosis, die Vagina verliert ihre Schutz- und Reinigungsfähigkeit, Keime können leichter vordringen und erschweren die Sache. Wenn Sie auf dem Intimlotiontrip waren, brauchen Sie zirka vier Wochen Entzug, bis sich Ihre Süße erholt hat.

Entfernen Sie wöchentlich Härchen, wenn Sie mögen (aber *niemals* einem Mann zuliebe, weil der behauptet, er könne sonst nicht lecken. Nebbich, denn Haare sind auch Schutzzone!). Ein zwei Finger breiter Streifen (»landing strip«) in der Mitte bleibt und wird mit der Schere gekürzt, bis es nicht mehr wie ein Hahnenkamm ausschaut. Manche nehmen auch eine Raute, die nächsten lassen ein umgekehrtes Dreieck bis zu den Schenkeln stehen – wie Sie sich schön fühlen, so halten Sie es. Die Totalrasur (ein »Kojak« oder auch »brasilian waxing«) ist bei wenigen Frauen oder Männern beliebt – es sieht einfach oft zu kindlich aus. Und beim Lecken stören eh nicht die Haare auf dem Venushügel, sondern eher jene an den äußeren Schamlippen. Da brauchen Sie nur etwas Geduld, einen Spiegel und immer eine frische neue Klinge hinter Sicherheitsgitter. Dann einfach in Wuchsrichtung rasieren, mit schön viel Schaum. Übrigens: Je öfter Sie shaven, desto geringer der Juckreiz!

Essen Sie sich dazu lecker: Alle geruchsintensiven, würzigen Speisen wirken sich für vierundzwanzig Stunden bitter auf Ihr intimes Aroma aus, wie auf Dauer auch A/B/D-Vitaminpräparate, Weißmehl, Süßes, Antibiotika, Kohlenhydrate, Bier und Kaffee.

Eine appetitliche Schamflora dagegen geht so: viel trinken, Joghurt (oder entsprechende Salatdressings) naschen, nicht auf (helles) Fleisch verzichten, Wein genießen und viele Nüsse essen! Am allereinfachsten: täglich drei, vier kleine Stückchen frische Ananas essen (nicht aus der Dose, die wirken nicht) oder frischen Ananassaft trinken.

26 High Society: zehn gute Gründe, öfter High Heels zu tragen.
Schuhe kaufen hat was Befriedigendes. Vor allem, wenn es sich um einen verboten hoch gehandelten Power-Pump handelt: Ein scharfer Schuh peitscht die Schar der Verehrer mehr auf als ein Ausschnitt bis zum Nabel. Flachslipper sind dagegen notwendiges Übel, um alle zwei Tage Ihre Achillessehne zu entlasten und den Rücken wieder in eine ergonomische Stellung zurückzukippen – ansonsten heißt die Devise: Hoch, höher, High Heels. Minimum sind sieben Zentimeter, ab zehn bekommt Ihr Ego den Sexgöttinkick. Schlanke Absätze sind dabei gesünder für die Knie als breite Briketts – und sehen besser aus. Ein Muss: der Schlitz im Rock, um Trippeln zu vermeiden. Und das bringt ein Wechsel zur High Society:

1. Hohe Hacken verschlanken die Silhouette, heben den Po und sorgen für prominenten Busen.
2. Ihr Gang wird schwingender – Nachgucker sind garantiert.
3. Das Palmers-Ensemble sieht mit reizenden hohen Goldsandaletten heißer aus als ohne.
4. Aus dem androgynen Businessanzug wird ein Schluckbeschwerden verursachendes Killerladyoutfit, und das nur, weil Sie hohe Schuhe anhaben – weniger Aufwand geht nicht.
5. Bei einem stehenden Quickie a tergo brauchen Sie keinen Spitzentanz mehr zu betreiben, um ihn eindringen zu lassen.
6. Männer lieben Schuhe. Manche so sehr, dass sie Ihre Stiefel anbeten. Und Sie gleich mit.
7. Knöchelriemchen sind Sex pur – Sie können im schwarzen Rolli und grauem Rock kommen und senden trotzdem sublimen Sexappeal aus. Ja, es hat was mit der Fesseloptik an den Fesseln zu tun.
8. Männer verstehen die Schuhbotschaft: »Ich weiß, was ich will und wie ich es mir bei dir hole.« Wirkt magisch auf die Mutigen unter ihnen. Den Männern.
9. Heimliche Zehenmassagen funktionieren nur, wenn Sie aus 'nem Pump schlüpfen. Aus einem Turnschuh entweicht vielleicht noch ein unwilliges Düftchen, und in Socken lässt sich so schlecht sein Penis kosen (wie wir es in *Flashdance* geliebt haben).
10. Kleiner Mann – was nun? Parkuhr-Pendants sind stolz auf eine große Frau. Schonen Sie ihn nicht, fordern Sie ihn – das zuckert sein Ego mehr als wenn Sie aus Rücksicht auf High Heels verzichten.

Komm in meine Höhle ...

Wie man sich bettet, so liebt man: Gestalten Sie Ihr Schlafzimmer oder Ihre Sofaecke so, wie Sie sich schon immer einen Ort der sinnlichen Lust vorgestellt haben. Denn die Umgebung ist maßgeblich für Ihre eigene erotische Stimmung, und die hat es schwer, von null auf sexy zu kommen, wenn Sie in einem zugestellten, als Abstellkammer genutzten Schlafzimmer agieren. Träumen Sie: Ist es der orientalische Palast, das arabische Zelt, ein französisches Boudoir, ein japanisches Geishazimmer oder ein Stilmix, in dem bestimmte Farben oder Formen vorherrschen? Schließen Sie die Augen und stellen Sie sich vor, wie es aussehen soll. Fließender Stoff an der farbig gewischten Wand, gold eingefasste Spiegel, dunkelrote Kissen … Schreiben Sie sich auf einen Spickzettel, was Sie erträumen, bevor Sie umzubauen beginnen. Und vergessen Sie dabei nicht, den tickenden Wecker gegen einen diskreten zu tauschen und ein für allemal eine breite Matratze zu kaufen, um nie wieder aus dem Bett oder in eine Ritze zu fallen!

27 **Dekorationen mit Sinnlichkeitsfaktor:** Orientalische Kissen, die Farbenwelten von Orange, Violett, Bordeauxrot für Textilien; für die Wand Pastelltöne. Rot, Dunkelblau und Violett animieren Ihr erotisches Sinneszentrum. Wie farbige Glühbirnen, Lampenschirme oder zur Not auch der zarte Schal über dem Schirm. Träufeln Sie Aromaöl (zum Beispiel Grapefruit, Zeder) auf die Glühbirne, es duftet durch die Wärme. Ergänzen Sie den Look durch Blumen in warmem Wasser – die Wärme bringt sie zum Duften. Sinnlicher Wandschmuck wie die Blumenbilder von Georgia O'Keeffe oder schöne nackte Männer von Robert Mapplethorpe, Kerzen in roten Gläsern, Lilien- oder Orchideenblumen, farbige Glühbirnen (beige, orange), keine Deckenleuchte, sondern tiefstehende Lampen mit großem, farbigem Schirm – und Bettwäsche aus Damast, Seide, Satin, möglichst musterfrei.

So entfaltet sich sexy Stimmung à la Japonaise: mit pinkfarbenen Orchideen, die eindeutig anatomische Ähnlichkeiten mit einer Liebesmuschel besitzen; rote oder rosa Schals über den Lampen oder ein Licht, das nur von Kerzenschein gespeist wird.

Wenn Sie es gern deutlicher machen wollen: Ziehen Sie alles aus, was Sie den Abend über getragen haben, nur die High Heels nicht – aber bewegen Sie sich so, als ob Sie die »ganz vergessen« hätten und nicht wüssten, wie herrlich es aussieht, wenn Sie völlig selbstverständlich nackt in Pumps gehen. Der Trick ist das scheinbar Unabsichtliche!

Übrigens: Verkneifen Sie sich Duftkissen, Zierat, Setzkästen und anderen kleinteiligen Nippes. Zumindest auf Möbeln, auf die Sie sich auch setzen könnten, um eine Nummer hinzulegen.

28 Ein Platz für die Liebe. Für kleinere Wohnungen bieten sich zum Beispiel Trennwände, Vorhänge oder Paravents an, um das Schlafzimmer in einen praktischen und den Liebesteil zu trennen. Effekt: Sobald Sie diesen Liebeskosmos betreten, schaltet sich der Alltag schneller ab, und Sie können die Trennelemente beispielsweise beim lasziven Strip hinterm Paravent in kleinere Auftritte einbauen.

29 Lockstoff: Moschusduft animiert alles Animalische – tupfen Sie ein wenig von zum Beispiel Calvin Kleins »Obsession« oder »White Musk« (Body Shop) auf eine Glühbirne. Der Geruch ähnelt einer just geliebten Vagina, die ein wenig nach Keksen duftet. Durch die Wärme verteilt sich der Duft im Raum und inspiriert das limbische System im Gehirn – eine der ältesten Regionen, die auf Sinneswahrnehmungen sofort reagieren, und Sitz der erotischen Reflexe – zu angenehmen Assoziationen.

30 Let's dance! Die Musik spricht Dinge aus, für die es keine Worte gibt, besagt eine indische Tanzphilosophie. Tanzen zu können galt als eine der begehrten »64 Künste«, die Mann und Frau nach dem *Kamasutra* beherrschen sollten, um nicht nur Körper, Geist und Seele zu schulen, sondern um ihre Attraktivität für das andere Geschlecht zu erhöhen. 64 Künste! Nähen, Laute spielen, Gedichte rezitieren, die Politik erklären oder ordentlich massieren sind nur einige davon. Der indische Tanz – ursprünglich von Tempeldienerinnen zur Anbetung geschaffen – gehört dazu und gilt als Übersetzung des Liebesakts; im Tanz wird Sehnsucht, Gier, Raserei, Romantik, Hingabe, Lust ausgedrückt. Tanzen Sie für sich – und lassen Sie sich zum Beispiel von Bollywoodfilmen inspirieren, tanzen Sie im nassen Sari oder durchsichtigen Kleid, spüren Sie Ihr Becken, atmen Sie im Rhythmus der Musik, genießen Sie die Verführung tiefer Bässe, die den Unterleib zum Beben bringen – und gewinnen Sie durch den

Tanz im Wohnzimmer mehr Körpergefühl als mit jeder Joggingeinheit. Musik beeinflusst Ihre innere Stimmung, lassen Sie sich von ihr tragen!

Wussten Sie, dass 90 Prozent des Vorspiels außerhalb des Schlafzimmers stattfinden? Nein, die Herren, falls Sie mitlesen, es ist nicht das Winken mit dem Porscheschlüssel oder der Weg vom Tresen zur Haustür. Erinnern Sie sich, wie es war, als Sie sich kennenlernten? Die Blicke, der Flirt, die Spannungen, die sich zwischen Ihnen aufbauten, als Sie essen gingen, tanzten, redeten, sich umgarnten, ohne einander zu berühren. Später kürzen wir das meist ab und landen gleich bei den Handgreiflichkeiten. Kein Wunder, dass sich die Lust in dieser Schnellschnell-Atmosphäre schwer entfaltet. Stellen Sie die erotische Atmosphäre wieder her. Lassen Sie sich Zeit, und nehmen Sie einander nie wieder für selbstverständlich, das ist Gift für das Begehren. Eine Wohlfühlatmosphäre, aus der eine erotische Stimmung entsteht, ist nicht eine Sache der perfekten Strategie, sondern des Wissens um die Bedürfnisse des Mitspielers. Aber so verschieden jeder Mann auch sein mag, so reagiert doch jeder entweder auf körperlicher, mentaler oder emotionaler Ebene. Finden Sie heraus, zu welchem »Basistyp« Ihr Geliebter gehört und ob er mehr auf physische Aktivitäten reagiert, auf mentale Verführungen oder in erster Linie gefühlsgesteuert ist.

31 **Kopfmassagen:** Wer sich bewegt, bewegt auch andere – das gilt erst recht für eine sinnliche Atmosphäre. Anstatt also darauf zu hoffen, dass er endlich auf die Idee kommt, Ihnen gutzutun, tun Sie ihm gut – mit einer gefühlvollen Kopfmassage, bei der Sie seinen Nacken massieren, die Haare nach hinten streichen, die Kopfhaut sanft mit Fingerspitzen und Nägeln kreisend massieren. Genauso stresslösend wirkt auch eine Gesichtsmassage! Ganz nebenbei verflüchtigt sich der Alltag, und er bekommt das gute Gefühl, willkommen zu sein. Und wo er sich willkommen fühlt, will er auch das gute Gefühl zurückgeben. Wie ein Pendel, das dann in Ihre Richtung ausschlägt.

Schenken Sie Zärtlichkeit ohne Hintergedanken, dass die Handgreiflichkeiten zum Sex führen müssten. Es muss nicht das Sharon-Stone-Vollprogramm sein, Männer stehen nicht ständig auf die Vollweibnummer, sondern eben nur ab und an. Wichtiger ist ihnen – ebenso wie Frauen – das Gefühl von Nähe, das sich vor allem in einer fast kindlichen Unbefangenheit gegenüber Zärtlichkeiten darstellt. Das kann ein Sich-gegenseitig-Wiegen sein, es können Finger sein, die einen Oberarm hinaufmarschieren, ein leises Unsinnswispern ins Ohr, eine heftige Umarmung ohne sexuelle Komponente. Der Effekt ist, dass beide Partner die Angst verlieren, immer nur leidenschaftliche Verführer sein zu müssen, um körperlich wahrgenommen zu werden. Es lebe die Blümchen-Liebe!

32 **Intimität geschieht nicht auf Knopfdruck.** Es existiert immer noch ein sexueller Mythos: Dass ein Mann zu Sex bereit sein müsste, nur weil er an seinem Lieblingsstück berührt wird. Doch das ist genauso ein Mythos wie die Vorstellung, ein Mann müsse bei einer Frau nur entsprechende erogene Zone an Brüsten, Schenkeln und Geschlecht drücken, um sie in Fahrt zu bringen, G-Punkt, und los, Eichel pfriemeln, schon ist der Drops gelutscht. Leider nein. Auch Männer brauchen ihre Anlaufzeit, und sie genießen das Werben genauso wie Sie. Versuchen Sie die Übertragungsmethode, um einerseits um ihn zu werben, ihm gleichzeitig aber auch Signale zu geben, wie Sie sich das Werben um Sie vorstellen: Gehen Sie so mit ihm um, wie Sie es sich für sich selbst wünschen. Machen Sie ihm Komplimente. Sehen Sie ihm in die Augen. Berühren Sie ihn wie zufällig, schenken Sie ihm Blumen oder machen Sie ihm ein anderes Geschenk an sein Herz und seien Sie so charmant, wie Sie sich wünschen, dass er Ihnen begegnet. Im Lauf des Abends wird er sich davon anstecken lassen, Sie geraten in eine Stimmung, die im Tantra »Ent-Automatisierung« genannt wird.

Es sind nicht die gemeinsam erlebten Orgasmen, die die Intimität erhöhen, sondern kleine Momente, die offenbaren, wie sehr beiden daran gelegen ist, dem anderen gutzutun, und die Fähigkeit, sich genau auf diese Augenblicke einzulassen und sie mit allen Sinnen präsent wahrzunehmen. Wenn er seinen Kopf in Ihren Schoß legt, Sie ihn einfach halten und das Haar kraulen; wenn Sie sich in seine Arme schmiegen und sich halten lassen; wenn Sie beide wortlos Hand in Hand daliegen und den ziehenden Wolken zusehen – das sind die Augenblicke, in denen sich auch Ihre Körper synchronisieren und wo Sie nach einem langen Tag vom Denken zurück ins Fühlen finden. Ohne solche Übergänge mag Ihr Körper schon Sex haben, während Ihr Kopf noch hinterherhinkt und im Alltag kreiselt. Die Zen-Lebensart »Wu Wei« drückt es sinngemäß aus: »Erst der voll erlebte Moment der Liebe ist ein wirklich erlebter – er kommt so nicht wieder und sollte in jeder Sekunde wahrgenommen werden.«

33 **Zimmer-Reinigung.** Werfen Sie noch mal einen kritischen Blick ins Wohn- und Schlafzimmer: Wer guckt Ihnen beiden eigentlich zu, während Sie auf der Couch kuscheln oder im Doggystyle auf den Kissen knien? Doch nicht etwa die liebe Familie oder enge Freunde? Entfernen Sie Fotos aus dem Blickfeld Ihrer bevorzugten Liebeslager, der psychologische Effekt wird Sie wundern.

Ich will, dass du mich willst

Körperliche Liebe beginnt nicht erst fünfzehn Minuten, bevor sie endet. Gerade in vertrauten Beziehungen vergessen wir manchmal, dass Leidenschaft Sehnsucht braucht, um sich zu entwickeln. Verführen Sie zum Verführen – mit Worten und Taten, ohne Druck, mit Gefühl und Humor.

34 **Signale setzen:** Wenn Sie bereits am Morgen ahnen, dass heute abend der Beginn einer guten Nacht werden könnte, weihen Sie ihn schon jetzt ein, anstatt abends darauf zu warten, dass er Ihre Winke versteht, Sie verführt oder Sie ihn mit Verführungsszenarien überraschen. Schicken Sie ihn morgens mit einem Hinweis aus dem Haus, erinnern Sie ihn per Anruf oder SMS an Ihre Gelüste oder daran, was Sie mit ihm vorhaben. Die Vorfreude steigert sein Hormonlevel – und Sie sparen sich die Enttäuschung, dass er abends von

Ihrer Überraschung leicht überfordert sein könnte, wenn Sie ihn direkt an der Tür abfangen und auf den Flurboden zerren.

35 Paargefühle stimulieren. Um sich als Paar zu fühlen, sollte man sich als solches wahrnehmen – zum Beispiel vor einem großen Ganzkörperspiegel, vor dem Sie beide sich nackt im Arm halten. Und es erst mal ertragen lernen, so schutzlos einander ausgeliefert zu sein. Bis Sie merken, dass verschiedene Arten der Umarmung eine eigene Schönheit von Zweisamkeit und Passform kreieren. Und wenn ich noch einmal das Wort Orangenhaut höre, schreie ich.

36 Begehren Sie ihn überall. Berühren Sie Ihren Geliebten nicht nur im Bett auf anregende Weise – hier ein zielgerichteter Griff ans Becken, dort eine herausfordernde Kurzmassage. Um sich und ihn daran zu erinnern, dass Sie beide nicht erst beim Anblick eines Bettes zu lustvollen Menschen werden. Ja, der Griff in den Schritt, während er hinter Ihnen im Fahrstuhl neben einem Fremden steht, ist ein Anfang.

37 Schärfen Sie die Sinne. Sie kennen sich schon lange – und meinen, sich zu kennen? Tappen Sie nicht in die Sinnlichkeitsfalle, sondern tasten Sie sich zurück zu den Wurzeln. Und fragen Sie ihn bei allem, was Sie tun: »Fühlt sich das gut an? Soll ich weitermachen? Wie ist das?« Der Motor der Lust ist Neugier, und die lebt wiederum vom Adrenalin. Das entsteht vor allem, wenn etwas entgegengesetzt zum Gewohnten passiert. Aktivieren Sie sein Adrenalin: indem Sie komplett anders reagieren als sonst. Sonst sind Sie laut – werden Sie still, drücken Sie alles per Körpersprache aus. Sie schließen sonst die Augen – öffnen Sie sie. Sie versuchen oft, Ihren Hintern vor ihm zu verstecken – drehen Sie sich auf den Bauch. Versuchen Sie mindestens eine Sache zu ändern. Effekt: Ihre und seine Sinne sind ob der Veränderung so hellwach, dass Sie beide mehr und intensiver empfinden.

38 Kennen Sie seine Kickstarter? Ihr offenes Haar, kein BH unterm Shirt, nackt im See baden – oder sowieso immer, wenn er vom

Sport nach Hause kommt? Jeder Mann hat – wie Sie – ganz eigene Vorlieben, die ihn von einer auf die andere Sekunde an Sex denken lassen. Ich kenne Männer, die bei nackten Fesseln in Atemlosigkeit verharren, andere, die nach Waden schielen, die nächsten, die den Nacken einer Frau unendlich erotisch finden. Wissen Sie, welche Schalter bei Ihrem Liebhaber funktionieren? Finden Sie es raus – indem Sie ihn schlicht fragen, was er an Ihnen erotisch reizvoll findet, was Sie bisher nicht ahnten. Und sei es eben das Haar, das Ihnen ins Gesicht fällt anstatt adrett geföhnt zur Frisur geordnet zu sein.

Verbalakrobat, Vollblutliebhaber mit Faible für Action oder doch der sinnliche Verführer: Welcher Liebestyp ist Ihr Geliebter?

Sie haben Ihre innere Venus im Blut, nicht umsonst werden Sie von dem Mann an Ihrer Seite begehrt. Doch ahnen Sie, was genau er an Ihnen liebt und wie Sie seine lustvollen Seiten betören können? Ja? Wunderbar – denn er wird hoch überrascht sein, wie Sie von seinem Verhalten auf seine erotischen Wünsche geschlossen haben. Dabei ist es ja naheliegend: Ein Mann, der sich zu gern mit anderen lebhaft streitet, sich dem Genuss von Lektüre nicht entziehen mag und Sie immer wieder mit harten bis zarten Worten umgarnt, ist der klassische Denker mit Hang zum Dirty talk und anregenden Spielen, die seine Phantasie beschwingen. Der Vollblutliebhaber indes setzt auch im Alltag seinen ganzen Körper ein, er braucht Sport und vor allem Ihre körperliche Nähe, um sich wohlzufühlen. Der emotionale Verführer lebt seine Sinnlichkeit auch außerhalb des Schlafzimmers aus: Mit ihm genießen Sie gutes Essen, duftige Weine, er schwelgt in der Schönheit von Gemälden und Düften und möchte Ihnen am liebsten ständig seine Liebe zeigen. Und falls Ihr Liebster nicht eindeutig ist: Die häufigsten Mischtypen sind jene aus Geist und Seele oder Körper und Seele.

39 **Was das Liebesleben bereichert:** Überraschungen, Aufregung, Abenteuerliches. Und all das entsteht oft spontan – oder wenigstens:

für Ihren Geliebten absolut überraschend. Wie der Moment, wenn er ein Urlaubsfoto von Ihnen knipst und Sie unvermittelt den Rock hochheben oder die Bluse öffnen, nur für Millisekunden. Oder wenn Sie ihn bitten, Ihnen die Riemchenschuhe zuzumachen, und dabei kurz zeigen, wo der Saum der halterlosen Strümpfe endet. Oder wie Sie im Angesicht eines Bildes, einer Statue in einer Ausstellung völlig ernsthaft darüber zu reden beginnen, wie sehr Sie dieses oder jenes Detail an ihn erinnert …

40 Komm näher! Unterhalten Sie sich miteinander, aber rücken Sie ihm etwa einen Schritt näher (etwa dreißig Zentimeter) als sonst. Genießen Sie die Spannung, die plötzlich in der Intimzone entsteht und in der das Reden bald unmöglich wird und nach Handeln verlangt.

41 Mach mal lauter: Mit oder ohne Musik? Musik verstärkt Emotionen und kann sie in beliebige Richtungen lenken – so können aus recht reizvollen Abenden plötzlich nachdenklich-melancholische werden, bloß weil aus Versehen »Brothers in Arms« läuft und sein Schwanz genau trübsinnig wird. Stellen Sie CDs oder iPod-Listen zusammen, die aus Ihren gemeinsamen Songs bestehen, aber auch aus Liedern, die Sie (a) nicht mitsingen möchten (Wie »I will survive« oder »Get the Party started«), (b) deren Beats bei zirka sechzig pro Minute liegen und damit dem Herzschlag ähneln und (c) die tiefe Bässe haben, die direkt ins Becken fahren. Hören Sie sich an einem schnuckeligen Samstagnachmittag durch die afrikanische, orientalische und Clubsound-Abteilung von Saturn & Co.

42 Pusten Sie den Staub von Ihrer erotischen Bibliothek. Holen Sie erotische Literatur, schmutzige Trivialbelletristik oder heiße Bildbände aus der Verbannung und verteilen Sie sie griffbereit in der Wohnung: neben dem Sofa, auf dem Küchentisch, selbst auf dem Badewannenrand dürfen Sie sexy Comics liegen lassen. So gönnen Sie sich und ihm immer mal wieder gedankliche Fluchten aus dem Alltag. Und Ihre Gäste werden sich erst wundern, dann freuen. Ja, Ihre Mutter auch, es ist nie zu spät für Inspiration.

43 Ausziehen mit Genuss. Verbinden Sie das Ausziehen – ganz gleich ob für das erste Mal oder für das hundertste Mal in einer gelebten, geliebten Beziehung – mit Magie. Ziehen Sie sich gegenseitig aus und nutzen Sie dabei den Stoff als zusätzliches Streichelinstrument; oder bitten Sie ihn sogar mit einem »Zieh dich aus«, sich direkt vor Ihren Augen zu entkleiden, Sie streicheln ihn mit Ihren Blicken. Aufmerksamkeit und Wohlwollen tut gut, gerade in so einem heiklen Moment, wo einem schier die ganze Welt auf die Problemzonen starrt.

Wenn Sie sein Hemd aufgeknöpft haben, fahren Sie mit den Fingerspitzen an seinen Seiten entlang, berühren die Brustwarzen, kreisen um den Bauchnabel – von dort breitet sich die Hitze aus. Küssen Sie das erste Fleckchen Haut, das Sie freilegen. Wenn das Hemd fällt, nutzen Sie den Stoff, um ihm damit über Rücken und Schultern zu reiben – Gänsehaut-Garantie! Stellen Sie ihn mit dem Gesicht zu einem Spiegel, so dass er beobachten kann, wie Ihre Hände (mit lackierten Nägeln vielleicht?!) von hinten über seine Brust wandern. Berühren Sie beim Ausziehen auf keinen Fall sein bestes Stück – das wäre so, als würden Sie die Kirsche im Grießbrei sofort naschen. Bleiben Sie beim Ausziehen mit den Handflächen flach an seinem Körper, auch wenn Sie den Slip abstreifen. Spannende Streichelstelle: die Rückseite seiner Oberschenkel! Jetzt nur kein Neid, dass er keine Cellulite hat. Kratzen Sie ein wenig, manche Männer mögen das sehr.

44 Lassen Sie sich von ihm wie ein Geschenk auswickeln (schließlich sind Frauen das einzige Geschenk, das sich selbst einpackt). Drehen Sie sich um, damit er Ihre Bluse von hinten aufknöpfen kann und Ihre Brüste umfasst, Sie in den Nacken beißt. Ihre Choreographie: Oberteile im Stehen ausziehen lassen, da wirken die Brüste üppiger, Hosen von hinten oder im Liegen, das beruhigt Ihre Bauch-Gedanken – und den Slip wieder im Stehen, damit er beim Hinknien gleich an der wichtigsten Stelle küssen kann.

Sextoys aus dem Kleiderschrank

Lust auf ein paar Spielchen mit Accessoires, aber keine Sextoys am Start? Sehen Sie in Ihren Kleiderschrank! Im Zweifel besitzen Sie Klamotten, von denen Sie bisher nicht wussten, dass sie sich auch *dafür* eignen.

45 **Halterlose Strümpfe** – zum Fesseln eignen sie sich nur bedingt, die Knoten sind schwer zu öffnen, aber Sie können den Strumpf zweimal um seinen Showmaster schlingen und abwechselnd an den beiden Enden ziehen, als ob Sie ein Holzstäbchen auf einem Feuerstein rotieren lassen. Oder mit einer Hand hineinschlüpfen und ihn federleicht massieren. Wer sich traut, kann ihm die Dinger auch in die Hand geben, er drapiert sie wie Zügel beim a tergo (von hinten) um Ihren Oberkörper. Ruhig, Stütchen.

46 **Tücher.** Wenn Strümpfe nicht so Ihr Fall sind, legen Sie das seidige, quadratische Halstuch über sein oder Ihr Gesicht, wagen Sie die diffuse Blindheit. Lassen Sie die Spitzen über seine Hoden tänzeln oder benutzen Sie es als Handjob-Helfer.

47 **Krawatten und andere fesselnde Stoffe.** Wenn Sie partout fesseln wollen (manche Männer hassen es, genauso viele lieben es) – Krawatten, Blusenärmel, Bademantelgürtel sind als symbolische Fessler an Stuhllehnen oder Bettpfosten wie gemacht. Nein, die Boa, die Sie längst wegwerfen wollten, weil: Wer trägt das schon?!, ziehen Sie lieber sanft durch seine oder Ihre empfindsame Mitte.

48 **Strumpfhose.** Bevor Sie ein unten offenes Höschen kaufen, greifen Sie lieber zu dieser Strumpfhose da mit Laufmasche, dirigieren ihn zu einem vorbereiteten Riss an interessanter Stelle und bitten ihn, den zu erweitern. Ritsch, ratsch, Macho, Neandertaler, yes, Baby, nimm dir, was du brauchst!
Für den großen Showeffekt: Wenn Sie ein BH-Slip-Ensemble entbehren können, dann stellen Sie sich in der Kombi ans Fußende des Bettes, er sieht zu – und Sie schneiden schnipp, schnapp mit der

Schere Halter und Slip vom Körper herunter. Dass Sie so bereit sind für den Hengst in ihm dürfte selbst einem feministisch erzogenen Softlan-Schnucki klar sein.

Knallen Dessous Männer wirklich an?

Ein Gespräch unter Fachidioten (Anne West & Peter Witt; nicht miteinander liiert, nicht erotisch aneinander interessiert, nur menschlich)

Er: Welche Wäsche hast du eigentlich am liebsten? (hält sich einen Strapsgürtel an)

Sie: *Dreißig Grad, sechzig Grad, neunzig Grad ... – ist mir eigentlich egal.* (zeigt ihm, wo die Bänder wirklich hinkommen)

Er: Nein, noch viel heißer. Es ging mir eher um die nicht waschbare. (verheddert sich im Strumpfhalter)

Sie: *Ach, diese schwarzen Spitzenteilchen, die aussehen wie ein Schnürsenkel mit Lappen? Und ob wir die waschen. Ganz zärtlich, im Waschbecken, oder bei 30 Grad im Beutel. Damit's keine Laufmaschen gibt ...*

Er: ... und eventuell Gucklöcher entstehen? Die sind doch schon eine einzige Laufmasche. Wird euch da nicht kalt? (wendet einen transparenten Body)

Sie: *Kalt nicht, aber manchmal fragen wir uns, wo hier bei diesem String bitte vorne ist und warum niemand es bisher geschafft hat, dass der besagte Schnürsenkel nicht so, äh ... klemmt. – Bekommt Ihr eigentlich Angst, wenn sich eine Frau so auftakelt?*

Er: Angst vorm schwarzen Nichts? Vielleicht eher Leistungsdruck – schließlich können wir dem schwarzen Vollensemble kaum etwas entgegensetzen. Gelegentlich geniere ich mich bei dem Anblick eurer Aufrüstung, dass ich so wenig Aufmerksamkeit an mein Unterkleid verwende ...

Sie: *Ich kannte mal einen, der hatte Angst vorm schwarzen Slip: Iiih, sie will Sex. Aber schlägt die Femme-fatale-Ausrüstung eine versteckte Saite an?*

Er: (rollt die Augen) Ach, psychologisier das bitte nicht. Angst hätte ich höchstens, diese Nichtse mit tausend Ösen zu beschädigen.

Sie: *Na, der Alptraum der Frauen: Er guckt nur, aber fasst nicht an. Und dafür 234 Euro bei Palmers gelassen. Oder er zieht es gleich aus, weil es beim Navigieren stört ... Und wie findest Du die?* (blitzweiß) *Praktisch, nicht? Und nix klemmt!*

Er: Für die Sportmädel unter uns ... – wortwörtlich. (grinst unflätig) Die sehen so sauber aus – also, so gar nicht lustvoll. Tragen Frauen ja angeblich am liebsten. Hofft ihr dabei auf den Unschuldseffekt?

Sie: *Wirkt der denn?! Schwarz ist eben was für sündige Nächte, in denen wir experimentieren, verführen und schweißnassen Sex wollen – und Blümchen auf Weißware zwitschern eben: Nimm mich, aber bitte erst mal nur in den Arm.*

Er: Ach, und diesen Dresscode soll er dann auch noch entschlüsseln, während die Hormone Tango tanzen? Seit wann lasst ihr Höschen für euch sprechen?! Aber, mal ehrlich: Diese weiße Ware sieht so praktisch aus, die sollte sie vielleicht lieber gleich ausziehen.

Sie: *Na hör mal! Geschenke packen sich ja auch nicht selbst aus. Es wäre wirklich schön, wenn Männer Dessousfummel wie Geschenkpapier behandeln würden, bisschen hier an der Schleife ziehen ...*

Er: ... bisschen da was in Fetzen reißen ...

Sie: *Kann schon lustig sein, wenn er ausgerechnet das 70-Euro-Höschen vom Leib beißt... Aber grundsätzlich kann das Grundgerüst anbleiben, findest du nicht? Hemdchen, BH, den Slip zur Seite schieben ...*

Er: Bei diesen Funktionsträgern hier kommt das nicht sexy, da fehlt dieses Element der Dringlichkeit, was nur halb ausgezogene Dessous sonst besitzen. Übrigens: Je älter ich werde, desto mehr merke ich: Leidenschaft, totale Körperlichkeit, dazu müssen beide nackt sein.

Sie: *Entzückend. Nicht mal ein halterloser Strumpf?*

Er: Echte, heiße Haut ist immer noch erotischer als diese Stützstrümpfe. Und hast du schon mal bemerkt, dass der entscheidende Kick fehlt, wenn ihr zwar Strümpfe, aber keine Schuhe dazu im Bett anhabt?

Sie: *Stimmt. Und kaum hat man sich die Beine eingecremt, kullern die blöden Teile auch schon runter und ringeln sich um die Knöchel. Also: Und wie wäre es nur mit den Schuhen?*

(beiderseitiges Gekicher)

Er: Was ist das denn jetzt? Alles so schön bunt hier! Könnte man glatt die Frau dahinter übersehen.

Sie: *Wie lieblich, diese kleinen Nichtse in Papageienfarben! Sehen ausgezogen noch viel schöner aus, flatternd im Sommerwind auf der Leine, der Nachbar macht sich so seine Gedanken …*

Er: Was habt ihr nur immer mit den Nachbarn? Aber legt die Teilchen ruhig ab, dann kann Mann sich langsam von dem Farbsturm erholen – und einen Blick fürs Wesentliche entwickeln. Ihr seht ausgezogen nämlich viel schöner aus.

Sie: *Ihr aber auch!*

Er: Danke.

Sie: *Bitte.*

(verlegene Pause, beide pfriemeln an einem lachsfarbenen Kissen-BH herum)

Er: Ähm – da sieht man doch mal wieder, dass Erotik im Weglassen besteht.

Sie: *Im Weglassen von Kleidung?*

Er: Unter Umständen – aber vor allem im Weglassen von Brimborium. Oder so Showeffekten wie diese Busenkissen hier. Erst beim Ausziehen kommt die Wahrheit ans Licht – und die PR-Masche fällt in sich zusammen …

Sie: *Aber wieso hält sich dann hartnäckig das Gerücht, Männer stehen auf Dessous und üppige Einblicke? Und diese Blickfänger, die hinten aus der Hose lugen! Wie heißt das doch gleich – Bauarbeiter-Dekolleté? Ich dachte, ihr schätzt das Brimborium.*

Er: Mal so, mal so – manchmal wird's uns auch zu bunt und überbetont, und die Sache mit den Strings aus dem Hosenbund: Das ist so inflationär, dass wir kaum noch hinsehen. Was für alle gedacht ist, wirkt nicht auf alle anziehend. Und außerdem sind manchmal Blümchen angesagt, manchmal Bestien. Manchmal Lady, manchmal Luder. Manchmal fliegen die Fetzen, manchmal stehe ich auf langsames genussvolles Ausziehen im Stehen. Nur kommt man dazu heutzutage auch nicht mehr, dieser Zeitmangel, erst mühsam jedes Teilchen zu huldigen, diese ganze Ausziehchoreographie, die sich Frauen immer so vorstellen …

Sie: *Ach was, wir schleppen unsere Drehbücher auch nicht immer mit uns rum. Und ich möchte mich irgendwann auch mal hinlegen, in meinem Alter. Und im Liegen kommt manches ja auch besser zur Geltung.*

Er: Und irgendwann wird einem ja auch kalt.

Sie: *Oder man kann den Bauch nicht mehr einziehen.*

Er: Tja, Probleme gibt's.

Sie: *Und alles nur, weil Dessous heute bei C&A oder H&M rumhängen, die es vor zehn Jahren nur im Sexshop gegeben hätte.*

Er: Echt? (rollt die Augen) Das romantische Pastellzeug hier mit Rüschlein ist dann eher was für die Zartbesaiteten, die nicht wollen, dass Tagesdecke oder Frisur verrutschen? Und hier, kreisch, fleischfarben!

Sie: *Schließ bloß nicht von der Verpackung auf den Inhalt!*

Er: Ach, komm, das Signal ist doch deutlich: Richtig verrucht, das geht nicht in der Montur.

Sie: *Hast du eine Ahnung. Champagnerunterwäschefrauen tarnen sich nur. Und ich kenne mindestens einen Mann, der darauf steht Ich fühle mich auch viel sicherer damit. Dessous sind wie die Garderobe für einen Auftritt …*

Er: Auftritt? Und wann ist bei dir die Vorstellung zu Ende?

Sie: *Mitternacht, wenn die Maske fällt, verlangt immer eine Portion Tapferkeit: Der Moment, wenn Sex in der Luft liegt, kann durch leckere Unterwäsche noch gekrönt werden.*

Er: Aber die Krönung wartet doch unten, drunter, Himmel! Da haben wir wieder das alte Problem: Frauen mögen das komplimentreiche Vorspiel inklusive Kostümprobe, wir Herren wollen nach dem kurzen Applaus dann bitte aber den echten Mittelteil erleben.

Sie: *Das ist eben das Traurige an scharfer Wäsche: Wenn sie am Bügel hängt, oha – aber wenn wir drinstecken, sehen wir aus wie ein Kissen mit Kniff oder eine Bonbonniere, und nach einer Millisekunde klaubt ihr uns die schönen Schutzschilder schon wieder vom Leib.*

Er: Form schlägt für euch also doch Inhalt? Da sorgt diese Weichzeichnerwäsche dafür, dass die Übergänge nicht so hart werden.

Sie: *Und sie ist noch strapazierfähig genug, dass auch ein Nacktmaniac wie du sie unbeschädigt abstreifen kann.*

Er: Nur, wenn nicht ein Sexmaniac wie du sie trägt …

Sie: *Danke.* (lässt einen BH in seine Richtung schnippen)

Er: Herzlich gern.

Peter Witt ist das Pseudonym eines Berliner Journalisten mit zwei Kindern. Er schreibt u.a. für die Cosmopolitan, *die* Welt *und die* ComputerBILD.

49 Sie können gar nicht genug Kissen haben. Eines der liebestauglichsten Tools haben Sie bereits im Haus: Kissen. Am besten in allen Formen und Materialien: vom kleinen Kissen mit Lederbezug über die Nackenrolle bis hin zum üppigen orientalischen Kissen. Hauptsache, sie sind nicht zu weich!

Die Ecken von festen, großen Kissen eignen sich hervorragend, um sich delikat zum Höhepunkt zu schubbern – wenn er hinter Ihnen kniet, beide mit weit geöffneten Schenkeln, und Sie sich so positionieren, dass die Kissenecke an die Klitoris stubst. Geben Sie den Stoßrhythmus vor! Variation: Sie stellen ein Kissen auf die schmale Seite und halten es fest.

Aus einem ruhigen Löffelchen wird mit Kisseneinsatz ein sexy Aufschäumer: Während Sie auf der Seite liegen, klemmen Sie sich ein kleines Kissen zwischen die Knie. Er kann in einem besseren Winkel eindringen, der Scheidenkanal wird enger, wenn Sie die Schenkel anspannen – und Sie haben vielleicht wieder was Nettes für Miss K. …

Ein Kissen unterm Po wird erst interessant, wenn er Sie nicht mit seinen Bewegungen runterschubsen kann. Das funktioniert mit dieser Position besser: Kissen drunterlegen, und ihn hereinbitten. Er kniet mit aufrechtem Oberkörper vor Ihnen. Linkes Bein auf seine Schulter, das rechte angewinkelt zur Seite legen; für mehr Spannung kann er Ihren Schenkel mit einer Hand mehr Richtung Laken pressen. Vorteil für ihn: Er kann bequemer aus der Hüfte agieren. Vorteil für Sie: Sie erreichen mit einer Hand ohne Platzprobleme Ihren Big-O-Spot.

Und was lässt sich sonst noch aus dem Haushalt verwenden?

Jeder Haushalt ist sexy – entwickeln Sie einen Blick für Alltagsgegenstände mit Lustappeal:

50 **Schlafmasken.** Das Erotischste, was Sie einen Mann hören lassen können? Das unbändige Luststöhnen, wie Sie bei einem Orgasmus keuchen. Erhöhen Sie den Reiz des lautmalerischen Genusses: Setzen Sie Schlafmasken auf (beide Partner), legen Sie sich dicht nebeneinander oder setzen Sie sich sogar gegenüber und onanieren jeder für sich. Nur das Stöhnen des anderen zu hören, wissend, dass er nichts sieht, wird Ihre Hemmungen in Lust auflösen.

51 **Speisefarben** – mit Honig mischen, und Brustwarzen knallrot einfärben. Dann: mit Champagner in seinem Mund ablecken lassen (Aber bitte keinen Honig auf Ihre Taifuna, das verträgt sich nicht mit dem pH-Wert.) Funktioniert auch ganz reizend mit Naturjoghurt, den Sie knallbunt einfärben. Eine Bekannte von mir schuf damit mal einen Ringelrolli an seinem erhobenen Schwanz, bevor sie alles sorgsam wieder ableckte. Schade, es existiert kein Foto.

52 **Denken Sie an das Naheliegendste.** Das *Kamasutra* riet in der Liebe unbewanderten Ehefrauen, einfach die naheliegendsten Spielzeuge für eine Verführung zu nutzen: Ihr Haar, um es nass über seinen Körper zu schleudern. Das Seidentuch, mit dem sie ihren Hals umhüllte, um seinen Penis legen und wie einen Handschuh benutzen. Der Schluck warmen Tees, mit dem sie seinen Penis umkosen konnte. Was liegt in Ihrem Schlafzimmer »nah dran«, um es zu einem Lovetoy umzuwandeln? Die Kette, deren Anhänger Sie über seinen Körper tänzeln lassen? Blumenblüten, mit denen Sie ihn an den Hoden streicheln? Oder doch der Slip, der so wunderbar nach Ihnen duftet, dass Sie ihn über sein Gesicht legen, während Sie ihn liebkosen?

53 **Gürtel** – um sie um die nackte Taille zu schlingen, damit er sich im Doggy daran festhalten kann, oder Sie sich on top, wenn er auf

einem Stuhl sitzt, mit den Fingern hineinhaken und zurücklehnen; als Schlaginstrumente wie auch als Fesselung … doch, Gürtel haben was.

54 Ketten, Armbänder, Ringe, Halsbänder – nutzen Sie Schmuck im Übermaß als Anstatt-Unterwäsche und Blickfang. Zum Beispiel das unvermeidliche Fuß- oder mehrere Bauchkettchen, ein Zofen-armreif (mit Kettchen zum Ring am Finger) oder einfach nur ein schlichtes Lederband um den Hals. Dann probieren Sie jede einzelne Kette aus, wie sie sich anfühlt, wenn Sie sie an seinen Innenschenkeln entlangstreifen oder um seinen Dorn schlingen.

55 Sie lieben Sonnenbrillen? Besorgen Sie zwei Paar komplett verspiegelte. Setzen Sie sie auf, und behalten Sie sie auch währenddessen an. Erst unheimlich, dann unheimlich gut.

56 Kerzen haben es Ihnen angetan – der Duft, der Schimmer, die Form … Auch wenn Bienenwachskerzen keinesfalls für Hot-Wax-Spielchen benutzt werden sollten, so eignen sich geriffelte zum Beispiel als Massagetoy. Rollern Sie doch ein wenig damit herum …

57 Spieglein, Spieglein in der Hand. Machen Sie es einem passionierten Voyeur leicht – erlauben Sie ihm, einen Handspiegel zu benutzen, um Sie bei der Fellatio von allen Seiten zu beobachten. Danach sind Sie dran.

58 Frischhaltefolie – falls Sie weder Tücher noch Handschellen, noch 'nen Kälberstrick haben: mit dem Zeug lässt sich auch prima fesseln. Allerdings so gut, dass der andere wirklich bewegungslos ist, wenn Sie zum Beispiel seine Arme an den Oberkörper wickeln. Nach zwanzig Minuten bitte wieder runter mit dem Zeug (zur Not aufschneiden), sonst kann die Haut darunter nicht mehr atmen.
Besser: Fesseln Sie ihn mit einem Seil oder Tuch, verbinden Sie ihm die Augen. Massieren Sie ihn, küssen Sie ihn oder machen Sie andere

Spiele – er darf sich dabei aber nicht rühren. Tut er es doch (bestimmt!), umwickeln Sie sein bestes Stück im erhobenen Zustand mit Frischhaltefolie. Packen Sie ihn nach fünfzehn Minuten wieder aus. Effekt: Er ist superempfindlich.

59 **Latexhandschuhe aus dem Erste-Hilfe-Kasten** eignen sich ganz reizend für intime Finger- und inszenierte Doktorspielchen und bieten gleichzeitig Schutz vor Fingernägeln, die an sensiblen Stellen reichlich fehl am Platz sind (PS: Die Herren: Rundgefeilte Ecken an Nägeln wären wirklich angenehmer! Nicht nur für die Klitoris, auch für den Hintern!)

60 **Zahnbürsten.** Natürlich gibt es Menschen, die auf schöne Zähne und Zahnpflege abfahren. Es ist ein herrlich-kribbliges Gefühl, mit einer nicht mehr benötigten Zahnbürste herumzubürsten, und zwar überall, nur nicht im Mund. Ja, funktioniert auch mit der elektrischen, vor allem mit der vibrierenden Rückseite.

61 **Falsche Perlen aus dem Günstig-Schmuckladen** – vom Bändchen ziehen, mit Gleitgel mischen und ihm den Handjob seines Lebens verpassen. Damit Ihnen die Kügelchen (bitte mit abgeschliffener Naht der zwei Hälften) nicht verlorengehen, einfach in einen Latexhandschuh schlüpfen. Und nicht zu fest zufassen, sonst schreit er vor Autsch, nicht vor Aahhh …

62 **Falsche Wimpern oder Pinsel:** für zarteste Neckereien an empfindlichen Zonen. Wann haben Sie mit einem Pinsel an seinen Balls herumgemalt? Wie, noch nie?! Diese Variante ist für Männer interessant, an deren Hoden noch keine Lady herumgespielt hat: Um sich mit dem Gedanken anzufreunden, sehr wohl erogene Nerven an den cojones zu besitzen.

63 **Teatime!** Sie brauchen: heißen Tee, kühlen Eistee, ein 2-Euro-Stück. Er wirft die Münze. Bei Kopf geben Sie ihm mit heißem Tee einen Kuss, bei Zahl mit Eistee. Küssen Sie ihm nach jedem Münzwurf mit dem entsprechendem Tee den Körper ab, bis Sie sich über seinen Monsieur hermachen.

64 **Pumpsprayflaschen mit Quellwasser** sind nicht nur für den Teint da. Fragen Sie an einem heißen Sommertag, ob er eine Erfrischung braucht. Bei »Ja« sprühen Sie ihm mit dem Wasser zwischen die Beine. Raus aus den nassen Klamotten – besprühen Sie sich gegenseitig. Auch sehr hilfreich, wenn Ihnen Gleitmittel auf Glycerinbasis zu krümelig wird: kurzer Wasserstoß (aus einer Wasserpistole?), und weiter. Das Zusatzspiel ist ein Geschicklichkeitsgame: Füllen Sie einen Luftballon mit Wasser, versuchen Sie den Wasserballon zwischen Ihren Körpern zu balancieren, ohne dass er platzt. Wenn Sie erhitzt sind, lassen Sie ihn platzen. Albern, aber schön.

65 **Etwas für Katzen.** Besorgen Sie sich im Haustierladen die kleinen Puscheldinger, mit denen Katzen sonst spielen – ein Stab mit Federbüscheln. Beliebig einsetzbar, aber vor allem rund um den Anus oder an Ihrer Klitspitze. Lassen Sie das nicht Ihre Katze wissen.

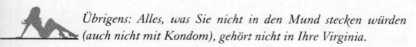

Übrigens: Alles, was Sie nicht in den Mund stecken würden (auch nicht mit Kondom), gehört nicht in Ihre Virginia.

66 **Der Lippenstift** ist ein unterschätztes Accessoire – tragen Sie nichts als ihn! Auf den Lippen. Auf den Brustwarzen, ziehen Sie sich sogar Ihr zweites Lippenpaar nach: Sieht wild aus, macht wild.

Sex nach Rezept: Kulinarische Vorspiele

Essen und Erotik sind sich sehr ähnlich – sie nehmen zum Beispiel im Gehirn dieselben Zellregionen ein: Die werden gleichermaßen animiert, wenn Sie sich küssen oder ein Double-Cream-Peanut-Brownie-Häagen-Dazs-Eis vernaschen. Liebe geht vielleicht durch den Magen. Aber Sex durch den Kopf.

67 Exotische Früchte. Eine aufgeschnittene Mango, Papaya oder Honigmelone verströmen von Duft und Anblick her ihren ganz eigenen Reiz. An was erinnern Sie diese Spalten … ja? Ja. Außerdem lassen sich mit den Fruchtstückchen noch ganz andere Spiele machen: von Mund zu Mund geben, eine Brustwarze damit einreiben, selbst Eichel und Klitoris reagieren willig auf diese Art köstliches Gleitmittel … Obstessen muss wirklich nicht nur gesund sein.

68 Orangen. Die feine Säure der Orange ist gerade sanft genug, um sie vielfältig einzusetzen: beim frischen Sommerkuss, wenn Sie erst an einem Schnitz saugen, bevor Sie ihn küssen; um seinen Nabel mit Saft zu füllen und ihn mit kreisenden Zungenstrichen zu verteilen; oder sogar, um aus seinem Schwanz eine andere Art Orangen-Split zu machen.

69 Frühstück con amore. Zwischen 6 und 8 Uhr morgens ist der Testosteronspiegel eines Mannes am höchsten – und im Sommer sind Sonntage dafür da, dass Sie beide auch mittags schlafen können. Wecken Sie ihn zu einem Sonnenaufgangspicknick, mit Bagels, Lachs und Frischkäse, kleingeschnittenen Früchten, einer Handvoll Nüsse, Erdbeeren in Schokolade gedippt, einer Rose, Kaffee und Jasmintee, frischgepresstem Saft mit einem einzigen Schuss Prosecco – und dann ab mit dem Gesicht gen Osten, mit zwei Decken, Kissen und warmer Jacke auf dem Balkon, am offenen Fenster oder Ihrem Lieblingsort der Stadt. Und danach? Ab ins Bett!

70 Riechlustspiele: Ein Lutscher? Schokoladenpudding? Ein neues Parfüm? Verbinden Sie Ihrem Geliebten die Augen und geben Sie ihm erst eine Rückenmassage, bevor Sie ihn auf den Rücken drehen und lustvolle Riechspiele durchführen. Halten Sie ihm nacheinander alles, was Ihnen einfällt, unter die Nase; was essbar ist, darf er danach auch mit den Lippen naschen. Zwischendurch können Sie ihm leise flüstern, was Sie so sehr an ihm lieben, dass Sie bald davon kosten möchten … Dieses leicht abgewandelte tantrische Ritual nennt sich »Das sinnliche Erwecken der fünf Sinne«, wobei bis zum Schluss die

Augenbinde anbehalten wird. Nehmen Sie sie ihm langsam ab, sehen Sie ihm tief und lange in die Augen, bevor er sich auf seine ganz eigene Art für diese Lust revanchieren wird.

71 **Zimtrollen oder Vanilleschalen** – legen Sie in den Ofen und erhitzen ihn auf zirka sechzig Grad. Das ganze Haus duftet nach dem Geruch der Liebe, aktiviert sofort sein limbisches System, und er schaltet um auf: Körperkontakt!

72 **Spaghetti d'Amore.** Vorsicht, nichts für Knigge-orientierte Frauen: Zwei Knoblauchzehen mit 4 EL Olivenöl in einen kleinen Topf geben und sehr, sehr langsam erhitzen, bis der Knoblauch goldbraun zu werden beginnt. Spaghettini kochen. Ölsauce vom Herd nehmen. Spaghetti mit der Sauce mischen, gehacktes Basilikum, Oregano, mit den Fingerspitzen zerdrückte Chilis oder Tomaten dazugeben, alles kurz umschaufeln. Nach Belieben Parmesan darüberhobeln (nicht fertig aus der Dose!). Und jetzt … *heiß* mit den Fingern essen, riskieren, dass das Öl am Kinn hinunterläuft oder Ihr Herzmann Ihnen eine Nudel aus dem Mund klaubt. Oder aus dem Nabel?!

73 **Französischer Höhepunkt:** Damit machten schon die Kellner des legendären »Café Paris« in Hamburg weibliche Barflys gefügig: 20 ml Sambuca mit 20 ml Baileys aufgießen. Und dann nichts wie runter damit. Zündet im Gehirn genau dort, wo es sonst kurz vor dem Big Bang funkt.

74 **Die Geburt der Venus:** Sieht man sich Botticellis Gemälde der Venus an, wird klar: Die Lady steht in einer Jakobsmuschel. Die Jakobsmuschel oder Coquille St. Jacques gehört zur Familie der Kammuscheln und wird auch Pilgermuschel genannt. Sie ist halbrund, die Schale hat zwei eckige Winkel und ist bis zum Rand hin mit strahlenförmigen Rippen versehen. Sie erreicht eine Größe von bis zu vierzehn Zentimetern. Gefangen wird sie von November bis März. Der wohl sinnlichste Gruß aus der Küche: Acht bis zwölf Jakobsmuschelherzen (nur das Fleisch), Weißwein, Fischfond, Estra-

gon, Sahne, kalte Butter, knackiges Weißbrot. Erst das Sößchen bereiten: ca. 150 ml Fischfond erwärmen, mit 2 TL Sahne und 2 TL kalter Butter aufrühren, mit Weißwein, Estragon und Pfeffer abschmecken, nach Geschmack ein Hauch Curry dazu. Die Coquilles in der Pfanne mit ein wenig Sonnenblumenöl bei mittlerer Hitze je eine gute Minute von jeder Seite anbraten. Nur pfeffern, kein Salz! Mit zwei Schluck Weißwein ablöschen. Eine weitere Minute in der Flüssigkeit ziehen lassen, in der Mitte dürfen die Muscheln glasig sein. Sauce auf die Muscheln träufeln, zu Baguette und Weißwein (zum Beispiel Pouilly-Fumé) servieren. Am Küchentisch, aber beide nur in Unterwäsche – Voilà!

75 **Sündiger Salat:** Männer tun sich ja bekanntlich schwer mit dem grünen Liebling der Ladys – »Was Leichtes«, denkt sie sich, und er: »Wann gibt's was zu essen?« Danach, Liebster, danach … (Der Hauptgang sind im Zweifel Sie.) Trauen Sie sich zur Chaosmischung: Römersalatherzen, Feldsalat, nicht zu strenger Blauschimmelkäse (wie Roche Baron), Feigen, Erdbeeren, angebratene Pinienkerne und ein Dressing aus Himbeeressig, Öl, etwas Orangensaft, Salz, Pfeffer und italienischen Gewürzen. Alles bis auf die Feigen mischen. Feigen vierteln, sanft aufbiegen, als Garnitur verwenden. Dazu reichen Sie Baguette.

10 von 10 Männern gaben an, lieber mit einer Frau zu essen, die gern isst. 10 von diesen 10 gehen lieber mit einer Frau ins Bett, die gern isst. 9 von 10 Frauen gaben an, Männer erotisch interessant zu finden, die für sie kochen. Quelle: Privattelefonate.

3 Lauter erste Male – Premieren sind die besten

»Sex in längerer Verbindung ist die Kunst,
Reprisen immer wieder wie Premieren erscheinen zu lassen.«
Jeanne Moreau

Der Abend, der zum Ersten Mal miteinander führen könnte. Die ersten gemeinsamen Nächte. Das erste Mal etwas Neues ausprobieren: Alles, was wir zum ersten Mal erleben, ist unschlagbar (sogar wenn es nicht gelungen ist) in seiner Eindrucksfähigkeit. Wäre doch um so schöner, wenn es beim Ersten Mal gut geht ...

Erstkontakt

Lächeln Sie. Bleiben Sie Sie selbst.

Die beste Taktik: keine Taktik. Bleiben Sie zugewandt, interessiert – und, ach, ja: wie Sie sind. Nicht cooler oder unkomplizierter als sonst. Das war's schon, jeder Trick wäre zuviel, zu betont und eilfertig.

Erste Dates

Lächeln Sie. Bleiben Sie Sie selbst.

Die beste Taktik: keine Taktik. Bleiben Sie zugewandt, interessiert – und, ach, ja: wie Sie sind.

Machen Sie nichts Kompliziertes, suchen Sie sich kein lautes Lokal.

Lassen Sie sich Zeit. Diese Annäherungsphase kommt nie wieder. Genießen Sie es. Tun Sie nichts, was laut, billig, teuer oder zu schnell vorbei ist.

Hatte ich es schon erwähnt? Bleiben Sie Sie selbst.

Der erste Abend davor

… ist für Männer hochinteressant: Wenn er Sie will, sieht er zu, alles richtig zu machen, damit Sie ihm in seine Höhle folgen oder er sich sicher ist, Sie über seine Schulter werfen zu können, um Sie ebendorthin zu verschleppen. Er wird zugewandt und aufmerksam sein, Ihnen in die Augen sehen und nicht zuviel Alkohol trinken und auf den Kuss warten, der das unausgesprochene Versprechen besiegelt.

Tun wir's oder tun wir's nicht?

Die Luft brennt. Wer mit den Zündhölzern gespielt hat, weiß man nicht genau – war es der lange Blick in seine Augen, während man daran denkt, wie es wäre, von ihm in den Nacken gebissen zu werden? Das gespielte Verweigern mit dem Senken der Lider? Wann hat er begonnen, zu oft nach einem zu greifen, wie zufällig, und dann redet man über Kinofilme und Freunde, berührt sich selbst, weil man es kaum ertragen kann, dass er einen nicht berührt – aber darunter schwingt mit: Ich will dich anfassen. Ich will dich küssen, komm her.

Wenn plötzlich die Idee von Sex im Raum hängt, gibt es zwei Möglichkeiten: auf dieser Welle reiten oder zum Nahkampf übergehen. Ich brauchte einiges an Jahren und noch mehr an Beziehungen und Begegnungen, um zu lernen: Wenn ich nicht gleich loslege, heißt das nicht, dass der Moment ungenutzt vergeht oder er mir übelnimmt, dass ich mich verweigere. Ich werde auch nicht mehr verlegen, denn ich weiß: Alles ist möglich. Ich kann, muss aber nicht. Jede Frau hat dieses Gespür, da muss man sich nicht mal seine geweiteten Pupillen ansehen oder seine irritierten Gesprächspausen, um zu wissen: Da könnte was gehen. Bei dem ganz neuen Mann, bei dem ganz bekannten Mann. Ich liebe das Spiel mit dem Feuer. Niemals sonst ist es so schön, zu flirten und mit Versprechungen zu locken, wie in diesem Moment.

Halten Sie sich vor Augen: »Ich bin ganz Frau in meinen Blicken, meinem scheinbaren Nicht-Wissen um die Spannung zwischen uns und agiere harmlos, aber reizvoll. Jag mich, sagt mein Körper, vielleicht erlegst du mich; komm schon, ich mach dich verrückt, bis du nicht mehr kannst, und nach mir greifst. Vielleicht spreche ich es aus, diesen schlichten Satz: »Ich will mir dir schlafen«, vielleicht frage ich ihn auch: »Willst du mit mir schlafen?«, wenn mir nach einem »Ja, ja, *ja!*« ist, vielleicht rücke ich aber nur dichter ran und schweige beredt. Vielleicht massiere ich seine Hand oder fange leise an zu knurren. Vielleicht ist es ein Anfang. Vielleicht nur ein Spiel. Aber es kann nie zu lange dauern …

Ein Blick in sein Bad verrät alles, was Sie über seine erotischen Geheimnisse wissen müssen. Na, ja, fast alles

Diskretion ist eine wunderbare Eigenschaft. Sehr ehrenwert beim Postgeheimnis, Seitensprung und Freundinnengespräch – aber verfehlt, wenn es um das Bad eines Mannes geht. Um genau zu sein, um Alibert. Der Inhalt des Spiegelschranks oder seines Holzkommödchens und die Staffage der Regale verrät viel über den Herrn, von dem Sie annehmen, er könnte es sein. Der eine – für die Nacht oder ein halbes Leben.

Schauen Sie sich doch nur mal Ihr eigenes Bad an, dann wissen Sie, was auch Sie zwischen Wanne und Seife verraten … halt, Moment, nicht meins!

Ob auf Partys oder beim ersten Besuch in der Höhle eines neuen Vielleicht-Lovers: Ich *muss dringend* ins Bad. Hinter den Spiegeln des Alibert-Hängeteils verstecken sich Neurosen (und vielleicht Utensilien einer Frau – Reinigungstücher, Mascara, OBs, getigerte Nagelfeile – was will *ich* dann hier, mein Zeug dazustellen? Nö!), und wenn ich Macken da nicht finde, sehe ich im Kulturbeutel nach. In der Dusche sowieso, und was steht hinten auf den Glasregalen, Tabac Original?! Ist das Medikament hier abgelaufen, womit schäumt sich Monsieur am liebsten ein, und meint er, desserttellerbunte Toilettensteine ersetzen Onkel Proper? Hoffentlich denkt er nicht, ich brauch so lange, weil ich Diarrhöe … das wär peinlich. Ach was. Männer denken so was nicht. Oder?

Denn wo ist er mehr er selbst als dort, wo er sich rasiert und Dinge macht, die wir jetzt nicht näher erörtern? Im gelackten Wohnzimmer kann sich Rolf Benz an Kunstdrucke schmiegen, die Küche kann schöner als Schöner Kochen aussehen, die Klamotten täuschen – aber im Bad zeigt sich, wer der Unbekannte wirklich ist. Unordentlich, opulent, widersprüchlich, funktional, ein Chaos-Verstedker, Hardcore-Single oder Markenfetischist, ein Wisch-und-Weg-Fanatiker, der eine Beziehung mit Domestos runterspülen würde … Frauen sehen das auf den ersten Blick, dafür werden wir von Mutter Natur und unseren Freundinnen ausgebildet, da braucht es keinen Profiler.

Auf die Details kommt es an. »Wer gebrauchte Rasierklingen, eingetrocknete Parfümproben und leere Aspirinschachteln hortet, kann sich schwer trennen«, meint Linda, und wir nicken – solche Aufheber leiden lang an der Verflossenen, sein Lieblingssatz nach vier, fünf Nächten ist: »Du, ich weiß nicht, ob ich schon bereit für eine neue Beziehung bin.« Sprich: bereit, die alte Klinge gegen eine neue, scharfe auszutauschen. Aber was ist mit jenen, die die ganze Palette exakt einer Marke benutzen? »Harmoniesüchtig«, meint Wilma. »Der muss erst die Douglasfachkraft fragen, ob ich in sein wohlabgestimmtes Leben passe«, hickst Bärbel trocken, und Anna erklärt mit Glimmer an den Wangen, dass die Alleshaber sie faszinieren. Sie berichtet von einem Fall, der vom Anti-Mückenbalm über Talkum bis zur Zeckenzange alles besaß, Ersatzzahnbürsten inklusive. Das alles purzelte ihr fröhlich aus Alibert entgegen, und ihr wurde klar: Dieser Mann will auf alles im Leben vorbereitet sein. Sie ahnte, er würde sich auch vor Sonnenbrand im Regen fürchten und auf One-Night-Stands hoffen, ist aber zum Glück unorganisiert genug, um nicht im Februar zu wissen, wo es im November in Urlaub geht. Außerdem konnte sie sich darauf verlassen, dass er Kondome besaß – auch wenn er die zehn Minuten suchen musste. Er fand sie im Kulturbeutel, da, wo fast alle Männer sie aufbewahren.

Mir sind ja die Puristen am liebsten. Der duftneutrale Typ, der an seine Haut wenig mehr als Wasser, Seife und Deo lässt und mit Nagelschere und Nassrasierer für 99 Cent umgehen kann. Konzentriert aufs Wesentliche. Kann im Bett durchaus von Vorteil sein. »Es lebe der Achtwöchige-Zahnbürstenwechsler!« wirft Linda ein und hebt ihr Glas. »Wo wir doch grad im Bett sind – die kümmern sich auch nach der Dreimonatsverliebtphase ums Nachspiel!«

»Und die Mehrfach-Häufler?« fragt Wilma nach einer Gedenkminute an die Nachspielkünstler unseres Lebens. »Die mit drei Haarwaxen, vier Duschgels, neun Düften?«

»Och, die. Klassische Auswechsler. Auf der Suche nach der richtigen Frau im Leben amüsieren sie sich prächtig beim Auswechseln der falschen. Da muss man aufpassen, dass man nicht zu den Falschen gehört«, meint Bärbel, und das ist der Zeitpunkt, wo ich in mein Bad verschwinde, um Shampoos zu zählen – es sind drei.

Sollte mir das irgendwas sagen?!

76 Der Badezimmer-Scan für Sexgöttinnen. Rasterfahndung mit System? Unbedingt!

Als erstes sehe ich nach, ob lange Haare unterm Waschbecken oder Mascara im Alibert sind – denn dann ist die Wohnung dieses nach eigener Aussage alleinstehenden Herren kontaminiert. Solange persönliche Produkte wie Damendeo, Lippenstift, Parfümprobe oder Reinigungstücher mehr oder weniger versteckt herumstehen, kann ich damit rechnen, dass es nach fünf wilden Nächten heißt: »Du, ich bin ein Stück weit echt nicht sicher, ob ich schon bereit für eine neue Beziehung bin.« Ich weiß, Schätzchen: Die alte sitzt ja noch auf dem Wannenrand, die Utensilien der Vorgängerin »für alle Fälle« griffbereit, vielleicht ist sie nur auf Dienstreise.

Über die Jahre an Badezimmerrecherche hat sich die Scan-Erfassung perfektioniert. Ein Mann, der Tampons, Fön (trotz Kurzhaarfrisur), duftneutrales Duschgel, Fruchtshampoo (welcher Mann mag Passionsfrucht am Scheitel?!) oder zwei drogerieneue Zahnbürsten besitzt, hat entweder eine Schwester oder sich darauf vorbereitet, One-Night-Stands mit dem Nötigsten zu versorgen. Ein Gentleman, bei dem ich garantiert Frühstück bekomme! Aber leider eindeutig nicht auf der Suche nach romantischer Liebe, sondern einfach nur ein Einmalfahrschein-Routinier.

Zweiter Check: Was befindet sich in den Geheimfächern? Verbrauchte Klingen, leere Parfümproben, abgelaufene Medikamente? Er kann sich wohl schlecht trennen. Bachblüten, Zinksalbe, Wattestäbchen? Der Mann hat Sinn für sanfte Seiten. Pillen und Pulver gegen Haaraus- und Durchfall? Wunderbar: Wenigstens tut er was dagegen anstatt demonstrativ zu leiden! Übrigens: Kondome finden sich nie im Alibert. Sondern meist im männlichen Kulturbeutel. Für den Fall, dass Sie mal gucken wollen, wie sein Sexualleben so ist: Je blasser die Packung, desto älter – ergo: kein Herumschläfer.

Dritter Check: Zustandserkundung! Zahnbürste, Haarkamm, Toilettenpapier: Wie sorgfältig geht er mit den Dingen des täglichen Lebens um? Meine Statistik hat gezeigt: Je aufmerksamer er nach Pflegetriolen-Indikator sich selbst gegenüber war, desto eher konnte ich im Alltag erwarten, dass er auch nach Monaten noch um mich wirbt. Es lebe der Badezimmerpapierkorbbenutzer, Haare-aus-dem-Kamm-Entferner und Zahnseidenkenner!

Und zum Abschluss noch ein hurtiger Dreihundertsechzig-Grad-Scan, um die Gesamtkomposition zu erfassen: Nutzraum oder Rückzugsort? Wenn das Bad einem Refugium gleicht, weiß ich, dass er auch in der Liebe lange Leine braucht. Ist es ein Nutzraum, muss ich es wohl mühsam selbst herausfinden. Geschmackliche Verfehlungen sind im Männerbad kein Drama – es sei denn, er legt mehr Wert auf eine Phillippe-Starck-Kloschüssel als darauf, sie zu putzen! Überhaupt, Hygiene: Porentiefe Reinheit erschreckt mich maßlos. Denn dann weiß ich: Der ist nicht ganz echt, der denkt zu wenig und putzt zuviel, wisch, wasch, weg, mit Abservieren kennt der sich aus. Oder er hat hoffentlich eine Putzfrau, dann kann ich sie mir mal ausleihen.

Der heikle Moment, wenn die Hüllen fallen

Ich hasse es nach wie vor, das Ausziehen bei einem neuen Mann. Ich denke daran, dass meine Brüste nur in B passen und ich immer ein Bäuchlein haben werde. Ich hoffe, dass ich ihn nicht dabei erwische, wie er seinen Blick prüfend an mir herabgleiten lässt, um innerlich meine Makel aufzulisten. Ich bin knapp über dreißig und an schlechten Tagen immer noch nicht in meinem Körper angekommen. An guten Tagen lasse ich das Baucheinziehen sein, umfasse meine Brüste oder sage: »Sieh mich einfach nur an, und zieh mich aus.« Dann fällt mir nämlich ein, dass Männer keine Klötze sind. Dass es ihnen genau wie uns Frauen nicht auf Perfektion ankommt, sondern auf Sinnlichkeit. Auf die Wärme der Haut. Auf den Geruch, der erregt. Auf Hände, die berühren und sich ineinanderkrallen. Auf die Sehnsucht, endlich nackt zu sein, um sich dicht aneinanderzupressen. Männer lieben einen Körper, der ihnen entgegenkommt. Sie sind nicht dazu da, um uns zu überzeugen, schön zu sein, wenn wir ihnen keine Chance geben, uns anzusehen.

Dennoch brauche ich dazu den Kontakt zum Männerkörper. Schon oder gerade beim heiklen Ausziehen, selbst dann, wenn wir uns schon tausend Tage kennen. Ich mag es, ein Geschenk zu sein, das er auswickelt, und ich mag es, wenn ich sein Hemd aufknöpfe und mit dem Stoff über ihn streichele, seine Gänsehaut ansehe, wenn ich damit kokettiere, was ich als letztes ausziehe. Ihn damit quäle, lange nicht an seinem Reißverschluss zu nesteln. Es hinauszögere, das Feigenblatt abzustreifen. Ich mag es, wenn er mir wieder in meine hohen Schuhe hilft, nachdem ich bereits nackt bin. Ich liebe es, ihm die Schuhe abzustreifen und ihn dabei davon träumen zu lassen, wie es wäre, wenn ich gleich in der Hocke bliebe und woanders weitermachen würde. Ich liebe diesen Moment, der mit soviel Erotik zu füllen ist. Und hoffe stets, dass er mitmacht, nicht seine Klamotten von sich wirft und sich auf mich, aber bitte auch nicht mit dem Rükken zu mir penibel sein Zeugs auf den Kleiderdiener hängt! Machen Sie sich schon mal frei, es geht gleich los …

Oh, nein, bitte nicht. Verweile, Augenblick, denn wir beide sind dann ganz sensibel, ganz verletzlich, komm, lass mich was anbehalten, hey, lass mich das machen, ich stelle mich hinter dich und öffne deine Hose, hmm, wie duftet dein Slip nach dir, warte, ich zieh dir das Hemd nur bis zu den Ellenbogen herab, für einen Moment bist du mir ausgeliefert …

… und dann berühren wir uns, das neue Land, wie riecht es, wie schmeckt es? Langsam. Lass uns in die Augen sehen. Lass uns gegenseitig wirklich wahrnehmen und einander meinen. Nicht nur

Sex haben. Sex miteinander haben, ich schlafe mit dir, du mit mir. Ich habe Lust auf dich. Und du … auf mich?

Und wie jetzt weiter?

Das Debüt, das alles und nichts entscheidet

Die erste Nacht bedeutet gar nichts? Oder alles? Kleinere Pannen sind kein Drama, gar keine Pannen sind normal und Orgasmen selten. Aber die erste Nacht kann in einer späteren Beziehung noch lange nachwirken, meint zumindest Diplompsychologin Doris Wolf. Vielleicht weil Erwartungen nicht erfüllt wurden, wo doch die erste Nacht ein die ganze eigene Welt kippendes Ereignis ist; pardon: sein sollte. »Das ist einfach zuviel der Last. Denn so kann eine unbefriedigende erste Nacht uns später immer wieder an der Partnerschaft zweifeln lassen«, sagt Wolf. Ist also der Start nicht gut gelaufen, fühlen sich vor allem Frauen nicht schön, nicht begehrenswert, nicht gut genug. Kletten, Eifersucht und Verlustangst sind oft die Folge, fasst es die Paartherapeutin zusammen

»Vielleicht hilft es, sich klarzumachen, dass Sex nur eine Chance ist, sich in diesem körperlichen Bereich kennenzulernen. Es ist kein Test, ob und wie man zusammenpasst«, so formulierte es mal die legendäre Mutter aller Frauenzeitschriften, die *Brigitte*. Ja, das wollen wir lesen, um uns zu beruhigen. Und einerseits ist auch klar: Besser wird's erst beim zweiten oder zwanzigsten Mal, und Orgasmen sind in der ersten Nacht sowieso eher schüchtern, und Freund Alkohol lässt einen auch nicht immer gut aussehen. Aber andererseits vermute ich, es ist sehr wohl ein Test, ob man zusammenpasst – zumindest auf der physischen Verständigungsebene. Wie man einander anfasst. Ob es beide als gleich angenehm empfinden, wie der andere in seinen Fingerspitzen zu fühlen scheint, was schön ist. Ob man einander gut riechen und schmecken kann. Ob man sich körperlich grundsätzlich versteht. Was denken Sie, wenn Sie auf Ihre Erfahrungen zurückblicken?

Der französische Soziologe Jean-Claude Kaufmann glaubt, dass eher der ernüchternde Morgen danach den Ausschlag gibt. Dann,

97

wenn das Tageslicht graue Handtücher im Badezimmer, Achtziger-Jahre-Kunstdrucke an den Schlafzimmerwänden oder geschwätzige Frühaufsteher entzaubert. Da ist der Schock oft größer als nach einer ersten Nacht ohne Orgasmus. Man sollte sich also nicht nur fragen: Mit wem will ich schlafen, sondern auch: mit wem will ich aufwachen?

Der Morgen danach

... ist für Frauen um so wichtiger. Sie forschen bei sich und ihm nach der fatalen Regung: Tut es ihm leid? Und mir? Wer ist jetzt verliebt? Ich etwa? Oh, Gott!! Wehe, er nicht. Obgleich – will ich das überhaupt ...?!

Gehen Sie nicht weg, gehen Sie zusammmen frühstücken. Keine Flucht bitte, so etwas ist selten in einer Beziehung wieder aufzuholen, dass man voreinander weggelaufen ist.

Und reden Sie über die letzte Nacht, um Himmels willen, oder wollen Sie vierundzwanzig Stunden Folter vor dem stummen Telefon erleben? Wenn Sie es geschafft haben, mit ihm zu schlafen, werden Sie doch wohl auch den Mut aufbringen, dass Sie beide darüber reden, wie Sie sich fühlen. Was daraus wird, weiß keiner von Ihnen, also verlangen Sie weder von ihm noch von sich selbst Entscheidungen à la »Sind wir jetzt ein Paar?« oder »Horst stelle ich mir als Jungennamen eigentlich ganz schön vor«. (P.S.: Weitere sachdienliche Hinweise in Sachen akuter Verliebtheit gibt es in *Erste Hilfe für Verliebte*, Knaur TB).

Die ersten Nächte

... sind selten die besten. Erst in Vertrautheit, Sicherheit und Angstlosigkeit wird Sex mit einem neuen Partner zu dem, was Sie eigentlich gewünscht haben. Doch halt: Spicken Sie die Nächte nicht mit zuviel, und vor allem: nicht mit zahllosen Versuchen, ihm die Sexgöttin vorzuturnen.

Sondern gehen Sie auf ihn ein. Wer ist er, was mag er, was braucht er? All das können Sie jetzt schon einschätzen, da Sie ihn bereits einige Male erlebt und im Alltag beobachtet haben. Ist er ein Denker, ein Motoriker oder ein Schwelger? Erst wenn Sie seine Präferenzen entdeckt haben, können Sie daran gehen, ihn genau an den Punkten zu umgarnen, die ihn vibrieren lassen. »Personalisierter Sex« heißt das steife Zauberwort. Bei der Aktivrecherche im *Kamasutra* fand ich den schönen Hinweis, dass Sexualität Geist, Körper und Seele betört. Weiterhin klärten mich die Meister über die simple Tatsache auf, dass jeder Mensch einen Hang zu einem der drei Teile hat: Solche, die mehr über den Geist zu verzaubern sind, andere, die es physisch bevorzugen, und jene, die gefühlvolle, kultivierte Romantik erleben wollen. Männer wie Frauen, Mischformen inklusive. Plötzlich kapierte ich, wieso nicht alle Sextipps für alle gelten können: Was will ich dem Animalischen, der spüren und schwitzen und machen will, mit Dirty talk oder Drei-Stunden-Vorspiel im Restaurant kommen? Wieso törnt den Romantischen ein Strip nicht an, und was mache ich mit dem Vergeistigten – dem sollte ich lieber eine schmutzige Geschichte erzählen als ihn zum Freiluftvögeln auf die Steppdecke zu scheuchen.

»Personalisierter Sex« heißt doch nur: Erkenne dich, erkenne den anderen, und schenke ihm das, was er braucht. Zeig dich ihm, damit er weiß, mit wem er es zu tun hat und der Liebhaber sein kann, den du brauchst … Sie werden sehen: Wenn Sie Ihren Geliebten grundsätzlich auf Körper, Geist oder Seele einschätzen können, wird es Ihnen leichter fallen, auszuwählen, welche der restlichen 619 Tipps Sie konkret einsetzen.

Verzaubern Sie den Mental-Ekstatiker mit Dirty talk & Phantasien

Er besitzt die Fähigkeit, ohne Hemmungen unanständige Worte zu benutzen, er liebt es, wenn Sie ihm erotische Geschichten vorlesen oder ihm eine schamlose Phantasie erzählen, und er wird schon bei dem Gedanken schwach, Sie mit nichts als halterlosen Strümpfen unter dem Mantel in einer Hotelbar zu treffen? Ihr Geliebter ist eindeutig ein Mental-Ekstatiker, den Sie mit einem Mix aus Worten und Inszenierungen verlocken werden.

77 Rücken Sie ihm mit Worten auf den Leib. Verbale Verführer lieben das Wort – vor allem, wenn es aus einem flirtenden Gespräch entsteht. Das *Kamasutra* empfiehlt zum Beispiel, erst mit Komplimenten zu beginnen, so etwas wie: »Dein Halsgrübchen gefällt mir. Zum Küssen schön«, um dann immer zielsichere Fragen zu stellen, die den anderen in Verlegenheit bringen sollen. Fragen wie: »Magst du mein Haar? Würdest du gern mal daran ziehen, während wir uns lieben? Willst du mich? Wie sehr?« Wer weiß, ob er nicht antwortet, dass er Ihnen gern zeigen kann, wie sehr er Sie will und liebt ...

78 Sprechen Sie von Ihren Phantasien. »Wie wäre es, diese Hände an meinem Po zu spüren? Dieser Mund, diese Lippen, die sich um meine Brustwarze legen ...« Der Flirt mit einem Unbekannten reizt die Phantasie, während Sie verstohlen seinen Körper mit Blicken abtasten. Was wäre, wenn mich dieser Fremde jetzt mit sich zieht, um genau das mit mir anzustellen, was ich mir stets wünschte ...? Behandeln Sie Ihren Geliebten wie den begehrten Fremden, von dem Sie nichts wissen, aber in den Sie alles hineinträumen – und erzählen Sie ihm davon. Wie es wäre, wenn Sie sich erstmals in dieser Bar sehen würden. Was Ihr erster Gedanke wäre. Was Ihr zweiter, unanständiger.

79 Regen Sie seine Phantasie an. »Heute Abend. Acht Uhr. Such mich nicht, finde mich, denn ich warte auf dich, dort, wo ich am liebsten für dich nackt bin ...« Für einen phantasieorientierten Liebhaber gibt es wenig Herrlicheres, als sich über den Tag verteilt in Gedanken an Sie zu versenken, vor allem, wenn Sie ihm morgens ins Ohr flüstern, mit was er heute abend rechnen kann. Dann sorgt er wenigstens dafür, dass seine Freunde nicht da sind, wenn Sie mit nichts unterm Mantel in der Tür stehen.

80 Lassen Sie es prickeln. Aus dem Mund. Aus der Kniekehle. Oder doch aus dem Nabel? Wie lässt sich Champagner noch trinken? Das könnten Sie angenehm bei einer Flasche (zum Beispiel dem neuen Rosé-Champagner von Veuve Cliquot) klären.

81 Berühren Sie ihn mit Worten. Ob Sie für ihn langsam im Halbdunkel nackt tanzen oder ihm mit warmem, feuchtem Atem ins Ohr flüstern: »Ich will dich. In mir. Tief. Jetzt!« – Wie wäre es, ihn zu einer Erektion zu bringen, ohne ihn dabei anzufassen? Ihm im Restaurant zu gestehen, was Sie auf dem Tisch mit sich machen lassen würden, oder ihn zu bitten, sich selbst zu berühren, könnte dabei helfen …

82 Ich mach doch gar nichts! Das Wunderbare an Liebhabern, bei denen Lust als erstes durch den Kopf geht, ist, dass sie bereits mit kleinen Moves betört werden. Die lange Ketten, die Sie im Bett tragen, und sonst nichts. Die Aufforderung, Sie auszuziehen – bis auf die Schuhe. Die Frage, ob ihm der Satz gefallen würde: »Mach mit mir, was du willst.« Denn oft sind solche Details bei ihm der Beginn einer erregenden Assoziationskette, er sieht sich hinter Ihnen knien und leicht an der Kette ziehen, er spürt fast den Schuh auf seiner Schulter, er stellt sich vor, was er wirklich tun würde, wenn Sie ihn nur ließen … Na, dann lassen Sie ihn doch mal.

83 Was ist schöner als Männer zu verwirren? Den Mann zu irritieren, der meint, Sie schon zu kennen? Mit Gesten, die scheinbar unerotisch gemeint sind, bis Sie plötzlich aus der Rolle fallen. Beginnen Sie ruhig mit einer freundlichen Umarmung, einem Klapser auf die Schulter, einem trockenen Freundschaftskuss – und dann reiben Sie mit der Innenseite Ihres Schenkels an seinem Knie, Ihre Hand rutscht auf seinen Po, Ihre Zunge gleitet über sein Jochbein zum Ohr … Das kann immer noch als Versehen durchgehen. Sie können sich ganz naiv mit Augenaufschlag entschuldigen; damit ist der Köder ausgeworfen, er ahnt, dass es ein Spiel von Distanz und Rückzug werden könnte. Und das spielen Sie so lange, wie Sie es genießen, ihn ein bisschen mit der Doppelbödigkeit Ihres Verhaltens zu quälen!

84 Spiel mit den Grenzen. Denkbar unanständig ist seine Vision, wie Sie sich langsam vor ihn hocken, sich an die Wand lehnen, seine Eichel zwischen die Lippen nehmen und er sanft zustoßen darf. Fast wagt er nicht, Sie zu bitten, nicht in Ihrem Mund zu kommen, sondern auf Ihren Lippen. Und warum er es nicht ausspricht? Weil er hofft, dass Sie ahnen könnten, dass er dieses Bild von Ihnen beiden mit sich herumträgt.

85 **Die unsichtbare Geliebte.** Der Paravent galt für indische Kurtisanen als kleiner Bühnenhelfer, um die Phantasie des Geliebten anzuregen – sie zogen sich dahinter aus oder setzten das Licht so, dass ihre Silhouette hinter dem dünnen Papierstoff zu sehen war. Und einige schnitten sogar ein kleines Loch auf seiner Hüfthöhe hinein, auf dass er seinen »Lingam« hindurchschieben konnte, um ihn dann bei einem Blowjob großzügig allen Phantasien zu überlassen, wer sich wohl dahinter um sein Lieblingsstück kümmerte.

Fordern Sie das Tier heraus – mit Action und Abwechslung

Der Animalische, der Sex physisch bevorzugt, nutzt jede Gelegenheit, seine Hände auf Wanderschaft durch Ihre Täler und kurvigen Erhebungen zu schicken, er liebt das Gefühl Ihrer erhitzten Haut an seiner, tanzt gern mit Ihnen und begeistert sich für Sport. Klarer Fall eines Motorikers, der es liebt, zu berühren, berührt zu werden und ein paar wilde Exkursionen zu erleben, bei denen es mehr um die Tat, weniger um das Wort geht. Na, bitte:

86 **Kleine Handgreiflichkeiten erhöhen die Spannung.** Er wollte gerade aus der Tür, da erreicht ihn noch Ihr Zungenkuss. Er hilft Ihnen in den Mantel, und Ihre Hand schlängelt sich zwischen seine Beine. Und als er beim Spaziergang nach Ihrer Hand greift, nehmen Sie kurz seinen Daumen in den Mund ... Berühren Sie Ihren Geliebten nicht nur im Bett auf anregende Weise – hier ein zielgerichteter Griff ans Bekken, dort eine herausfordernde Kurzmassage: Das alles aktiviert sein Hormonlevel, das sich später entladen wird, wenn endlich Zeit ist ...

87 **Steigern Sie die Vorfreude.** Zwischen Küssen und Ausziehen gibt es einen verkannten Augenblick – das stumme Einverständnis,

dass es jetzt zur Sache geht, gepaart mit Hoffnung, Vorfreude und Aufregung. Ziehen Sie den Moment in die Länge – frei nach dem Motto »zwei Schritte vor, einen zurück«. Anstatt vom Küssen zum Ausziehen überzugehen, beginnen Sie, eng umschlungen zu tanzen, zu Musik, die nur Sie in Gedanken hören. Wiegen Sie sich mit langsamen Seitwärtsschwingungen im Kreis. Sehen Sie ihn an. Beginnen Sie, eine flache Hand auf seinen unteren Rücken gepresst, mit der Hüfte zu kreisen. Beantworten Sie sein reflexartiges Schieben. So finden Sie einen Liebesrhythmus, der dem Verlauf des Abends vorgreift.

88 **Seien Sie vollkommen unvollkommen.** Die französischen Mätressen der Sonnenkönige wussten, dass genau jene Frauen interessant sind, die mit einem kleinen, absichtlich gesetzten Makel ausstrahlen: »Mir macht es nichts aus, mich unanständig und schlampig zu geben. Auch wenn ich hier ganz damenhaft auf dem Hocker sitze …« Ob es der Träger des Kleides ist, der rutscht, die Laufmasche im halterlosen Strumpf oder eine absichtliche Vergesslichkeit, wenn Sie sich nach einer Party komplett ausziehen, nur leider die hohen Schuhe »übersehen«, mit denen Sie durch die Wohnung spazieren. Dieser lässige Sexappeal betört ihn mehr als jeder überbetonte Striptease und lässt ihn hoffen, dass Sie noch anderweitig unerzogen sein könnten. Sind Sie's?

89 **Schlüpfen Sie in seine Haut.** Im *Kamasutra* wird Frauen explizit empfohlen, in die Rolle des Mannes zu schlüpfen, um seine Leidenschaft zu wecken und seine Lust anzustacheln, sich die Rolle zurückzuerobern. Nehmen Sie ihn so her, wie Sie sich von ihm wünschten, verführt zu werden: Stellen Sie ihn zwischen einen Türrahmen, Beine und Arme gespreizt. Machen Sie mit ihm, was Sie wollen: Küssen. An ihm riechen. Ihre Wange an ihm schubbern oder einen Schenkel zwischen seine schieben. Seien Sie Macho mit Eiern bis zu den Knien. Und danach – lassen Sie ihn seine Rolle zurückholen. Reizen Sie den Moment bis zu dem Augenblick aus, wenn er an Ihren Knöpfen nestelt: Und gehen Sie einfach weg! Greif mich ab, Tiger.

90 Ganzkörpermassage. Jede Faser seines Körpers spüren, Ihre Hände, Ihren Atem, Ihre Brüste an seiner Haut: Totale Körperlichkeit ist für den Motoriker reinste Lust. Vor allem bei einer Massage, bei der Sie ihn nicht nur mit Fingern und Händen berühren, sondern mit Ölen und Helfern verführen oder sich rittlings auf seinen Po setzen, auf dass er die Wärme Ihres Schoßes spürt, während Sie Ihre Brüste als Händeersatz einsetzen.

91 Fly like an eagle. Gewagte Positionen sind für ihn eine erregende Herausforderung? Dann wird er den »Adler« lieben, den die amerikanischen *Cosmopolitan*-Girls erfunden haben: Dabei stehen Sie mit je einem Fuß auf einem stabilen Hocker, er steht vor Ihnen und hält Sie fest. Für das Gleichgewicht sorgt er, während Sie für das anregende Auf und Ab Sorge tragen ...

92 Beweg dich jetzt nicht. Einen motorisch orientierten Mann zur Bewegungslosigkeit zu verdammen ist eine ziemlich schamlose Variante, um sich seinen heftigen »Dank« nach Aufhebung der Bannung zu sichern. Vielleicht legen Sie ihm ein schwarzes Tuch über die Augen, lassen ihn wartend daliegen, bis er Ihren Atem an seiner Brust spürt, der in süßer Langsamkeit tiefer wandert, noch tiefer, an der spannendsten Stelle vorbeistreift – und wieder hochstreicht! Belohnen Sie ihn für sein Stillhaltegelübde mit einem Blowjob, bei dem Sie den Wechsel zwischen weichen, nassen, nach außen gestülpten Lippen und über die Zähne nach innen gezogenen Lippen testen.

93 Die Arbeitsteilung. Verabreden Sie einen Deal: Er kümmert sich ums Abendprogramm, Sie sich um den Tag. Womit er garantiert nicht rechnet, während er einen Tisch reserviert oder Konzertkarten besorgt: Sie buchen eine Doppelmassage in einem Wellnesstempel und ein Tageszimmer im Hotel, in das Sie ihn entführen! Diese Verführung ist perfekt für das Erste Mal mit einem neuen Mann, der ein wenig, nun ja, motiviert werden darf.

Wecken Sie die Sinne des emotionalen Romantikers

Manchmal kann er sich kaum sattschnüffeln an Ihrer Haut, er genießt es, wenn Sie ein seidiges Kleid tragen, das er anfassen kann, und »Ich liebe dich« sagt er im Bett fast öfter als Sie? Er liebt sinnliche Genüsse wie Essen, Trinken, Kunst und Musik? Dann haben Sie mit dem emotionalen, sinnlichen Liebhaber die Chance, all Ihrer Fühllust Raum zu geben.

94 Ausgesprochene Lust. »Fühlt sich das gut an? Darf ich weitermachen? Komm, lass mich das noch mal machen …« Der emotionale Liebhaber liebt es, wenn er seiner Sinnlichkeit eine Stimme geben kann und Sie die Chance nutzen, ihn bei jeder Berührung flüsternd zu fragen, wie es ihm gefällt. Damit potenziert sich sogar seine Genusslust – und Sie finden durch seine Antworten wie nebenbei heraus, was er besonders liebt.

95 Mit Blicken streicheln. Unter dem langen, wortlosen Blick einer liebenden Frau wird der sinnliche Liebhaber schwach – vor allem, wenn der Blick seine Augen verlässt, um über seine Lippen zu kosen, seine Brust hinabzustreifen und mehrere Sekunden lang zwischen seinen Beinen zu verharren, bevor Sie ihm wieder in die Augen schauen und sehr langsam mit beiden Augen zwinkern. Die Botschaft ist deutlich: Komm näher, und bring deinen Schwanz mit …

96 In Berührung baden, in zärtlicher Langsamkeit, zu wissen, geliebt und gewollt zu werden: Das ist eines der schönsten Geschenke an den sinnlichen Verführer. Tun Sie alles doppelt – geben Sie ihm einen Kuss zweimal oder streicheln Sie ihn doppelt so langsam wie sonst, öffnen Sie einen Knopf nur halb so schnell und, und, und …

97 Himmlische Mächte. Das erlösende Gewitter tanzt vor Ihrem Schlafzimmerfenster? Vielleicht lassen Sie die kühle Frische herein, ziehen die Matratze vom Bett und schieben sie vor das geöffnete Fenster, um die Regenschauer des Sommers zeitgleich mit den Liebkosungen Ihres Geliebten zu spüren. In sein Gesicht zu sehen, wenn die Blitze über das Firmament zucken, und sich diversen Donner-schlägen hinzugeben.

98 Das Foto danach. Was ist elektrisierender, als eine nackte Frau fotografieren zu dürfen und sie dabei in alle Posen zu bitten, die ihr Geliebter verlangt? Nun – schöner wäre es, wenn er Sie mit einem Schwarzweißfilm hinterher fotografiert, weil Sie da ein gelösteres Gesicht haben als vorher ...

99 Öffnen Sie sich ihm. Für gefühlvolle, übersinnliche Liebhaber ist der Mittelpunkt Ihrer Beine eine einzige Quelle der Lust. Wie es sich anfühlt. Wie Sie dort duften. Und vor allem: Wie seine Lieblingsstel-le sich unter seinen Blicken und Liebkosungen verändert und auf-blüht. Wenn er mit dem Finger spielt und dabei genau hinsehen darf. Einen Vibrator benutzt. Aufgeschnittene Trauben, die er über der Klitoris ausdrückt. Und eine Frau wie Sie, die es genießt, dass er Sie an Ihrer geheimsten Stelle fasziniert betrachtet und tausend neue Schattierungen von Rosé bis Rot entdeckt. Oder, wie es ein Connaisseur der weiblichen Scham formulierte: »Wenn sie so richtig weichgefickt ist, von meinen Fingern, meiner Zunge, dann ist sie die schönste von allen.« Na bitte.

Bevor Sie sich übrigens mehr Gedanken über *ihn* machen, als er sich über Sie oder Sie sich über sich selbst und Ihre Wünsche, reiche ich Ihnen hiermit ein kleines Taschentuch mit einem Knoten drin: Ach-ten Sie darauf, dass Sie sich beim Geben nicht verausgaben. Und, bitte, schenken Sie all Ihre sexy Göttlichkeit jemandem, der es ver-dient. Und nicht jemandem, dessen Macken, Nachlässig- und Bösar-tigkeiten Sie vor sich selbst ständig mit arg kreativen Ausreden und Erklärungen rechtfertigen. Okay?

100 Achtung, peinlich: Diese Tricks können Sie sich sparen
»Ich habe beim Sex verschiedene Stellungen ausprobiert. Bei der norma-len kriege ich Platzangst. Und bei den anderen einen steifen Nacken oder Wundstarrkrampf.«   *Tallulah Bankhead*

Manche erotischen Tricks hören sich besser an als sie in der Praxis funktionieren. Da ich zum Glück alles teste, bevor es an die Öffentlichkeit gerät, öffne ich hier kurz mal den Giftschrank der irgendwo da draußen kursierenden Sextipps, von denen ich Sie allerdings abhalten möchte, wenn die erste Nacht nicht gleich die letzte sein soll:

- *»Sollen kribbeln, reizen, wahnsinnig machen: French Ticklers – Kondome mit Noppenbesatz an der Spitze beziehungsweise Noppenringe, die mehr für die Klitoris gedacht sind als für seine Standfestigkeit – sind die Geheimwaffe in der Spielzeugschublade.«*

Mehr so eine Art irre Terrorgeheimwaffe: Spaßkondome schützen weder vor Krankheiten noch Schwangerschaft und kribbeln ungefähr so prickelnd wie stilles Flaschenwasser. Als Partygag für die liebste Feindin oder als Eierwärmer auf dem Frühstückstisch, nach misslungenem One-Night-Stand, sind diese Stachelgummis gerade noch zu ertragen.

- *»Drei Dinge, die man mit Sprühsahne anstellen kann: 1. Verpassen Sie seiner Eichel ein Hütchen, und knabbern Sie es genüsslich ab. 2. Zeichnen Sie sein Gesicht, seine Lippen, Augenbrauen, Nase … mit Sahne nach, und folgen Sie der Spur mit der Zunge. 3. Verstecken Sie unter einem Sahnehäubchen ein selbstklebendes Tattoo oder Strass-Steinchen, aber bedecken Sie Ihren Körper mit mehr Tupfern. Er findet den Schatz, wenn er alles ableckt.«*

… und danach geht's drei Wochen zur Fastenkur, das Bett wird entsorgt, komplett mit Laken und Matratze, von Milcheiweißallergien und Kotzarien mal ganz abgesehen: Sahnespielchen sehen vielleicht in Hochglanzmagazinen gut aus, aber die Assoziationskette von Sahne zu, huch!, Sperma, ist in der Praxis nur halb so spannend. Außerdem wird einem nach der halben Dose schlecht, und die Quetsche hört sich an wie ein sterbender Alien (»iiiooochuchmpstss«). Sahne gehört auf den Kuchen.

- *»Schont den Nacken und wirkt als sexy Workout: Blowjob kombiniert mit Liegestützen. Erhöht den Druck im Mund und verursacht unwiderstehliche Sogwirkung …«*

Mag ja sein, dass ein bisschen Bewegung nicht schadet – aber seit wann ist Showturnen im Schlafzimmer angesagt, nur weil die

Haut an den Oberarmen in letzter Zeit flattert? Zudem fielen die letzten Versuchsobjekte bei dem Blow-Workout-Job sowieso vor Lachen aus dem Bett. Könnte auch an den Schweißbändern am Handgelenk gelegen haben.

- *»Stellungswechsel für Fortgeschrittene: Er liegt auf dem Rücken, zieht seine Knie an die Brust, und bildet so mit den Oberschenkeln und seinen Waden eine Art Sessel. Sie setzt sich mit dem Rücken zu ihm auf ihn – losschaukeln und genießen.«*

Atemnot, Nackenstarre, chiropraktischer Bandscheibennotdienst: Die Schaukelstuhlnummer (oder hieß sie vielleicht Transsibirischer Gänsesturzflug?) ist für den männlichen Mitturner eher eine Bewerbungsposition für den Chinesischen Staatszirkus, aber kein echter Spaß. Der kommt für die Sitzende auch nicht auf – wer will schon dauernd davon abgelenkt werden, wenn er sich beschwert: »Schatz, du bist zu schwer, du drückst auf die Blase, was macht das Knie in meinem Mund …«?

- *»Empfangen Sie ihn als sexy Putzfee, und stecken Sie ihn gleich mit in die Totalreinigung – Dusche als Vorspiel mit Ihnen als Schrubberbraut erspart auch so manche lästige Geruchsüberraschung.«*

Wenn Sie natürlichen Körpergeruch sowieso ablehnen und Mr. Proper der Star Ihrer Masturbationsphantasien ist, könnte das eine flockige Idee sein. Ansonsten erregt den Beteiligten eine Totalreinigung mit Küchenhandschuh und Topfschwamm ungefähr so sehr wie ein Zahnarztbesuch.

- *»Nachts auf dem Spielplatz, Tatort Schaukel: Nach vorne über das Brett beugen, und er stupst und schubst von hinten.«*

Die Nummer funktioniert für exakt eine Schwingung. Dann landet er mit seinem Lieblingsspielzeug überall, nur nicht dort, wo er hingehört. Und wenn er es versucht, reißt ihm der nächste Rückwärtsschwung die Beine weg, und er schnappt wie ein Klappmesser über Ihnen zusammen, die Schaukel bricht aus der Halterung, Anwohner alarmieren die Polizei … Och nö!

- *»Gleitgele mit Geschmack – ob Passionsfrucht, Vanille oder Erdbeer-Sahne: Macht beiden Appetit auf mehr Mundarbeit.«*

Statt Geschmacksverbesserern für teuer Geld hilft auch Waschen –

und den Testern diverser Gele wurde nach der dritten Portion Karamel schlecht. Besser: Erst au naturel lecken, dann reinstekken.

- »*Kein Gleitmittel zur Hand? Vaseline oder Salatöl tun es auch.*«
Nie-mals Vaseline! Das Zeug ist wasser-, terpentin- und atombombenfest, es verändert die Schleimhäute nur zum Nachteil und hinterlässt hintenrum für Tage den Eindruck von Dauerdiarrhöe. Die Salatsoßen-Alternative ist nur was für Leute, die zufällig auf abwaschbaren Gummilaken vögeln und ihr Schlafzimmer mit Fliesen ausgelegt haben – fängt das Zeug an zu tropfen, bekommen man die Flecken nur durch Totalrestauration heraus. Hinweis eines Arztes meines Vertrauens: Öl gehört nicht in die Scheide, da es nicht abwaschbar ist und die Kleine Tage braucht, um das basische Zeug ab- und ihre saure Schutzflora wieder aufzubauen. Auch die Darmflora findet einen Cesardressing-Einlauf nur mäßig sexy.
- »*Versprühen Sie exotische Düfte wie Patchouli oder Jasmin auf Ihrem Bettzeug, und genießen Sie olfaktorische Höhepunkte … *«
Beim Einsatz von aphrodisierenden Düften durchlitt die Jury alles, was gemein und schmerzhaft ist, von spontaner Kontaktallergie bis zu kreisrunden Kopfschmerzen. Problem: Ihr Bett riecht auch noch Tage danach wie eine Batikklamotten-Boutique; die Öle sind zu heftig, um sie unverdünnt zu benutzen.
- »*Wandern Sie mit einem Eiswürfel zwischen den Lippen am Körper des Partners auf und ab.*«
Der Eiswürfel gehört zu den überschätzten sexuellen Ergänzungsmitteln. Außer in der Sauna ist Eis nur eins: saukalt und unpraktisch, abgesehen davon verkühlen die Lippen, Zähne reagieren auf Kältereize auch nicht mit Leidenschaft. Ab in den Gin Tonic!
- »*Nehmen Sie einen Duschvorhang, legen Sie ihn im Wohnzimmer aus und ölen Sie sich gegenseitig mit Massageöl ein, bevor Sie sich über den Stoff wälzen.*«
Na klar, und wer keinen Duschvorhang besitzt, nimmt drei aufgeschnittene blaue Müllsäcke. Irks.
- »*Erhitzt selbst Kaltblüter: Durchblutungsfördernde Muskelsalben (in der Apotheke), die Sie anstatt Massageöl nehmen. Ein Wintertraum!*«

Verbrennung zweiten Grades inklusive. Denn in der Praxis tritt das Problem der »ungewollten Verbreitung« auf. Wenn Sie beim Sex konstant zwanzig Zentimeter Sicherheitsabstand wahren (was einigermaßen schwierig ist, es sei denn, Sie sind mit Long Dong Silver liiert), so wird sich die Creme von seiner Haut auf Ihre übertragen, und irgendwann haben beide es zwangsläufig an den Händen. Und wer jetzt den Fehler macht, unter der Gürtellinie zuzulangen, hat die nächsten zwei Wochen garantiert keine Lust mehr auf Sex, der so heiß ist wie ein Bunsenbrenner!

- *»Beim Anblick diverser Wachsgebilde kommen Sie auf Ideen? Fangen Sie erst mit den kleinen Kerzen an, und nehmen Sie unbedingt ein Kondom.«*

Kleine Kerzen schmelzen ab gewissen Temperaturen und verformen sich, wenn Sie sie zu lang dort lassen, wo kein Streichholz hinreicht – da hilft auch kein Kondom mehr. Gefährliche Sache, lieber einen Leuchter besorgen und die Dinger dorthinein stecken, dafür wurden sie schließlich gebaut. Ja, Kerzenhalter oder Geburtstagstorten.

- *»Beide legen sich auf den Bauch, jeweils mit den Füßen zum Kopf des anderen. Rücken Sie so nah zueinander, dass er, wenn er seinen Besten nach unten abknickt, eindringen kann. Mit konstanten Gegenbewegungen spüren Sie bald die Schubkraft ... «*

Kann ja sein, dass einige ganz junge, sehr bewegliche und extrem üppig bebaute Herren es hinkriegen, ihren Penis so weit nach unten und hinten abzuknicken, dass sie trotzdem noch Spaß dabei haben. Dem Rest, also sagen wir mal 98 Prozent aller Beteiligten, wird krampfartig bewusst, wie schön doch die Missionarsstellung ist.

- *»Verbinden Sie ihm die Augen und lassen Sie ihn raten, wie Sie es ohne Hände oder Lippen schaffen, ihn zum Kommen zu bringen. Wie? Eine leere Toilettenpapierrolle mit einem Kondom oder einer Gefriertüte auskleiden, Gleitgel einfüllen, loslegen.«*

Ich gebe zu: Das ist ein Tipp den ich auf einer amerikanischen Site zum Thema Selbermachen entdeckt habe. Der Bastelvorgang war jedoch eindeutig erheiternder als der Einsatz – denn es fühlt sich genauso an, wie es ist: eine Klorolle mit einer gallertartig gefüllten Gefriertüte zu vögeln. Sexy, oder?

- *»Penisringe haben den Nachteil, dass ihre Noppen nicht dorthin reichen, wo sie hin sollen – zur Miss Klit. Ein dekorativer Penisring ist die Reizspinne, mit langen Prickelschlaufen, die mehr Sensationen versprechen.«*

Bei den Versprechungen bleibt es – denn die Funktionalität bei diesem wirklich hübschen Umhänger lässt zu viele Wünsche offen. Statt dessen labbert das Zeug rum und schlappt bei jeder Bewegung wie ein Fliegenfänger, der auf einen welken Hintern trifft. Man kann sich erotischere Geräusche vorstellen.

Ausweitung der Liebeszonen & weitere erste Male

101 Neue erogene Zonen gesucht? Es wäre alles einfacher, wenn wir mit Gebrauchsanleitung rumlaufen würden: Bitte hier drücken, bitte dort lecken, da kleine Kreise beißen, und schon läuft der Lustmotor auf Touren. Statt dessen folgen wir den bekannten erogenen Zonen wie beim Malen nach Zahlen, versteifen uns auf Nacken, Ohr und Brustwarze – aber wo bleiben die restlichen eineinhalb Quadratmeter Kickzone auf der Haut? Gehen Sie gemeinsam auf die Suche nach versteckten erogenen Zonen. Sie ähneln sich bei Männern und Frauen, aber vor allem sind sie nicht leicht zu erreichen. Wie der Gaumen zum Beispiel. Streichen Sie mit Ihrer Zunge in Ihrem oberen Mundraum nach hinten – es kitzelt zuerst, aber damit wecken Sie Ihre Empfänglichkeit. Sein Daumen in Ihrem Gaumen, der sich leicht nach oben biegt, drückt, an dem Sie saugen, bevor die Daumenspitze den Rachen kost – erotische Intimität in neuer Dimension. Das Gewebe am Ende des Rachens ähnelt in seiner Sensibilität Ihrem zweiten Lippenpaar, aber auch seiner Eichel; Nerven verbinden die beiden Lustzonen. Ebenso versteckt, aber auf subtile Weise erregbar: Achselhöhlen. Nach gusto frisch geduscht und unparfümiert, reagieren sie auf leichte Zungenschläge, feste Fingermassage, zartes Pusten. Der Puls jagt augenblicklich hoch. Noch zwei Schätze: Kniekehlen und Zehenzwischenräume. Lassen Sie angefeuchtete Finger durch die kleinen Kuhlen gleiten, simulieren Sie die Bewegung, die er sonst in Ihnen macht. So berühren Sie ihn ganz neu, und verführen ihn mit Vormachen zum Nachahmen.

102 Nackt unter dem Mantel im Tageszimmer. Tun Sie es wenigstens einmal: Reservieren Sie ein Zimmer – wenn Sie nicht über Nacht bleiben wollen, ein »Tageszimmer« (meist bis 17 Uhr freizugeben, etwa 75 Prozent des Normalpreises). Selbst im Hilton wird man Sie nicht mit Blicken töten. Er soll sich den Schlüssel abholen und auf dem Zimmer warten. Und Sie? Kommen mit nichts als hauchdünner Wäsche, Stockings und Mantel. Wenn er die Tür öffnet, schlagen Sie den Mantel nur kurz auf und wieder zu. Sprechen Sie kein Wort. Und später: zahlt er.

103 Ballspiele und der männliche G-Punkt. Sie gelten als die vernachlässigten Anhängsel: seine Hoden. Es könnte durchaus sein, dass Sie die erste sind, die sich für seine Balls interessiert und sich ihnen widmet. Unsicherheit, Scham, aber auch Neugier sind seine Gefühlsbegleiter, wenn Sie sich zum ersten Mal den Anhängseln zuwenden. Hochempfindlich und Ort geheimer Lüste, sind seine Liebeskugeln eine erogene Zone, die Sie nicht unterschätzen sollten – und die ähnlich reagieren wie Ihre Klitoris: Am Anfang mögen sie es zart, gegen Ende – also vor einem Big Bang – schon mal kräftiger. Sie können sie streicheln, als ob Sie über das Fell einer Katze streichen, vorsichtig an Ihnen ziehen, um ihn zu stoppen, wenn er zu schnell dem Gipfel zustrebt, oder mit einem feuchten Finger über Balls und Damm tänzeln, um aus einem guten Blowjob einen unvergesslichen zu machen. Unschlagbar auch der »Begrüßungsgriff« an seiner Hose, wenn Sie kurz über die beiden Lustberge kraulen. Sprachaussetzer garantiert.

Und wenn Sie wünschen, dass er Sie für immer als beste Liebhaberin überhaupt anbetet, nehmen Sie sie beide gleichzeitig in den Mund: Er kniet sich mit dem Gesicht zu Ihnen so über Sie, dass seine Juwelen über Ihren Lippen schwingen. Formen Sie aus Zeigefinger und

Daumen einen Ring, als würden Sie eine Tüte zuhalten; nehmen Sie den Ansatz der Hoden in den Ring – als ob Sie zwei Teebeutel an der oberen Kante zusammendrücken, so beschrieb es mal der Ratgeber *Sextipps for Boys and Girls,* und das trifft es ziemlich. Dadurch zieht sich die Haut zurück, die guten Stücke werden kompakter und kleiner. Ziehen Sie den Ring zu sich herunter, sanft, so vermindern Sie die Größe noch mal. Jetzt können Sie die Kugeln bequem in den Mund saugen. Versuchen Sie, beide unterzubringen – werden die Bällchen getrennt, kann es sonst weh tun. Muss aber nicht – jeder Mann reagiert anders, also lassen Sie sich Zeit damit. Und vor allem: Wenn es bei der Premiere nicht gleich zischt und Sie sämtliche Bierhähne aufdrehen: Macht nichts. Wenn einem Mann noch nie seine Hoden liebkost worden sind, werden ihn die Überraschung, Scham und ungewohnte Lustgefühle verwirren, so dass er sich nicht gleich entspannen kann.

Seien Sie zu Beginn Ihrer Annäherung an das unerforschte Land soft – und prüfen Sie an seinen Reaktionen, wie fest Sie zupacken dürfen. Denn Hoden sind wie Ihre Brustwarzen: an manchen Tagen scheu, an anderen vertragen sie mehr Konsequenz.

In *Der letzte Tango in Paris* wurde dank Marlon Brando klar, dass es sich lohnt, bei Männern nach dem G-Spot zu fahnden (allerdings war der Rest des Films mehr so geht so in Sachen Unterweisung, was Frauen beim Sex toll finden). Allerdings geht es durch die Hintertür: Seine Prostata, ein unter der Harnblase verstecktes kastaniengroßes Organ (bei älteren Herren mehr in Golfballgröße), ist der Ausgangspunkt seiner Lust und wird von innen durch den Anus erreicht oder von außen über seinen Damm. Kurz vor dem Orgasmus staut sich Samenflüssigkeit in der Kuppel der Prostata – das ruft das vertraute Gefühl einer unmittelbar bevorstehenden Ejakulation hervor, das sensationelle Feeling von »kurz davor«. Je elastischer die Prostata ist, desto intensiver sind übrigens seine Höhepunkte, und um so leichter kann er sie auch zurückhalten. Flüstern Sie Ihrem Liebhaber doch mal bei Gelegenheit, dass es auch PC-Übungen, beziehungsweise Kegel-Training, für Männer gibt. Derselbe Muskelzweig, mit dem Männer ihren Harndrang unterdrücken, trainiert auch die Prostata.

Im Tao wird das regelmäßige Zusammenziehen dieser Partien »Hirschübung« genannt. Mit dem Ziel, den Big Bang hinauszuzögern, sogar ohne Ejakulieren zu kommen – oder schlicht die Orgasmen dramatischer zu machen. Und das lohnt doch den geringen Aufwand, oder? Mehr dazu im 9. Kapitel.

Und genau das – heftigere Gipfelstürme – wird mit einer gekonnten Prostatamassage ausgelöst (solange der Herr keine Hämorrhoiden hat). Die interne Massage: Lange Fingernägel – ab damit. Verwenden Sie Gleitmittel oder Latexhandschuhe beziehungsweise einen Fingerling. *Seine* Hygiene ist obligatorisch. Er liegt auf dem Rücken, Sie knien zwischen seinen Beinen, als ob Sie die Missionarsstellung ausüben. Dringen Sie mit dem Zeigefinger sanft ein, bis zum zweiten Fingerglied. Krümmen Sie den Finger zu sich hin. Ertasten Sie den Knubbel, rund, weich? Da sind Sie richtig! Massieren, rotieren, drücken Sie, beobachten Sie seine Reaktionen. Um ihn vom Eingangsschmerz abzulenken, können Sie sich mit der freien Hand um seinen Ladyrocker kümmern. Sexgöttinnen schaffen es mit seiner Handhilfe, seinen Schwanz dabei sogar zwischen ihre Brüste zu nehmen.

Die externe Massage: Der Goldene Punkt liegt auf dem Damm direkt unterhalb seiner Hoden. Auch hier weist Ihnen eine weiche, knubbelige, runde Erhebung den Weg. Der Trick: Nicht zu fest drücken oder reiben, sondern soft und kreisförmig streicheln, sonst betäuben Sie die heiße Stelle nur. Ein wenig Öl hilft, vor allem aphrodisierendes wie Amber, Ylang-Ylang oder Rose.

Machen Sie sich auf der Suche nach männlichen und weiblichen G-Spots nicht verrückt. Nicht jeder reagiert auf Liebkosung der legendenträchtigen Zone. Nur 4 Prozent aller Frauen reagieren auf »Knopfdruck« mit Orgasmus, 96 Prozent mit: mir egal.

104 Periodisch geschlossen. Er muss leider draußen bleiben – für die Tage während der »Tage«, falls Sie keine Freundin von Laken sind, die wie nach einem Gemetzel besprenkelt sind: Testen Sie, wie er zwischen Ihren Schenkeln (nennt sich »intercrural«) oder zwischen Kinn und Hals gleitet, zwischen Ihren Brüsten oder im Missionar auf Ihrem eingeölten Bauch. Setzen Sie ihn auf einen Stuhl, dann rittlings auf ihn. Er hält seinen Penis so, dass die Eichel an Ihrer Klitoris reiben kann. Nehmen Sie Gleitmittel, und kommen Sie gut.

Ansonsten kann es übrigens sehr erregend sein, den Geliebten mit dem eigenen Blut der Freiheit zu taufen. Eine Frage des gegenseitigen Wollens.

105 **Schatz, darf ich auf deinem Mund Platz nehmen?** Die Kunst, sich so auf seinem Gesicht niederzulassen, dass beide etwas davon haben: Hocken Sie sich auf ihn, anstatt zu knien, das schont seinen Nacken. Stützen Sie sich mit einer Hand an der Wand ab, mit der anderen sind Sie ihm behilflich. Warum? Weil er eine an seinem Schaltknüppel hat.

Quickies oder Die Kunst von geplantem Spontan-Sex

Die schönsten Wochenenden sind die, an denen Sie nicht vor die Tür gehen, Essen bestellen und das Bett kaum verlassen vor Lust und Liebe. Eigentlich hätten Sie dazu alles, was Sie brauchen: Leidenschaft, einen willigen Lover – nur die Zeit, die fehlt! Für solche Fälle – gute Gelegenheit, Lust, aber wenig Zeit – müssen eben die Quicksteps herhalten.

Ein langer Blick. Einverständnis in den Augen. Dieselbe Idee zur selben Zeit, unausgesprochene Leidenschaft – spontane Lust aufeinander ist Honig auf dem Silbertablett des erotischen Egos. »Er begehrt mich, einfach nur weil ich da bin«, oder: »Sie will sich hingeben, weil ich attraktiv genug bin um ihre Hemmungen zu stürmen« – der Kick ist kaum zu toppen. Das Werben entfällt, die Unsicherheit, beim Vorspiel alles richtig machen zu müssen, um die Liebste zu erregen, ebenso: Sex wird natürlicher, freier, beide haben nicht mal Zeit, darüber nachzudenken, ob jetzt der richtige Zeitpunkt, die korrekte Stimmung, der beste Ort dafür ist oder ob die

Beine rasiert sind und die Strumpfhalter an der richtigen Stelle. Das unausgesprochene Motto dahinter: »Ich will – also tue ich es.« Diese Selbstbestimmtheit, genau das zu tun, wonach einem ist, ist die Basis, um sich lebendig zu fühlen: »Ich lebe, wie ich will, und zwar jetzt!«

Aber: Zwar reden die meisten mehr über Sex, bekennen sich auch deutlicher zu ihren Wünschen, Hoffnungen, Zweifeln. Doch in der Praxis versagt die bunte, gefährliche, herrlich schamlose Welt der selbstbewussten Hemmungslosigkeit oft. Frauen fürchten sich vor der Bewertung ihres Geliebten – »Was denkt er über mich, bin ich eine Schlampe, weil ich so bereitwillig in dieser Häuserecke bereitstehe?« –, aber am meisten vor ihrer eigenen Zensurschere im Kopf: Bin ich die Frau, die sich dort in der Gasse an die Wand lehnt und flüstert: »Komm schon«, oder passt das nicht zu dem Bild, das ich von mir selbst habe?

Sex, ganz gleich ob geplant oder wild und spontan, ist noch mit einem Wertesystem behaftet. Erst wenn jeder für sich eigene Werte anlegt, anstatt sie sich von anderen vorbeten zu lassen, fallen die Hemmungen, die uns manchmal noch daran hindern, in Respekt, Würde und Liebe miteinander äußerst schmutzigen Sex zu haben.

Perfektionssucht ist der eigentliche Makel beim Quick-Sex. Himmel, es muss nicht alles perfekt sein, um gut zu sein! Frauen sollten sich dazu bekennen, dass sie nicht erst im Schlafzimmer unanständige Gedanken haben dürfen, sondern überall. Dass sie mit ihrem Partner sowieso alles machen können, denn es ist eine Sache unter Zweien, die niemand anderen etwas angeht. Und wenn eine Frau meint, sie müsste sich dem einen Leckerli da drüben an der Bar hingeben – so ist auch das ihre Sache, die sie mit Herz, Hirn und Präservativ angehen kann.

Alles, was Sie für anregende Zwischenspiele brauchen, ist: den Mut, Chancen zu ergreifen, Zeitfenster wahrnehmen und sich gedanklich auf Orte einlassen, an denen Sie es krachen lassen können. Wenn Sie in Gedanken schon mal durchgespielt haben, wie es wäre, es im Hausflur, auf der Treppe, im Wagen, im Waschkeller, auf der Waschmaschine im Bad des Gastgebers zu tun – dann werden Sie auch die gute Gelegenheit besser erkennen.

Machen Sie sich quickie-ausgehfein. Keine Unterwäsche, für Sie den Rock, für ihn die schnellste Hose, die er hat (nein, keine Jogging-hose, nur in Ausnahmen, zum Beispiel in der Dusche des Fitness-clubs). An manchen Orten gibt's auch keinen GV-Quick, sondern eher Hand- oder Mundeinsatz. Quicken Sie sich durch die ganze Stadt, und vermachen Sie den Plan samt Bewertungssternchen Ihrer besten Freundin.

Aber jetzt zur Sache:

106 **Vorspiel arrabiata:** Sie haben eine Menge zu tun – für Gäste kochen. Penne arrabiata oder einen Auflauf, der ohne Aufsicht im Ofen zurechtkommt? Planen Sie Unterbrechungen ein! Kurz, scharf, heiß: Verdonnern Sie ihn zum Küchendienst. Wenn er Lauch hackt, beißen Sie ihn in den Nacken. Das nächste Mal holen Sie seinen Liebsten heraus. Während die Sauce blubbert, gehen Sie zu einem Beinah-Blowjob über. Während die Nudeln kochen (Elf-Minuten-Rigatone!) oder der Auflauf gratiniert, könnten Sie den Küchentisch entweihen, dann decken. Ach, nein: Er deckt.

107 **Der »Ich weiß nicht, was ich anziehen soll«-Trick:** Die Ver-wandtschaft steht bald vor der Tür, Sie wollen in einer halben Stun-de auf eine Party – kurz, Sie müssten sich umziehen und hätten drei-ßig Minuten Zeit? Mal ehrlich, das kleine Schwarze passt eh immer, wichtiger ist jetzt Ihr Teint, und der wird unschlagbar strahlen, wenn Sie Sex haben. Ziehen Sie sich aus, schminken Sie sich, ziehen Sie sich an – aber nur die hohen Schuhe! Stellen Sie zwei Stühle ans Fenster, setzen Sie sich auf die Fensterbank, und stellen Sie die Füße links und rechts auf den Stühlen ab. Ja, noch ein bisschen weiter aus-einander. Rufen Sie hilflos: »Schatz, ich weiß nicht, was ich anziehen soll ...« Wenn er kommt, fragen Sie, ob Sie nicht so bleiben können. Funktioniert auch in den dreißig Minuten, bevor er das ebay-Ange-bot abgeben muss.

108 **Quickstrip.** Dieser Quickieaufruf für ein Fünfzehn-Minuten-Zwischenspiel funktioniert anstatt zum Beispiel Tagesschau oder wenn er gerade ein 8-MB-Download ausführt (ohne DSL). Der rasante Ministrip ist fast so prickelnd wie ein abendfüllender Profistrip, aber er reduziert den Ablauf auf fünfundvierzig Sekunden: Bluse aufknöpfen, halb über die Schultern rutschen lassen – oder enges Lycrashirt bis über die Brüste ziehen. Die aus dem BH drücken. Rock fallen lassen, Slip zur Seite schieben, umdrehen, ein Bein aufstellen, sich selbst einmal auf den Po spanken und hauchen: »Na, komm schon.«

109 Spülhilfe gesucht. Die Gäste sind weg, der Abwasch wartet? Rauf auf die Spüle: Die Arbeitsfläche hat seine perfekte Hüfthöhe! Aber erst füllen Sie das Becken mit warmem Wasser. Setzen Sie sich so, dass Ihr Po eintaucht. Er greift um Sie herum, spielt mit liebevollen Wellen an Ihren empfindlichen Geheimregionen – kurz: wäscht Ihnen lustvoll den Hintern. Danach spült er das Geschirr (mit neuem Wasser), und Sie sehen ihm dabei zu.

110 Upskirt. Sie wohnen im sechsten Stock ohne Aufzug, und wissen genau, dass er Ihnen immer auf den Po lächelt, wenn er hinter Ihnen geht? So wird der Weg zum Ziel: Sie gehen vor ihm hinauf, tragen einen Rock. Ohne dass Sie sich umdrehen, greifen Sie sich unter den Rock, ziehen den String aus und lassen ihn achtlos fallen. Funktioniert besser mit Slips zum Aufbinden! Fragt sich nur, ob Sie bis zur Wohnung kommen. Wenn nicht: Sie setzen sich auf eine Stufe, er kniet zwischen Ihren Beinen, eine Stufe drunter.

111 Noch ein Viertelstündchen. Samstagmorgen, eigentlich müssten Sie aufstehen, frühstücken, einkaufen gehen, sich im Supermarkt streiten und den ganzen anderen Pärchenkram machen … Sparen Sie sich die halbe Stunde Frühstück, und setzen Sie den Handjob aufs Menü. Wenn Sie aufwachen, bitten Sie: »Du gehst Hände waschen. Wenn du Bodylotion mitbringst, habe ich eine Überraschung für dich.« Während er verschwindet, machen Sie das Bett bereit: Kissen und Decken an die Wand, setzen, anlehnen, Beine gespreizt. Er lehnt sich mit dem Rücken an Sie. Mit der Lotion greifen Sie um ihn herum, schenken ihm einen feuchtcremigen Handjob. Natürlich darf er mitmachen. Wetten, dass Shopping danach sehr viel entspannter ist und er Ihnen gern ein kleines französisches Frühstück ausgibt?! Übrigens: Funktioniert auch, wenn Sie an Wochentagen zuviel Handcreme aufgetragen haben oder er sich vor dem Spiegel stehend rasiert: Hinter ihn stellen, loslegen!

112 Das Angenehme mit dem Angenehmen verbinden. Sie kommen frisch aus der Badewanne oder der Dusche, das Hautpflegeritual steht an? Verbinden Sie Ihre Einölung mit einer Quick'n'Dirty-Massage (zirka neun Minuten): Körperöl auf die Brüste gießen, damit auf seinem Rücken verteilen. Das untere Kreuz massieren (Sie dürfen wieder die Hände nehmen), die äußeren Pobacken, den Steiß. Ihn umdrehen, wieder Brüste, Arme, Bauch zur Ölverteilung nutzen – bis Sie selbst von Kopf bis Fuß gesalbt sind. Damit auch Ihr Rücken Pflege erhält, drehen Sie sich um und bitten ihn, den Rest Öl aufzutragen – während er in Ihnen ist. Vorteil: Er ist angekickt, Sie komplett in Duft und Pflege gehüllt. Diesen Tipp habe ich von einer Frau, Sternzeichen Jungfrau. Die lieben solche praktischen Dinge angeblich. Luder!

113 Fastfood. Aphrodisierende Liebesdinner zu kochen nimmt zirka sechs Stunden in Anspruch – inklusive Einkauf, Deko, Qual der Kleiderwahl … Für die Kurzversion brauchen Sie sechs Sekunden – der Weg von der Küche ins Bett. Und: Bringen Sie eine Banane mit. Und ein Kondom. Es wird Ihnen dazu was einfallen. Die Schale können Sie danach verwenden, um seinen Schwanz zu liebkosen (die Sekrete glitschen so schön). Jedenfalls hält das die geheime Geliebte eines Hamburger Kaufmanns so.

114 Badefreuden. Sie machen sich für den Sonntagsbrunch fertig – und würden normalerweise nacheinander ins Bad gehen? Ach, wie benimmlich! Nehmen Sie ihn mit – und einen Zeitgewinn von zwanzig Minuten. Machen Sie ihn nass, wenn Sie eine Wanne haben. Beste Position für Wasserfreuden mit Tempo: Sie knien hintereinander in der Wanne, er dringt ein (Gleitgel erspart das Vorspiel, schöne Grüße), Sie spielen mit dem Wasserstrahl des Duschkopfs an Ihrer Klit.

115 Wienern Sie mal wieder die Scheiben. Fenster zu putzen ist öde, und meist regnet es sowieso zwei Stunden später. Nutzen Sie die Zeit: Sprühen Sie ein Fenster so mit Reiniger ein, dass es milchig wird. Bitten Sie ihn, Ihnen zu helfen, aber anders als er fürchtet: Ziehen Sie sich ab Gürtellinie aus, und stellen Sie sich vornübergebeugt ans Fensterbrett. Er variiert seinen Stoßwinkel, indem er entweder mit den Füßen flach auf dem Boden steht oder auf den Zehenspitzen. Könner wechseln bei jedem Stoß. Auf den Spitzen stehend, punktiert er Ihren G-Spot, Sie können selbst Hand anlegen (vielleicht mit etwas K-Y-Jelly?). Danach dürfte der Satz »Die Fenster müssten mal geputzt werden« ihm ein wohliges »Ja, bitte« entlocken. Fragt sich nur, wer's dann tut.

116 Und schon wieder Bettenbeziehen. Warum sieht man Hausarbeit nur, wenn sie nicht gemacht wird?! Aber das ist ein Job, den Sie unbedingt mit ihm teilen sollten: Werfen Sie die abgezogenen Kissen und Decken ans Bettende. Sie liegen auf dem Bett, Kopf leicht über die Kante gehängt, auf dem Kissenberg drapiert. Er steht oder kniet über Ihrem Gesicht, aber so, dass er zu Ihren Füßen guckt. Durch den Winkel können Sie seinen Ladylover tiefer in den Mund aufnehmen, ohne zu würgen, oder zwischendurch an seinen Anhängseln lecken. So schnell kam er noch nie! Und weil Sie den Blowjob hatten, darf er jetzt die Kissen beziehen, Staubsaugen, Einkaufen ...

117 Um Stufen besser. Ihr Abendkalender ist mit Treffen vollgepropft, dass Sie bis in die nächste Woche kaum in Ruhe Sex haben werden? Hoffen Sie auf die nächste Party oder Wohnungseinweihung. Die Treppen zum Dachboden sind am Abend nicht unbedingt überlaufen. Nehmen Sie seine Jacke mit und ziehen Sie sich mal eben von der Fete zurück. Knien Sie sich auf die drittletzte Stufe vor dem letzten Treppenabsatz, er steht ein paar Stufen drunter und bewundert erst ausgiebig Ihren Po, bevor er ihn ganz langsam bis zum Anschlag hinein schiebt. In Ihre Muschel.

118 Abgefahren. Sie sind unterwegs – ins Wochenende, zu Ikea, seine Eltern besuchen, die Ihnen wieder Torte aufzwingen werden? Nutzen Sie die Rastpause, vorher. Öffnen Sie die Beifahrertür und die rechte hintere Seitentür, so entsteht ein Sichtschutz zwischen den Türen. Sie knien auf dem Beifahrersitz. Er steht draußen, ein Fuß auf dem Boden, der andere abgestützt auf der Kante. Und hält sich je nach Wildheitsfaktor an Ihnen oder an der A- und B-Säule fest. Jeepfahrer sind bei der Nummer eindeutig im Vorteil.

119 Auf einer kleinen Bank im Park. Sie lieben Ihren Hund, sicher – aber oft scheinen die Stunden, wo Sie oder Ihr Lover von dem Vierbeiner Gassi gezogen werden, sinnlos vertrödelt. Verbinden Sie das Nützliche mit dem Reizvollen, und verlegen Sie die Tour dorthin, wo es viele Parkbänke und wenig Spaziergänger gibt (Friedhof?). Lassen Sie dem Hund lange Leine und Ihren Liebsten auf der Parkbank Platz nehmen. Setzen Sie sich seitlich so auf ihn, als ob Sie wie eine Braut über die Schwelle getragen werden. Damit der Winkel stimmt, schlägt er die Beine übereinander, dreht sich zu Ihnen auf die Seite. Sollte es stockdunkel sein, eignet sich diese dominante G-Spot-Stellung: Sie knien auf der Bank, Brüste an/auf/über die Lehne. Er dringt von hinten ein, stellt erst ein Bein auf die Bank, dann das andere, hält sich an der Lehne fest. Genauso wurde Sex eigentlich mal gedacht.

120 Waschen, fesseln, legen – Wäsche abnehmen mit Zusatzeffekt: Lassen Sie ihn nackt auf einem Stuhl ohne Armlehnen sitzen, und binden Sie ihm die Hände hinter der Lehne locker mit den Ärmeln eines Oberhemds zusammen. Bringen Sie ihn mit Hand oder Mund bis zur Erektion, schwingen Sie sich dann über ihn – aber stehen Sie dabei mehr als dass Sie auf ihm sitzen. Beginnen Sie, sich selbst zu streicheln. Erst wenn Sie kommen, lassen Sie sich auf ihm nieder. Funktioniert auch, wenn er aus seinem Anzug schlüpfen will und Sie ihm die Krawatte abnehmen, um ihn damit zu fesseln.

121 Schatz, es brennt mir auf den Nägeln ... Sie haben sich dummerweise nackt die Nägel lackiert – und die Farbe trocknet nicht? Nutzen Sie die Zeit! Bitten Sie Ihren Lover, Ihren Vibrator zu holen, und das zu tun, was er sich mit einer hilflosen Frau so vorstellt ...

122 Das perfekte Sieben-Minuten-Ei eignet sich hervorragend für Eier im Glas (mit Worcester und Schnittlauch). Während die Eier vom Land im Wasser baden, widmen Sie sich denen in seiner Hose: Küssen Sie sich auf der Schwelle der Küchentür, greifen Sie nach seinen Handgelenken, legen Sie sie an den Rahmen. Schieben Sie seine Beine auseinander, bis er wie ein X in der Zarge dasteht. Setzen Sie sich auf einem Küchenstuhl vor ihn, liebkosen Sie sein Gemächt mit eingeölten Brüsten (Sie dürfen auch gern die Zunge nehmen, und in dem Fall auch Salatöl), bis die Eieruhr piept.

123 Beide ziehen an einem Strang. Die Wanne läuft langsam voll, der Wäschetrockner braucht noch ein Weilchen, die Videokassette spult zurück? Schnappen Sie sich Ihren seidigen Hausmantel. Lassen Sie ihn offen, postieren Sie sich auf allen vieren über Ihrem Lover. Nehmen Sie das eine Ende des Mantelgürtels zwischen die Zähne, ziehen Sie ihn zwischen Ihren Beinen entlang, und geben Sie ihm das andere Ende in die Hand. Finden Sie eine gemeinsame Bewegung, so dass der Gürtel an Ihrer Klit rubbelt. Bis es soweit ist, nach der Wanne zu sehen.

124 Sneak Preview. Am Anfang eines Kinofilms läuft sowieso fünfzehn Minuten Werbung – also können Sie später kommen und die Zeit für eine private Doku-Soap nutzen: Postieren Sie die Videokamera oder Digicam auf dem Stativ in Richtung Sofa, schließen Sie sie an den Fernseher an, drapieren Sie sich mit Ihrem Geliebten a tergo in der Totalen, mit Blickrichtung Fernseher – und genießen Sie den »Vorfilm« in Echtzeit, aber ohne aufzunehmen (man weiß nie, wer das Video abspielt in der Hoffnung, es handele sich um *Fluch der Karibik* oder so). Gerät gänzlich verrucht, wenn Sie Dessous und Schuhe tragen.

125 Fernsehen wird zu zweit erst schön. Sicher, der Film auf Pro7 ist spannend (äh, ich meinte natürlich: Arte) – aber Sex wäre jetzt auch ganz schön? Stellen Sie einen Spiegel gegenüber der Armlehnenseite der Couch auf. Ihr Lover liegt auf dem Sofa, ein Fuß auf dem Boden. Setzen Sie sich so auf ihn, dass Sie ihm den Rücken zuwenden. Beugen Sie sich vor, um sich an der Lehne festzuhalten, die andere Hand an Ihrer Klitoris. Er gibt mit seinen Händen unter Ihrem Po zusätzlichen Halt. So hat er sein eigenes Stoßtempo, Sie können im Spiegel zusehen, wie er zwischen Ihren Schenkeln ein- und ausgeht. Und bei jeder Werbepause weitermachen, wo Sie aufgehört haben. Bei der ARD und RTL II können Sie auch gleich Sex haben anstatt fernzusehen.

126 Caffé latte. So eine Kaffeemaschine tropft ziemlich langsam vor sich hin – schlüpfen Sie wieder zu Ihrem Herzblatt ins Bett. Nehmen Sie ein größeres Kissen, legen sie sich bäuchlings mit dem Becken so darauf, dass Ihr Po erhöht liegt. Er hockt hinter Ihnen (nein, nicht knien, da kommt der Fickeffekt nicht so gut), legt seine Hände auf Ihre Schulterblätter, drückt Sie etwas tiefer ins Laken – und wird danach eine gehörige Koffeinspritze brauchen! Und Sie? »Einen Milchkaffee, Schatz«, ganz Diva, hingegossen auf den Laken.

127 Die erste Spiegelnummer. Bei Anaïs Nin las sich Sex vor dem Spiegel ja sehr gut und schön. Aber wer einmal bei H&M in der Umkleide war, bekommt ein Spiegeltrauma fürs Leben und kann sich Dinge vorstellen, die weit sexyer sind. Na, aber so wird's was:
Lehnen Sie den Garderobenspiegel mit der längeren Seite auf den Boden an die Wand. Gehen Sie auf alle viere, und sehen Sie sich von der Seite beim a tergo zu. Schauen Sie nicht einmal weg. Es ist besser als im Stehen, versprochen.
Oder legen Sie den Spiegel gleich auf den Boden. Wenn er sehr schmal ist, so dass Sie Ihre Knie und Arme links und rechts davon plazieren können. Sehen Sie im liegenden Spiegel dabei zu, wie Ihr Geliebter von hinten eindringt.

Wenn Sie Ihre eingebildeten Problemzonen nicht sehen wollen (Brüste schwingen wie Birnen hin und her, Baucheinziehen geht auch nicht, und woher kommt der blaue Fleck da auf dem Schenkel? Ach, das ist Cellulite … Hülfe!!), dann dimmen Sie das Licht. Oder lassen was an, wie den BH, den Strumpfhalter, das Hemdchen. Zur Not könnten Sie den Spiegel auch mit Gaze verhängen, oder vielleicht mit einem Fischernetz?

128 **Table Dance. Table Dance??!** Einem Kollegen fiel beim monatlichen Literatursalon auf, dass der Kratzer in der Tischplatte neulich noch nicht da war. »Vom Stiletto?« fragte er, ich wurde rot, er auch, und hauchte: »Tanzt du für deinen Mann?« Ja, manchmal. Vom Tisch gefallen bin ich dabei auch schon, gerade als ich die süpersexy Sexmaus spielte. Kann passieren, wenigstens habe ich mich getraut (und eine halbe Woche den Fuß hochgelegt). Aber sind Sie bereit für Ihre Bühne? Stellen Sie sich vor, wie Männeraugen auf Ihnen ruhen. Es auskosten, Sie anzusehen. Ihre Bewegungen. Sich verführen zu lassen, Sie sind die Unerreichbare und dennoch Dienerin seiner Phantasie. Eine explosive Mischung, die sich erst recht in der Intimität des exklusiven Privat-Table-Dancings ausdrückt. Sorgen Sie für figurfreundliches Licht wie indirekte Beleuchtung oder eine Jalousette, deren Lamellen Streifen auf Sie fallen lassen, und langsame, sexy Musik. Falls Sie bis an die Decke reichen, strecken Sie die Arme nach oben, um Ihre Achse zu stabilisieren und mit den Hüften zu kreisen. Ziehen Sie sich aus. Wenn Sie nur noch wenig anhaben, gehen Sie auf alle viere und winden sich ein wenig für ihn. Bitten Sie ihn, sich selbst zu berühren. Knien Sie sich zum Abschluss Ihrer Table-Show mit dem Rücken zu ihm an die Längskante auf den Tisch, beugen Sie sich vor wie eine Katze, die sich streckt, und halten Sie sich an der gegenüberliegenden Tischkante fest, während er eindringt. Ach so, und wie das Tanzen geht: Sehen Sie sich MTV-Videos an, aber nehmen Sie das Zeug auf und spulen es in Slowmo ab (bei Britney Spears können Sie auch den Ton abdrehen). Table Dance ist immer langsam, die Bewegungen gucken Sie sich von Shakira & Co ab – oder geben Sie mal das Stichwort »Table

Dance« oder »gogo« bei Google ein. Es gibt »reisende« Gogo-Tanz-
workshops und Akademien, massenhaft Schulen, die Table Dance,
Pole Dance oder Strip anbieten, Shops mit speziellen Kostümen …
Und, auch wenn Sie es geschmäcklerisch finden, aber ich wollte es
mal loswerden: Ersparen Sie sich um Himmels willen die bescheuer-
ten High Heels mit fetter Sohle, das sieht so sexy aus wie ein Klump-
fuß. Und vergessen Sie das Video von »The Queen of Tabledance«,
das ist nur peinsam. Übrigens: 40 Prozent aller *Men's-Health*-Leser
besuchen regelmäßig Table-Dance-Bars. Die können sicher auch ein
paar Hinweise geben. Ansonsten: Üben Sie vor dem Spiegel. Sie
müssen keine perfekte Show abziehen.
Wenn Sie Lust haben, kleben Sie sich »nipple tassels« auf die Brustspitzen – am schönsten sind die »Petite Pastis« von Cherry Picking
(gibt's unter anderem bei rosarotersalon.de, mit passendem Strumpf-
band und »Hollywood Tapes«, den hautschonenden Klebern, mit
denen man auch Ausschnitte oder Träger auf der Haut fixiert. Ja,
genau, das sind die Nippel-Dekoteilchen mit Bommeln, die manche
Stripgirls per Brustwackler zum Rotieren bringen. Näheres im Film
Die Reifeprüfung …

Übrigens kann auch der Gummitwist antörnen: Sie wollen übereinander herfallen, aber Kondome schützen nun mal und müssen aus
Verhütungs- oder Schutzgründen sein – nehmen Sie es nicht als Un-
terbrechung. Sondern halten Sie die Spannung, indem Sie ihm ge-
genübersitzen und onanieren und ihm sagen, wie dringend Sie sich
darauf freuen, genommen zu werden – Hören und Sehen bringt ihn
über den heiklen Punkt des Aufziehens rüber.

Fotos. Davor? Danach? Dabei!

Sie haben Lust, mit (s)einer Kamera zu schlafen? Er ist nicht irgend-
wer, sondern jemand, der auch durch die Linse Ihren Körper mit
Blicken streichelt? Dann los! Betören Sie ihn, bis das Objektiv flim-
mert …

129 Zu zweit und noch ganz unberührt. Besprechen Sie gemeinsam, was Sie vorhaben – und kreieren Sie eine intime Traumwelt: Orient vielleicht? Vamp im Anzug? Mädchen vom Land? Natürlichkeit wie nach dem Aufstehen? Nass und glitschig, verrucht mit Fetisch? Mit verbundenen Augen oder bonded? Planen Sie – und fragen Sie ihn, wie er Sie sieht und wie Sie gern sein wollen.

Noch nicht bereit für den Totalauftritt? Verstecken Sie sich hinter einem aufgespannten weißen Gazetuch, auf das von Ihrer Seite aus ein Spotlight fällt, und üben Sie scharfe Scherenschnitte. Diese Idee merken – falls Sie mal einen Film von sich selbst drehen wollen.

Sicherste Variante, weil es nur Originale gibt: Polaroids. Erregend: ein Polaroid direkt vom Geschehen: sein bestes Stück in Ihnen, oder Mund an Mund, Ihre Finger auf der Suche zwischen seinen Schenkeln.

Anonym, weil Sie nicht ins Labor müssen: Digitalkameras. Nur: digitale Daten lassen sich prima ins Internet stellen – Vertrauen ist hier Ehrensache. Dafür kann man sich ruck, zuck ansehen, ob es wirklich gut aussieht. Auf dem Computer in Sepiafarben umstellen, sieht noch hinreißender aus. Ausdrucken, an die Wand hängen.

Schöner und vielseitiger: Fotos mit der Spiegelreflexkamera, am besten in Schwarzweiß. Körnige Filme lassen Ganzkörperposen erotischer aussehen, feinkörnige geben Detailschüssen mehr Sexappeal. Ohne Blitz (aber immer mit Licht) mindestens ein 400-ASA-Film. Inspiration für das Posing, Umgebung oder Accessoires besorgen – aus Männermagazinen wie *GQ, FHM, Maxim* oder Bildbänden (zum Beispiel von Newton; auch amazon.de hat eine gute Auswahl an erotischen Fotobüchern).

Grundregel für sexy Schnappschüsse: Mehr als die Schamhaare sollte nicht zu sehen sein, Kitzler und innere Schamlippen sind fürs erste tabu.

Mit Detailaufnahmen beginnen: der Streifen Haut zwischen Strumpf und Höschen, die Zunge an der Oberlippe, der Schwung vom Steiß zum Po, der verrutschte Träger des Spaghettikleids, Ihre Finger am Strapshalterclip, eine behandschuhte Hand auf Ihrem Po, ein Tattoo, das aus dem Slip hervorblitzt …

Mit dem Licht experimentieren – Schatten zum Beispiel verdecken zwar einiges, aber lassen gewisse Dinge auch größer wirken. Ein Schatten von oben zwischen den Brüsten beispielsweise lässt sie üppiger erscheinen. Wichtig: darauf achten, dass Licht in die Augen fällt, sonst wirken sie leblos.

Im Liegen auf den Winkel achten: Er sollte nicht direkt an Ihren Füßen stehen, sonst haben Sie auf dem Bild kurze Beine. Lieber von oben, er steigt zum Beispiel auf einen Tritt. So wurde auch die Monroe fotografiert!

Und warm soll es sein, sonst wird die Haut vor Kälte blass und fleckig. Harte Nippel bekommt man durch Zuwendung vom Fotografen ...

Auf die Hintergründe achten – zuviel Unruhe und Alltagsgegenstände stören. Laken, Tücher schaffen Abhilfe.

Accessoires zurechtlegen – ein breiter Gürtel mit Fransen, weißes Herrenhemd, lange Halsketten zum Spielen, seine Krawatte, eine Federboa, ein Arne-Jacobsen-Stuhl, Nahtstrümpfe zum Anziehen, Ausziehen oder Drapieren, ein Ventilator, um die Haare fliegen zu lassen, Zigaretten mit Spitze, lange Handschuhe, Buttermilch, sexy Sommerfrüchte ...

Nicht allzu aggressive Musik auflegen, sonst bewegt sich das Model unwillkürlich mit und bekommt ein unentspanntes Gesicht. Besser chillige Sachen wie *Terry's Café Nr. 5* oder CDs aus der Reihe *Hôtel Costes* oder *Principles of Lust* von Enigma.

Beautytricks: Wenn Sie stehen und dabei ganz leicht die Knie beugen, wirken die Oberschenkel schmaler. Legen Sie dabei die Hände an die Hüften, Finger nach unten – macht eine schmale Taille.

Nicht die Luft anhalten – das wirkt wurstpellig. Besser entspannt und tief ausatmen. Den Mund aber nicht immer nur offen lassen – wirkt sonst etwas beliebig. Sexy: feucht schimmernde Lippen.

Früh genug daran denken, welche Kleidung Quetschstreifen auf der Haut hinterlässt. Der Bund der Jeans, die Socken am Knöchel, der BH auf den Schultern. Rechtzeitig ausziehen und die Haut entspannen. Nicht unter Wasser – danach wirkt sie zu gerötet.

Achseln und Beine rasieren; wer's mag, bestäubt sich mit glimmerndem Körperpuder oder Seidenlotion (Nivea). Make-up bei s/w-Filmen nicht zu üppig auftragen, da jede Nuance (besonders Rot) extrem hervortritt.

Blickwinkel von unten oder schräg oben machen breit – besser ist frontal und auf gleicher Höhe.

Mehr ist mehr – nämlich Stoff oder Hände dort, wo's interessant ist, zum Beispiel im geöffneten Schlitz der Jeans, auf den Brüsten, mit beiden Händen am Po ... Gerne auch Abendhandschuhe und hohe Sandaletten tragen.

130 Solo-Album. Wenn Sie mit Selbstauslöser umgehen können, machen Sie zuerst Testreihen – also je einen halben Film mit verändertem Ort, Hintergrund, Licht, Brennweite. Besorgen Sie sich ein Dreibeinstativ (auch zu leihen beim Profiausstatter), um mehr zu experimentieren.

Schwarzweißfilm benutzen (400 ASA ohne, 100er mit Blitz). Mit Bewegungen spielen, so dass zum Beispiel Haare oder Accessoires wie Tücher, Federboas oder Ketten um Sie herumwirbeln.

Fragen Sie Ihre beste Freundin, ob sie mitmachen möchte, und schmücken Sie die Session hinterher bei Ihrem Liebsten mit Andeutungen aus: »Wir kamen uns so sexy vor, dass wir am liebsten jemanden angefallen hätten ...«

Liebkosen Sie sich selbst, bringen Sie sich zum Kommen – und fotografieren Sie dieses unglaublich schöne, gelöste Gesicht, das Sie danach haben.

131 Die Momentaufnahme. Wenn Sie eine Kamera mit Kabel für Selbstauslöser benutzen, positionieren Sie sie so, dass Sie ein Porträt von sich machen können – indem Sie zum Beispiel das Kopfkissen scharf einstellen, auf dem Sie später liegen werden. Schalten Sie bei modernen Kameras auf Mehrfachfotos, wo sich der Film selbst weitertransportiert und mehrere Aufnahmen hintereinander macht. Lieben Sie sich selbst – und wenn Sie mutig sind, drücken Sie in dem Moment auf den Auslöser, wenn Sie kommen. Wenn Sie mögen, schneiden Sie aus den vergrößerten Porträts später ein Puzzlespiel für ihn.

132 Homevideo – for your eyes only. Klappe die erste: Haben Sie schon mal mit dem Gedanken gespielt, wie es wäre, sich selbst dabei zu filmen? Um es als Lockmittel zu benutzen, als erregende Erinnerung, als Lustkick? Wunderbar – tun Sie's doch!

Die Technik: Sie brauchen ein Dreibeinstativ, eine Kamera mit reaktionsschnellem Autofocus, schmeichelndes Licht (zum Beispiel Kerzen oder beige getönte Glühbirnen in den Lampen). Bitte keine Neonröhren, die lassen die Haut grünlich-weiß schimmern.

Die Vorbereitung: Kamera auf einer Höhe von zirka 1,50 Meter justieren. Störende, ernüchternde Gegenstände aus dem Bild entfernen. Eventuell ein schwarzes Laken an der Wand dahinter antapen oder bei Tagesaufnahmen die Jalousette so stellen, dass Lichtstreifen auf den Drehort fallen. Ist ja wohl auch klar, dass Sie Telefone und Türglocke abstellen!

Blickwinkel proben – einer posiert, der andere kontrolliert, ohne dass die Kamera bereits läuft. Allein diese neue Perspektive ist sehr erregend – geben Sie ihm kleine Kommandos, was er für Sie als Regisseurin tun soll, um sich vorzuwärmen! Komm Baby, mach mir den Stand-in!

Für Entspannung sorgen – erotische leise Beats (bester Soundtrack: *Massive Attack),* ein Schluck Wein, eine Massage, viel Küssen. Und: nicht völlig nackt ans Set kommen, ruhig etwas anbehalten wie Hemdchen oder Unterkleid. Verboten jedoch: Socken! Auch hier wieder auf verräterische Druckstriemen der Tageskleidung achten.

Minidrehbuch erdenken: Wer verführt wen? Ist es eine Begegnung unter Fremden, ist sie ein Callgirl, er der Jungfrauenverführer, sind Sie Kollegen mit Hunger aufeinander oder treffen Sie sich zum Seitensprung?

Variante mit der Handkamera: filmen Sie sich gegenseitig, während Sie miteinander schlafen, lassen Sie das Auge der Kamera über Ihre Körper wandern. Endlich erfahren wir, warum er es so gern a tergo (von hinten) macht ...

Seien Sie laut (damit Sie später als Zuschauer was davon haben), hemmungslos, verrucht – es gibt immer eine Löschtaste, wenn es Ihnen nicht gefallen sollte.

Schneiden Sie am Computer schöne Momentaufnahmen als Fotos heraus.

Bonustipp: Zimmer 69. Mieten Sie sich in ein sündiges Hotel ein. Nachdem Sie sich geliebt haben, schießen Sie gegenseitig Porträtaufnahmen von sich, Ihrem entspannten Gesichtsausdruck. Vielleicht Polaroids? Verteilen Sie die s/w-Aufnahmen in der Wohnung. Oder kleben Sie sie in das kleine schöne Buch, das Sie sich seit Ihrem ersten Hochzeitstag angelegt haben, Ihr Buch des gemeinsamen Lebens (das man anschauen kann, wenn man sich gerade fragt, wozu überhaupt Beziehung?!).

Lass uns unsere ersten Male feiern ... Ideen, um Feiertage zu zelebrieren

133 **First-Date-Game.** Dieses Revival eignet sich auch gut für Jahrestage: Tragen Sie die Kleidung, die Sie an Ihrem erstem Date anhatten. Leihen Sie den Film aus, den Sie als erstes zusammen im Kino gesehen haben, und essen Sie das, was Sie als erstes gemeinsam aßen – um nachher im Bett etwas zu spielen, was Sie noch *nie* getan haben.

134 **Das Mae-West-Spiel.** Frei nach dem Zitat: »Willst du einen Mann begeistern, ist es egal, was du tust – aber tu es nackt.« Deswegen laden Sie ihn aufs (Hotel-)Zimmer ein – zum Beispiel mit dieser Dinner-Einladung mit geschriebener Menüfolge: Vorspeise: Erdnuss-Curryhuhnsuppe, Hauptgang: *Ihr Name,* Dessert: Feigenparfait (oder was immer das Hotel auf der Karte hat). Einladung für Fortgeschrittene: Knipsen Sie ein Polaroid-Nacktfoto im Spiegel, das Sie quer halbieren, um nur Ihren Oberkörper zu zeigen. Auf der Rückseite steht: »Den Teil *unter* der Gürtellinie triffst Du heute Abend in Zimmer xy im Hotel z.« Öffnen Sie ihm die Tür absolut nackt, nur mit Stilettos oder einer Boa am Leib. Sie können das auch ins Hollywood Media Hotel, Kurfürstendamm 202, Berlin, verlegen

(www.hollywood-media-hotel.de). Hier tragen die Zimmer die Namen von Filmstars, etwa »Humphrey Bogart«, »Mae West« oder »Marilyn Monroe«.

135 Die Kultur der Sinnlichkeit: Kunst bildet das Leben ab, mit all seinen Sichtweisen und Facetten. Die Skulpturen Rodins haben Sexappeal und sind für ihre knackigen Ärsche berühmt, genauso erotisch sind die Bilder Georgia O'Keeffes: Blumen wie erblühte Vaginae. Beweisen Sie sich nicht nur Geist und Intellekt (Intellektuelle sind Leute, die meinen, etwas Spannenderes als Sex gefunden zu haben), sondern sinnliche Entdeckungslust, indem Sie gemeinsam eine Ausstellung besuchen, Kunstkataloge ansehen. In vielen werden Sie sinnliche Einzelheiten wiederfinden, ein besonderes Licht, den Blick einer Randfigur. So finden Sie auch wie nebenbei heraus, wo seine Vorlieben liegen, um zum Beispiel mal die Atmosphäre seines Lieblingsgemäldes »nachzubauen«. Wer weiß, vielleicht macht ihn ja das historische Ambiente an, als man noch unter Reifröcken und Musselinkleidern nach mehr suchte, einer Kokotte zum Beispiel.

136 Schnitzeljagd Surprise: mit Briefen, Fotos, Puzzleteilen möglich. Leiten Sie ihn in einem drei Tage dauernden Spiel mit Nachrichten in Ihr Hotel. Lassen Sie ihn einen Brief und Schlüssel am Empfang abholen. In dem Brief schildern Sie Ihren Plan (»Komm zu mir, sprich kein Wort, zieh dich aus und lass dich ansehen«) – mit der Bitte, dass er auch seine Wünsche notiert (»Empfange mich eingeölt, nackt, am Fenster lehnend. Dreh dich nicht um, wenn ich eintrete ...«) und den ergänzten Brief dann vom Pagen aufs Zimmer bringen lässt. Nach zehn Minuten darf er kommen. Diese Schnitzeljagd kann auch nach Paris verlegt werden und endet unbedingt im Zimmer Nr. 15 des Hotel Caron de Beaumarchais im Stadtteil Marais.

137 Gehen Sie in diese Hotelbar mit Live-Pianomusik. Nach zwei Cocktails beginnen Sie für Ihren Lover zu tanzen. Ziehen dabei Ihre Jacke aus, vielleicht Ihr Oberteil. Sie lassen es zu Boden gleiten, ge-

131

hen zu ihm, flüstern ihm die Zimmernummer ins Ohr, gehen und drehen sich nicht um.

138 Hausaufgaben für ihn. Männer können mit Anleitungen, verkleidet in Bitten, gut umgehen – besser als manche Frau. Trauen Sie sich, ihm sechs »Hausaufgaben« für eine Woche mitzugeben, zum Beispiel in Form einer Schachtel mit sechs numerierten Briefen. Nummer 1: Neue Bettwäsche! In Ihrer Lieblingsfarbe, gern aus Satin. Nr. 2: Heiße Grooves! Er möge bitte eine CD mit seinen liebsten sexy Songs brennen, und sich was Aufregendes für das Cover überlegen – vielleicht ein smartes Bild mit dem Fotohandy geschossen? Nr. 3: Ab ins Reformhaus, und das neue Massageöl Ylang-Ylang von Kneipp besorgen – das erste Öl, das wirklich anregt. Er soll es am selben Abend an seiner Lieblingsstelle testen. Nr. 4: Stecken Sie ihm den Palmers-Gutschein ein und schwärmen Sie von Unterwäsche – für ihn! Nr. 5: Erdbeeren, Eiskrem, englische Teekuchen: Egal, was Sie am meisten mögen, Zeit für einen Einkaufszettel mit drei Posten, die er sich ausdenkt. Nr. 6: Seine Einladung: Er möge sich überlegen, wie er seine neuen Errungenschaften in ein Liebesspiel am 7. Tag einbringt, und Sie mit einem Telefonat mit seinen Spielideen überzeugen, pünktlich zu sein.

139 Striptease – Step by step. Tragen Sie keine Hosen, sondern kurze Röcke und zwei Oberteile – also BH und Zip-Bluse oder BH und Corsage – aber nichts, was Sie über den Kopf ziehen müssen. Halterlose Strümpfe, wenn Sie perfekte Beine haben, sonst nackte, rasierte, eingeölte Beine in High Heels oder supersexy, spitzen Stiefeln. Alles, was jetzt kommt, sollten Sie üben. Songs zum Strip: »You can leave your hat on«, »Black Betty« (Tom Jones), »Hey sexy lady« (Shaggy) oder »Lady Marmelade«. Langsam tanzen, nur auf jeden zweiten Basstakt!
1. Bereiten Sie Ihre Bühne: Nur ein Licht (seitlich hinter Ihnen), zwei Stühle im Abstand von zwei Metern voneinander entfernt, CD-Player bereit. Er nimmt auf Stuhl Nummer 1 Platz. Verbinden Sie ihm die Augen und lassen Sie ihn einen Moment allein. Fesseln Sie

ihm beim Zurückkommen die Handgelenke hinter der Lehne zusammen, aber so, dass er sich selbst befreien kann. Flüstern Sie ihm zu, dass er weder sprechen noch sich bewegen darf. Musik! 2. Nehmen Sie auf dem anderen Stuhl Platz, geschlossene Beine, streichen Sie langsam mit den Händen über Ihren Körper. Sie öffnen die Beine, drücken Ihre Brüste zusammen, lecken die Lippen – was immer Sie tun wollen, tun Sie es. Langsam. Sehen Sie ihm in die Augen. 3. Gehen Sie zu ihm, tanzen Sie ihn an, öffnen Sie einen Knopf seines Hemdes. Drehen Sie sich um, tanzen Sie mit dem Po zu ihm. 4. Beginnen Sie sich mit dem Rücken zu ihm das Oberteil auszuziehen. Lassen Sie Ihre Hände auf den Brüsten, wenn Sie sich umdrehen. Behalten Sie eine Brust in der Hand, während die andere Hand in Ihren Slip gleitet. 5. Gehen Sie zurück zu Ihrem Stuhl, beziehen Sie ihn in Ihren Tanz ein. Beobachten Sie Ihren Lover – wenn ihm ein Hüftschwung besonders gefällt, wiederholen Sie ihn. 6. Ziehen Sie mit dem Rücken zu ihm und nahezu durchgestreckten Beinen Ihren Slip aus. Versuchen Sie, den Slip bis zu den Füßen zu schieben, anstatt herauszusteigen, und schütteln Sie ihn über die High Heels ab. 7. Gehen Sie aus dem Raum und dorthin, wo Sie die Fortsetzung wünschen.

Die Variante: Der Dessous-Strip. Sie ziehen praktisch alles aus, was drunter ist. Dazu brauchen Sie einen Slip zum seitlichen Öffnen (zum Beispiel die mit Schleifchen von H&M), halterlosen BH, halterlose Strümpfe. Tragen Sie einen Rock mit Schlitz und ein durchgeknöpftes Oberteil. Besonders gut kommt der Strip, wenn Sie beide von einer Party nach Hause fahren, und Sie nach und nach ein Unterteilchen in seinen Schoß fallen lassen. Ja, vorher üben wäre nicht übel ...

140 **Lap Dance.** Der Tanz, bei dem eine Frau den Schoß eines Mannes betanzt, während er auf einem Stuhl sitzt und sie nicht berühren darf. Tragen Sie einen kurzen Rock, eventuell Hüfthalter, Top mit Ausschnitt. Plazieren Sie ihn auf einem Stuhl. Er darf Sie nicht berühren! Tanzen Sie aus einem Meter Abstand auf ihn zu, um ihn herum, bevor Sie seine geschlossenen Beine zwischen Ihre Schenkel nehmen, und ihn stehend mit der Hüfte antanzen, ohne ihn zu berühren. Streichen Sie über Ihren Körper, breiten Sie die Arme zur Seite, nach oben aus. Drehen Sie sich um, tanzen Sie ihn an, so dass er Ihren Po bewundern kann, wippen Sie aus dem Becken heraus, lassen Sie Ihre Hände mit weit gespreizten Fingern über Ihre Rundungen gleiten. Wenn er Sie berührt, wird er mit seiner Krawatte gefesselt! Öffnen Sie seine Beine dann mit einem Knie. Tanzen Sie über einem Schenkel, immer tiefer, bis Sie ihn mit Ihrer Scham berühren. Fassen Sie ihn an, während Sie sich weiter langsam, aber aufreizend bewegen, und setzen Sie sich schließlich ganz auf ihn, reiben Sie sich an ihm. Entweder er ist bereits so erregt, dass er eine frische Shorts braucht – oder er wird Sie beim letzten Takt vernaschen.

141 **Mann oder Frau zu bestellen – bitte beachten** … Sie stolpern über eine Anzeige, die es Ihnen angetan hat: »Er verwöhnt sie und ihn«. Oder: »Sie macht mit – kein GV«. Bevor Sie munter drauflos telefonieren: Sagen Sie beim ersten Anruf nicht Ihren echten Namen, unterdrücken Sie die ISDN-Nummer Ihres Telefons. Falls Ihnen schon die Stimme nicht zusagt, können Sie auflegen, ohne zu befürchten, zurückgerufen zu werden. Man zahlt immer in bar, meist um die 150 bis 250 Flocken. Mehr als den vereinbarten Betrag sollten Sie allerdings nicht mitnehmen.

Lassen Sie sich den Mann/die Frau beschreiben – Aussehen, Alter, Figur, Tarife, Verhütungsmaßnahmen, Praktiken, Erfahrung. Falls Sie kein Interesse haben, sagen Sie: »Tut mir leid, ich suche doch was anderes, danke für Ihre Mühe«, und legen auf.

Falls Sie interessiert sind – bestellen Sie denjenigen/diejenige nicht nach Hause, sondern treffen Sie sich in einem Cafe, um abzuchecken, ob die Chemie stimmt. Falls Sie allein sind, bitten Sie eine Freundin an den Nebentisch.

Sagen Sie Ihrer besten Freundin per Telefon Bescheid, wenn der »Besuch« – sprich: Ihr erster echter Gigolo, nur für Sie – da ist. Falls Sie ängstlich sind, lassen Sie sie eine Stunde später anrufen, um zu kontrollieren, dass alles okay ist und Sie nicht gerade an die Schranktür genagelt werden.

Sorgen Sie für den Fall der Fälle selbst für alle Verhütungsmaßnahmen (wenn er nichts dabei hat, ist das allerdings ein schlechtes Zeichen), Gleitmittel oder Spielzeug nach Wunsch.

Lernen Sie zu sagen, was Sie wollen, und was Sie nicht wollen – schließen Sie zum Beispiel Geschlechtsverkehr oder Küssen oder Fesseln aus, oder wünschen Sie sich ein Special-Outfit von ihm. Endlich mal mit James Bond!

A Sextoy-Odyssey:
Liebling, magst du meine Spielesammlung sehen?

Ach, hartnäckig hält sich das Gerücht, Männer hätten vor Vibratoren Angst. Mag sein, wenn er eine Art Vierzig-Zentimeter-Poller ist, könnte schon eine Art Misstrauen gegen den Batterieboy entstehen. Aber solange der Mitspieler einen Hauch kleiner ist als seiner oder wenigstens gleich groß, können Sie des Mannes Vergleichsangst getrost vergessen. Denn eigentlich sind Männer Spielernaturen. Könnte gut sein, dass er mit dem Teilchen so lang an Ihnen herumspielt, mal hier entlangfährt, mal da eintaucht, dort genau beobachtet, wie sich verschiedene Gangarten auswirken, bis der Akku leer ist. Und warum? Weil Männer erstens technische Spielzeuge lieben, und zweitens lieben sie noch mehr: Ihre Erregung.

Ja, allerdings, das nackteste Aphrodisiakum für einen Mann ist die weibliche Erregung und Lust, an der er hochgradig beteiligt ist, ob mit oder ohne Spielkram. Vielleicht sollte man diese Tatsache noch mal in Großdruck bringen, um auch Ihnen als Frau die Sorge zu nehmen, sich ständig was Neues zu seiner Erregung einfallen zu lassen. Müssen Sie nicht. Lassen Sie sich anmachen, antörnen, zeigen Sie ihm, dass er Sie geil macht, und Sie werden einen erstaunlich motivierten, wunderbaren Liebhaber zurückbekommen. Den es fast mehr anmacht, wenn er Sie anfasst und Sie abgehen, als umgekehrt. Da hat er oft nur ein schlechtes Gewissen, wenn Sie ihn befummeln, er so schnell hochgeht wie eine Wunderkerze, aber genauso schnell abbrennt und dann zu müde ist, Sie zu befummeln. Aber wenn er sich vorher um Sie kümmern kann … ja, zum Beispiel mit Spielzeug. Und einem Spiel. Spielen, wetten, wettkämpfen – ein bisschen Gameboy kann auch Sex vertragen.

142 **Wie du mir, so ich dir.** Wer hat eigentlich behauptet, Vibratoren seien nur was für Frauen? Machen Sie das Tausch-Spiel: Was immer er mit dem Vibrator auch bei Ihnen macht, geben Sie es ihm danach zurück. Die vibrierende Spitze an seiner Spitze, seinen Lenden, seinen Balls ... Sinn des Spiels ist, dass er Ihnen vormacht, was er gerne hätte, aber sich nicht zu sagen traut.

143 **Vibrations-Eier** bestehen aus einem ovalen, kleinen Vibrator, einer Verbindungsschnur und einem Steuermodul, mit dem je nach Hersteller drei bis sieben verschiedenen Vibrationsarten eingestellt werden, von schnellem Zucken bis zum langsamen Dauerbrummer. So kann Ihr Liebster zum Beispiel den Temporegulator in der Hand haben, während Sie das Ei in Position halten. Legen Sie sich so nebeneinander, dass Sie auf dem Rücken, er auf der Seite liegt. Er stellt Ihnen Kussaufgaben – saug an meiner Zunge, halt still, gib mir deine Oberlippe –, und wenn Sie es seines Erachtens gut machen, belohnt er Sie mit der Vibrationsstufe Ihrer Wahl. In den USA gibt es die Teile teilweise mit Fernbedienung. Das Ding lässt sich also während eines Restaurantbesuchs tragen. Schatz, bringst du mich zum Kommen, bevor das Essen kommt?! Ach, lass uns demnächst ein Tee-Ei nehmen ...

144 **Liebeskapseln,** mit essbarem, aphrodisierendem Öl gefüllt, verströmen ihren Geschmack erst beim Biss, sind aber nur in den USA zu haben (diese Spießer sind technisch gesehen versierter). Entweder mitbringen lassen oder auf das Bonbonspiel ausweichen: Besorgen Sie sich mehrere Sorten gefüllte, weiche Bonbons (zum Beispiel von Vivil Creme life: Erdbeer, Banane, Kirsche ...). Bieten Sie ihm ein Körperkontrollspiel an: Wetten, dass er es nicht schafft, stillzuliegen? Bitten Sie ihn, sich auszuziehen, hinzulegen. Legen Sie eine Spur Bonbons von seiner Halsgrube, Brust, Nabel, Lenden bis zwischen seine Schenkel aus. Nehmen Sie die Bonbons nur mit der

Zunge auf. Wenn Sie eins zerkaut haben, küssen Sie ihn, wandern zum nächsten.

145 Zum eleganten Umgang mit Gleitmittel: Füllen Sie Gleitgel aus Tuben in ausgespülte Seifenspender, um das Gel leichter zu handhaben als wenn Sie mit glitschigen Fingern am Schraubverschluss scheitern. Tropfen Sie Gleitmittel nie direkt auf den Körperteil, sondern verteilen Sie es mit den Fingern.

146 Auf Wassertauglichkeit getestet: Foam Rubber Ducky (als bestes Erotikspielzeug des Jahres 2002 gewählt, gibt's zum Beispiel über www.adulttoysboutique.co.uk oder www.vigel.net). Sieht aus wie eine Quietsche-Ente, allerdings vibriert das Tierchen mit jedem Körperteil auf Druck anders. Herr Müller-Lüdenscheid, diese Ente zuckt ja!

147 Beam me up, Schatzi, mit dem Womolia-Vibrator (www.emotionalbliss.com, die Hersteller werben mit »frauenfreundlichen« Vibratoren. Auf Nachfrage, ob es auch »frauenunfreundliche« gebe, erhielt ich folgende Antwort: »Unsere Vibratoren sind von einer Frau bedacht und entwickelt. Die meisten von unseren Modellen sind für den äußeren Bereich der Vagina entwickelt worden [weil die Frau hier ihre empfindlichsten Punkte hat] und nicht für den inneren Vaginalbereich. Des weiteren sind unsere Vibratoren CE-genormt und mit einer antibakteriellen Schicht versehen, was absolut nicht üblich ist in dieser Branche. Bei allen anderen Vibratoren werden Sie auch feststellen, wenn Sie einen Vibrator beispielsweise längere Zeit auf eine Zeitung legen, dass dieser eine klebrige Substanz auf Ihrer Zeitung hinterlässt. Dies sind nur einige Punkte, warum unsere Produkte frauenfreundlich sind.« Also: Womolia, frauenfreundlich.) Das Teil sieht aus wie ein Communicator der Konföderation statt wie ein Vibrator und stimuliert den Scheideneingang und die Klitoris gleichzeitig. Also genau dort, wo's spannend wird. Ihr Lover ist ein Raumschiff-Kadett, der in den unendlichen Weiten Ihrer Empfindungen sucht. Sie leiten ihn an, wie er Sie von der Brücke

(Ihren Brüsten) bis zum Maschinenraum mit Womolia massiert. Hat er Sie mit Warpantrieb ins All gebeamt, darf er sich »Navigator of Love« nennen. Finden Sie komisch? Trösten Sie sich: Männer lieben Enterprise. Sie dürfen danach wieder die Zicke sein, in die er sich verliebte, und die er gar nicht anders haben will.

Vibratoren testen: Halten Sie sich das Gerät in den verschiedenen Gangarten an Ihre Nasenspitze, denn hier sind ähnlich viele Nervenenden wie an der Klitoris. So verschaffen Sie sich einen Eindruck von der Leistungsfähigkeit des Spielzeugs. Der einzige stufenlose Vibrator mit vierundzwanzig Gangarten ist übrigens der schwedische Klitoriskoser »Lelo«. Geformt wie eine Seife, leise, wasserdicht und aufladbar. Und leider teuer: 129 Euro (In Mae-B.-Shops gesehen). Aber wahnsinnig wirksam!

148 **Cockrings verbinden.** Cockrings sind ganz nett – aber schnüren seinen Loverboy nach zwanzig Minuten schmerzhaft ein. Besorgen Sie sich sechs Cockrings aus flexiblem Silikon oder Gummi, und weichen Sie auf das Fingerspiel aus: Wetten Sie mit ihm, dass Ihr Zeigefinger länger ist als seiner. Wenn Sie sie nebeneinander halten, haben Sie natürlich verloren – und streifen den ersten Cockring über Ihre beiden Zeigefinger. Er ist jetzt fest mit Ihnen verbunden. Zeigen Sie ihm (unter der Decke vielleicht?) die Bewegungen, die Sie beim Masturbieren machen. Streifen Sie die restlichen Ringe über ein oder zwei Finger, und plazieren Sie Ihrer beider verbundene Hände wo Sie wollen.

149 **Darf ich vorstellen?** Eine spielerische Methode, ihn mit Ihren Toys bekanntzumachen, ohne dass er sich überfallen fühlt: ein gemeinsamer Waschtag der Toys. Sie vielleicht in einem netten Wäscheoutfit? Er spült, Sie trocknen ab. Reden Sie mit ihm wie mit einer anderen Frau, erzählen Sie munter, was Sie mit den Toys so machen, fragen Sie »sie«, was »ihr« dazu einfällt. Bitten Sie Ihren Lover, das mal näher zu erklären und bei Ihnen auszuprobieren.

150 Ei gegen Ei. Halten Sie ein Vibrations-Ei gegen seinen Schaft, während Sie seine (oder einen) Hoden sanft in Ihren Mund saugen. Angeblich hat das schon zu spontanen Heiratsanträgen geführt, also Obacht.

151 Kugelstange: Kaufen Sie einen Kugelstangen-Dildo (aus waschbarem Silikon ohne Nähte), und bringen Sie Ihrem Lover bei, ihn mit Gleitgel in Ihre Rosette zu stülpen, aber nicht rein und raus, sondern nur sanft hin und her ruckeln, während er im Gegenrhythmus einen Finger in Ihrer Scheide bewegt. Wenn Sie auf dem Rücken liegen, können Sie Ihre Klit erreichen und mitmachen.

152 Mach mit mir, was du willst: Lassen Sie sich von Ihrem Geliebten die Augen verbinden, und geben Sie ihm sowohl einen Dildo als auch einen Vibrator in die Hand. Er möge sie abwechselnd einsetzen, um herauszufinden, ob Sie lieber den einen oder den anderen mögen.

Ach, ja: Falls Sie nicht der Lovetoy-Typ sind, und nach ein-, zweimal Ausprobieren feststellen, dass Ihnen der Lärm und das Feeling nicht liegen – macht nichts. Das ist genauso normal, wie ständig mit dem Teil zu spielen. Eine Neigung wie beim Kaffeetrinken: Die einen nehmen ihn mit Milch, die anderen lieber pur.

Apropos Kaffee: Im Durchschnitt geben Latte-macchiato-Kara-mel-Trinkerinnen im Jahr 800 Euro für das süße Zeug aus. Ich empfehle, bei Gelegenheit mal Kaffee aus Kenia zu probieren (Kenia AA+), Mexiko Maragogype oder Panama Bouquet. Wunderbares Zeug.

Ein Spielzeug läuft jedoch nicht unter Spielkram: Der Magnefem-Magnetring, in den Ausführungen »vita« und »calm«. Der flexible, tamponlange Magnetring (www.magnefem.de) wird täglich (außer während der Periode oder Schwangerschaft) fünfzehn Minuten in den Tiefen der Scheide getragen, legt sich an den Gebärmuttermund und soll ein »Energiefeld« erzeugen, um zum Beispiel Blockaden zu lösen, die Lubrikation zu steigern oder gegen die mäßig spannenden Begleiterscheinungen der Wechseljahre anzugehen. Nach dem dreiwöchigen Tragetest glaube ich, er könnte jenen Frauen helfen, die sich ihres Beckens nicht bewusst sind. Zu schnelleren, intensiveren Orgasmen oder so führte er nicht, aber mir schien, als ob sich eine andere, innere Wärme ausbreitet. Na, warum nicht?

4 Alles Liebe!

»Liebe ist Geduld, Sex Ungeduld.«
Erich Segal

Was ist besser: Sex mit oder ohne Liebe?

Keine Ahnung, früher war es bei mir mal so, mal so, heute definitiv für mich mit Liebe, für andere nicht unbedingt, denn es geht ja beides, auch wenn platonische Liebe so was ist wie fleischloser Sex, also uninteressant. Für Sex muss man nicht lieben, aber es wäre schön, mit einem Mann, den Sie lieben, Sex zu haben. Kollegin Annette, die bei einer Partneragentur arbeitet, sagte mal, Hauptsache, man wisse, was man von dem Mann will. Wenn nur Sex, dann sei der besser als mit unerfüllten Hoffnungen.

Ist also Liebe mit Sex nicht am allergeilsten? Oder ist das nur die Idee von Anstand und Sitte?

Das Wort dazu hat eine Frau, die ihr Leben in den Dienst der Liebe gestellt hat. Sie forscht wie irre, hat hundertfünfzig Nationen und Kulturgesellschaften untersucht, schreibt schlaue Bücher und heißt Dr. Helen Fisher (Rutgers Uni, USA). Die Anthropologin brachte es so auf den Punkt:

»Die Lust verschwindet in der Regel nach dem Sex und kehrt im Laufe von Stunden oder Tagen zurück. Dieses Gefühl kann man auch für mehrere Menschen gleichzeitig hegen. Aber verliebt sein heißt, besitzergreifend sein. Und das Gefühl der Liebe verschwindet auch nicht nach dem Sex – im Gegenteil, es kann dadurch noch verstärkt werden.«

Sex kann Liebe zur Folge haben – der Grund dafür ist vielleicht darin zu finden, dass nach dem Orgasmus eine besonders hohe

Dopaminkonzentration vorhanden ist. Passen Sie also auf – Sie könnten sich unbeabsichtigt verlieben …

Ich denke, man kann »Lust« auf mehr als eine Person verspüren oder eine gewisse Anziehung – aber nicht Liebe, dementsprechend nicht zwei Männer gleichzeitig lieben. Dazu passt ein indianischer Aphorismus: »Der Weg der Liebe ist schmal und lässt nur Raum für einen.« Nähe, Intimität, Liebe: Romantische Gesten sind der Schlüssel zu dieser vertrauten Paarstimmung. Und wenn daraus wilder Sex wird – auch gut. Doch Romantik könnte die Leitplanke des schmalen Weges Liebe sein, bei der das Gefühl die Rose ist und der Sex die Dornen.

Übrigens: Die wilden Sextipps kommen *nach* diesem Kapitel. Also: Lassen Sie es lieber langsam angehen (bitte hier weiterlesen) – oder wollen Sie es SOFORT? (Gehen Sie vor bis zu Tipp 248 und stellen alles auf *los.)*

Soooo romantisch! Allerlei Kleinigkeiten

Sanfte Gesten, gemeinsame Geheimnisse und zärtliche Albernheiten: niedliche Ideen zum Rummachen.

153 **Wortlos verstehen** – mit sexy Lovecodes: Schaffen Sie sich eine eigene Sprache. Mit Zahlen wie 3-5-4 (Ich liebe dich), 3-4-4 (Ich will dich), 3-4-3 (Ich will Sex). Das können Sie beliebig übersetzen in Zungenklopfer beim Küssen, Fingertippen an der Hüfte, der Schulter. Oder eben dreimal seine Hand drücken. Lauter Spioncodes der Liebe.

154 **»Wani ra yana ro aisha.«** Wenn Enterprise-Held Spock emotionaler wäre, würde er das auf Vulcan sagen, um seiner Liebe Ausdruck zu verleihen. Männer lieben *Star Trek* (und Superman und Donald und ihre Ruhe und Freiheit und die Liebe einer Frau) – mit dem Satz werden Sie ihn verblüffen! Auf Klingonisch heißt »Ich liebe dich« übrigens » qamuSHa'«.

155 So küsst nur die Liebe: An den Fingerspitzen. Am Schlüsselbein. In den Kniekehlen, am Fußknöchel, am Nabel und hinterm Ohr. Das Halsgrübchen, am inneren Handgelenk, unterm Kinn und auf den Hüften. Es soll Männer geben, die dabei in Tränen der Rührung ausgebrochen sind. Aber auch welche, die plötzlich ganz schüchtern und scheu werden, weil noch niemand sie so liebevoll und ohne Hardcoresexabsichten berührt hat.

156 Geben Sie dem Sex andere Namen, die nur Ihnen etwas sagen: Den Regenbogen fangen. Das Paradies ernten. Die Katze kosen. Was auch immer: Gemeinsame Geheimvokabeln erhalten Ihnen Ihre eigene, kuschelige, geschützte Wir-Welt. Und, geben wir es zu: Immer Hardcore wäre auch zu fad.

157 Schenken Sie ihm einen kleinen Handspiegel, hübsch verpackt. Auf dem Zettel dazu: »Das schönste Geschenk der Welt siehst du hier.« Er wird lieb-dümmlich grinsend in einem Berg Packpapier sitzen, wenn er ihn herausgepfriemelt hat. Benutzen Sie den Spiegel nach seinen Rührungstränchen, um ihm zu zeigen, wie es aussieht, wenn Sie von unten seine Balls anpusten. Oder doch lecken?

158 Massieren Sie sich gegenseitig die Hände, gern mit Rosenöl. Lesen Sie ihm aus der Hand, was Sie »sehen«, was sich Ihr Lover für Sexspielchen vorstellt. Schatz, ich sehe, du willst es auf dem Tisch. Gleich jetzt?

159 Erforschen Sie gegenseitig Ihr Gesicht mit Fingern und Zungenspitze – bei geschlossenen Augen. Lachen Sie dabei miteinander; denn mit wem man lacht, den betrügt man ungern.

160 Soften Sie alle Hardcore-Methoden um mehrere Nuancen ab: Anstatt ihn mit Stahlketten zu fesseln, legen Sie Seidentücher zart über seine Handgelenke, bitten ihn, stillzuhalten und die Augen zu schließen, während Sie ihn mit einer Feder streicheln (anstatt mit einem irritierend lauten Vibrator). Wenn Sie ihn kratzen wollen, drehen Sie die Hände um (Handflächen nach oben) und fahren mit den Nägeln die Haut abwärts. So vermeiden Sie den schmerzenden Kralleffekt.

161 **Wärmen Sie seine Hände** – an Ihren Brüsten. Auch im Sommer. Man weiß ja nie, wo man sich erkälten kann.

162 **Legen Sie seine Hand an Ihre Wange,** wenn er in Sie eindringt, und halten Sie sein Gesicht in beiden Händen. Lächeln Sie. Sie glauben gar nicht, wie schön Lächeln beim Sex sein kann.

Keine Angst vor Nähe

Nur in der Nähe entsteht die Vertrautheit, um sich gemeinsam über Grenzen hinauszubewegen. Erst wer sich geborgen fühlt, kann den anderen bitten, im Bett auch mal gemein zu sein – mach mir den Hengst, in aller Liebe.

163 **Masturbieren Sie gemeinsam,** nebeneinander – allerdings liegt eine Hand von ihm über Ihrer, während Sie dabei sind, und Ihre über seiner. Alternative: Im Stehen, Sie an die Tischkante gelehnt, er vor Ihnen. Sehen Sie sich dabei in die Augen, und berühren Sie beide nur sich selbst. Wer sich das getraut hat, wird auch vor dem Aussprechen erotischer Wünsche keine Scheu mehr haben.

164 **Der Lichtstrahl der Liebe.** In der indischen Vorstellung von intimem, seelenberührendem Sex entfaltet sich zwischen den Liebenden ein unsichtbarer Lichtstrahl, wenn sie sich Nabel an Nabel dem Höhepunkt entgegenwiegen – vor allem in der Position, die »Den Tiger reiten« genannt wird. Dabei sitzt er auf einem Stuhl ohne Armlehnen, Sie lassen sich rittlings auf seinen Penis nieder. Zärtlich umfassen Sie beide jeweils den Nacken des anderen, legen die Wange aneinander und atmen im Rhythmus ihrer gemeinsamen Bewegungen. Brust an Brust, Nabel an Nabel, Ihr Kopf ist seinem nah genug, um ihm zu gestehen, wie glücklich Sie sind, dass er es ist, der Sie liebt … Falls gleich kein Lichtstrahl zu sehen ist: Macht nichts. Er ist fühlbar, nicht sichtbar.

165 Haut und Häutchen. Reiben Sie ihm im Sommer jeden Tag Sonnenschutzcreme ins Gesicht. Und bestehen Sie darauf, dass auch seine Vorhaut etwas braucht. Bei der Gelegenheit können Sie sich gleich mit dem Häutchen anfreunden. Einige Frauen finden das Ding überflüssig und eklig, frei nach dem Motto: »Darunter wird es feucht, aber das ist doch meine Baustelle. Er soll glatt und trocken sein wie ein Dildo, Himmel!« Dabei schützt es Monsieur, sorgt für herrlichen Reibeffekt und ist nichts, wovor man sich fürchten muss. Wirklich! In den USA rotten sich sogar Männer zusammen und fordern ihre Vorhaut zurück, die aus optischen Gründen von übereifrigen Ärzten entfernt wurde. Es ist ein Teil von ihm, also versuchen Sie, Ihrem Ekel (falls Sie den empfinden) auf die Spur zu kommen und aus Gründen der Menschlichkeit zu überwinden. Er ekelt sich ja auch nicht vor, sagen wir mal, dem Häutchen über der Klitoris.

166 Der Nachtgriff. Wenn Sie einschlafen, hält er nicht Sie im Arm – sondern Sie halten ihn. An seinem Penis fest. Hat was. Und es liegt sich bequemer.

167 Sein Name aus Ihrem Mund. Sagen Sie von heute an immer seinen Namen im Bett – anstatt »Oh, Baby«, »Ja, du« oder gar »Hasi«. Den Namen des Geliebten oft auszusprechen heißt, ihn zu meinen und ihn aufzunehmen in das Buch des eigenen Lebens. Sagen Sie ihm, welcher Körperteil Ihnen gefällt – Schlüsselbeine, die Muskelstränge seiner Oberschenkel, das Halsgrübchen. Sich angenommen zu fühlen erhöht seine Lust, Ihnen ein guter Liebhaber zu sein.

168 Etui pour Lui. Lieben Sie sich wie die Schlangen: Sie liegen Bauch an Bauch, Sie öffnen Ihre Schenkel, um ihn einzulassen, schließen die Beine wieder. Näher geht kaum. Der Handschuheffekt (Eng! Warm! Dicht!) tut sein übriges.

169 Herzwache. Benennen Sie ein Symbol Ihrer Liebe: zum Beispiel einen Rosenquarz, einen Schlüsselanhänger, eine Holzfigur. Wer den anderen besucht, bringt das Teil mit, und überlässt es dem Partner. Danach ist der wieder dran, das Symbol zu Ihnen »nach Hause« zu bringen. Als ob Sie gegenseitig das Herz des anderen behüten. Halten. Und nicht fallen lassen werden.

Übrigens: Männer, die sagen, sie hätten »Angst vor Nähe« (oder Bindung, Intimität, Beziehung, Ehe), meinen meist, dass sie mit Ihnen Sex haben wollen, aber bitte nicht ein ganzes Leben.

Carpe diem, carpe noctem

Lass es uns mal romantisch machen! Geht das? Das geht:

170 Dancing in the rain. Es sieht nach einem warmen Sommerregen aus? Wunderbar – beim ersten Guss Schuhe ausziehen, zusammen barfuß durch den Regen gehen, auf der Parkwiese tanzen, Regentropfen vom Gesicht lecken, das helle Blümchenkleid (ohne BH!) durchnässen lassen, in Hauseingängen knutschen und ihm zu Hause nackt beim Trockenföhnen der Klamotten zusehen.

171 Die Sonnenuhr. Die Sonne scheint durchs Fenster und hinterlässt ihre Lichtspuren am Boden? Ignorieren Sie die tanzenden Staubfädchen. Legen Sie zwei Decken in den warmen Strahl, und lieben Sie sich in der Hitze des Tages. Wandern Sie mit dem Lichtstreif durch die Wohnung. Sonne kurbelt Serotonin und Testosteron an, könnte also sein, dass Sie selbst von Ihrer Gier ohne gutes Benehmen überrascht sind.

172 In der Stille der Nacht. Wenn Taten all das ersetzen, was Worte nicht sagen können. Rufen Sie ihn an und verraten ihm, dass Sie heute abend Punkt acht am Fenster stehen werden. Im Schlafzimmer. Es ist dunkel, nur das Licht im Flur brennt. So soll es auch bleiben. Sie werden sich nicht umdrehen, wenn er durch die Tür tritt, und schweigen, bis sich Ihre Blicke in der Scheibe treffen. Und beginnen, sich schweigend zu lieben, und nur über die Augen zu verständigen.

173 Glückskeks à la carte. Beim nächsten Besuch im Chinarestaurant lügen Sie ihm vor, dass Sie ihm die Nachricht aus dem Glückskeks vorlesen werden. Was immer dort auch steht, ignorieren Sie es und interpretieren Sie frei – zum Beispiel: »Sie werden in nächster Zeit sehr nackt und sehr gefügig sein«, oder: »Sie sind eine geliebte Person mit den aufregendsten Pogrübchen der Welt. Küssen Sie das Gegenüber, und bestellen Sie noch ein Dessert.«

Romantische Orte für ein Rendezvous und mehr

Klar, dass in einer Umkleidekabine Romantik so anregend ist wie ein Krankenhausfußboden. In Umkleidedingern gibt man die leisesten Blowjobs der Welt, aber Plüschaugen werden hier selten gesichtet. Doch es geht ja auch woanders.

174 Pool-Time! Tauchen Sie das Becken entlang, bis Sie ihn gefunden haben. Tauchen Sie auf, und ziehen Sie ihn mit unter Wasser bis auf den Beckenboden. Küssen Sie sich, eng umschlungen, bis Sie wieder auftauchen. Lassen Sie sich dabei vom Wasser emportragen.

175 Große Pause. Ein Theater, eine Oper ist besonders anregend, wenn Sie beide als einzige in den Hallen herumlaufen. Gehen Sie kurz vor der Pause mit ihm aus dem Zuschauerraum, entführen Sie ihn entweder auf die Toilette oder in eine abseits gelegene Garderobe, die nicht besetzt ist. Fühlt sich an wie Schuleschwänzen und dann mit dem Enfant terrible der Klasse durchzubrennen, wo doch gerade alle auf Kultur machen und beflissene Gesichter zeigen.

176 Ein Männlein steht im Walde. Waldboden riecht ultra-sexy nach Regen. Leute, die Bäume umarmen, wissen das sowieso (ist übrigens zu empfehlen; läuft unter unerklärbare Magie). Gehen Sie spazieren, und erklären Sie einen beliebigen Pfad zum »Weg der Träume«, auf dem Liebespaare sich küssen müssen, um wieder aus dem Wald herauszufinden. Ziehen Sie ihn dann hinter ein Holzlager aus Baumstämmen und lassen Sie einen Traum von der Nummer auf nassem Waldboden wahrwerden. Klamotten kann man waschen!

177 Vollmond, Sommer, Badezeit: Fahren Sie um Mitternacht an einen See, und lieben Sie sich am Ufer, während das Mondlicht das Wasser silbern färbt. Alternativ, falls Sie vor Krabbelviechern Angst haben: Zu zweit in einem Schlafsack unter den Sternen hat auch was. Oder zu zweit auf dem Balkon. Oder auf dem Dach eines Lieferwagens. Hauptsache, Vollmond.

178 So nett, ein Sonett. Machen Sie eine Bootstour mit Champagner und Shakespeare-Sonetten in der Taschenbuchausgabe. Ab unter eine Weide paddeln, den Bootsboden mit einer Decke auslegen und versuchen, beim Liebesspiel nicht die Balance zu verlieren …

179 Unser Lied. Sie fahren in der Dämmerung im Auto, und dann kommt dieses eine Lied (was Sie natürlich per selbstgebrannter CD vorbereitet haben). Halten Sie an, lassen Sie die Scheinwerfer an, drehen die Anlage hoch, und tanzen Sie im Scheinwerferlicht eng umschlungen auf dem Asphalt. Parken Sie danach auf dem Platz vor einer »Sportstätte« (unter der Woche ist da wenig los) und lieben sich. Gern mit »Repeat«-Stellung am CD-Player.

180 Im Blumenkranz. Suchen Sie sich eine wilde Blumensommerwiese und knüpfen Sie aus Gänseblümchen und anderen antiallergischen Floras kleine Kränze für seinen Schwanz und Ihre Brüste. Aus Disteln ist das jedoch nur was für Fortgeschrittene. Die jagen sich aber auch mit abgeschnittenen Ästchen von Birken nackt durch den Wald. Lachen Sie nicht, jeder mag, wie er es mag!

181 Umsonst und draußen? Es wäre alles viel einfacher, wenn die Viecher nicht wären. Dann könnte man sich unbesorgt einer Kernschmelze der Seelen hingeben, in Vollmondlicht baden und Gänseblümchen von ekstaseschweißbedeckten Problemzonen nagen.

Leider kommen beim ersten Schweißtropfen die Viecher. Ameisen, die das Picknick nappen, Mücken, die zwischen die Zehen stechen, Motten, die in den mitgebrachten Langzeitfackeln übelriechend verglühen, Wildschweine, die die Jeans auffressen. In Kinofilmen wird das nie gezeigt, aber die Regieassistentin hat jede Menge zu tun, um den Schauspielern die Viecher vom Bodydouble zu wedeln.

Also was nun – schnelle Bewegungen und damit Schweiß vermeiden? Spaßlos. Outdoor-Sex als Kinderkram abtun und eine Suite mieten? Anfängermethode. Sich mit Antistechspray einnieseln? Erotikfaktor minus elf, aber echte Kerle juckt das eh nicht. Doch auf Liebe umsonst und draußen zu verzichten wäre sträflich – die Gründe leuchten ein: (a) Beide werden sich noch Jahre danach erinnern und das Erlebnis ausschmücken (»Weißt du noch, als plötzlich der Jägermeister die Leiter rauf zum Hochsitz kam und die Horde Eber geflüchtet ist, weil du so laut geschrien hast?!«). (b) Es wird für die meisten die einzig kriminelle Tat ihres Lebens sein (Sex in der Öffentlichkeit kann geahndet werden, wenn einer sich beschwert, zum Beispiel die Oma da mit Hut und Taubentüte), und Gefahr kickt gut. (c) Erhöhte Sauerstoffzufuhr regt Körper und Geist an, und sich abseits scheußlicher Wohnblöcke zu lieben verschafft dieses Gefühl von, nun ja, Erdverbundenheit? Zumindest bekommen fast alle Naturliebhaber im nachhinein schwelgende Plüschaugen. Bis auf die Allergiker, die nicht mal vor 'ner Wiesentapete können.

Allerdings haben auch die Klassiker Am-Strand und Im-Wasser Tücken, nämlich zuviel Sand und zuviel Wasser an den falschen Stellen. Gegen das erstere helfen *zwei* Decken (eine verrutscht immer) zum Herumwälzen, gegen zweiteres Kokosöl oder süffiges Pflanzenöl an reibungsintensiven Körperteilen, und ein gewisse Rhythmusgefühl im Takt der Gezeiten. Dumm, wenn die Zielperson von Strudeln erfasst wird, die nicht auf Wollust zurückzuführen sind …

Feld-, Wald- und Wiesenlover und solche, die sich von Gartenpartys wegstehlen, benötigen außerdem ein spontantaugliches Outfit für die freie Liebe: Ungeeignet sind Overalls, Caprihosen oder Bodies in schmuddel- und borkenrindeanziehenden Unifarben – besser buntes oder dunkles Kleid oder Rock. Je glockiger, desto besser, weil der sich im Liegen, Sitzen oder Knien als Semi-Umkleidekabine eignet und Omas mit Entenbrot keinen irritierenden Einblick ins Geschehen erlaubt. Bei ihm: Egal, Hauptsache es lässt sich öffnen (obgleich: dreigestreifte Tennissocken in der Sandale sollten es nicht sein). Übrigens: Bevor man ins Gebüsch an der Autobahn rollt, sollte man sicher sein, nicht in ein verstecktes Fixerbesteck zu trudeln; man glaubt gar nicht, was die Leute heutzutage alles wegwerfen! Apropos, Autobahn: einige Raststätten sind sommernächtens überlaufen mit Highway-Swingern, also bleiben Sie dicht beieinander, bevor es zu Verwechslungen kommt.

Es gibt ja noch diverse andere Örtlichkeiten – das Parkhaus (Videokameras beachten, es sei denn, die machen's spannend), Eisenbahnbrücken, Hochhausdächer, Balkone mit Sichtschutz, Geräteschuppen, Cabriolets, verschwiegene Hamburger Steintreppen zur Elbe, Isarauen, Parks hinter Seniorenheimen oder Krankenhäusern, Pferdekoppeln, Hundetrainingscamps, Berliner Bauzäune, Erlebnispfade, Abenteuerspielplätze, Deiche … wo immer, wann immer, je nachdem, ob Zuschauer erwünscht oder ablenkend sind. Die Tatpositionen sind variabel – schnell noch ein Tipp für Stehenbleiber mit Blickkontakt: Anstatt sich wie ein Klammeraffe beidbeinig an ihm zu kletten, lassen Sie lieber ein Bein stehen und winkeln das andere so an, dass die Ferse – je nach Gelenkigkeit – entweder (a) hinterm Po festgehalten wird (mit welcher Hand, obliegt der Balance) oder (b) um ihn herumgeschlungen werden kann. Effekt: tiefer und stabiler Vorstoß. Oder besser doch gleich umdrehen. Am hitzigsten ist jedoch der All-time-Rider: Sie oben, er unten. Und beide können entspannt nach Wolke sieben gucken. Bis die Viecher kommen.

Mach's mir – aber sanft

Für die Prinzessinnen in uns: Kleine Zaubereien für Blümchen-liebe.

182 Ein Hauch Erotik. Natürlich kann ein Hand- oder Blowjob romantisch sein: Umfassen Sie seine Erste-Sahne-Erektion mit einer Hand, aber gaaanz locker. Wie ein Soufflé. Hauchen Sie mit warmem Atem in die Hand hinein, ganz dicht und aus rundem O-Mund, so als ob Sie sich die Finger wärmen wollten. Jetzt bekommt »Blasen« eine zarte Bedeutung …

183 Hand in Hand. Haben Sie schon mal zwei Tangotänzer beobachtet? Wie er ihre Hand mit Respekt und gleichzeitig Wollust umfasst, die andere auf den unteren Rücken legt, als berühre er sanft ein Seidentuch. Das Spiel von Rückzug und Verlockung, Distanz und Gier drückt sich im Tango nur über Finger und Augen aus. Genau dieses reizvolle Prinzip verwandelt den geliebten Missionar zu einem Liebestanz: Legen Sie Ihre linke Hand auf seinen unteren Rücken, er schiebt seine rechte Hand unter Ihre Taille. Wenn Sie jetzt Ihre freien Hände verschränken, spüren Sie die Magie der Verbindung. Über den Druck Ihrer Hand können Sie ihm wortlos mitteilen: Liebe mich schneller. Tiefer. Zärtlicher. Und sehen die Lust in seinen Augen wachsen.

184 Ein Hauch von Seide. Hinterlassen Sie ihm im dunklen Flur einen Brief neben einer Kerze im Halter: »Schreib mir auf, was ich mir Dir tun soll, wenn Du nackt im Bett liegst, nur von den drei Seidentüchern bedeckt, die nur die Stellen frei lassen, die ich berühren soll …« Ganz egal, was er antwortet, ob: Zieh Dich aus, lass die Schuhe an, bring Babyöl mit – tun Sie es.

185 Reden Sie mit französischem Akzent im Bett und lassen Sie sich »Chérie« nennen. Albern dürfen Sie nämlich auch sein. Baise moi, forcement.

186 Lovemessage. SMS an eine Festnetznummer werden dem Angerufenen vorgelesen. Schicken Sie ihm die romantischste Nachricht, die Sie sich vorstellen können, auch gern: »Sei mein Badewannenheld mit Champagner.« Oder so. Falls er verheiratet ist, lieber nicht, seine Frau könnte irritiert sein.

187 Setzen Sie Zeichen. Sie sind schon lange zusammen. Sie wollen, dass er trotzdem den ganzen Tag an Sie denkt, als würde er Sie heute abend zum ersten Mal daten? Wenn er wieder mal unter der Dusche steht, schlagen Sie das Bett auf und deponieren sichtbar die hauchzarte neue Unterwäsche, die er noch nie an Ihnen gesehen hat, auf dem Bett. Oder irgendwo, wo er heute vor der Arbeit noch entlangkommt: auf der Kaffeemaschine, im Kühlschrank, an der Klinke der Haustür ... Und wie er dann den ganzen Tag an Sie denken wird!

188 Komm her, Herzchen! Er sitzt mit gekreuzten Beinen da, Sie auf ihm, die Beine hinter seinem Rücken verschränkt. Legen Sie sich gegenseitig die Hand auf den »Herzpunkt« am Rücken, unter dem linken Schulterblatt. Hier versteckt sich taoistischen Lehren zufolge das romantische Herz. Das Seelenherz wiederum ist unter dem rechten Schulterblatt! Halten Sie Ihre Herzen gegenseitig fest, sehen Sie sich in die Augen, versuchen Sie, sich im gleichmäßigen Herztakt zu bewegen. Was das bringt? Die Einsicht, dass es Sinn macht, öfter auf sein Herz zu hören als auf Mama.

189 Streicheln Sie sich gegenseitig mit Rosen (vorher die Dornen entfernen bitte). Irgendwie muss man die Herren ja zum BlumenMitbringen motivieren. Ihm Sex zu versprechen ist auch eine Möglichkeit.

190 Das Liebeshoch. Pinkfarbener Champagner ist das Symbol der Romantik, zusammen mit dunkler Schokolade docken die Prickelstoffe genau an den Rezeptoren im Gehirn an, die sonst durch Marihuana high werden. Geben Sie sich gegenseitig Champagnerküsse im Halsgrübchen, im Nabel, in der Kniekehle, während der andere ein bisschen Schokolade lutscht und sich high lieben lässt.

191 **Spuren legen.** Empfangen Sie ihn mit Teelichten, die dorthin führen, wo Sie ihn erwarten. Sie können auch Blumenblüten oder winzige Slips als Lustpfad auslegen. Oder Post-Its mit unanständigen Worten. Vielleicht sogar Bilderschnipsel eines Aktphotos?

192 **Kussrituale.** Küssen Sie sich jedesmal, wenn Sie einen Schwan sehen, ein Rentnerpaar, das Händchen hält, oder einen Fahrradfahrer. Legen Sie dabei unbedingt beide die Hände auf den Po des anderen. Rituale sind dann am schönsten, wenn keiner sie vergisst.

Von Kopf bis Fuß auf Sinnlichkeit eingestellt

Lass den Verstand fallen, und der Körper wird folgen … Guter Sex ist auch eine Sache der Hingabe und Konzentration mit allen Sinnen. Dazu gehören die fünf Sinne des Körpers – und der sechste Sinn im Kopf.

Dürfte ich mal eben? Schließen Sie Ihre Augen, konzentrieren Sie sich auf Ihren Nacken. Fühlen Sie ihn? Spüren Sie den letzten Kuss, dort, wo Hals und Schultern verschmelzen? Berühren Sie die Stelle mit Ihren Fingerspitzen, mit Ihren Nägeln.

An was haben Sie gedacht? Ich wette, an nicht viel, sondern Sie waren ganz Gefühl. Sie haben sich bewusst auf Ihre Sinne eingestellt. Kein Gedanke, ob Sie früh raus müssen, die Beine rasieren oder den Bauch einziehen sollten. Nichts von dem, was Frauen ablenkt und sie davon abhält, Sex mit allen Sinnen zu genießen – eben weil wir so hypersensibel sind. Wir hören besser als Männer, nehmen mit unseren Sinnen feinere Nuancen wahr und sind leichter zu beeinflussen. Falsche Musik, fieses Licht, seltsamer Geruch, die Fliege an der Wand: Unsere Wahrnehmungen lenken sogar von der schönsten Nebensache der Welt ab. Es sei denn, Sie nutzen diese Über-Sinnlichkeit in die andere Richtung. Riechen. Hören. Schmecken, Körpergefühl, sehen, phantasieren: Wer seine Sinne zu verführen weiß, hat mehr vom Lieben.

Hunger! Wenn Liebe über den Mund geht

Zwar ist der Geschmackssinn der schwächste der Sinne, aber trotzdem ungemein befriedigend. Ein Kuss kann köstlich schmecken, besonders mit in Cognac getränkten Zuckerstückchen auf der Zunge oder wenn Sie mit Gewürzen des Orients gekocht haben. Oder erst Grand Marnier auf der Vorhaut! Und wie schmecken Papayas auf nackter Haut? Sie sind erwachsen, Sie dürfen mit dem Essen spielen – endlich.

193 Sinnliche Gerichte. Manche Paare mögen es, ihre Körper als Tischtuch zu benutzen und mit Lebensmitteln von Pudding bis Sojasoße herumzusauen. Sie dürfen sich aber auch setzen – Essen mit erotischer Komponente sind zum Beispiel Gambas, Erdbeersabayone, schwarze Spaghetti, Spargel, Blini … (sachdienliche Hinweise in *Das erotische Kochbuch* von Gertrude Fein, Eichborn Verlag). Das Getränk zur sinnlichen Geschmacksverführung ist Rotwein (etwa ein spanischer Crianza aus dem Ribera del Duero) oder Rosé-Champagner. Ja, auch Kakao mit Zimt, Kardamom oder Pfefferminzlikör hat was. Vor allem, wenn Sie danach mit der Zunge Achten auf Ihren Körper malen lassen und in jeder Körperkuhle nach dem Geschmack des anderen forschen.

194 Füttern Sie sich gegenseitig – blind. Machen Sie ein Leckerplättchen zurecht mit Gambas, Erdbeeren, Nüssen, Parmaschinken oder was immer Sie mögen. Legen Sie eine Kuscheldecke auf den Boden, stellen Sie die Platte zwischen sich. Verbinden Sie sich die Augen, und füttern Sie sich – mit den Fingern, dem Mund oder indem Sie Ihren Liebsten mit den Händen dorthin leiten, wo Sie etwas Essbares versteckt haben. Übrigens: Es gibt Männer, die es leider nicht mögen, gefüttert zu werden. Sie haben dabei immer Angst, zuwenig zu bekommen. Na gut.

195 Küssen Sie sich high: Küssen mit Liebe und Lust. Manchmal muss Sex mehr sein – eine Melange aus Lust *und* Liebe. Intimität, tiefe Blicke, während Sie ineinander gleiten, und tiefe, luxuriöse Küsse. Nur leider werden ausgerechnet die in einer eingespielten Beziehung rar. So scheinen die tiefen Zungenküsse und forschenden Lippenschmeichler nach einiger Zeit zu verschwinden, um den trockenen, geschwisterlichen Küssen Platz zu machen.

Dabei räumt das Lustzentrum im Gehirn Lippen, Gaumen und Zunge mehr Empfindungsvielfalt ein als den Genitalien! Und: Ein intensiver Kuss peitscht Sie zu einem Endorphin-Hoch, lässt Testosteron durch seinen Körper jagen, in Kopf und Körper explodieren die Lusthormone. Holen Sie sich den Kuss-Kick beim Sex zurück: Nehmen Sie Ihren Daumen, feuchten Sie ihn an und lassen Sie ihn über seine Lippen gleiten, in seinen Mund, erforschen Sie seinen Gaumen – sehr sexy und intim. Küssen Sie ihn, während Ihr Daumen die Innenseite seiner Unterlippe kost. Lassen Sie seinen Finger auf die Reise zwischen Ihre Zunge und Lippen gehen, saugen Sie sich rhythmisch an ihm fest – und zwar in aufreizender Slowmotion. Zögern Sie, wenn Sie unter ihm liegen, den Kuss hinaus – indem Sie nur mit geschlossenen Lippen an seinem Mund entlanghauchen. Küssen Sie sich mit offenen Augen, zart, bevor Sie ihm mit einer Hand die Augen bedecken, in einen French kiss übergehen und dabei sanft an seiner Zungenspitze saugen.

Wenn Sie auf ihm sitzen, nehmen Sie seinen Kopf in die Hände – eine auf dem Nacken, die andere auf einer Wange. Umschließen Sie seinen Mund mit Ihren Lippen, saugen Sie im gleichen Rhythmus Ihrer langsamen Auf-und-ab-Bewegungen. Sexgöttinnen lassen ihre Zungenspitze dabei zwischen seine Oberlippe und Zähne gleiten oder dringen mit einer Fingerspitze in seinen Mund ein. Dieses doppelte »Genommenwerden« wird zum Suchtfaktor. Vor allem, während er kommt – seinen Höhepunkt nicht hinausstöhnen zu können, macht ihn um so intensiver.

196 Vergessen Sie Eiswürfel! Legen Sie Beeren oder kleingeschnittene Tropenfrüchte in eine niedrige Schüssel, und ab in den Tiefkühler. Vorteil: Die Dinger schmecken besser als Wasserwürfel, weder Sie noch er erleiden einen Gefrierbrand, und Sie können die gefrorenen Beeren mit der Zunge über seine Haut schubsen.

197 Sie lieben Eiskrem? Tragen Sie sie nicht mit dem Löffel auf heißer Haut auf (Schreck törnt ab), es geht sinnlicher: mit Waffeleis. Beim abgepackten Hörnchen beißen Sie einfach die Waffelspitze unten ab und träufeln galant ein paar Tropfen auf seine Eichel. Und lecken sie ab.

198 Käse-Kicks. Vergessen Sie mal eben Schokolade und die Macht ihrer aphrodisierenden Phenylalanine – Käse besitzt viel mehr von dem reizvollen Zeug, Avocados übrigens auch. Ordern Sie deshalb lieber die Käseplatte, füttern Sie sich gegenseitig mit Mund und Fingern; zudem schmeckt angewärmter Vacherin Mont d'Or mit einem Spritzer Weißwein oder Guacamole ganz ausgezeichnet von männlicher Haut.

199 Tiefgekühlter Wodka ist praktisch: Keine Fahne, kein Kater, die Brille lässt sich damit auch putzen. Und auf den Lippen? Hmm – betupfen Sie seinen Nacken damit, pusten Sie darüber, küssen und beißen Sie ihn. Wirkt auch an angeblich unempfindlichen Brustwarzen, der Alkohol stellt alle Nervenenden auf scharf.

Richtlinie für sämtliche Mundspiele mit Speisen und Getränken: Wenn es auf Ihrer Zunge unangenehm ist (kalt, scharf, sauer, heiß), ist es das auch für seinen Schwanz und Ihre Mademoiselle!

200 Prickelnde Duschszene. Lassen Sie sich oral unter der Dusche rannehmen – warmes Wasser, warme Zunge – das gefällt ihm im Gegenzug übrigens später auch. Trinken Sie dabei eiskalten Sekt, und kümmern Sie sich nicht darum, wie er seine Atmung mit dem Wasser von oben koordiniert. Na gut, wenn Sie charmant sein wollen, drehen Sie den Wasserstrahl mehr auf Ihren als auf seinen Rücken …

201 Knabbern Sie einen Doughnut mit Zucker – von seinem Penis herunter. Zwischendurch an seiner Eichel lecken – die Zuckerkristalle bizzeln so schön. Im Gegenzug kann er es ja mit dem »Wunderbar«-Erdnuss-Karamel-Riegel versuchen. Allerdings Sie zu füttern, denn Zucker hat in Ihrer Süßen nichts zu suchen, auch wenn es eine nette Idee scheint, mit Schokoriegeln herumzuspielen. Aber er könnte den Riegel ja zwischen Ihren Lippen hin und her schieben, wie er es gern auch mal mit seinem Lieblingsteil hätte.

202 Kuss nach Genuss. Küssen Sie ihn nach leiblichen Genüssen mit dem Zungensauger: Saugen Sie an seiner Zungenspitze oder kitzeln Sie die Unterseite seiner Zunge mit Ihrer Zungenspitze. Da sitzen in etwa so viele Nerven wie an der Klitoris; es könnte also durchaus Spaß machen.

Dufte Spielchen

Liebe geht durch den Magen, Lust durch die Nase: Der Duft macht keinen Umweg über den Verstand. Er wirkt unmittelbar und heftig, löst Erinnerung, Gier, Lust, Zärtlichkeit aus. Der Geruchssinn dockt direkt am limbischen System an, der Quelle der Emotionen. Wissenschaftler bestätigen, dass wir bei der Wahl des Lebenspartners der Nase nachgehen, geleitet von Pheromonen, machtlos gegen spezielle Duftmarken. Das gilt allerdings nicht für Frauen, die die Pille nehmen: Die vertun sich öfter in der Wahl, weil ihr Geruchssinn nicht mehr nach Lust und Liebe auswählt, sondern Geborgenheit, Versorgung und Sicherheit sucht. Tja. Alles hat seine Vor- und Nachteile …

Der ureigene Geruch jedes Menschen entspringt in den apokrinen Drüsen: Sie sitzen in den Achseln, an der Brust, Wange, auf dem Augenlid, im Ohrkanal, auf der Kopfhaut und im Genitalbereich und bilden Duftstoffe wie Androstenon, Androstenol und Copuline. Besonders während des Eisprungs verströmen Frauen Copuline, die Männernasen rasend machen. Es sei denn, Sie nehmen die Pille – dann bleibt der Lockstoff auf konstantem Level. (Ketzer behaupten sogar, eine Frau, die aufhört, die Pille zu nehmen, sei enger. Hm. Hm?)

Allerdings sollten Sie wissen, wie Sie selbst duften. Scheuen Sie sich nicht, ihn zu küssen, nachdem er von einer mündlichen Reise südlich des Venushügels zurückkehrt.

203 Mehr Intensität beim Cunnilingus? Er möge einen Tropfen Ylang-Ylang-Öl (Kneipp oder Weleda) auf seine Zunge träufeln. Wirkt allerdings mehr bei Ihnen (durchblutend) als bei ihm (ölig).

204 Massieren Sie ihn mit duftigen Blumenblüten. Ihre Fingerspitzen werden sich wie in Samt eingetaucht fühlen. Trick, falls die Blätter zerfallen: ein Hauch Öl auf seinem Körper. Dazu tragen Sie natürlich eine Blume im Haar, die herunterfällt, wenn Sie sich rittlings auf seinen Liebsten schwingen. Ein wenig Gauguin macht sich wirklich reizvoll.

205 Duftwasser. Zarter noch als Fingerspitzen liebkost ihn warmes Wasser. Vielleicht inspiriert Sie der ayurvedische »Reis-Stempel« zu einem Vorspiel mit anregender Wasserkraft: Tränken Sie ein Baumwolltuch in einem Gemisch aus Wasser, duftender Rosenseife und erregendem Massageöl, und drücken Sie es über seinen erogenen Stellen aus. Vor allem an seinen Lenden ist die zärtliche Wirkung des langsam fließenden Lustgemischs enorm: Er reagiert danach auf Berührungen zehnmal empfindlicher.

206 In seinem Duft baden. Schnappen Sie sich *sein* Parfüm, das Sie antörnt. Sprühen Sie es auf Ihre Handflächen, liebkosen Sie ihn ausführlich, und gehen Sie den Duftspuren mit der Nase nach. Atmen Sie tief ein und aus, Ihr warmer Atem wirkt als zusätzlicher Nervenkitzler. Fragt sich nur, wie Sie reagieren, wenn ein wildfremder Kerl auf der Straße diesen Duft trägt ... Ach, süße Erinnerung!

207 Lernen von Pawlow: Suchen Sie mit ihm in der Parfümerie drei, vier Düfte aus (Proben). Gehen Sie auf eine Restauranttoilette und tragen Sie an verschiedenen Stellen Ihres Körpers einen Hauch auf. Bitten Sie ihn am Abend, an Ihnen zu riechen und sich das auszusuchen, was er meisten mag. Tragen Sie es beim nächsten Sex. Voilà: Pawlow. Tragen Sie das Parfüm fortan nur an jenen Tagen, an denen Ihnen nach Sex ist. Klingelt's?

208 Magische Duftkombination. Wenn es nach Sexualtherapeuten geht: Gurken und Lakritz. Na, gut, wenn die Fachleute meinen: Schnibbeln Sie frische Gurken, und füttern Sie sich gegenseitig. Genießen Sie jeder eine Handvoll Hartlakritz. Das soll die Durchblutung anregen, vor allem in Ihrer Klitoris und seiner Eichel. Ich bin mir nicht sicher, wieviel Sie davon zu sich nehmen sollten. Mein Mann bekommt von Gurken Niesanfälle, ich von Lakritz Hunger. Sonst tut es auch ein Glas Champagner, traditionell in drei schnellen Schlucken geleert.

Sieh mal einer an

Während Männer als Visuell-Erotiker mit den Augen lieben, ist für Frauen zuviel Information fürs Auge ablenkend. Schaffen Sie Kompromisse: Richten Sie für Ihre Sinnlichkeit Lichtinseln ein, mit gelben, beigen, orangen Glühbirnen, Lampenschirmen oder Kerzen, entfernen Sie alles aus dem Bereich des Schlafzimmers, was Sie an Alltag und Arbeit erinnert, und beschränken Sie die Helligkeit nur auf das Bett. Diese Methode hilft Ihrem Sehsinn, sich auf das Wesentliche zu konzentrieren, anstatt den Blick an den Riss in der Zimmerdecke abgleiten zu lassen.

209 Augen-Blicke. Sehen Sie sich tief in die Augen, während Sie sich lieben oder küssen oder während Ihr Mund sich seiner liebsten Zone nähert. Ein wenig irritierend, aber scharf: Sehen Sie nur in ein Auge oder ins »dritte Auge« über seiner Nasenwurzel. Sie werden feststellen, dass Sie in seinen Augen und seinem Gesicht all das ablesen können, von dem Sie bisher nicht wussten, ob es ihm gefällt, was Sie tun oder nicht.

210 Werden Sie zur Speichel-Künstlerin: Spielen Sie mit Ihrer Zunge zwischen Ihren gespreizten Fingern, bevor Sie sie ihm in den Mund schieben. Lecken Sie an seinen Fingern, lassen Sie kleine Tropfen herabfallen. Wenn Sie zum Blowjob übergehen, sehen Sie ihn an, während die Feuchte aus Ihrem Mund läuft und seine Eichel benetzt. Und lecken alles schön sauber, wie ein Kätzchen. Oh Gott, Männer lieben dieses Spiel!

211 Rasieren Sie ihn. Im Gesicht und eine Etage tiefer. Legen Sie nur die Lenden frei, um ihm danach mit eingeölten Fingern zu zeigen, wie es unten ohne ist und wie *groß* Er plötzlich aussieht. Vielleicht will er dann öfter mehr Haarfreiheit? Nehmen Sie ihn bei der Gelegenheit (er ist noch im Schlafzustand und handlich) zur Gänze in den Mund. Und machen ihn nur mit der Zunge hart. Gehen Sie danach Kaffee trinken, Vorfreude ist ja manchmal auch eine nette Rache. Für was, entscheiden Sie.

212 Spieglein, Spieglein in der Hand. Nehmen Sie einen Handspiegel beim Akt hinzu, und beobachten Sie, wie sich Ihre Körpermitten vereinigen – im Missionar zum Beispiel, wenn er sich sehr hoch aufsetzt und Ihnen die Schenkel spreizt. Sehen Sie hin. Sieht ganz anders aus als im Porno, oder? Erstaunlich … ästhetisch und innig.

213 Kleiderbotschaft. Sie haben Lust auf Sex, aber keine Lust, groß darüber zu reden? Reden Sie in Kleidungssprache. Ziehen Sie sich zum Abendessen extra um. Dieses tolle Kleid. Ein rückenfreies Top. Denken Sie daran, was Sie mit ihm machen werden, wenn der Tisch erst abgeräumt ist. Sehen Sie ihm in die Augen, während Sie die Speise in den Mund führen. Spielen Sie mit den Zehen an seinen Knöcheln. Rücken Sie dicht heran, während er spricht. Legen Sie sich Spielkleidung zu, beispielsweise Schuhe, in denen man nur liegen kann! Wer all diese Signale nicht versteht, ist entweder schwul, tot oder Ihre Schwester.

Hör doch mal …

Die Musik zum Essen sollte die sinnlichen Freuden untermalen – denn das Ohr reagiert siebenmal schneller als das Auge auf Reize und ist wie der Geruchssinn direkt mit Emotionen gekoppelt (Sie erinnern sich an den Neokortex? Den tricksen Sie mit Geräuschen aus!). Musik stimuliert zu Stimmungen, ob wir wollen oder nicht, und für Frauen ist das Ohr das, was für Männer das Auge ist: ein Lustsinn.

214 Zum linken Ohr rein. Geflüsterte Liebesworte sind im linken Frauenohr mehr als wirksam – es leitet direkt zum Emotionszentrum. Männerhirne ticken anders, weshalb Männer gern vorher Dirty talk betreiben, aber nicht dabei: Sie können selten gleichzeitig zuhören, Sex haben und antworten.

215 Lesestunde. Überraschen Sie ihn mit ein paar knackigen Sätzen, legen Sie Ihre Stimme tiefer, sprechen Sie langsam und an seinem Ohr vorbei, aber lecken Sie lieber nicht daran. Lesen Sie sich gegenseitig vor – betten Sie seinen Kopf in Ihren Schoß oder legen Sie Ihre Beine über seine, so dass er Ihre Schenkel streicheln kann. Machen Sie nur im Lesebereich Licht, und lassen Sie leise Musik laufen, zum Beispiel *Chinese Chilling Thrills* (Mandarin). Schöne Stellen finden sich unter anderem in *Love for Sale* (Anthologie/Knaur), *Mehr Sex. Ein erotisches Stellenbuch* (Anthologie/Wunderlich) oder *Die Fermate* von Nicholson Baker.

216 Gleitmusik. Neben schummrigem Licht sorgt ein Klangteppich für Hemmungslosigkeit, denn die Stille mit Stöhnen zu brechen, erscheint vielen ein wenig unheimlich. Schöne Fickmusik: Gotan Project: *La Revancha del Tango* (Science & Melody), *Buddha-Bar Vol. III* (George V Records), Hôtel Costes: *Quatre* (Wagram), De-Phazz: *Godsdog* (Mole) und für hinterher: Till Brönner: *Love* (Universal Jazz). Oder verlegen Sie sich neben Begleitgrooves auf Ihre Atmung, überlisten Sie sich und Ihren Anstand (»Was sollen die Nachbarn denken?«) durch lautes Stöhnen, um sich hochzuschaukeln. Und die Nachbarn sind eh nur neidisch.

217 Das Hörspiel: Ein fremdes Bett im Hotel. Fesseln Sie ihn, verbinden Sie seine Augen. Lassen Sie ihn allein mit einem Recorder
und einer Kassette, die Sie mit lüsternen Geschichten aufgenommen
haben. Sprechen Sie je nach Anzahl der vorkommenden Personen
mit verschiedenen Stimmen. Nach einer halben Stunde kommen Sie
wieder (es macht Sinn, wenn er vor der ganzen Aktion die Toilette
aufgesucht hat. Sie wissen schon: wegen der Fesseln). Er dürfte durch
das Hörspiel bereits wohlig angewärmt sein, wenn Sie sich ohne ein
Wort zuviel über ihn hermachen.

218 Tragen Sie beide Kopfhörer, und versinken Sie während des
langsamen Koitus im Rausch lauter Musik. *Come with me* von P.
Diddy scheint dafür genau das Richtige zu sein. Verbinden Sie ihm
zusätzlich die Augen oder fesseln Sie ihn mit Seidenschals. Was immer Sie jetzt mit ihm tun – machen Sie es slow, keine Heiß-kalt-
Nummern, das erschreckt und törnt nicht an. Besser: mit Wärme-
lampen experimentieren, mit verschiedenen Materialien, tiefen Küssen. Oder machen Sie es sich selbst, während Sie auf seiner Brust
sitzen. Ja, und Sie tragen beide immer noch Kopfhörer. Solche mit
schnurloser Verbindung könnten hilfreich sein, sich nicht zu verhed-
dern.

219 Heißes Flüstern. Sie brauchen nicht an Ohren zu lecken, um
ihn high zu machen (einige Herren verabscheuen das): Ihr warmer
feuchter Atem reicht. In der Ohrmuschel sind zahlreiche Nervenenden, die auf den ganzen Körper wirken. Wispern Sie süße Nichtig-
keiten: Wie gut ein bestimmtes Körperteil aussieht, welche Bilder Sie
im Kopf haben. Erzählen Sie eine kleine Geschichte. Reden Sie in
der dritten Person von Ihnen beiden: Er wirft sie auf das Bett, sie
trägt nichts als Schuhe …, lecken Sie ab und an hinter (!) seinem Ohr,
und reden Sie endlich mal im Bett soviel über Sex wie sonst nur mit
Ihrer Lieblingsfreundin.

220 Intimer Anruf. Verabreden Sie sich für ein abendliches Telefonat, bitten Sie ihn, pünktlich zu sein. Melden Sie sich nicht mit

Ihrem Namen, sondern überraschen Sie ihn mit der Imitation einer Telefonsexhotline. Entweder dominant: Sie geben ihm Anweisungen, was er mit sich zu tun hat (»Nimm das gute, kaltgepresste Olivenöl und deinen Schwanz in die Hand«), oder klassisch: Erzählen Sie ihm, was Sie mit sich tun. Natürlich übertreiben Sie dabei.

221 Reden Sie nach dem Sex über Sex. Wie diese kleine Bewegung Ihnen gefiel. Dass sein Blick Sie zum Stöhnen brachte. Was immer Ihnen wirklich gefiel – sagen Sie es. Manöverkritiken sind nämlich nicht zum Kritisieren da, sondern zum Loben und Liebhaben. Nicht übertrieben, ist das ein guter Weg, um Sextalks leichter zu machen und den Akt sanft ausklingen zu lassen.

Lass mich dich berühren

Alltag aus, Lust an – Männer können das leichter als Frauen. Aber Sie können das auch: Wenn Sie sich bewusst auf Ihren Körper konzentrieren, sich relaxed atmen oder einer Ihrer Lieblingsphantasien hingeben, ist im Kopf nur noch zur Hälfte Platz für Alltagssorgen. Machen Sie sich bitte auch keinen Kopf um Ihr Aussehen horizontal – Männer nehmen im größten Clinch sowieso weniger wahr als überkritische Frauen, die sogar noch kurz vor dem Orgasmus besorgt sind, hoffentlich kein blödes Gesicht zu machen.

Ein Trick der chinesischen Konkubinen war das Durchspielen von Phantasien ohne Grenzen, bevor der Liebste den Raum betrat. Verabreden Sie sich für ein Boudoir-Date. Er kommt dazu, während Sie bereits im Bett tagträumen, erotische Literatur genossen, Ihre Phantasie oder Ihre Finger auf die Reise geschickt haben. Effekt: Ihr Körper ist durchflutet von Botenstoffen der Lüsternheit. Erkunden Sie Ihre und seine erotische Innenwelt – immer wieder aufs Neue. Fragen Sie nach seinen Wünschen, und, falls er nicht von selbst damit rausrückt, stellen Sie ihm manipulative Fragen wie: »Würde es dir gefallen, wenn ich dich mit meinem BH fessle und mich nur mit High Heels bekleidet auf deine Brust setze und an mir herumspiele?« oder: »Was würdest du tun, wenn wir zwei Fremde in einem

Hotellift wären, der steckenbleibt?« Er wird die Story weiterspinnen. Und eine Story ist der beste Weg zum Kopfkino.

Machen wir noch ein Abschlussexperiment: Wann fühlen Sie sich sexy? Wenn Sie sich zum Ausgehen anziehen? Nackt vor dem Spiegel tanzen? Morgens, oder kurz vor der Periode, wenn es heiß wird? Spüren Sie sich selbst nach. Wenn Sie einen dieser Tage haben (glauben Sie mir: Jede Frau hat solche Momente), geben Sie sich Ihren Sinnen hin. Proben Sie Sinnlichkeit mit sich allein. Warten Sie nicht mehr darauf, dass Ihr Lover Ihre besonderen Momente erkennt – erkennen Sie sie selbst, und reißen Sie ihn mit in die unendlich weite Welt der weiblichen Sexualität.

222 **Nabelspiele.** Was sich mit Ihrem und seinem Nabel anstellen lässt? Rund um den Nabel laufen unsichtbare Energieströme, die Meridiane, zum »sexuellen Ich« zusammen; so beschreibt es die chinesische Lebens- und Liebesphilosophie des Tao. Hochprozentige Spirituosen, hierher geträufelt, kicken mehr als Sekt und andere Damenlikörchen. Sowohl schmetterlingsgleiche als auch sehr kräftige Berührungen öffnen den Körper für mehr, mehr, mehr – atmen Sie dabei tief in den Bauch hinein. Ziehen Sie sich gegenseitig Kreise um den Nabel herum, mit Fingern, Zungen, Wimpernschlägen. Welchen Körperteil Sie auch immer berühren, halten Sie mit der anderen Hand Kontakt zur Nabelzone. Sie werden spüren, was passiert ... Übrigens: Wenn Sie im Augenblick seines Höhepunkts mit der flachen Hand auf den Nabelbereich drücken, sammelt sich seine Erregung doppelt intensiv im Lendenbereich!

223 **Die Kunst der erotischen Handmassage** – zum Beispiel für heiße Taxifahrten, bei denen alles weitere schamlos wäre: Der Bereich zwischen seinem Daumen und Zeigefinger ist empfänglich für Druckmassagen, Streicheleinheiten und Zungengekreisel. Die Innenseite seiner Hand, von den Fingern abwärts gestrichen, reagiert mit wohligem Schauern – benutzen Sie Ihre Fingernägel. Nehmen Sie seinen Daumen, als ob Sie daran nuckeln würden – und führen Sie ihn an der Oberseite Ihres Gaumens entlang, bis seine Daumen-

spitze auf den weichen Teil Ihres Rachens stößt. Keine Sorge, würgen müssen Sie nicht. Und er fühlt an Ihrem Gaumen eine Weichheit, wie es sie sonst nur zwischen Ihren Schenkeln gibt!

224 Sensible Fingerspitzen. Lassen Sie ihn an Ihren Fingerspitzen saugen und lecken, während Sie auf ihm sitzen. Alternativ: Saugen Sie an seinen, während Ihre eingeölte Hand an seinen Hoden spielt. Das Schöne ist nämlich, dass Finger auch was davon haben, nicht nur der Mund. Oder warum nuckeln Kinder wohl so gern? Eben. Die wissen noch, dass es höchst angenehm ist.

225 Zart auf der Zunge. Warten Sie nicht, bis er von selbst hart wird – sondern nehmen Sie ihn weich in den Mund, lassen Sie ihn auf Ihrer Zunge groß werden. Gern mitten in der Nacht, wenn er noch schläft. Ein heimlicher Traum vieler Männer, mal so geweckt zu werden.

226 Zwischenstopper: Wie lang sollte die Pause sein, wenn Sie kurz vor seinem Orgasmus stoppen, um ihn auf sinnliche Art beim Blow- oder Handjob zu quälen? Drei schnelle Herzschläge lang. Um dann noch eins draufzusetzen und ihn bei jedem Minibreak an seiner zweitliebsten Körperstelle zu streicheln (die ist bei jedem Mann anders – der Nacken, der Hals, die Lenden, der Damm – lassen Sie es sich genau zeigen!).

227 Der Halspunkt. Schon mal vom »N-Spot« gehört? N kommt von »neck« (Hals); dieser erogene Superpunkt liegt zwischen seinem Kinn und dem Adamsapfel und soll direkt mit seinen Genitalien verbunden sein. Küssen, streicheln, bepusten und zupfen Sie doch mal …

228 Sex-Slide. Es gibt ja für alles einen Namen. Sex-Slide ist die feine Haarlinie zwischen Nabel und seinem Schwanz, hochempfindlich, weil sich dort in der Embryophase die Nerven miteinander verbunden haben. Ziehen Sie an den Härchen – mit den Zähnen, den

Lippen. Ziehen Sie auch an den Härchen seiner Hoden. Lustig, wie die sich dann bewegen.

229 Kickstarter für alle Nervenenden: der Punkt an der Wirbelsäule, wo die Pobacken beginnen (und er unwillkürlich beim ersten Mal den Hintern zusammenzieht, wenn er berührt wird). Erst federleicht berühren, dann lecken (lassen) oder gleichzeitig mit seinen Lenden berühren.

230 Drive him crazy: Sämtliche Körperregionen, die Sie beim Küssen und Streicheln auslassen, werden innerhalb von fünf Minuten durch Ignorieren zehnmal sensibler. Das gilt erst recht für seinen Mr. Shaft. Beginnen Sie am Nabel, küssen Sie sich tiefer, aber immer knapp vorbei. Sexgöttinnen beginnen in der Kniekehle, arbeiten sich am Innenschenkel hoch, und lassen ihn … aus.

231 Geben Sie ihm eine Rückenmassage – mit der Zunge. Pressen Sie Ihre Lippen auf seinen Hals, lassen Sie Ihre Zunge fest auf ihm rotieren. Starten sie ganz oben im Nacken, schlingern Sie neben der Wirbelsäule abwärts. Brummen Sie dabei – tiefe Töne sorgen für langsame Vibrationen, hohe Töne für schnellere. Na, gut, brummen Sie nicht. War nur eine Idee.

232 Spitz auf Knopf. Bitten Sie ihn, mit seiner Eichel an Ihrer Klitoris zu reiben – auch, wenn er noch nicht hart ist. Meine Freundin W. schwört, damit schneller zum Höhepunkt zu kommen als allein, vor allem, wenn sie nach seinem Schwanz greift und seine Eichel steuert. Entweder kniet er sich dazu zwischen Ihre Beine, oder Sie lehnen sich an ihn, während Sie mit dem Rücken zu ihm auf ihm sitzen (doppelte Kissen im Rücken stützten ihn ab), oder Sie pressen die Schenkel fest zusammen. Auch wenn er erigiert, nicht eindringen, lassen Sie ihn mit dem Daumen weitermachen, bis sein Schwanz wieder weich ist. Wiederholen. Gleitgel auf seiner Spitze hilft übrigens gegen eventuelles Wundreiben beider Mitspieler.

233 Die Bettstatt von Mr. Big. Ignorieren Sie nicht die Hautstelle am Bauch, wo der steife Penis aufliegt. Lecken Sie die Stelle ausgiebig, während Sie sein erhobenes Glied Richtung Hoden biegen und die Eichel zur Spitze hin streicheln.

234 Mit vollen Backen. Selbst für die unanständigsten Ideen hat das *Kamasutra* noch blumige Ausdrücke: Wie für die Vorspielmethode namens »Die Wolken teilen«. Sie brauchen: viel Gleitmittel, eine schöne Erektion seinerseits, die zwischen Ihren Pobacken entlanggleitet, während Sie auf dem Bauch liegen, ein Kissen unter der Hüfte. Variante der geteilten Wolken: Sie reiben sich derweil an einem Vibrator und genießen das schöne Gefühl, zweifach beliebt zu werden.

235 Tiefer Atem. Sie wollen, dass er fast vergeht unter Ihren Berührungen an seiner Eichel? Nehmen Sie ihm die Luft – aber nur ein wenig. Legen Sie ihm zwischendurch die Hand entweder ganz sanft auf Nase oder Mund. Seine Atemzüge werden tiefer und schneller und steigern durch den erhöhten Sauerstoffgehalt im Blut auch seine Empfindungen über das Normalmaß.

236 Tauen Sie ihn auf. Deponieren Sie Ihr aufregendes Höschen im Tiefkühler. Streicheln Sie ihn damit, wenn er aus der Sonne kommt. Ja, klar könnten Sie es vorher tragen, es sich selbst machen und dann erst zu dem Tiefkühlgemüse legen. Später, wenn es auf seiner Haut »auftaut«, entfaltet sich auch Ihr Geruch der Lust. Wetten, er riecht an dem Slip? Saukerl, geliebter.

237 Behalten Sie das ultradünne Top an (ohne BH!) und bitten Sie ihn, Ihre Nippel durch den Stoff hindurch zu lecken, zu berühren, sanft zu kneten oder festzuhalten und die Ladys hin und her zu schütteln.

238 Mit allem. Mixen Sie alles, was Sie kriegen können, zum Sex dazu: Reiben Sie Ihre Brüste mit Öl ein, während er Ihre Zehen küsst. Lutschen Sie an Schokolade, während er Ihren Kopf massiert, drücken Sie warmes Wasser aus einem Waschlappen über ihm aus, während Sie auf ihm sitzen. Schatz, *das* ist weibliches Multitasking!

239 Klaren Kopf, bitte! Bitten Sie ihn, sich mit gekreuzten Beinen in Höhe Ihrer Hüfte neben Sie zu setzen, während Sie liegen. Dann berührt er gleichzeitig Ihren Kopf mit der einen, Ihre Scham mit der anderen Hand. Sie werden überrascht sein, wie diese tantrische Methode Ihren Kopf freipustet.

240 Seien Sie ein dirty Girl – und toben Sie mit ihm und der Schlammpackung in der Wanne herum. Rasul-Schlämme gibt es in der Drogerie. Mikrowelle, pling, auf den Körper verteilen, rumschmuddeln, Körperteile der Wahl mit Wasser freirubbeln und … Yes.

241 Im Eingang bleiben. Die ersten drei Zentimeter am Scheideneingang sind hyperempfindlich, haben aber beim normalen Verkehr nicht viel von dem Spaß. Bitten Sie ihn, nur die Eichel einzutauchen, so dass sich seine Vorhaut hin und her schiebt. Funktioniert, wenn er breit zwischen Ihren Schenkeln kniet und mit einer Hand einen Ihrer Innenschenkel zur Stabilisierung umfasst.

242 Drehen Sie die Reihenfolge um: Beginnen Sie mit dem Koitus (Gleitgel!), kurz vorher hören Sie auf, gehen über zu Handjobs und enden bei Oralverkehr oder zärtlichem Küssen, während Sie sich gegenseitig mit der Hand (oder allein) den Rest besorgen.

243 Nur ein Hauch von Stoff. Legen Sie ein dünnes Laken zwischen Ihre beide nackten Körper. Aus Satin, Seide, Cotton … und spüren Sie seine Wärme. Streichen Sie später in Zeitlupe ein Seidentuch über den ganzen Körper. Manchmal darf es nämlich auch weniger sein, um mehr zu spüren. Und so eine Gänsehaut haben Sie an ihm noch nie gesehen!

244 Streichelstellen. Drehen Sie sich on top um, so dass Sie mit dem Gesicht zu seinen Füßen sitzen. Streicheln Sie die Innenseiten seiner Oberschenkel, während er Ihren Rücken mit den Fingern beglückt. Beugen Sie sich nicht zu weit nach vorn, das tut seinem Mitarbeiter ziemlich weh, so gebogen zu werden.

Ölfaktorische Spiele

Als Ex-Redakteurin eines Männermagazins (ich war jung, ich brauchte eine Ausbildung) weiß ich durch diverse Fotosessions, wie Babyöl auf Frauenhaut genau den Glimmer schafft, der nach Leidenschaftsschweiß aussieht. Manchmal wurde es mit etwas Wasser vermischt und mit einer Sprühflasche – solche wie »Sidolin streifenfrei« – auf der Haut verteilt. Für Fotos sehr nett, ansonsten geht von Babyöl soviel schwüle Erotik aus wie von einem blütenweißen Bettlaken. Mit Ölen aus den blauen Flaschen stimmen Sie ihn deswegen auch eher zärtlich ein: Der Geruch von Vanille (ein Hauch Muttermilch) aktiviert seinen Beschützerinstinkt. Streicheleinheiten gibt es dann genug, aber eben auch nur Vanilla-Sex ... und der kleine Nachteil: Babyöl lässt sich schwer aus der Vagina entfernen. Der Fettfilm bleibt einige Tage und schwächt damit das Immunsystem Ihrer Liebesdiva. Als »Gegenmittel« gegen die Keime, die es jetzt leichter hätten: Ein Tampon mit Naturjoghurt bestreichen, und zwei, drei Stunden tragen. Die Milchsäure hindert das ausgeklügelte System daran, unter Öleinfluss zu kippen. Aber zurück zu den sinnlichen Aspekten der Öle – verzeihen Sie den abtörnenden medizinischen Ausflug.

245 Sandelholz. Um aus dem Alltag heraus und in die Welt der Sex-Sinne einzutauchen, hilft Sandelholz-Öl (zum Beispiel in »Sweet Fire«-Massageöl, zu beziehen über Mae B.). Exotisch-holzig, warm bis süßlich und balsamisch, entspannt es ungemein, aber zum Glück nicht zu sehr. Gehen Sie mit ihm und dem Öl baden. Erst ins Wasser träufeln, dann auf Ihre Lieblingsstelle massieren. Durch die Wasserwärme entfaltet es seinen Duft, der direkt im limbischen System an

169

den »Ich will Sex«-Schaltern andockt. Funktioniert auch mit Ölen mit Zedernholzanteilen.

246 Ylang-Ylang. Wenn Ihnen mehr nach lustvollem Machosex ist, greifen Sie zu Ylang-Ylang (zum Beispiel von Kneipp); der anregende Duft aus der westpazifischen Baumblüte inspiriert und stimuliert – denn er sorgt für Erinnerungen an aufregende Bettspiele und kurbelt seine Assoziationskette im vorderen Schläfenlappen an. Vor allem, wenn Sie das Öl mit warmem Wasser mischen, in eine flache Schale füllen, vor das Bett stellen. Sie liegen auf dem Laken, Po am Rand, Füße auf dem Boden. Er kniet zwischen Ihren Beinen auf einem Kissen. Jetzt taucht er zwischendurch seinen Ölmixer in die Schüssel (oder schöpft etwas mit der Hand ab und verteilt es auf seinem Schaft), dann in Sie. Russisches Ölbad auf philippinisch, sozusagen.

247 Rosenholzöl macht aus praktischen Massagen hocherotische: Verteilen Sie das Öl mit Ihrem Körper auf seinem, ganz ohne Hände – nur in der Kniekehle, da dürfen Sie mit den Fingern kraulen. Glitscht länger als man fühlt, der Linalolgehalt verlängert das Einziehen (Wildrose-Variante mit chilenischen Hagebutten von Weleda sieht sehr hübsch auf Brustwarzen aus), die Inhaltsstoffe wirken wärmend und fördern die Durchblutung – an allen wichtigen Stellen.

248 Kokosöl. Für tantrisch angehauchte Yoni- und Lingam-Massagen dient dünnflüssiges Kokosöl (zum Beispiel »Bodykiss«) – Farbe und Konsistenz ähneln den körpereigenen Lustsekreten. Massieren Sie sich gegenseitig die interessantesten Stellen (nacheinander, nicht gleichzeitig), allerdings so, als ob Sie eine verspannte Stelle bearbeiten: sehr langsam, sehr intensiv und ohne Höhepunktabsicht. Der kommt dann ganz von alleine …

Gute Ausrede, um dieses Buch zu lesen

Falls Ihnen gerade jemand gegenüber sitzt (im Zug oder im Café und die ganze Zeit schaut, ob Sie ihn mal anschauen) und fragt, was Sie zum Himmel da lesen – sagen Sie: »Römische Geschichte.« Lateinische Wandinschriften (neudeutsch Graffiti) gab es bereits 79 n. Chr. in Pompeji, wobei die Verfasser mit der lateinischen Sprache arg sorglos umsprangen, wie diese Sätze beweisen: »Hic ego cum veni futui. Deinde redei domi« (Ich kam, bumste und ging wieder nach Hause), oder: »Hic ego cum domina resoluto clune, ergi tales sed versus sribere turp e fuit« (Ich verbrachte die ganze Nacht mit der zu allem entschlossenen Wirtin, aber ich gestehe, dass ich dies mit einiger Schüchternheit schreibe). Ich auch.

Für ein Drittel aller Frauen ist die gute berufliche Position ihres Partners ein sehr wichtiges Auswahlkriterium, aber nur für 14 Prozent der Männer (so eine ElitePartners-Umfrage). Die beliebteste Sexposition ist allerdings weiterhin der Missionar.

5 Das virtuose Kunsthandwerk

»Sex ist der Rhythmus des Universums.
Die erfreulichste Tätigkeit, die Mann und Frau
gemeinsam betreiben. Außer Lesen natürlich.«
Curt Leviant

So, jetzt sind wir wirklich beim Action-Know-how-Kapitel des Kunsthandwerks angelangt. Aber auch hier finden Sie nur Vorschläge und Ideen, keine Garantie, dass er heute nacht seinen Namen vergisst. Vielleicht tut er es. Vielleicht nicht. Vielleicht wird er überrascht sein, irritiert oder begeistert.

Man könnte sich zwar zur virtuosesten Technikerin aller Zeiten entwickeln, an der ein Mann seine Freude hat; aber das ist nach drei, vier Nächten auch nicht mehr abendfüllend, wenn es durchschaut wird als das, was es ist: Abspulen eines trainierten Programms. Perfektion ist Leistung, und Leistung hat im Bett soviel zu suchen wie eine Trillerpfeife. Perfektion ist auch immer ichbezogen und egoistisch, weil mehr die Frage interessiert »Mach ich das gut so?« als die Frage »Tut ihm das gut?«. Egoismus gegen Altruismus.

Wieviel intimer, anregender, erotischer ist es doch, wenn Ihr Liebhaber fühlt und spürt: »Sie will wissen, was *mich* anmacht. Mich ganz persönlich. Sie vollführt an mir nicht die Tricks, die sie schon seit Jahren zur Vervollkommnung übt, sondern sie geht mit Intuition, Geschick und Einfühlungsvermögen vor. Ja, sie probiert interessante Techniken aus, über die sie gelesen hat – aber sie überprüft dabei, ob sie wirklich *mir* gefallen.«

Guter Sex ist eine Sache, bei der sich beide dafür interessieren, was dem anderen guttut. Und nicht nur mit einer Menge Methoden und Maschen aufwarten in der Hoffnung, der andere möge nach der fingerfertigen Vorführung die Wertungskärtchen zücken der handwerklichen Versiertheit einer vermeintlich »perfekten Liebhaberin« Applaus zollen.

Guter Sex ist die Fähigkeit zur Hingabe, sich ganz auf den Moment, auf den Mitspieler, auf die eigenen Bedürfnisse, auf die Unabsehbarkeit des Handelns einzulassen. Und das ist der Zauber, der sich mit keinem Sextrick erklären lässt.

Enttäuscht? Dann legen Sie das Buch zurück ins Regal, es gibt genügend andere, die damit locken, Sie würden nach der Lektüre eine unwiderstehliche Wirkung auf alle Männer haben und selbst Schwule dazu bringen, ihre erotische Vorliebe zu ändern.

Trotzdem ist guter Sex dennoch zu einem kleinen Teil eine Frage der Technik. Wer trotz lodernder Liebe die Klitoris immer noch wie ein Rubbelbildchen behandelt oder trotz großer Hingabe Handjobs verpasst, die sich mehr nach Waschlappenauswringen anfühlen, braucht vielleicht Anregungen, um sich sicherer zu fühlen im Umgang mit sich selbst und einem Partner.

Zu wissen, wie etwas geht, macht es uns leichter, es zu probieren. Wie wäre es denn mit folgenden Dingen …

Ein Hauch von Inszenierung

Ja, ja, Sex ist keine Show. Aber ein Spiel. Verführung. Locken. Nekken. Und dann gehören kleine Pläne doch dazu. Man weiß zwar nicht, was dabei herauskommt. Aber das Geschenk einer Inszenierung bereitet den Weg vor.

249 **Die Entführung:** Bitten Sie ihn, seinen Anzug ohne Unterwäsche anzuziehen, denn Sie gehen aus. Er holt Sie unten an der Tür ab. Bitten Sie ihn, zu warten, bis Sie fertig sind. Verbannen Sie ihn auf den Beifahrersitz, verbinden Sie ihm die Augen, und fahren Sie zwanzig Minuten in der Stadt herum – bis Sie wieder bei sich sind. Nehmen Sie ihn mit rein, immer noch blind. Ziehen Sie ihn aus, führen Sie ihn ins vorbereitete Zimmer – zum Beispiel zum Dinner in Underwear im Schlafzimmer, zur Massageorgie auf dem Wohnzimmertisch oder in das Badezimmer im 1001-Nacht-Look. Jetzt erst

darf er die Binde abnehmen. Und wofür der Umweg? Weil Vorfreude sein Testosteron ankurbelt, deshalb. Und der Überraschungseffekt mehr knallt.

250 Mail order. Schicken Sie ihm diverse sexy Kleidungsteilchen, Schmuckstücke, Parfüm (mit dem Sie den Slip anduften!), Lippenstift, eine Strumpfhose mit großem Netz, oder eine Augenmaske mit Federn per Post – mit der Bitte, nur das zurückzusenden, was Sie beim nächsten Date tragen sollen. Und dann tragen Sie *nur* das.

251 Tun Sie's wie der Movie-Star: Sagen Sie ihm, er soll ins Schlafzimmer gehen (das Sie nett hergerichtet haben mit höchstens acht Kerzen oder Teelichtern rund ums Bett). Sie kommen nach – aber erst drei Minuten später. Haben Sie sich vielleicht umgezogen? Tragen Sie ein neues Parfüm? Egal, was – der Moment des Wartens macht Männer ver-*rückt!*

252 Dirty-Weekend-Kit: Packen Sie eine Box oder Ihr Beautycase mit themenbezogenem Spielzeug – zum Beispiel alles, was man für Oralverkehr braucht (Lakritzbonbons, Sahne, Spirituosen in Minifläschchen, Brausetabletten ...) oder für einen guten Handjob (Öle, Handschuhe, Vibrator ...) oder für ... Weihen Sie ihn ein, dass Sie in den nächsten achtundvierzig Stunden Spielkram aus der Box benutzen, egal ob Sie zu Hause bleiben oder einen Kurzurlaub planen. Klar darf er auch was einpacken.

253 Die Drei-Minuten-Nummer: Jeder von Ihnen schreibt auf Zettel, was er schon längst mal ausprobieren wollte beziehungsweise sich vom anderen wünscht. Falten, mischen, Lose ziehen – und versuchen, in exakt drei Minuten (Eieruhr!) die Instruktion zu erfüllen. Führt erst zu Hektik, dann zu Lust.

254 Die Mission: Lassen Sie sich von ihm durch die Stadt jagen – nach Ihren Vorgaben! Verabreden Sie sich mit ihm – aber sagen Sie nicht wo, nur dass er sich schick machen soll. Falls Sie nicht zusammen wohnen, geben Sie ihm einen Schlüssel für Ihre Wohnung, damit er einfach reinkommen kann, ohne zu klingeln. Im Flur wartet ein Briefumschlag auf ihn. Inhalt: der Schlüssel eines Schließfachs am Hauptbahnhof und der Hinweis, dass etwas Aufregendes auf ihn wartet. Im Schließfach deponieren Sie zum Beispiel Liebesspielzeug, einen getragenen Slip oder einen Herrenduft. Plus: ein Brief, dass er im Hotel xy nach einer Nachricht fragen soll. Inhalt: Eine Anweisung, dass er sich auf der Toilette seines Slips entledigen soll und Sie in der Bar oder auf Zimmer 69 findet. Die Jagd lässt sich ausdehnen (Nachricht beim Barkeeper, neue Adresse, Ihr Autoschlüssel, Paket im Auto, Zieladresse).

255 **Bodytext.** Schreiben Sie mit einem Augenbrauenstift Anweisungen oder Bitten auf Ihre Lieblingskörperpartien. Beim Ausziehen wird er sich freuen zu wissen, wo's langgeht. Oder wenigstens verblüfft sein.

256 **Sammler und Jäger.** Schicken Sie ihm einen Brief mit Ihrem Hausschlüssel und der Anweisung, die Spuren aufzusammeln, die Sie hinterlassen. Und sich zu überlegen, was er mit den gefundenen Dingen anfangen möchte: Champagnerglas mit Lippenstiftabdruck. High Heels und Stockings. Öl und Kerzen. Verteilen Sie die Spuren von der Tür bis zum Bett, wo Sie auf ihn warten. Und was spielen wir jetzt damit, mein Wolf?

257 **Wetten, dass …!** Wetten Sie bei jeder Gelegenheit. Welche Mannschaft am Samstag gewinnt. Ob es gleich Rot wird oder nicht. Ob der Audi vor Ihnen links abbiegt … Egal, was Sie wetten, es geht um den Einsatz: Der Verlierer muss zum Beispiel: 1. Erotische Storys laut vorlesen. 2. Das Motel bezahlen, in dem Sie sich zur Mittagspause treffen. 3. Zeigen, wie er onaniert; dafür bestimmt der Gewinner Ort und Outfit.

258 **Basteln Sie sich ein »Dating-Game«** – mit verschiedenen Themen für Dates. Zum Beispiel irisch – Sie gehen in einen irischen Pub,

tanzen zu Folklore, tönen sich das Haar, lieben sich am Strand. Vielleicht aber auch Rot – Sie und er tragen Rot, besorgen sich rote Kerzen, bereiten ein Menü aus roten Zutaten, ziehen rote Bettwäsche auf … Dating-Karten in Umschläge packen und jedes Wochenende eine ziehen.

259 Nehmen Sie ihm eine Kassette fürs Auto auf. Zu Beginn seine Lieblingslieder, in der Mitte ein bisschen wollüstiges Gestöhne von Ihnen, wieder ein paar Lieder … Schmuggeln Sie sie in seine Anlage und hoffen Sie, dass er allein ist, wenn er an die feuchte Stelle kommt.

260 Sex and the City. Besorgen Sie sich die fünfte Staffel von SATC auf DVD. Suchen Sie die Folgen, wo es Samantha mit ihrem Kellner-Schauspieler Jerry treibt. Turnen Sie die Stellungen und die Rollenspiele unbedingt nach. Heiter bis geil.

261 Dessous-Knigge für Hüfthalter. Wahren Sexgöttinnen wird es nie einfallen, sich in reizender Wäsche wie eine verkleidete Bonbonniere zu fühlen, die es nur tut, um ihn mal wieder bei Laune zu halten oder von der Bundesliga wegzulocken. Erstens lassen sich Bundesligagucker nie so leicht bekehren, und zweitens ist es eine Frage Ihrer Lust, die innere Femme fatale herauszukehren. Denn: Ein Hauch Textil ist prickelnder als pure Nacktheit – wenn man weiß, wie die Zuckerstücke zu tragen sind. *Strapse,* von Fachdamen liebevoll Tanzgürtel genannt, sollten nie zu eng, nie am Jubelpreise-Tisch und nie in Kreischfarben wie Gelb, Hellrot oder Grün gekauft werden (es sei denn, Sie kommen aus einem Land, dessen Sonnenschein Ihnen einen Milchkaffeehautton schenkt; dann dürfen Sie so bunt sein, wie Sie wollen und sehen beneidenswert gut aus). Je schlichter und dunkler desto wow, passender Push-up oder Bustier inklusive. Garantierter Oh-là-là-Effekt: ein breiter Bund, der Hüfte und Taille umschmiegt; zu schmale Stretchschnüre lassen Sie und die real existierenden Hüften sonst aussehen wie ein Kissen mit Kniff.
Die Halter-Frage richtet sich nach einer Uhr mit Zeigern: Die vor-

deren gehören auf 12, links auf 8, rechts auf 4 Uhr. Der Slip, – besser: String, gerne eine Nummer größer als Sie sonst tragen, um nicht zu knapp zu sitzen – gehört darüber (!) oder gleich in die Handtasche. Ton in Ton bei Ensemble und Stockings? Och, nö – das sieht nicht mal bei Heftmittemädels gut aus, es sei denn, Strapse und Strümpfe sind schwarz. *Strümpfe* sollten schlicht und schwarz sein und fünfzehn Zentimeter Haut zeigen zwischen Bund und Slipmitte. No-No: nicht herausgeschnittene Wäscheschilder, Netzstrümpfe zu Strapsen und kurze Röcke darüber, mit denen Sie nicht mal die Beine übereinanderschlagen dürfen, ohne Gratiseinblicke zu offerieren – es sei denn, heute ist Ihr Ludertag.

Natürlich lassen Sie alles dabei an – wenn er Sie trotzdem auspackt, fesseln Sie ihn wenigstens mit den Stockings ans Bett – oder hüllen seinen Krieger mit 15 den ein, um Hand anzulegen. Wetten, dass »Reizwäsche« für ihn eine neue Bedeutung bekommt …?!

262 **Ich reiß dir die Sachen vom Leib!** Er trägt schon wieder dieses teure Hemd. Reißen Sie es ihm herunter. Und meckern Sie nicht, wenn er dasselbe mit der teuren Strumpfhose oder dem Gucci-Blüschen macht – Teures zu zerfleddern kickt mehr als Gras rauchen.

263 **Ortswechsel.** Schmeißen Sie Decken und Kissen aus dem Bett auf den Boden davor. Wechseln Sie zwischen dem Lager auf dem Boden und dem nackten Bett, genießen Sie das Gefühl, einen Ortswechsel in zwei Sekunden zu schaffen.

264 **Let's talk about Sex:** Sie liegen nackt beieinander, im Dunkeln, ohne sich zu berühren, und beginnen mit Dirty talk: Was Sie jetzt miteinander machen würden, anstatt nur so dazuliegen. Der Deal ist, dass es immer schmutziger und eindeutiger wird, ohne dass Sie sich oder gar ihn berühren – wer sich zuerst auf den anderen wirft, hat »verloren«. Wie schön!

265 **Suchen Sie sich Gegenlicht:** Wenn das Schlafzimmer dunkel ist, der Flur hell erleuchtet, tanzen Sie im Türrahmen. Stellen Sie

sich vor eine Lampe, um sich auszuziehen. Stellen Sie eine Lampe auf den Boden, er legt sich daneben, und Sie schreiten langsam über ihn hinweg.

266 Mit oder ohne Porno, Liebling? Angehende Sexgöttinnen zelebrieren auch einen Abend mit eindeutiger Filmvorführung so prickelnd wie stilvoll. Aber weil auch Männer eine Aufwärmzeit brauchen, um Überraschungen anzunehmen, warnen Sie ihn vielleicht ein wenig vor und schicken ihm vorher eine SMS mit dem Titel des Films, zum Beispiel »*The Border* wartet auf Dich. Dresscode: sexy!«, oder schmuggeln Sie ihm eine Kopie des Porno-Covers (scharfe Stellen geschwärzt) in einem Kuvert in die Tasche.

Um zu vermeiden, dass Sie während der Vorstellung eifersüchtig auf die Hauptdarstellerin werden (alles schon passiert!), schauen Sie sich den Film erst mal alleine an – so wissen Sie später genau, welche Szene Sie besonders anmacht. Oder eine bestimmte Position, ein kinky Utensil, das Sie dringend noch besorgen müssen …

Bereiten Sie den Raum vor, in dem die Vorführung stattfinden soll – im Schlafzimmer ist es zwar praktischer, aber ein Wohnzimmer macht auch was her: Stellen Sie sexy Leckerlies (Lachs, Fingerfood, Obst, glitschige, scharf gewürzte Garnelen) bereit und legen Sie Getränke auf Eis, dimmen Sie das Licht und legen Sie Kissen und Decken bereit, falls es Sie auf den Boden verschlägt. Und seien Sie vorbereitet: Tragen Sie Kleidung, die leicht abzulegen ist.

Als erstes genehmigen Sie sich beide einen gehaltvollen Drink (es sei denn, er ist trockener Alkoholiker. Dann nicht. Mehr als zwei Gläser Wein sollten es eh nicht sein). Erzählen Sie ihm, was in dem Film passieren wird, und was Sie getan haben, als Sie ihn alleine gesehen haben. Gelacht? Onaniert?

Setzen Sie sich so, dass Ihre Beine über seinem Schoß liegen und er sehen kann, ob Sie was drunter tragen. Tun Sie vielleicht ja nicht.

Sehen Sie nicht nur zu, sondern lassen Sie Ihre Hände auf die Reise gehen. Falls Sie nicht mehr an sich halten können, wählen Sie Positionen, von denen aus Sie beide noch das Filmgeschehen sehen können; zum Beispiel a tergo, vielleicht knien Sie beide hintereinander, oder Sie lehnen sich über die Lehne des Sofas hinüber. Es kickt ungemein, anderen beim Sex zuzusehen und es gleichzeitig selbst zu tun.

Sie können natürlich auch das nachspielen, was die Akteure vormachen. Synchron. Und er soll den »money shot« dort plazieren, wo's auch der Akteur versprudelt. Vorsicht mit der Brille, Liebling!

Sorgen Sie für *seine* Standfestigkeit – hören Sie zwischendurch einfach auf, um beispielsweise anregende Speisen aufzutragen. Ziehen Sie den Abend in die Länge – das Spiel dauert heute neunzig Minuten!

Gehen Sie danach aus und halten Sie unterm Tisch Händchen.

Bonustipp: Gefährlich guter Ludertrick. Sie haben schon längst Gleitgel aufgetragen; wenn er an Ihrem Heimkinoabend das erste Mal zwischen Ihre Beine fasst, wird er eine schöne Überraschung erleben. Unberührt und trotzdem quasi tropfnass. Der Traum aller Männer, so eine Wirkung kraft Anwesenheit zu haben. Ab und an dürfen Sie eben doch schwindeln.

Vorspiele

Es ist wie mit Fastfood: Fastsex muss sein. Mal. Aber nicht immer. Frauen brauchen Zeit, um sich fallenzulassen. Die Sinne anzuknipsen. Wenn sich das Vorspiel auf Zungenkuss und routiniertes Massieren an strategischen Spots beschränkt, ist das definitiv zu flau. Das Vorspiel ist nämlich unser Hauptspiel. Nur blöd, dass die meisten Männer dabei ein Sprinttempo anschlagen. Nicht, weil sie die Sache erledigen möchten; nein, sie geraten in einen erotischen Zeittunnel und vergessen, dass der weibliche Körper anders reagiert. Außerdem befürchten sie, dass der Phallos während des Vorspiels steinhart bleiben muss, mindestens so hart wie die Einundzwanzig-Zentimeter-Ton-Phalli, die sich in einem Germanengrab bei Halle angefunden haben (und die stehen schon seit Jahrtausenden!). Eine Erektion über eine halbe Stunde oder mehr zu halten – das bringen die wenigsten. Hey, das ist auch nicht notwendig!

Drosseln Sie ihn mit der »Zuckerbrot und Peitsche«-Methode: Verwöhnen Sie ihn – und wenn es spannend wird, hören Sie auf. Er wird fragen, wieso. Zeit für den Lehrstoff: »So geht es mir, Schatz, wenn du fixer bist als ich.« Irritiert, leicht frustriert, hereingelegt. Kuchen vors Gesicht gehalten, mal probieren dürfen, und schwupp ist er wieder weg. Unterbreiten Sie den Vorschlag: »Gib mir meine Zeit (Kuchen), dann belohne ich dich mit ...« Massage? Strip? Einer schnellen Nummer im Flur? Wichtigstes Lehrelement bei dieser Lektion: Bestätigung. Loben Sie ihn, bis der Mund ausfranst. Zeigen Sie ihm, dass es Ihnen gefällt, was er vor dem Reinstecken mit Ihnen macht. Das ist die Gewähr dafür, dass er es bis zum nächsten Mal nicht wieder vergessen hat. Und vielleicht werden Sie sich wundern: Männer mögen es, Sie zu erregen. Sie berauschen sich an weiblicher Lust. Bitte, kann er haben.

Magische Hände

Ein Geheimnis von gutem Sex ist simpel: bewusstes Berühren. Denn nichts ist auf die Dauer frustrierender, als wenn Sie beide nur in der Körpermitte aufeinandertreffen, die Augen schließen und sich jeder auf seine eigene Lust konzentriert. Zwei Körper, zwei Welten – da kann man gleich beim Onanieren bleiben. Ihre Hände sind Instrumente der Leidenschaft!

Frauen lieben Sex, wenn er alles vom Scheitel bis zur Fußsohle betört: Brust, Bauch, Po, Beine, Hals, Nacken, Innenschenkel, Kopfhaut – es ist alles der Berührung wert.

Was Männer daran hindert, sich auf Ihre Bedürfnisse einzulassen: Sie sind ihnen absolut unklar! Männer warten auf deutliche Reaktionen und sind hilflos, wenn keine kommen. Kein Stöhnen, kein Ja, keine Gegenbewegung. Für Männer ist Sex gut, wenn Frauen mitgehen. Deutlich. Reagieren Sie als gute Lehrerin überdeutlich, und der Schüler wird über sich hinauswachsen.

Übertreiben Sie in Ihren Reaktionen, wenn er die richtigen Stellen und Techniken findet. Übertreibung macht anschaulich. Gegen ein »Mehr, mehr!« oder »Bitte, nicht aufhören!« sind Männer machtlos. Werden Sie schamlos, aber präzise. Bitten Sie. »Könntest du dich bitte auf meinen Rücken legen, meine Handgelenke festhalten und mich in den Nacken beißen – wie die Löwen?« Der kleine Satz: »Ich würde gern mal ausprobieren, wie es ist, wenn du mich so berührst, wie ich dich gerade berühre ...« wird keinen Mann verschrecken. Frei von jedem Vorwurf, lässt sich jeder Mann dazu bringen, solange zu üben, bis er wirklich gut ist.

Und wenn Sie jetzt glauben, das sei alles sehr einfach: Dann haben Sie recht. Es ist simpel. Seien Sie Sie selbst und kommunizieren Sie Ihre Bedürfnisse in klaren, liebevollen Worten und eindeutigen, unmittelbaren Körperreaktionen. Machen Sie es sich selbst nicht schwer.

267 Es ist alles in seiner Hand. Ein kleines erotisches Universum wartet in der Innenseite seiner Hände. Wagen Sie einen anregenden Ausflug in diese Weiten: Nehmen Sie seine Hand auch während des Küssens her, lecken Sie an seinem Daumen oder in den Zwischenräumen seiner Finger, während Sie ihm tief in die Augen sehen. Lassen Sie seinen Daumen langsam aus dem Mund gleiten und an Ihrer Unterlippe abtropfen. Pressen Sie dabei auf seinen Daumenballen – hier sitzen erotische Akupressurspots, die auf die Nebennieren wirken und einen Lustcocktail an Hormonen aktivieren.

268 Folge der Spur des Herzens. Er wird unter Ihren Fingerspitzen verglühen, wenn Sie ihn mit einem Streich von Kopf bis Fuß verwöhnen: Bitten Sie ihn, sich auf die Seite zu legen, und lassen Sie Ihre Fingerkuppen zart von seinem Scheitel, zwischen den Schulterblättern, über seinen Steiß, den Übergang vom Po zu einem Schenkel, hinunter zu den Waden und Fußknöcheln und wieder rauf zu seinem Nabel streichen. Damit folgen Sie dem Herzmeridian, der all seine Sinne weckt. Übrigens: Je öfter Sie dabei knapp an seinem Penis vorbeistreifen, desto empfindsamer wird er.

269 Sehr ergreifend: Der vielseitige Kombigriff. Knien Sie dazu neben ihm. Während Sie seinen Schaft mit der einen Hand kosen,

181

greift die andere den Körper ab: Beginnen Sie mit einem festen Griff an Achillesferse und Fußgelenk, wandern Sie dann zu seinen Kniekehlen, weiter zu einer Pobacke, hoch zur Schulter, und enden Sie am Kopf, um die Hand sanft an der Stirn abzulegen. So öffnen sich bei ihm alle Schleusen …

270 Kinky Trick: Vier bis sechs softe Vitamin-E-Kapseln (oder so Zeug, was Sie sich sonst aus winzigen weichen Kügelchen ins Gesicht klatschen) mit in den Latexhandschuh geben, an verschiedenen Stellen verteilen. Handschuh anfeuchten (Öl, Gel), loslegen und beobachten, wo ihm die Minimassagekugeln guttun.

271 Leave Your Jeans on: Nackt bis auf Ihre engste Jeans (seine sollte weiter sein!) versuchen Sie sich gegenseitig mit den Händen so weit wie möglich zu bringen. Wenn es schließlich soweit ist – streifen Sie beide die aufgeknöpften Hosen nur bis zu den Knien ab. Engengeng.

272 Ein Extra für lange Haare: um seine Mondsichel winden, dann Hand anlegen. Kurzhaarige nutzen eine Perlenkette oder das kleine Chiffontuch. So schön wie das Gefühl, wenn Sie durch Ihr Haar streichen.

273 Der Dreher: die feuchte, warme Faust aus dem Handgelenk rotieren lassen, während sie auf- und abgleitet. Könnte zur Ekstase führen!

274 Rettung bei Halbmast. Wenn der Penis auf Halbmast steht, massieren Sie seinen Schaft so, als ob Sie einen Korkenzieher sorgfältig aus einem Korken herausdrehen. Setzen Sie also unten mit Daumen und Zeigefinger an, und streichen Sie mit einer Drehbewegung bis nach oben. Funktioniert auch nach unten: an der Penisspitze ansetzen (Daumen und Zeigefinger) und dann den Korkenzieher abwärts nachahmen.

275 Ein Handjob ist ein Handjob ... Männer und Frauen sind sich ähnlicher, als wir glauben. Genauso wie Sie es lieben, wenn er soft und behutsam beginnt, um dann den Druck zu steigern, liebt er es, wenn sich der Druck um seinen Penis erst im aller-, allerletzten Moment kurz vor dem Orgasmus erhöht. Und zwar genau am Übergang zwischen Eichel und Schaft. Hier ist der Hotspot. Drücken Sie rasch und rhythmisch, und zwar mit dem Druck, den Sie an Ihrem Handgelenk gerade noch als angenehm empfinden, und rutschen Sie nicht auf und ab. Sehen Sie ihm dabei ins Gesicht, das ist der beste Gradmesser, um herauszufinden, wie fest Sie drücken dürfen. Männer lieben es, wenn Sie die richtige Stelle erwischen, er dürfte Sie für Ihre magischen Hände anbeten.

276 ... ist ein Handjob. Oder drücken Sie beim Handjob kurz vor seinem Orgasmus schnell und rhythmisch auf den Schwellkörper an der Harnröhre, der sich über dem Hodensack am Schaft befindet (auf der bauchabgewandten Seite): Das peitscht sein ganzes Rückgrat auf und ab!

277 Dreh dich nicht um, Schatz. Stellen Sie sich hinter ihn, und liebkosen Sie seinen Glücksbringer mit der Hand. Er stützt sich dabei wahlweise mit beiden Händen an der Wand ab oder steht mit gespreizten Beinen und ausgestreckten Armen im Türrahmen. Kickt für ihn besonders, weil er weiß, Sie sehen ihm nicht ins Gesicht – und er reagiert dadurch hemmungsloser.

278 Rock his shaft. Halten Sie mit rechts einen Vibrator gegen Ihren linken Handrücken, während Sie seinen Ladyrocker liebkosen – die Schwingungen übertragen sich auf Ihre Hand, und es fühlt sich an, als ob er in einem zuckenden Massagehandschuh steckt. Mann, Jungs, wir kümmern uns echt um Euch, lasst Euch auch mal was einfallen!

279 Zeig's mir, Baby! Fordern Sie ihn auf, Ihnen zu zeigen, wie er es sich mit der Hand macht. Knien Sie dabei über seinem Oberkörper, so dass er Ihre Brustspitzen sehen und küssen kann, seine Wange daran reiben. Falls Sie Lust haben, lassen Sie sich auf ihn gleiten, kurz bevor es soweit ist – gehockt. Allessoschönenghier.

Sie lieben seine Finger –
so bringen Sie sie in bessere Startpositionen

Sagen wir es mal diplomatisch: Wir sind es auch mal leid, stundenlang total einfühlsam und ganz doll vorsichtig gestreichelt zu werden, wir wollen das Tier! Das fest zupackt, ultramännlich ist und keine »Tu ich dir weh?«-Probleme hat. Fick mich, aber richtig! Huch, hab ich das gesagt?

Nehmen Sie ihm die Scheu, es krachen zu lassen. Hilfreich: Er muss wissen, wie weit er mit Ihnen gehen kann. Weihen Sie ihn in Ihren Körper ein, der ja bekanntlich nicht an jedem Tag auf Fickmich eingestellt ist. Dabei hilft der Brustwarzentest: Wenn er erst zart saugt und dann immer fester, können Sie beide an Ihrer frühen oder späten Zuckreaktion erkennen, wie empfindlich Sie sind. Mal schmerzt es früher, mal später. Wenn später: Huch, hab ich das gesagt?

Berühren Sie ihn so, wie Sie selbst berührt werden möchten, um ihm Ihre Bedürfnisse zu verdeutlichen: Greifen Sie hart nach ihm, beißen, fauchen, knurren Sie – das mag sich albern lesen, ist aber tief verwurzelte Körpersprache, auf die er instinktiv antwortet. Bringen Sie sich in Positionen, wo er nicht anders kann, als Sie zu nehmen. Bieten Sie ihm den Nacken. Legen Sie die Arme über den Kopf und drücken Sie den Rücken durch. Der Zweck heiligt in diesem Fall die Mittel, also darf man im Bett ausnahmsweise auch posen.

Warten Sie nicht, dass er Sie so hinstellt, wie Sie es sich ausmalen: Stellen Sie sich selbst hin. Sie wollen an die Wand gedrückt werden? Suchen Sie sich eine, und ziehen Sie ihn an sich. Locken Sie sein inneres Tier mit kurzen Sätzen aus der Dressur: »Jetzt. Komm. Nimm mich. Mach's mir. Hier.« Wirkt wie Peitschenhiebe, die ihn erst erröten lassen, dann hinreißen. Seien Sie genauso wild und entschlossen, wie Sie es von ihm erwarten. So lernt er, welche animalischen Kräfte in Ihnen beiden lauern. Das funktioniert über Körpersprache besser, als wenn Sie ihm stotternd Anweisungen erteilen.

So. Sie haben Lust auf seine Hände, wollen ihn noch mehr spüren? Hart oder zart oder langsamer oder …? Oder so:

280 Wet, wet, wet. Baden oder duschen Sie, sparen Sie sich das Handtuch, und laden Sie ihn nackt und nass aufs Laken ein. Die Kombination seiner warmen trockenen Haut auf Ihrem warmen, durchbluteten, sexy feuchten Körper entzündet kleine Flammen der Sehnsucht nach mehr.

281 Weihen Sie ihn ein in die Kunst der »kleinen Kreise«: Er soll das Häutchen Ihrer Klit sanft hochziehen und mit kleinen nassen Kreisen (Zunge, Finger, Vibrator) beginnen. Zwischendurch lässt er ab und macht mit dem ersten Fingerglied Kreise an Ihrem Scheideneingang. Dann kombiniert er die Techniken. Dringt er ein, soll er auch in der G-Punkt-Zone Kreise fahren – diese leicht rauhe Stelle ist an der vorderen Scheideninnenwand, manche Frauen genießen die Berührung dort sehr. Wichtig: Immer im selben Tempo, das Sie ihm vorgeben, bis er es hält. Kleine Kreise erfordern Koordination und Kommunikation – eine lustvolle Nachmittagsbeschäftigung!

282 Glauben Sie an die Macht der Nässe. Auch wenn Sie im Kopf bereit sind für Sex, der Körper lässt bisweilen auf sich warten. Gleitgel kann Ihre natürliche Geilheit nicht beschleunigen, nur vortäuschen, denn die Menge Ihrer eigenen Sekrete ist ein Zeichen für erhöhte Erregbarkeit. Ob Nackenbisse, Fußmassagen, Pobacken lecken: Was immer Sie richtig feucht macht, bestehen Sie darauf. Wenn Ihr Lover weiß, was Sie nass macht, wird er es liebend gern immer und immer wieder tun.

283 Massage a tergo. Lassen Sie sich beim Doggystyle die Nierengegend massieren – die Entspannung wirkt sich bis auf Ihre G-Zone aus. Außerdem fühlt es sich einfach gut an, was soll also der Versuch einer wissenschaftlichen Erklärung mit Hormonen und Nebennierenrinden ...

284 Zweite Male. Lassen Sie es zu, ein zweites Mal kommen zu
wollen. Weihen Sie ihn in Ihren Plan ein. Lassen Sie die Finger oder
was immer auch so schön gerieben hat, zehn bis dreißig Sekunden
von Ihrer Klit, dann langen Sie wieder zu. Nutzen Sie die Welle, auf
der Sie noch surfen. Beste Methode: Erst mittels seiner Zunge und
eventuell seinen Fingern kommen, dann während des Koitus noch
mal. Stellungen dazu: Bitte weiterlesen!

285 Vorher Nägel feilen: In einer tantrischen Schrift wird gelehrt,
dass derjenige, der seinen kleinen Finger in den Anus der Frau,
Ring- und Mittelfinger in ihre Vagina und seinen Daumen oben auf
ihre Klitoris legt, »eines der Mysterien des Universums« in seiner
Hand hält. Falls er sich fragt, wohin mit dem Zeigefinger – vielleicht
ist er geschickt genug, um ihn gekrümmt von unten an die Klit zu
drücken?

286 Schauer bei 8 Uhr. Um gemeinsam herauszufinden, welches
die ganz individuellen ·Stellen in Ihrer Vagina sind, die mehr als
nur anregen, einigen Sie sich mit Ihrem Lover auf die »Uhrskala«:
12 Uhr ist Richtung Klitoris, auf 6 Uhr geht's Richtung Damm. Leiten Sie ihn an, ob es eher auf halb sechs oder doch bei viertel vor zehn
wohlige Schauer gibt ... Übrigens, das funktioniert auch für seinen
Schwanz und die Biegung, die Sie ihm per Hand verpassen: Zum
Nabel hin ist 12 Uhr, ganz nach unten ist 6 Uhr. Schrittweise nach
unten gebogen, könnte es also 1, 2, 3, 4 Uhr werden, bis er Ihnen sagt,
dass dies genau der Winkel ist, der ihm die meisten Empfindungen
beschert.

287 Der Doppelkick. Bitten Sie ihn, in klassischer »G-Punkt«-Fingerhaltung einzudringen, wenn Ihre Blase leicht gefüllt ist. Der
Zeigefinger ahmt dabei eine Komm-her-Bewegung nach, um den
Bereich zu liebkosen. Und mit der anderen Hand massiert er vor-

sichtig Ihre Klit. Vorteil: Der pralle Harnröhrenschwamm erhöht Ihre Empfindungen. Und das auch ohne G-Punkt-Landung!

288 Nippelclipper. Lust auf sinnliche Grenzerfahrung? Bitten Sie ihn, kurz bevor Sie vom Vorspiel Richtung Hauptact gleiten, Ihre Brustwarzen mit Daumen und Zeigefinger zu massieren und anschließend festzuhalten und Ihre Brüste hin und her zu schwenken. Revanchieren Sie sich mit einem sanften Rütteln seiner Hoden. Sich einander an den empfindlichsten Zonen so auszuliefern stärkt nicht nur Ihre Intimität, sondern erhöht die Lust auf weitere kinky Experimente.

289 Bitte hier drücken – andere erogene Zonen. Natürlich gibt es keine universelle Landkarte erogener Zonen – jeder muss sie bei jedem immer wieder neu erkunden. Ein paar Anhaltspunkte:
Unterschätzt: Sein Damm. Mit feuchten Fingern massiert oder mit federleichter Zunge verwöhnt – bestes Vorspiel. Kickt nicht bei allen Herren, aber bei vielen.
Seine Brustwarzen. Auch sie mögen es, geküsst, gesaugt, mit Atem steifgemacht zu werden, um dann mit etwas Warmem im Mund geleckt zu werden. Austesten. Jeder zweite Mann immerhin mag es. Und er?
Sein kompletter Hintern: Ziehen Sie ihn zum Beispiel in der Missionarsstellung rhythmisch und zart nach oben, oder lassen Sie einen Finger in der Gesäßspalte auf und ab gleiten. Manche lieben es vor allem, wenn sie während des Akts am Hintern fest gepackt werden, um sie noch näher, tiefer, dichter zwischen die Schenkel zu ziehen.
Seine Finger. Wann haben Sie zuletzt an seinen Fingern geleckt? An jedem einzeln, komplett in die Mundhöhle gekuschelt? Finger sind soooo sensibel … Ziehen Sie kleine Kreise auf seinem Handteller, massieren Sie seine Handgelenke dabei. Schnurren ist das mindeste, was passiert.
Sein Bauch zwischen Nabel und Schamansatz: Drüberstreichen, mit der Zunge kleine Achten fahren, Leisten massieren, nasse Haare

187

darüberpeitschen lassen … Die Nähe zu seinen Genitalien wird ihn zittern lassen.

Achilles' Arie: Der Punkt zwischen Achillessehne und Ferse ist hocherotisch. Nehmen Sie ihn zwischen zwei Finger, massieren Sie gleichmäßig, während ein feuchter Finger der anderen Hand zwischen seinen Zehen entlanggleitet. Beobachten Sie sein Gesicht, dann wissen Sie, ob er es genießt – oder nur erträgt.

Die Schläfen. Inniger geht's kaum: Lippen an seine Schläfe legen, bis Sie den Pulsschlag fühlen können. Im Rhythmus küssen und lockerlassen.

Sein Mund ist nach dem Penis das zweitwichtigste äußere Erotikzentrum. Besonders die Mundwinkel, in die Sie mit spitzer Zunge hineinfahren. Um den Mund herum, die Lippen entlang, bis Sie in der Mitte zwischen Ober- und Unterlippe anlangen. Langsam eindringen.

290 Phall-Rückzieher. Stopp mal – der Orgasmus des Mannes teilt sich in zwei Phasen: Aufwallung und Sekunden später Abschuss. Ist er kurz vor dem Aufwallen, genügt der Druck auf den P-Punkt, um den Höhepunkt hinauszuzögern. Der Panikknopf versteckt sich knapp unterm Übergang vom Hoden zum Damm. Zwei-, dreimal für die Länge von je fünf Herzschlägen abgestoppt, wird es Fontänen geben (na ja, fast).

291 Massage. Es gibt Paare, die es mögen, wenn er ihr beim Blowjob die Schultern massiert, andere, die ihm während des Leckens die Schläfen knetet – aber eine komplette Einzelmassage ist da doch ausgefeilter:

Wärme, leise Musik, schummriges Licht, keine Hektik. Wenn Sie mit Öl (erotisierend wirken Jasmin, Vetiver, Sandelholz) massieren, wärmen Sie es zwischen den Händen an oder wickeln Sie das Fläschchen in ein warmes Tuch. Ziehen Sie ihn genüsslich aus, knabbern Sie an seinen Brustwarzen, seinem Bauch, seinem Hals. Lassen Sie ihn auf dem Bett – mit einem roten Leinentuch ausgelegt – Platz nehmen, durchatmen. Verbinden Sie ihm mit einem nachtschwarzen Tuch die Augen. Lassen Sie ihn sich auf den Bauch drehen. Dekken Sie ihm nach Küssen auf seinen Po den Unterleib und die Beine zu, damit er nicht auskühlt.

Der Griff fürs sexy Feeling: Benützen Sie Daumenkuppe und die drei mittleren Finger; bei Berührungen am Bauch die gesamte Handfläche. Üben Sie den Druck immer senkrecht aus. Ein Druck dauert fünf bis sieben Sekunden. Drücken Sie drei- bis siebenmal. Der Druck soll so stark sein, dass er zwischen prickelndem Schmerz und Wohlgefühl pendelt.

Grundregel: immer mit einer Hand am Körper bleiben und sich selbst so setzen/stellen/legen, dass Sie es bequem haben. Ihre Anspannung überträgt sich sonst auf ihn. Nie direkt auf der Wirbelsäule massieren. Für besonderes Wohlgefühl möge er tief und genüsslich ein- und ausatmen, bis unter den Nabel. Na klar, auch laut: »Komm, Baby, ich will dich stöhnen hören ...«

Mit großen Kreisbewegungen von der Hüfte aus nach oben Öl verteilen. Am Nacken angelangt, streichen Sie mit leichtem Fingernagelkratzen an den Seiten hinab. Bis zu sechsmal wiederholen. Mit den Handballen neben der Wirbelsäule entlang bis zum Nacken streichen. Zwischendurch lassen Sie Ihre Brüste über seine Haut gleiten. Schließlich Handflächen ca. zehn Zentimeter auseinander auf den unteren Rücken legen und zehn Minuten massieren.

Dann wird's ernst: Magische Druckpunkte liegen knapp über seinem Steiß, jeweils links und rechts der Wirbelsäule. Mit Zeige-, Mittel- und Ringfinger eine langsame Drucktonleiter spielen. Die Zauberpunkte wirken direkt auf seinen Schwanz!

Decken Sie seinen Oberkörper zu, und arbeiten Sie sich von den Füßen – sehr empfänglich: großer Zeh und »Zeigezeh« – Bein für Bein nach oben. Die Innenseite seiner Oberschenkel und seinen Hintern ausgiebig bearbeiten. Ein paar Tropfen Öl auf seine Hoden träufeln, leicht einmassieren.

Nehmen Sie einen Vibrator dazu! Oder Ihre Brustspitzen, Ihre Ellenbogen, Ihre Zunge, die über seine Poritze streicheln.

Verwandeln Sie die Griffe in Necken und Liebkosen. Er darf sich umdrehen, während Sie seinen Körper streicheln, ihn teasen, mit dem Haar, mit Tüchern, ihm zwischen die Schenkel fahren, die Brustwarzen zwirbeln, mit den Fingernägeln in Wellenbewegungen über seine Haut fahren. Nur die eine Stelle wird ignoriert. Bis er fleht, dass Sie »ihn« endlich anfassen.

292 Griff der Meisterin: ihn gleichzeitig an den Hoden und am Nacken massieren. Mmmiiijau!

Übrigens: Bewahren Sie sich auch bei der Lektüre dieses Buches davor, dem Himalayaphänomen zu erliegen und alles immer besser-toller-perfekter machen zu wollen. Müssen Sie nicht. Das sind alles nur Anregungen, keine Standards.

293 Alles außer Hände: Spanisch ab 70 A. Die gute Nachricht zuerst: Es gibt keine zu kleinen Brüste. Wer meint, Männer würden erst ab 85 C bis F auf Touren kommen, unterliegt der Bigboobsmanie von 0190er-Anbietern. Die Wahrheit ist: Size doesn't matter, Leidenschaft ist keine Frage von A, B oder C, sondern wie Sie mit dem umgehen, was da ist. Brustspitzen sind empfindsamer als Finger! Die Nervenbahnen der Nippel sind mit der Hypophyse verbunden, bei Berührungen wird Oxytocin ausgeschüttet, Lustdriver der weiblichen Natur. Und was die Frage angeht, ob er Ihre Brüste als zu klein oder zu groß empfindet: Diese Vorauswahl hat längst stattgefunden, als Sie noch angezogen waren und nicht mal seinen Vornamen wussten. Es gibt genauso viele Männer, die bei Brüsten aufs Format Mund- bis Handvoll stehen, wie jene, die erst ab Grapefruitgröße ins Schwärmen kommen.

Zur Sache – die Streicharie: Dirigieren Sie Ihre Brüste wie Ersatzhände. Mit zarten, mal harten Strichen über seinen Rücken, Po, Oberschenkel, Hoden, am Hals entlang. Extra-Kick: einölen – aber nur die Brustwarzen.

Das Druck-Mittel: Viele Männer finden es erotisch, »überwältigt« zu werden – ziehen Sie ihn an sich, während Sie auf ihm sitzen, oder knien Sie sich über ihn und drücken die Pracht an seine Lippen. Mit oder ohne Honig, Schokolade oder einen Hauch von Cognac.

Ach, ja – selbst mit 75 B können Sie das tun, was jeder zweite nur zu gern ausprobieren würde. Genau: das »Dazwischen«, auch »Spanisch« genannt (manche kennen es als »Italienisch«, weil die Brüste auch »Mamma« genannt werden, wie bei »Mammographie« – zu »Mamma mia« ist es dennoch etwas weit. Italienisch kann auch Achselhöhlensex bedeuten, der sich seltsamer liest, als er ist, und einen hohen Humor- und Lustfaktor besitzt. Einfach zwischen die Achseln klemmen, und … ja. Lachen Sie nicht, das gibt es und ist, denke ich, weit weniger schlimm als ein Blowjob, bei dem ein Mann seine Freundin zwingt, zu würgen). Was anderes ist »Florentinisch« – so wurden Männer bezeichnet, die weibisch-affektiert waren, Sodomiten, Homosexuelle, oder feminin und unbeherrscht. Tss. Ich werde die gleichnamigen Kekse nie mehr unbeschwert essen können.

Aber zurück zu den Brüsten, diese herrlichen Hautpartien, zwischen denen er auch dann gleiten kann, wenn Sie meinen, es wäre nicht genug zum Dazwischendrücken da. Der Trick zur Distanzüberbrückung bei Cup-A-Größen: Handinnenflächen an den Seiten der Brüste zum Zusammenpressen nutzen, und mit den ineinander verschränkten Fingern eine Art Dach über der Busenspalte bilden. Flashfeeling: ein Hauch Feuchte. Die Nummer funktioniert am besten, wenn er sich über Sie legt und mit den Armen abstützt.

Verdammt gute Fellatio (oder auch: Rattenscharfe Blowjobs)

Der Coitus per os (lat. = mit dem Mund) übt auf Männer eine Magie aus, die sie für Momente zu Marionetten werden lässt. Fellatio ist etwas, was sich die meisten Herren öfter wünschen und von uns mit einer Mischung aus Nachsicht, Vorsicht, Absicht und Aussicht auf Erwiderung verabreicht wird. Übrigens, die Herren: Spaß macht es vielen Frauen außerdem, schon mal darauf gekommen? Angeblich stammt der Begriff »Französisch« für Oralverkehr von französischen Prostituierten, die sich vor Schwangerschaften schützen wollten. Einige schlucken, andere nicht; manche Männer mögen den Geschmack ihres Spermas, andere würden eher für immer auf einen Blowjob verzichten, als einen »Snow Ball« (dabei bugsiert man seine

Samenladung in seinen Mund) zu bekommen. Frechheit, er sollte wissen, wie er schmeckt (wir auch)! Aber mal ehrlich: Ihn so in der Hand, pardon, zwischen den Lippen zu haben, hat was – oder?

Wenn Sie es nicht mögen oder sich davor fürchten (das kann viele Gründe haben: Er legt die Hand auf den Kopf, Sie ängstigen sich vor Würgereflex, Geschmack, Duft, Spermaattacken; es ist antifeministisch oder devot, sollte nur Liebenden vorbehalten sein oder ist gar kein Sex, wie Bill Clinton behauptete; Sie haben Angst, ihn mit den Zähnen zu verletzen oder selber dann nichts mehr von der Nacht zu haben): Nun. Liebkosungen mit dem Mund sind immer ein Geschenk an den anderen. Es spricht aber nichts dagegen, es mit einem Grußkärtchen zu überreichen und darum zu bitten, dass er einfach Sie machen lässt und sich nicht einmischt, weder mit den Händen noch sonstwie. So können Sie ihn zum Beispiel erst zärtlich waschen (und das als tantrisches Ritual bezeichnen, um ihn nicht zu brüskieren) und dann herumprobieren, wie Sie es mit der um den Schaft gelegten Faust vermeiden, dass er zu tief hineinrutscht (die Eichel ist sowieso der Hauptinteressent), ohne Nackengriffe zu befürchten. Mehr?

294 **Nur Fliegen ist schöner.** Wenn der Boden unter seinen Füßen schwankt, dürfte er gerade seinen ersten fliegenden Orgasmus erlebt haben. Und wie? Bitten Sie Ihren Geliebten mit verführerischem Blick (den Sie für so was reserviert haben), vom Bett aufzustehen und sich an den Rand zu stellen, Rücken zum Laken. Wenn Sie vor ihm in die Hocke gehen, wird er ahnen, was gleich kommt – ein wunderbarer Blowjob, bei dem Sie sich bequem ein Kissen unter die Knie legen. Bringen Sie ihn kurz davor, noch kürzer – und lassen Sie kurz vorher los. Er kommt, ohne dass Sie ihn berühren. Schubsen Sie ihn leicht an, er fällt, während er kommt – die Angstlust steigert seinen Höhepunkt!

295 **Machen Sie dabei Geräusche,** als ob es Ihnen Spaß macht (darf es!) – er wird sich leichtergehen lassen. Ja, als ob Sie eine köstliche Speise vor sich haben: Mmhhh …

296 3-D-Blowjob: Wenn Sie Ihren Mund um seinen Schaft legen, bewegen Sie sich nicht auf und ab, sondern mit einer Kopfdrehung zur Seite und so, als ob Ihre Zunge einem Kreisel folgt. Lassen Sie Ihre Zunge oben an der Eichel an seinem Bändchen rechts und links hin und her zucken. So weiß er nie, was als nächstes kommt – Thrill!

297 Long neck. Legen Sie sich auf den Rücken und so aufs Bett, dass Ihr Kopf über den Rand hängt, er steht, und Sie verpassen ihm einen Blowjob. Das Bett sollte hoch genug sein, damit er nicht so sehr in die Knie gehen muss. Steuern Sie seinen Vorstoß mit den Händen auf seinen Oberschenkeln.

298 Sexgöttins Lieblinge:
Der Spontan-Überfall: Sie lehnen sich gehockt an die Wand, er steht vor Ihnen, stützt die Hände ab. Kontrollieren Sie mit einer Hand auf seinen Lenden die Tiefe seines Vorstoßes, während Sie mit der anderen Faust an Ihre Lippen andocken und ihn in diesem Tunnel hin und her gleiten lassen. Er stößt aus der Hüfte heraus. Sehen Sie ihm dabei in die Augen.
Mehr Intensität: Er liegt auf dem Rücken, Sie knien zwischen seinen Beinen. Dann schiebt er sein Becken auf Ihre Oberschenkel, so dass er mit seinem Po auf Ihren Knien liegt. Gehen Sie zur Tat über – aber spielen Sie mit einer Hand an seinen Balls, seinem Damm oder klopfen Sie mit einem Fingerknöchel an seinen rückwärtigen Seeigel. Biegen Sie seinen Schaft zu sich, der Winkel sorgt beim Höhepunkt für mehr Druck!
Sieh mal einer an: Er liegt, Sie knien in Höhe seiner Hüfte neben ihm, anstatt zwischen seinen Beinen. So hat er nicht nur mehr zum Zusehen, sondern auch andere Empfindungen, weil Ihr Mund um neunzig Grad gedreht ist. Legen Sie eine Hand um seinen Schaft, und bewegen Sie die Hand etwa doppelt so schnell wie Ihren Mund. Vorteil: Sie können zwischendurch mit dem Mund aussetzen und an seinen Balls lecken, Luft holen oder mit der Zungenspitze kreisen.
Für eingespielte Teams: Sie liegen, Kissen unter dem Kopf. Er kniet

breit über Ihrem Mund, stützt sich mit den Händen an der Wand oder der Bettkante ab. Eine Faust gehört um seinen Schaft. Ziehen Sie die Lippen nach innen über die Zähne und feuchten zwischendurch immer wieder nach. Vertrauen Sie sich einander an.

299 Dreifache Empfindung im Moment des Gipfelsturms: Das schenken Sie ihm, wenn Sie während eines Blowjobs kurz vor seinem Höhepunkt die Spitze Ihres Vibrators an den Übergang von den Hoden zum Schaft halten und langsam mit Ihrer anderen, geschlossenen Faust an seinem Penis auf und ab gleiten. Falls ihm das zu intensiv ist, legen Sie den Vibrator von außen an die Hand, die Vibrationen setzen sich über Ihre Finger sanft fort.

300 Ein Wechselspiel der Empfindungen soll die Verführung des »Lingam«, seines Lieblingsstücks, sein, so das *Kamasutra*. Kunstvolles »Auparishtaka« (Sanskrit für Fellatio) ist vor allem eine Sache der Verzögerungstaktik. Zunächst wird sein Penis nur leicht angepustet und zart in den Mund genommen. Warten Sie, bis er in Ihnen wächst, indem Sie nur mit der Zunge spielen und ohne sich sonst zu bewegen. Wenn er richtig schön hart geworden ist, wechseln Sie zu den Händen und versuchen, sie an der Eichel und dem Schaftende synchron auf und ab zu bewegen. Bevor es ihm richtig gut gefällt, wechseln Sie wieder zu mündlichen Liebkosungen, bei denen Sie sich kaum auf und ab bewegen. Es wird ihn rasend machen, aber das wollen Sie ja so.

301 Blow-wow. Unanständig gut wird ein Blowjob dann, wenn Sie ihn vom Schlafzimmer an andere Orte transferieren. Zum Beispiel auf die Treppe: Sie sitzen auf einer Stufe, er steht mit leicht gespreizten Beinen eine oder zwei darunter, mit der Hüfte genau auf der Höhe Ihrer Lippen. So können Sie sich auch bequem seinen Hoden widmen, sie zum Beispiel sanft nach unten ziehen oder in einer hohlen Hand vibrieren lassen, als ob Sie Würfel mischen. Wenn Sie zwischendurch an ihnen lecken … wow! Es wird ihn garantiert auf Ideen bringen, Sie ebenfalls an anderen Orten zu umwerben.

302 Tonguetwister. Einen Mann süchtig zu machen war für eine (alt)griechische Konkubine eine Frage der Ehre. Dabei setzten sie auf die Macht des gekonnten Zungenschlags: Spielen Sie nur mit dem Hütchen seiner Vorhaut. Versuchen Sie, sie über seine Eichel hinweg in den Mund zu saugen, als ob Sie bei einem Waffeleis eine Spitze formen wollten, und ziehen Sie sie mit der Hand wieder herunter. Könnerinnen schaffen es, währenddessen ihre Zunge über das Vorhautbändchen tänzeln zu lassen oder sie immer wieder dagegenzupressen. Hier sitzt der Hotspot, der ihn zum Wahnsinn treibt.

303 Hingabe pur. Ihr Mund ist ein Geschenk – vor allem, wenn er alles mit ihm machen darf, was er will. Legen Sie sich seitlich so neben ihn, dass sein Penis auf Höhe Ihrer Lippen ist. Nehmen Sie ihn in den Mund – und tun Sie nichts. Er möge sich bewegen, Sie variieren nur die Festigkeit von entspannten oder nach innen gezogenen Lippen, und kontrollieren die Tiefe des Vorstoßes mit einer Hand. Ein höchst anregender Anblick für ihn, Ihr Geschenk lustvoll auszunutzen. Mit einem Kissen unterm Kopf wird's sogar bequem.

304 Die Magie des Blicks: Schauen Sie ihm bei der Französisch-Lecktion in die Augen. Wenn Sie mögen, lassen Sie sich fotografieren.

305 Das Metronom bei temporärer Atemnot. Sie müssen beim Blowjob mal durchatmen? Verkaufen Sie es ihm als Spiel – nehmen Sie seinen Freund aus der Mundhöhle, biegen Sie ihn ein klein wenig und vorsichtig zur Seite, und lassen Sie ihn dann sehr sanft gegen Ihre linke Wange klatschen. Dann gegen die rechte, linke … Danach halten Sie ihn zwischen den Händen und schubsen ihn zwischen den Handflächen rasch hin und her.

306 Wer hat, der hat: Zur Abwechslung vom Blowjob und zum Entspannen des Kiefermuskels seinen Satyr zwischen die Brüste nehmen. Wer wirklich genug zur Polsterung hat, schafft es sogar, ihn gleichzeitig im Mund und zwischen den Brüsten zu haben – hoher Showfaktor!

307 Der »Schein-Blow«: Haare übers Gesicht fallen lassen, und den Liebsten zwischen feuchter Wange und Schulter oder im Grübchen zwischen Kinn und Hals reiben. Ja, so haben es die römischen Vestalinnen auch getan.

308 In der Schlinge. Schlingen Sie einen halterlosen Strumpf zweimal um seinen Penis, während er noch schlaff ist, und bringen Sie ihn mit dem Mund hoch. Halten Sie währenddessen den Stocking fest. Wenn er kurz davor ist zu kommen, lassen Sie mit den Lippen ab – und ziehen den Stocking mit beiden Händen fest, bis der Moment vorbei ist. Wiederholen Sie das so oft es geht – und er wird durch die Decke schießen ...

309 Widmen Sie sich seinem Frenulum: Das ist das Häutchen, das die Vorhaut am Penis hält. Sie können es zwischen zwei Fingern federleicht massieren oder mit Ihrer Zungenspitze »flattern« lassen.

310 Den Bogen spannen. Bitten Sie ihn, sich hinzuknien und sich dann langsam zurückfallen zu lassen. Er stützt sich mit Händen oder Kissen ab, während Sie mit Hand und Mund zur Tat schreiten. Die Spannung auf seine Oberschenkel wird ihm einen sehr auf die Mitte zentrierten Big O schenken.

311 Das weit offene Tor. Knien Sie sich zwischen ihn, und spreizen Sie ihm beim Blowjob im letzten Moment die Beine auseinander – indem Sie ihn zum Beispiel an den Knöcheln oder an den Oberschenkeln umfassen: Sein Orgasmus wird länger, er wird das Gefühl haben, sich aus seinem ganzen Becken heraus zu verströmen.

Read my Lips, Honey!

Die Kunst des Cunnilingus kann ein Mann nicht von Männern lernen. Sondern nur von Ihnen. Die ihm erklärt: Schätzchen, nimm den Finger so, widme dich der Klitoris mit festen Strichen, warmen Kreisen, saugenden Küssen, spiel zur Vorbereitung hier rum, und wenn du mich kommen lassen willst, dann so. Denn jede Pussycat empfindet im Detail anders.

Sie würden sich jedoch eher die Zunge abbeißen als ihm zu sagen, wie es sein soll? Vertrauen Sie auf die Animationsmethode: Nehmen Sie seine Hand. Flüstern Sie, dass Sie ihm jetzt etwas zeigen, womit er Sie sehr glücklich machen wird. Stellen Sie sich vor, sein Ring- und Mittelfinger seien Ihre inneren Schamlippen, kleiner und Zeigefinger die äußeren. Weihen Sie ihn in Ihre Vorstellung ein. Berühren Sie seine Finger so, wie Sie gern berührt werden. Ob Sie seine Finger spreizen, zwischen ihnen hin und her gleiten, sie küssen, saugen, die Zunge kreisen lassen – trauen Sie sich, so zu lecken, wie Sie es gern ausprobiert haben möchten. Seine Nerven in der Hand werden sich merken, was zu tun ist.

Wenn er es wirklich gut umsetzt, ist eine Lobrede fällig, denn Klassenbeste werden nur jene, die für ihre Sache ein Sternchen erhalten …

Immerhin erreicht ein Drittel der Frauen per Cunnilingus (cunnus = Scham, lingere = lecken) den Höhepunkt; bei anderen hapert es an seiner Technik. Kein Wunder, Clittycat versteckt sich im Gegensatz zu einem Penis zwischen Fjorden und Spalten … Sie wollen ihm aber ein paar technische Zusatzmodule beibringen, wenn er sich mit einem Kuss, unter Männerflüsterinnen auch »Lickjob« genannt, bedanken will? Bitte:

312 Daumen hoch! Bitten Sie ihn, seine geschlossene Faust sanft gegen Ihre Schamlippen zu pressen und den Daumen nach oben auszustrecken, so dass die Daumenfläche gegen Ihre Klit drückt. Mit kleinen kreisenden Bewegungen kann er seine Zunge unterstützen – oder zur Abwechslung mit dem Daumen eindringen. Streckt er ihn nach oben, berührt er sogar Ihre G-Spot-Zone.

313 Kopfgesteuert. Er geht für Cunnilingus zwischen Ihnen auf die Knie? Umfassen Sie seinen Schädel, lassen Sie einen Finger in die Kuhle zwischen Hinterkopf und Nacken gleiten. Unbewusst wird er mit seiner Zunge nachahmen, was Sie in der Hautspalte veranstal-

197

ten, wo das Rückenmark ins Hirn übergeht. Mit beiden Händen auf Nacken und Kopf ziehen Sie ihn zart, aber ohne Scheu näher an Ihre Lotusblüte. Neun von zehn Männern warten auf diese bejahende Bewegung!

314 **Der Ansauger.** Warum sollte Ihre Perle nicht auch eher auf Saugen als auf Massage reagieren? Dazu umschließt er den wesentlichen Bereich mit den Lippen, zieht die Luft ein (seine Wangen wölben sich dabei nach innen) und bewegt sanft seinen Kopf. Das Vakuum stimuliert Ihre Klit. Wenn ihm das auf den Nacken geht, soll er sich auf Höhe Ihrer Hüfte neben Sie knien. So braucht er seine Zunge nicht mühsam auf und ab zu bewegen, sondern kann sie lässig seitwärts bewegen! Wofür praktisch denkende (bequeme) Männer doch alles gut sind – danke für diesen Tipp, Jean (nein, ich darf seine Telefonnummer nicht drucken)!

315 **Auf Lippenhöhe.** Verbinden Sie ihm die Augen, lassen Sie ihn sich hinlegen – und hocken Sie sich über sein Gesicht, Hände an der Wand abstützen. Das nimmt Ihnen die Scham, dass er zuviel sehen könnte, und er wird sich auf köstliche Weise dominiert fühlen. Tauschen Sie später.

316 **Duftnoten.** Sie lieben Cunnilingus, machen sich aber Sorgen wegen des Odeurs? Das Geheimnis ist: Jedes Sekret, das sich über den Tag hinweg angesammelt hat, ist (a) sexy und wird (b) transparenter, wenn Sie feucht werden. Heißt: erst auf andere Art erregen lassen (oder selbst), bevor er runterrutscht! Halten Sie zur Abwechslung dabei seinen Hinterkopf fest, und ziehen Sie ihn »in sich« – eine schönere Geste gibt es für Perlentaucher kaum. Übrigens: Je älter Frauen werden, desto leckerer schmecken sie. Jünger mag zwar jünger sein, aber schmeckt oft noch nicht charaktervoll. Ausgleichende Gerechtigkeit.

317 **Sprich mit ihr!** Bitten Sie ihn, zu reden, während er sich dem Cunnilingus hingibt. Die Vibrationen ergänzen das Feeling seiner

zwei Finger, die er in Ihnen mit einer »Komm her«-Bewegung rhythmisch nach oben und an die Gräfenbergzone (feucht! Ozeane!) krümmt.

318 Trainieren Sie seine Zungenfertigkeit! Entweder indem Sie Ihre Finger als Rahmen nutzen: Seine Zunge wird dem V, das Sie an Ihrer Scham anlegen, bis zur Spitze folgen und die beste Stelle finden. Oder indem Sie seinen Kopf festhalten und mit Ihrer Hüfte so hinruckeln, bis er die richtige Seite Ihrer Klit erreicht. Die richtige? Genau – durch Onanie sollten Sie wissen, ob eher die Unter- oder die Oberseite Ihres Hotspots aufregender ist. Er kann dabei zum Beispiel den Kopf an Ihrem hochgestellten Oberschenkel ablegen, um keinen Nackenkrampf zu bekommen.

319 Stabile Seitenlage. Legen Sie sich auf die Seite, während er zur mündlichen Prüfung übergeht – er liegt quer zu Ihnen, schlängelt sich unter einem aufgestellten Bein durch. Die Seitwärtsbewegungen seiner Zunge sind für Ihre Klitoris der Hit, und er kann länger durchhalten als zum Beispiel zwischen Ihre Beine gekniet.

320 Neunundsechzig, du Miststück. Irgendwann versucht jeder, sich als 69 zu sortieren, um sich simultan Fellatio und Cunnilingus angedeihen zu lassen. Doch ist sie oben, sorgt sie sich über die Nähe seiner Nase zu ihrem Allerallerheiligstenanus, er reicht kaum an Miss K. ran; ist er oben, sorgen seine Anhängsel für wenig Luftraum, und der Eintrittswinkel lässt nur das Eintauchen seiner Spitze zu. Kurz gesagt: In der Theorie und auf Videoformaten sieht 69 wild und gefährlich aus, in der Praxis nimmt der Klassiker eine untergeordnete Beliebheitsstellung ein. Und wie doof ist es erst, wenn der eine nicht mehr kann, weil's grad so schön ist, und der andere sich vernachlässigt fühlt?!

Bonustipp: Triangel-69. Legen Sie sich beide auf die Seite, stellen Sie jeder ein Bein so, dass es ein Triangel-Dreieck bildet. Vollführen Sie mit Mund und Zunge Synchronbewegungen aus. Er saugt – Sie saugen. Er leckt – Sie lecken. Einigen Sie sich vorher darauf, wer wen nachmacht. Vorteil Ihrer Vormacherrolle: Sie können ihm mit Ihrer Zunge zeigen, was er mit seiner bitte sehr anstellen soll. Wenn er nicht weitermacht, hören Sie auch bei ihm auf.

321 **Besser genießen.** Verabreden Sie, dass Sie jeweils abwechselnd genießen oder handeln. Das heißt: Wer geleckt wird, stellt auf Handarbeit beim anderen um. Nach einiger Zeit wechseln. Vorteil: Sie können beide besser genießen, was Ihnen geschenkt wird, aber müssen nicht auf Duft, Ausblick und Stellung verzichten.

Hauptgänge

Da sind wir nun. Endlich wird reingesteckt. Für die meisten gilt der Moment, bevor sie ineinandergleiten, als reinste Erotik. Los, los, los, denkt sich der Mann. Momentchen noch, bin ich schon soweit? denkt Madame, oder auch wahlweise: Yes, yes, numachschon!

Und, was lesen Sie hier? Stopp, stopp, stopp! Halten Sie sich und ihn zurück, bevor Sie mit Hingabe nachgeben und sich ihm öffnen.

Nähe ist ein Kunstgriff für mehr Erotik – und die erreichen Sie durch bewusstes Ansehen und ineinander verschränkte Hände. Sehen Sie sich in die Augen. Fassen Sie nach seinen Händen. Erst dann taucht er ein.

Aber wer dirigiert ihn hinein? Für viele Männer ist es hocherotisch, wenn Sie die Sache in die Hand nehmen, nach seinem Schwanz greifen und ihn leiten – Vorteil: Sie können es ein bisschen hinauszögern und mit der Spitze an Ihren Schamlippen herumspielen. Liegen Sie einen Moment ruhig ineinander, bevor Sie in einen gemeinsamen Rhythmus verfallen. Nutzen Sie den Moment erster, absoluter Nähe, um ihn zu küssen. Andererseits ist es ein geiler Anblick, wenn er ihn mit der Faust stützt, bevor er ihn hineinschiebt. Sollten Sie sich nicht entgehen lassen: Sehen Sie hin!

322 **Für den Macho in ihm.** Männer mögen es, ein bisschen Macho im Bett sein zu dürfen. Begeben Sie sich in seine Hände, wenn er sich

beim Missionar aufsetzt und Sie die Beine anziehen, als ob Sie sie über seine Schultern legen wollen. Bitten Sie ihn statt dessen, Ihre Füße in die Hände zu nehmen! Um Ihre Beine nach Belieben weiter auseinanderzuspreizen, in Richtung Ihrer Brust zu drücken und es hemmungslos zu genießen, die Kontrolle über seine Stöße zu haben. Wenn Sie ein Kissen unter den Po schieben, holen Sie ihn noch weiter zu sich herein, während Sie mit den Fingern an Ihrer Klitoris dem nachhelfen, was er mit seiner Lust vorbereitet.

323 Kleine Klapse für die Liebe. »Trotz ihres zart beschaffenen Ursprungs führt die Liebe zu schwindelerregenden Höhen heftiger Leidenschaft, die auf ihren Gipfelpunkten blind für Gewalt ist …«, umschreibt das *Kamasutra* die Variationen des Klapsens während des Liebesspiels. Kennt Ihr Geliebter Ihre Lust an herbzarten Griffen oder kleineren Klapsen, die in der Grauzone der Sexualität wohlig mit Dominanz und Unterwerfung spielen? Sonst wäre es an der Zeit, seine Hände zu führen, wenn er aufrecht hinter Ihnen kniet. Kommen Sie mit dem Oberkörper langsam hoch, legen Sie seine Hände auf Ihre Brüste, und zeigen Sie ihm, wie er sie mit winzigen kleinen Klapsen an der Unterseite zum Wippen bringt. Halten Sie sich rücklings an seiner Hüfte fest und genießen Sie die Simultanbewegung seines Stößels und seiner Hände.

324 »Schein-Verkehr«? Geht ganz einfach: viel Öl zwischen den Schenkeln auftragen, eng zusammenpressen, und ihn »eindringen« lassen.

325 Vom »Schein« zum Fast. Eine schöne Mogelei ist auch das Hot-dog-Spiel: Dabei gleitet sein Penis zwischen Ihren Schamlippen auf und ab, eben wie eine Thüringer zwischen zwei Brötchenhälften. Mit genügend Gleitmittel ein klasse Als-ob-Spiel!

326 Zwischendurch mal mündlich. Wenn Sie die Stellungen wechseln, nutzen Sie die Gelegenheit für eine 69 oder für einseitigen Oralverkehr. Oder bauen Sie die mündliche Prüfung zwischendurch ein, auch wenn Sie die Position beibehalten. Die Küsse peitschen auf – Ihr Geschmack ist nacktes Aphrodisiakum.

327 Keine Show! Drücken Sie im Liegen nicht Ihr Kreuz durch, auch wenn es in Filmen toll aussieht – die Empfindungen verringern sich. Krümmen Sie sich lieber zusammen oder ziehen Sie die Knie an und spreizen Sie sie, das erhöht den Druck auf den Unterleib und Sie kommen gewaltiger als in Brückenhaltung.

328 Der Doppelgriff. Ziehen Sie Ihren PC-Muskel (siehe Nr. 24) nach oben, und drücken Sie gleichzeitig auf seinen Bizeps. Gefühl für ihn: Oben Macho, unten Feuerwerk. So fest im Griff können Sie jetzt genau sagen, in welchem Rhythmus er Sie lieben soll.

329 Wie die Tiere. Coitus a tergo (tergum = Rücken) ist für die meisten mit animalischer Leidenschaft verbunden. Die Hündchennummer, bei der er gegen Ihre vordere Scheideninnenwand pocht und um Ihren Körper herumgreifen kann, um Ihre Klit oder die Brüste zu streicheln, funktioniert auf allen vieren, stehend, liegend oder hintereinander aufrecht kniend. Sie können sich an einem Kissen rubbeln, selbst Hand anlegen oder zwischen Ihre Schenkel greifen, um sich seine Balls zu schnappen. Doch von hinten ist für die meisten Frauen auch mit einem Vertrauensbeweis verbunden – schließlich sieht man ihm dabei nicht in die Augen und präsentiert sämtliche Problemzonen! Dafür gibt es Spiegel und Kerzenlicht …

Mehr von allem! Sie sind auf allen vieren, er dringt von hinten ein, Sie schließen die Beine und legen den Kopf auf das Laken oder die verschränkten Arme, während Ihr Po hoch in die Luft ragt. Oder Sie legen zur Unterstützung ein Kissen unters Becken, er geht in die Hocke und kommt so mehr von oben, hält sich an Ihrem Po fest oder mit beiden Händen an Ihrer Taille. So stimuliert er direkt Ihren G-Spot, durch die Spannung verengt sich Ihre Pforte, Sie spüren jeden Millimeter seines Loveletters. Es wird ihm letztlich die Knie zittern lassen …

Close up. Sie liegen flach auf dem Bauch, er dringt ein, Sie schließen

Ihre Beine. Jetzt schmiegt er sich dicht an Sie, während nur Sie Ihr Becken bewegen. Für noch mehr »Handschuhfeeling« verschränken Sie Ihre Fußknöchel, er schiebt seine flache Hand unter Ihre Scham.

Zimmer mit Aussicht. Vor allem in Hotelzimmern geeignet, wenn Sie besondere Urlaubserinnerungen schaffen wollen: Sie stehen seitlich zu einer hüfthohen breiten Fensterbank und legen ein Knie darauf ab. Manche legen den Oberschenkel oder lieber die Wade zusätzlich ab. Legen Sie Ihren Kopf entweder auf Ihre Unterarme neben dem Knie oder halten Sie sich an einer Stuhllehne fest. Er dringt stehend von hinten ein, stellt nach Belieben ein Bein auf einen Stuhl oder massiert mit zwei Fingern Ihre Klit. Ja, es kickt, wenn Sie Stilettos tragen und sonst wenig.

330 **Der Löffel-Dreher:** Sie liegen im Löffelchen auf der linken Körperseite in seinem Arm. Legen Sie Ihr rechtes Bein über sein rechtes. Schieben Sie dann Ihr linkes Bein zwischen seine Beine, so dass Sie nun sein rechtes Bein fest umklammert halten. Nun drehen Sie sich soweit wie möglich auf Ihren Rücken, sehen ihn an, halten dabei seinen rechten Schenkel fest an ihre Klit gepresst. (Okay, eine Zeichnung wäre jetzt nicht übel.) Eine bessere Schubberstelle für Miss K. gibt es kaum.

331 **Mehr Rotation.** Im Missionar ist Ihre Klit weit weg von seinem Bauch – es sei denn, Sie holen ihn näher ran: Lassen Sie ein Bein flach ausgestreckt, ziehen Sie das andere Knie an, und legen Sie es zur Seite. Er liegt auch so da, ein Bein ausgestreckt, das andere angewinkelt, und kommt aus einem anderen Winkel zu Ihnen. So kann er besser an Ihnen rotieren und spannende Stellen schubbern.

332 **Kissen die Erste.** Ein Kissen unterm Po kann nett sein – aber Sie werden einsinken, wenn es nicht fest ist. Besser: ein Kissen unter Ihrem unteren Kreuz, *und* eine Wärmflasche unter dem Po. Merci dafür, Maman.

333 Kissen die Zweite: Sie sitzen oben. Aber *er* hat ein Kissen unter dem Po beziehungsweise dem unterem Kreuz! Sie können seine Bauchmuskeln zum Schubbern nutzen, die Spannung auf Ihren Oberschenkeln macht Sie enger, ohne die Beine zu erschöpfen wie sonst zum Beispiel in der Hocke.

334 Winkelvariationen. Vektorgeometrie ist nicht nur was für Winkel-Advokaten und mathematische Genies, sondern erst recht für Sexgöttinnen, die bei ihrem Lover Hand oder Mund anlegen. Denn Spannung, Intensität und Erregung sind nicht nur abhängig von der Art, *wie* Sie seinen Lovemaker berühren, sondern auch davon, in welchen Winkel Sie ihn biegen – also mehr in Richtung Nabel oder gen Knie.

Normalerweise steht eine Erste-Klasse-Erektion in einem Neunzig-Grad-Winkel vom Körper ab oder zeigt leicht nach oben (für Staats-anwälte, die Bilder von Erektionen als pornographisch bewerten müssen, beginnt eine Erektion schon bei fünfundvierzig Grad! Des-wegen sehen wir in Sexheftchen nie mehr als halbgare Schwänze, schade). Für den Halt sind die Blutgefäße sowie die »Pubopenilen« zuständig, Bänder, die den Besten stabil halten.

Um den besten Winkel herauszufinden, in dem er am intensivsten fühlt, wenden Sie die »Clockwork«-Methode an: Setzen Sie sich auf Höhe seiner Taille neben ihn. Stellen Sie sich seinen Zeiger als Uhr-zeiger vor. Zeigt er zum Bauch hin, steht er auf 3 Uhr. Biegen Sie ihn jetzt vorsichtig hoch – er steht auf 12. Je weiter Sie ihn Richtung Hoden biegen, desto mehr kommen Sie Richtung 11, 10, 9 Uhr. Auf etwa halb 11, 11 Uhr erhöht sich die Spannung auf seine Prostata, ausgelöst durch die Pubopenilen: Das Blut wird einen Hauch mehr gestaut, der Beste wird noch fester. Merken Sie sich die Uhrzeit. Am einfachsten können Sie sie halten, wenn Sie hinter ihm stehen und um ihn herumlangen oder zwischen seinen Beinen knien und mit einer Hand seinen Ladyshaft zu sich hin biegen und halten, während die andere in Aktion tritt.

Funktioniert auch in diversen Stellungen: Liegen Sie unten, bitten Sie ihn, mit seinem Becken höher auf Ihr Becken zu rutschen, um auf den

11-Uhr-Winkel zu kommen. Spielen Sie im Stehen von hinten, stellt er sich auf die Zehenspitzen und verändert so den Winkel. Im Doggystyle behalten Sie die Knie zusammen, rollen Ihren Oberkörper wie eine Kugel ein und legen Ihren Po auf Ihren Fersen ab. Er kniet im aufrechten Kniesitz hinter Ihnen. Voilà – und Sie merken, was Sie von dieser Geometrie haben: Ihre G-Punkt-Zone wird beben …

335 Hoch den Po. Sie liegen unten, er kniet zwischen Ihren Beinen, aber so, dass seine Unterschenkel und Oberschenkel im Neunzig-Grad-Winkel sind. Jetzt heben Sie Ihre Hüfte so weit hoch, dass er in seiner Aufrechtstellung unter Ihren Po fassen und eindringen kann. Kissen unterstützen Sie dabei.

336 Noch mehr Schubbern: Er sitzt gekniet im Fersensitz, die Beine leicht gespreizt, zwischen Ferse und Po ein Kissen, um ihn abzustützen. Sie hocken sich auf ihn, halten sich an seinen Schultern fest, er unterstützt Ihre Oberschenkel. Perfekt für Klitoris-Action!

337 Catstretch. Knien Sie sich auf allen vieren auf den Rand des Bettes, so dass er hinter Ihnen steht. Schieben Sie Ihren Oberkörper nach unten und nach vorn, gern mit Kissen als Unterlage, machen Sie sich lang wie eine gähnende Katze. Abgesehen vom sexy Anblick für ihn haben Sie die Hand frei für Klitoris-Action und er kann sanft Ihre Rosette massieren.

338 Eine Frage der Kante! Ob Bett, Tisch oder Sessel: Sie sitzen so nah wie möglich mit der Hüfte an der Kante! Er kniet, Kissen unter den Knien, oder steht. Vorteil: Sie haben die Hände frei, um sich selbst zu streicheln, er braucht sich nicht abzustützen und kann zum Beispiel Ihre Oberschenkel anheben und weiter spreizen oder Sie streicheln. Er möge bitte nur aufpassen, dass seine Eier nicht gegen die Kante schaukeln.

339 Flanquette – so nennt sich die Stellung, in der er im Missionar nicht beide Beine, sondern nur eins zwischen Ihren Beinen hat, das andere außen. Wenn er mit den Füßen einen Widerstand (Wand, Bettkante) sucht, kann er auf Ihrer Klit rotieren, anstatt zu stoßen!

340 Slowdowner I: Wenn er im Missionar kurz davor ist, schieben Sie Ihre Beine zwischen seinen zusammen, pressen sie fest aneinander. Er kann sich dadurch nicht mehr so heftig bewegen, und Sie genießen einen anderen Winkel, können sich selbst berühren. Spannen Sie die Pobacken an, um Ihr Gefühl zu intensivieren.

341 Slowdowner II: Klären Sie ihn auf, dass er nicht kommen kann, wenn er seinen Po, Bauch, Beine entspannt. Er sollte versuchen, auf dem Weg zum Gipfel alle Muskeln locker zu lassen, um sich wieder runterzukühlen. Und derweil lieber mit seiner Hand Ihre Murmel polieren, während Sie Ihre Schamlippen nach oben ziehen!

342 Zwei in eins. Sie liegen auf der Seite, ziehen das obere Bein Richtung Brust. Legen Sie zwei, drei Kissen unter Ihr angezogenes Knie, und plazieren Sie einen Vibrator so, dass er Ihre Klit berührt, halten Sie ihn mit einem Griff zwischen die Beine fest. Ihr Lover kniet hinter Ihnen. Und öffnet Ihnen dabei zum Beispiel rhythmisch die Pobacken!

343 Der T-Punkt. Sie liegen mit angezogenen Knien auf dem Rücken, er auf der Seite, in einem Neunzig-Grad-Winkel zu Ihnen, so dass Sie gemeinsam ein T bilden. Sie können Ihre beiden Beine über seine Hüfte schwingen oder eins unter ihn schieben. Vorteil: Er kann leicht Ihre Klit berühren, der veränderte Winkel fühlt sich verboten gut an.

Höhepunkte

Sie wollen kommen. Gern sogar. Doch Sie trauen sich nicht, selbst dort Hand anzulegen, wo er beim Koitus nicht hinreicht. Oder Sie setzen sich unter Druck, es zu schaffen, bevor er soweit ist. Vielleicht sind seine Finger zu ungeschickt, und Sie reden sich ein, dass ein

Orgasmus nicht alles ist – und verzichten lieber, bevor es in unsinnliche Arbeit ausartet. Es soll sogar Menschen geben, die den Orgasmus vermeiden, weil sie Angst haben, dabei nicht mehr niveauvoll genug auszusehen oder sich komisch anzuhören. Schluss: Verabschieden Sie sich von dem Mythos, dass Sie ausschließlich beim Geschlechtsverkehr kommen müssen oder er es ganz allein schaffen sollte, Sie zu befriedigen. Sex ist nicht gleichbedeutend mit kommen müssen, schon gar nicht gemeinsam; gemeinsame Orgasmen sind Zufallsprodukte, kein Hinweis auf den Grad Ihrer gegenseitigen Liebe (Himmel!). Wenn Sie wissen, dass Sie beim GV schwer kommen – verlegen Sie es aufs Vorspiel. Werden Sie Erste! Helfen Sie ihm bei Fingerspielen, komponieren Sie ein Gemeinschaftsprojekt: Legen Sie seine Hand dorthin, wo sie hingehört, Ihre obendrauf. Bewegen Sie sie so, dass er Ihrem Rhythmus folgt. Bis er übernehmen kann. Oder teilen Sie sich die Aufgabe: Er küsst Sie, während zwei Finger in Ihnen hin und her gleiten, und Sie sich Ihrer Klitoris widmen. Wenn er ein klassischer G-Spot-Sucher ist, Sie das jedoch mehr ablenkt als anmacht, sagen Sie ihm unverschnörkelt: »Liebling, es ist ein anatomisches Wunder, aber mein G-Spot liegt hier«, und zeigen ihm zum Beispiel Lustzonen direkt am Eingang Ihrer Blüte. Beim »Endlich Erste«-Spiel hilft auch das Fach »Petting für Erwachsene – Alles außer Sex«. Bleiben Sie angezogen, so vermeiden Sie, dass es unweigerlich auf Geschlechtsverkehr zusteuert (Sex ist mehr als Reinstecken). Sie haben so Muße, sich anderen Empfindungen zu widmen.

Wenn Sie lieber kommen, während er in Ihnen ist, sollten Sie sich selbst »belehren«: Werden Sie zur Egoistin. Behalten Sie die Position bei, die Ihnen guttut. Sie lieben es, auf ihm zu sitzen, seine Hände auf Ihren Hüften, wie er Sie fest an sich presst? Seien Sie unerbittlich. Posieren Sie nichts, was nur für ihn lustvoll ist, sondern ziehen Sie Ihr Ding durch. Effekt: Er wird ihnen helfen wollen. Denn es erinnert ihn an sich selbst.

Brechen Sie alte Rhythmen auf. Wenn Sie wissen, dass er fix kommt, sobald er sich in Sie versenkt hat – lieben Sie sich in Wellen, wechseln Sie Slowsex, Fingerspiele, leidenschaftliche Raserei ab. Sie werden in eine Trance fallen, in der der Weg das Ziel ist.

344 Bleiben Sie ruhig. Ganz ruhig. Liegen Sie bewegungslos, vielleicht spannen Sie nur Ihre Oberschenkel an, wenn er kommt, und lassen Sie sich beschlafen. Männer mögen es manchmal zu und zu gern, einfach machen zu dürfen und sich ein wenig an Ihnen zu bedienen. Ist vielleicht nicht politisch korrekt, aber geil.

345 Kleiner Griff, große Wirkung. Kurz bevor er kommt, wird sein Penis wird noch mal fester, scheint sich auszudehnen. Sie können seine Empfindungen mit einem kleinen Fingergriff verdoppeln: Dabei werden der Zeige- und Mittelfinger so auf die Vulva gelegt, dass die Fingerspitzen nach unten zeigen. Werden die Schamlippen jetzt leicht nach oben gezogen, erhöhen Sie nicht nur für sich die köstliche Reibung, sondern schenken Ihrem Geliebten das herrliche Gefühl, eingesaugt und umschlossen, zu werden. Alles so schön eng hier, schwärmte die Eichel.

346 Dirty talk. Ein herzliches »Fick mich, spritz mich voll« hat schon so manchem Herren den Verstand aus dem Hirn gesaugt, wenn er kurz davor ist. Ein Hauch Anfeuerung gibt ihm außerdem das schöne Gefühl, kein schlechtes Gewissen haben zu müssen, dass er bereits soweit ist.

347 Greifen Sie sich ihn. Geben Sie ihm das Gefühl, im Moment des Gipfels noch tiefer einzudringen. Die Berührung Ihrer Hände, die sich ermunternd auf seine Pobacken legen, ihn weiter hineintreiben wollen, hat für Männer eine unglaubliche erotische Komponente. Er fühlt sich gewollt, gebraucht, begehrt. Ziehen Sie ihn an sich, und versuchen Sie gleichzeitig, die Beine ein wenig mehr zu spreizen – er wird in Ihnen versinken und vergehen wollen.

348 Danke, wir kommen gern. Und öfter. Und intensiver. Er auch.
Kein Höhepunkt ist wie der andere – manche fühlen sich mit drei bis fünf Wellenschlägen wie ein besserer Nieser an, andere wie eine Explosion, und bei ihm ist er oft mit einem Versehen zu vergleichen: Hups, da war was, sorry, Schatz.

So kriegen Sie ihn von Hups-da-war-was auf Oh-mein-Gott: Halten Sie ihm, wenn er kurz davor ist, entweder fest beide Ohren zu oder bedecken Sie seine Augen. Fehlt ihm einer der fünf Körpersinne, konzentriert er sich in dem Überraschungsmoment nur auf seine Körpermitte – und zerfließt. Wenn Sie unter ihm liegen, versuchen Sie, seine Pobacken zu erreichen – und ziehen die zart, aber rhythmisch im selben Moment nach oben, wenn er sich verströmt. Effekt: Die Spannungsreize auf seinen Anus verdoppeln die Intensität des Gipfelsturms. Wenn Sie sich ihm mündlich zuwenden, so hat sanftes Streicheln mit den Fingernägeln an seinen Juwelen oder leichtes Ziehen an den Hoden schon anschließende Heiratsanträge nach sich gezogen.

Danke, wir kommen aber auch gern – wie Sie Ihre Lust steigern: Beginnen Sie beim Masturbieren verschiedene Muskelanspannungen für sich auszuprobieren – ziehen Sie Pobacken oder Oberschenkel zusammen, wenn Sie kommen, oder heben Sie die Füße in die Luft – fast wie Fliegen. Atmen Sie laut, lauter – es entspannt und hilft, den Emotionen ihren nötigen Lauf zu lassen. Bitten Sie ihn, einen feuchten Finger auf Ihren Anus zu legen, aber nicht einzudringen. Lehnen Sie sich in der Reiterposition im großen Moment zurück, und lassen Sie ihn weitermachen – die innere Stimulation an der vorderen Scheidenwand wird Sie dahinschmelzen lassen.

349 **Atmen Sie tief ein,** wenn Sie kommen – Sauerstoff im Blut macht Ihre Haut noch empfindsamer, intensiviert die Explosionen im Unterleib.

350 **Erhöhen Sie die Spannung auf seine Prostata:** Seine Pobacken am Übergang zwischen Hintern und Beinen sanft im Griff, ziehen Sie ihn an sich, während er kommt, drücken rhythmisch seine Brötchenhälften zusammen und auseinander. Vorsicht, nicht zu heftig auseinander – das zieht an der Rosette! Obwohl, mancher mag auch das ...

351 **Engstellen erwünscht.** Legen Sie sich auf den Bauch, lassen ihn eindringen und ganz auf Sie legen. Schließen Sie Ihre Beine, bewegen Ihre Hüfte vor und zurück. Ein rauhes Kissen unter Ihrer Klit

erhöht den Spaß, er fühlt sich eng umschlossen, Ihre G-Punkt-Zone reagiert mit mehr Feuchtigkeit.

352 Lassen Sie den Kopf hängen. Legen Sie Ihren Kopf beim Sex nach unten – indem Sie rücklings über der Bettkante hängen zum Beispiel, Kopf auf einem Kissen am Boden. Der Druckanstieg im Kopf kann zu ungeahnten Höhepunkten führen.

353 Erzeugen Sie Gegendruck. Legen Sie, wenn er a tergo kommt, Ihren Oberkörper und vor allem Bauch auf etwas Stabilem ab – auf dem Wannenrand, einem Tisch, dems Bett. Der Druck auf den Bauchraum erhöht Ihre Gefühle, weil er direkt auf den inneren Teil der Klitoris und des Muttermundes wirkt!

354 Zittern und Beben I. Bitten Sie ihn, wenn Sie a tergo gut kommen können, die Hinterseiten Ihrer Oberschenkel mit den Fingerspitzen zu streicheln. Gut, Ihnen werden die Knie zittern, aber das ist es wert.

355 Tun Sie so als ob. Eine Theorie besagt, dass die Vortäuschung eines Orgasmus ein Weg sein kann, ihn zu bekommen – schnelleres Atmen, Keuchen, Sich-Winden. Überlisten Sie Ihren Körper durch Atmen, Anziehen und Lockerlassen von Becken- und Pomuskeln, lautes Keuchen. Testen Sie es aus, oder beginnen Sie kurz davor so zu tun, als ob Sie schon dabei sind.

356 Halten Sie ihm den Mund zu, wenn er kommt – kann er nur durch die Nase atmen, erhöht sich sein Herzschlag, die Endorphine rasen wie verrückt durch seinen Körper und breiten seinen »O« auf den ganzen Körper aus.

357 Stimulieren Sie ihn von rückwärts. Wenn er kommt, halten Sie einen Vibrator zwischen seine Pobacken – nicht, als ob Sie eindringen wollten, sondern der Länge nach zwischen seine Spalte. Alles andere erscheint (homophoben) Männern zu gewagt.

358 Verzögerungstaktiken. Verzögern Sie seinen und Ihren Höhepunkt auf erregende Weise – mit einer Zen-Sexhaltung, die genau zwischen Missionarsstellung und Reiterinnenposition changiert. Stellen Sie sich vor, wie Sie on top sitzen, kurz davor sind – und aufhören, um sich, ohne ihn entgleiten zu lassen, gemeinsam auf die Seite zu rollen, ein Bein um seine Taille geschlungen. Auszeit. Sich ansehen. Langsam atmen. Der Versuchung widerstehen, gleich weiterzumachen. Sondern in den Missionar wechseln, ihn bis kurz davor dem Ziel entgegentreiben lassen – um sich dann wieder so verschlungen auf die Seite zu rollen. Und spätestens beim dritten Mal, versprochen, werden Sie sich wundern, wie die Zeit vergangen ist, und mit einer intensiven Explosion überrascht.

359 Horchen Sie in sich hinein. Eben noch drückten Sie sich ihm entgegen, die Hüften im Einklang, im raschen Rhythmus der Gier. Sie spüren die erste Welle? Versuchen Sie ausnahmsweise, still zu bleiben. Bewegungslos. Die Augen zu schließen und nach innen zu schauen, zu fühlen, den Orgasmus einfach kommen und gehen zu lassen. Spüren Sie, wie es sich anfühlt, wenn er sich dabei weiterbewegt und Sie nur annehmen. Oder wie er ebenfalls innehält, um Sie einfach zerfließen zu lassen. Das könnte der Augenblick sein, von dem das *Kamasutra* sagt, dass sich die Götter vereinigen.

360 Zittern und Beben II. Was ist schöner für einen Mann, als seine Geliebte über sich zu sehen, gelöst, lustvoll? Wenn Sie on top mögen, werden Sie die tantrische Göttinnenpose, bei der er hocherotische Einblicke ins Allerheiligste genießt, lieben: Dabei hocken Sie auf ihm, beugen sich aber kurz vor dem Orgasmus zurück, stützen sich mit den Händen auf seinen Beinen ab und öffnen weit die Knie. Ihre Füße stehen dicht neben seinem Körper. Durch die Dehnung der inneren Oberschenkelmuskulatur öffnet sich Ihr Beckenboden, die Beine beginnen zu zittern. Dieses bald unsteuerbare Beben intensiviert Ihren Orgasmus, bis Sie in göttlichen Höhen schweben.

361 Atem der Lust. Keuchen. Stöhnen. Schreien oder Luftanhalten, sogar ein Nieser aus Versehen kann die Intensität eines Orgasmus verändern. Nach der indischen Atemlehre (»Prana-Sutra«) ist der Atem, der nach eigenem Wunsch durch den Körper geschickt werden kann, Träger erotischer Energie. Ihr Spiel mit dem Atem kann zur Entdeckungsreise in Sachen Ekstase geraten: Schnelle, flache Atmung lässt das Zwerchfell zucken, sorgt für einen raschen Orgasmus, der mehr im Becken nach unten strömt. Die Luft anzuhalten und dann langsam durch den Mund ausströmen zu lassen verteilt den Orgasmus eher bis in den Oberbauch. Wenn Sie nur durch die Nase einatmen, rasen die Wellen des Höhepunkts unter der Haut entlang, pulsieren wie kochendes Wasser unter dem Deckel. Bei einer sehr langsamen, tiefen Mundatmung öffnet sich das Reich Ihrer Phantasie. Experimentieren Sie, um das Beste aus einem Höhenflug herauszuholen.

362 Multiple Berührung. Verstärken Sie Ihren Orgasmus mit gezielten Berührungen Ihrer anderen erogenen Zonen. Berühren Sie sich im Moment der Wonne an Ihrem Nacken, Brüsten, Schenkeln … Reinster Genuss, wenn Sie sich selbst dabei durchs Haar streichen, Ihre Brüste umfassen, Ihre Nägel leicht in die Schenkel drükken. Diese Simultanempfindung von Schoß und anderen Hautstellen sorgt für einen Höhepunkt, der an mehreren Orten kleine Feuer lodern lässt. Das *Kamasutra* nennt diese Fingerspiele sinngemäß, Sterne in die Wolken zu tupfen. Und Sie sehen kleine Sterne in seinen Augen, weil ihm gefällt, dass er zusehen darf, wie Sie sich selbst betören.

363 Genießen Sie die ersten Zentimeter. Wie ein kleiner Mund umschließen die äußeren Rosenblüten Ihrer Scham den zudringlichen Besucher und reagieren heftig auf das köstliche Gefühl des ersten Eindringens. Vor allem in den ersten Zentimetern ist Ihre Muschel hoch sensibel. Bitten Sie deshalb um seinen strategischen Rückzug, wenn Sie den Big Bang kommen spüren. Im Missionar setzt er sich dazu auf, legt eine Faust um seinen Schaft und zieht seinen Penis zurück, lässt nur noch die Spitze hart eintauchen. Lassen Sie Ihre Finger zu einem kleinen Spiel an der Perle ansetzen, um den Faden nicht zu verlieren. On top beugen Sie sich einfach zu ihm auf die Brust, und lassen Ihr Becken wippen. Durch die flachen Stöße, die nur die Pforte spreizen, rollt der Orgasmus wie eine Gänsehautwelle über den Körper.

364 Erregende Entspannung. Erforschen Sie Ihren Körper, wie er auf Spannung oder Entspannung im Augenblick eines Orgasmus reagiert. Meist ist der Körper gespannt wie die Sehne eines Bogens. Lassen Sie bewusst locker. Wie fühlt es sich an, dem Gipfel nicht entgegenzulaufen und die Spannung zu erhöhen, sondern sich in ein weiches Tal der Empfindungen hinabgleiten zu lassen? Langsamer zu atmen und in jeder Faser weich zu werden? Ist es ein Zerfließen oder ein Baden in Gefühlen? Vielleicht verrät Ihnen ein Solospiel mit Entspannung statt Anspannung, wie sich Ihre Gipfel genussvoller, schneller oder umfassender anfühlen.

Ein Orgasmus ist eine feine Sache. Kann man kaum genug bekommen. Aber es ist kein Golden Goal und darf nicht zum Leistungsanspruch verkommen, weder bei ihm noch bei Ihnen. Manchmal geht's eben nicht, Punkt.

Nachspiele

(Sein oder nur ein) Orgasmus und Schluss? Sexgöttinnen wollen alles, und manchmal danach eben nicht gleich einschlafen und eben keinen Punkt hinter den Nicht-Orgasmus setzen. Das einzige, was Ihnen dazwischenfunkt, ist die männliche Rückbildungsphase (der Große wird klein, das männliche Nervensystem schaltet die Muskeln auf schlaff und signalisiert: Bitte jetzt schlummern), gefolgt von der »Refraktärphase«. Die stellt den wesentlichen Unterschied zwischen uns dar – denn Monsieur benötigt eine längere Erholungszeit, bis zu einer Stunde, und ist derweil gegenüber sexuellen Reizen weniger empfindlich! Als Fünfzehnjähriger hatte er das Problem nicht, sondern konnte gleich noch mal, war aber leider zu jung für uns ...

365 Nach dem Spiel ist vor dem Spiel. So wird das Nachspiel trotz biologischer Gegenanzeigen zum Vorspiel in die zweite Runde:

1. Schicken Sie ihn zum Kühlschrank – um ein Glas Prosecco, Orangensaft oder Wasser zu holen. Er braucht Bewegung, damit seine Durchblutung angekurbelt wird – so entspannt sich die Schwellkörpermuskulatur. Besser, er vermeidet die Zigarette danach, Nikotin hemmt diesen Prozess! Diese Durchblutung und Entspannung ist die Voraussetzung dafür, dass er überhaupt wieder erigieren kann. Ob seine Muskeln generell erneut zur Anspannung fähig sind, erkennen Sie daran, ob er wieder kitzlig ist!

2. Bringen Sie seine Hauttemperatur herunter: Während er am Kühlschrank hantiert, bereiten Sie vier Baumwolläppchen vor, zwei mit heißem Wasser, zwei mit kaltem. Reiben Sie sich gegenseitig erst mit den heißen, dann mit den kalten Läppchen ab. Da er unempfindlich für zarte Berührungen ist, die ihn vorher zum Wahnsinn gebracht hätten, benötigt er diese Schocktherapie. Alternativ: gemeinsam duschen. Den Prosecco können Sie auch da trinken.

3. Verkürzen Sie das Vorspiel, wenn er zweimal ran soll – denn je länger das Vorspiel, in dem er bereits sein Standvermögen beweist, desto länger hinterher auch die Refraktärphase! Es darf also erst gern der Quickie in der Küche sein, etwas später die Fortsetzung im Bett.

4. Werden Sie eine andere: Stehen Sie auf, ziehen Sie sich um, duschen Sie, tragen Sie Duftöl auf, oder verlagern Sie den Spielplatz. Reißen Sie das Fenster auf, lassen Sie ihn dösen. Wenn Sie wiederkommen, darf er Sie massieren.

5. Verzichten Sie unter der Woche auf Sex, wenn Sie am Wochenende öfter kommen wollen, raten US-Urologen. Denn je häufiger ein Mann kommt, desto länger dauert seine Erholungsphase!

6. Lassen Sie die Zeit arbeiten: Wenn Sie es abends tun, schlafen Sie ruhig ein – aber den Wecker stellen Sie auf zirka drei Stunden später. Jeder Mann hat unfreiwillige Erektionen im Schlaf, die Sie nutzen könnten ...

366 Die Metamorphose. Wirksam für eine zweite Runde Sex: Nach zehn Minuten Schlaf und einer heißen Dusche sind Männer oft wieder fit. Um auf Touren zu kommen, hilft das Anziehspiel: Während er duscht, ziehen Sie sich komplett um, sprühen ein anderes oder ganz neues Parfüm (Probe!) auf, empfangen ihn in einem anderen Raum. Kurzzeiteffekt: neue Frau, neues Spiel.

Verzichten Sie sonst mal auf »Nachspiel« – im Arm halten, darüber reden, der ganze Kuschelkram, für den wir Damen auch manchmal überhaupt nicht zu haben sind, weil wir am liebsten ebenfalls nur schlafen möchten. Oder Action! Unternehmen Sie etwas. Sofort. Selbst Essengehen bekommt eine andere Dimension, wenn Sie eigentlich noch schweißnass und geil sind. Vorteil: Sie kommen so viel netter zur zweiten Runde.

367 Schatz, ich will auch! Er ist gekommen, Sie aber nicht, sondern nur bis kurz davor? Machen Sie es selbst, aber bitten Sie ihn, währenddessen mit seinen Fingerspitzen von Ihrer Vulva aus Ihren Körper zu streicheln. Immer wieder beginnend von Ihrer Scham nach unten oder oben, in immer weiteren Strichen. Wenn Sie kommen, werden Sie sich wie ein Vulkan fühlen!

368 Er ist hilfsbereiter als Sie denken. Heute kamen Sie nicht ganz mit seiner Lust mit, wollen aber auch nach ihm noch kommen? Kein Problem! Denn es ist ein Gerücht, dass sich alle Männer nach ihrem Himmelssturm immer zurückziehen wollen – im Gegenteil, die meisten wünschen sich, dass auch ihre Geliebte erfüllt ist, und reagieren positiv auf Ihre Bitte nach einem Orgasmus. Tut er es übrigens mal nicht, ist das okay. Murrt er dauernd rum, sollten Sie sich fragen, ob Sie nicht mit einem blöden Ego-Shooter zusammensind. Aber gehen wir mal vom besten aller Männer aus (Ihrem!): Schlagen Sie ihm ein reizvolles Gemeinschaftsprojekt vor. Er möge Ihnen seinen Daumen leihen und kreisend die Pforte Ihrer Muschel liebkosen, ein wenig eindringen, während Sie die Klaviatur Ihrer Klitoris bespielen. Lassen Sie sich von ihm halten, während Sie nebeneinander liegen, sein Mund an Ihrem Ohr, der vielleicht zärtliche oder unanständige Worte flüstert ...

369 **Sie wollen noch einen zweiten, dritten Orgasmus?** Als erstes: Hände weg von Ihrer Lustperle. Streicheln Sie sich oder lassen Sie sich liebkosen, überall, auch an den Muschellippen – nur an der Klitoris nicht. Genießen Sie, wie die Erregung zurückkommt, weil Sie noch auf der Lustwelle dahingleiten, sich nicht so schnell abkühlen wie ein Mann nach dem Höhepunkt. Erst wenn Sie sich nicht länger zurückhalten mögen, beginnen Sie mit kleinen, sanften Kreisen wieder an Ihrem Liebesknöpfchen zu spielen.

370 **Der Kreis schließt sich.** Die indischen Liebesmeister gaben das Motto aus: Zärtlich anfangen, zärtlich enden lassen, erst dann ist der Sex abgeschlossen. Gehen Sie also nach einer lustvollen Balgerei nicht gleich unter die Dusche (wer das macht, gehört sowieso in den Sexkniggekurs – Sie haben sich geliebt, nicht mit Schlamm beworfen!), lassen Sie ihn auch nicht eindösen – sondern beschließen Sie den Abschied der schweißnassen Körper behutsam. Sterne betrachten, langsam zusammen tanzen, im Bett essen, Stirn an Stirn liegen, sich gegenseitig an die Anfänge Ihrer Liebe erinnern oder an die Sehnsüchte, die man bei den ersten Auf-Wiedersehens empfand ...

371 **Zittern und Beben III.** Weich, gelöst und voll erblüht: So reagiert Ihre Scham in den Sekunden nach dem Glück. Wer das Nachbeben verlängern will, drückt einen Schwamm mit köstlich warmem Wasser über dem Venushügel aus – um innen wie außen zu zerfließen, um kleine Nachzuckungen der inneren Muskeln zu spüren. Kundige Liebhaber küssen Sie danach wieder trocken.

372 **Der Aufsteller.** Heute ist einer dieser Tage, an dem Sie ihn nur anzuschauen brauchen, und er antwortet sofort mit einer renitenten Erektion, die es in sich hat? Ein guter Tag für eine doppelte Spielzeit. Beim ersten Mal bringen Sie ihn in Rekordzeit zum Höhepunkt. Denn je schneller er beim ersten Mal kommt, desto schneller hat sein

Penis sich wieder regeneriert und kann durch die gelöste Spannung länger hart bleiben. Sein süßer Startknopf für eine zweite Runde befindet sich nach den Akupressur- und Meridianlehren der chinesischen Lehre des Tao zwischen Rosette und Hoden – zartes Kitzeln, Zupfen, Tupfen an diesem »Jen-mo«-Punkt (siehe Nr. 689) hat schon manchen mit der erhärtenden Wirkung verblüfft. Beim zweiten Mal haben Sie (fast) endlos Zeit.

Akrobatisch oder zärtlich?
Stellungen für Mehrwoller

Die meisten Paare einigen sich wortlos auf zwei, drei Stellungen, die für beide angenehm und routiniert sind. Gut, ist ja auch schön, wer will denn dauernd in Hektik ein Positionszirkeltraining durchackern, wenn man doch weiß, wie's auch ganz entspannt geht? Aber für den Fall, dass Sie die Klassiker etwas variieren wollen ... bitte:

373 Mehr Spaß im Missionar: Ziehen Sie die Knie an die Brust, und spreizen Sie sie so weit es geht nach außen, so dass er sich zwischen und auf Ihre Unterschenkel legen kann. Kommt tiefer, aber Sie können trotzdem den Vorstoß kontrollieren. Nichts für Untrainierte! Die weichen darauf aus, ihre Füße gegen seine Brust zu stemmen. Er hat durch den Stützeffekt außerdem beide Hände frei. »Himmel ist das geil« – Zitat einer Kollegin aus Bayern.

374 Lieblingsstellungen für Reiterinnen. Für manche gibt es nur einen Grund, on top Stellung zu beziehen: Seine Bauchmuskeln, die sich deliziös an Miss K. schubbern. Es gibt zwar auch Herren, die monieren, dass ihre Haut dann »so gereizt wird«, aber dafür habe ich inzwischen kein Mitleid mehr. Wozu gibt es Gleitmittel?!
So treiben Sie ihn in sklavischen Wahnsinn: Ihn entweder auf einen Stuhl zwingen und sich stehend über ihn hermachen – oder ihm zur Abwechslung den Kerl machen. Dabei knien Sie zunächst auf ihm, aber strecken sich auf ihm aus, bis Sie flach liegen. Jetzt umklammern Sie seine Schultern und stoßen ein wenig aus der Hüfte heraus.

Sie wollen ihn noch hilfloser sehen? Ein Knie aufs Laken, das andere Bein angewinkelt aufstellen – also links knien, rechts hocken. Bewegen Sie nur die Hüfte vor und zurück – er dürfte Ihnen bald alles versprechen, damit Sie nicht aufhören.

Der Ballett-Trick: Er liegt, Sie knien, stützen sich locker an die Wand. Kicken Sie Ihr Becken nach links und rechts, in Slowmotion – dabei darf nur seine Spitze eintauchen. Wenn Sie meinen, er hätte es verdient, nehmen Sie ihn ganz auf. Dann wieder Spitze, Sidekick, Sidekick, down. Er will's endlich hart und gemein? Fordern Sie die Macho-Klammer: Er schiebt seine Hände unter Ihre Oberschenkel, bis er Ihre Fesseln umfasst. So sind Sie zwar bewegungsunfähig, aber er um so enthusiastischer.

PS: Falls Sie meinen, Ihr Bauch oder Ihre Brüste kämen on top optisch schlecht weg – lassen Sie eben was an. Aber seien Sie gewiss, dass es Männer in dem Augenblick mehr interessiert, Ihre Lust zu fühlen, als einem Model beim Posen zuzusehen.

375 Wrestling Warm-up: Sie liegen einander gegenüber auf der Seite, Sie schlingen ein Bein über ihn, lassen ihn eindringen. Rollen Sie sich so über den Teppich, und gucken Sie, wer öfter oben ist – Verlierer gibt es dabei keine!

376 Bestehen Sie auf der »No-entry«-Methode: Er dringt nur mit der Penisspitze ein, höchstens zwei Zentimeter. Vorteil: Sie beide fühlen in den Bereichen am meisten, und nicht zustoßen zu dürfen führt automatisch zu mehr Lust auf den Moment, wo »bis zum Anschlag« fällig ist!

377 Lust auf Experimente, um das Liebesspiel zu verlängern? Er wird jede Minute davon lieben, auch wenn die »Bhugnaka«-Position (indisch für »aufgestellte Beine«) zunächst etwas unanständig aussieht. Bitten Sie ihn, sich mit ausgestreckten Beinen aufzusetzen, sich auf den Händen abzustützen. Legen Sie ein Kissen zwischen seine Schenkel, und gleiten Sie auf seinen Schwanz. Legen Sie sich langsam bis auf das Kissen zurück, stützen Sie sich auf die Hände und plazieren Sie Ihre Waden links und rechts auf seinen Schultern. Bewegen Sie sich aus dem Becken heraus, und genießen Sie den Anblick seines Gesichts, weil er nicht fassen kann, was für einen geilen Einblick er genießen darf. Und das für eine herrlich lange Spielzeit.

378 Die Siebenundsiebzig. Trommelwirbel! Hier ist sie, die zweite Stellung neben der 69, die eine eigene Nummer bekommt: die 77. Sie formt sich aus zwei im Löffelchen hintereinanderliegenden Liebenden. Dabei liegt Ihr oberes Bein über seinem, das untere haben Sie zwischen seine Knie geschoben. Wenn Sie jetzt beide langsam in der Hüfte nach vorne einknicken, sehen Sie von oben aus wie zwei verschlungene 7. Durch die gestreckte Beinhaltung werden Ihre Bauchmuskeln nach unten gedehnt, die Spannung erhöht sich nicht nur im Becken, sondern auch rund um Ihre Klitoris – und dazu kommt auch noch eine ziemlich exakte G-Spot-Punktlandung. Außerdem können Sie mit der 77 mindestens siebenundsiebzig Minuten verbringen, wenn Sie mögen …

379 Rodeoride für überdurchschnittlich Gebaute: Bei einem sehr dicken Exemplar Schwengel hilft es, wenn Sie sich zum Beispiel auf zwei nebeneinanderstehende, niedrige Sessel stellen, Beine gespreizt, er steht dazwischen, hält Sie fest, und Sie tanzen einen sexy Samba auf seiner Eichel. Gut, die Hüfte tanzt, die Füße bleiben schön stehen.

380 Diamantenfieber. Manchmal kommt es weniger auf die Art der Stellung an, sondern mehr darauf, welche Bewegung Sie ausführen, um das Vergnügen zu verlängern. Die »Diamant«-Position gerät dabei zum Glanzstück: Sie sitzen on top, doch anstatt auf und ab zu gleiten oder vor und zurück zu schubbern, bewegen Sie sich so, dass Sie mit dem Becken die Umrisse eines Diamanten nachzeichnen – wie ein Quadrat, dessen Spitzen auf seinen Nabel, seine Hoden, und links und rechts auf die Hüften zeigen. Damit erhöhen Sie Ihre Empfindungen, während er sich besser zurückhalten kann, da seine Eichel weniger gereizt wird.

381 Sie lieben es, wenn er über Ihnen ist? So verschärfen Sie den Anblick noch: Sie schließen die Beine, strecken sie aus, legen die Fußknöchel übereinander und stützen sich auf die Ellenbogen, um einen Blick gen Süden zu werfen. Er sortiert seine Beine außerhalb Ihrer Schenkel und setzt sich halb auf, kann durch die herrliche neue Enge nur halb eintauchen. Vorteil für Sie: Sie genießen in dieser »Gramya«-Stellung, wie sie vom *Kamasutra* wegen der geschlossenen Beine genannt wird, einen unverschämt geilen Einblick ins Geschehen, er kann sich mehr Zeit lassen, da er nur beherrscht zustoßen kann. Und sein Schwanz glänzt so schön!

382 Der V-Faktor. Eben noch liebten Sie sich in der traumverlorenen Langsamkeit eines zärtlichen Löffelchens, bei dem Sie seine Brust an Ihrem Rücken spürten, seine Küsse an der Schulter genossen – und jetzt ist Ihnen nach Temperamentswechsel? Die Liebeslehre des Taoismus nennt die folgende Stellung den »Kelch der neun Blüten«, was daran liegen mag, dass aus einem zarten Löffelchen ein ziemlich heißes werden kann: Sie beugen den Oberkörper nach vorne, er biegt seinen zurück, so dass Sie von oben wie ein »V« aussehen. Oder eben wie ein Kelch. Der Effekt: Durch den veränderten Eintrittswinkel wird die Sensibilität in Ihrem vorderen Becken angeregt.

383 Die Sexgöttin-Stellung: Lassen Sie sich gehockt auf ihm nieder. Das geht nach einiger Zeit auf die Oberschenkel, also knien Sie mit einem Bein auf den Laken oder bitten ihn, seine Hände unter Ihre Pobacken zu stemmen. Der Scheidenkanal wird enger, der Ausblick für ihn ist grandios, vor allem wenn Sie beide Hände auf den Oberschenkeln ablegen. Er möge derweil mit einem Finger an Ihrer Perle spielen.
Orgasmus-Garantie: Er legt sich ein Kissen unters Kreuz, so dass sein Becken und Bauch sich Ihnen wie eine Sprungschanze entgegenrekken. Klitoris-Action! Zur Unterstützung Ihres Rhythmus packt er Sie fest an den Hüften und macht schiebende und ziehende Bewegungen. Für Profis: Er legt dabei den Daumen an Ihre Lenden, die

Handflächen auf die Hüften, drückt Sie an sich und sorgt quasi aus dem Handgelenk für engen Kontakt von Klit und seinem Körper.

Zwei Kerzen: Verlegen Sie die Nummer aufs Sofa mit stabiler Rükkenlehne. Er sitzt aufrecht, wenn Sie auf ihn gleiten. So kann er tiefer eindringen. Wenn Sie jetzt in die Hocke gehen und sich an der Lehne festhalten, genießen Sie doppelte Effekte: Sie spüren mehr, Ihre Perle genießt Schubbervollkontakt mit seinem Bauch.

384 **»Die Welle der Glückseligkeit reiten«** – so heißt ein tantrisches Liebesritual, um Ihre Wünsche nach Slowsex zu erfüllen. Eine der Positionen nennt sich »die zurückgelehnten Liebenden«. Ihr Sexgott sitzt mit untergeschlagenen Knien aufrecht und beugt sich zurück. Sie gleiten auf seinen Penis, die Füße neben seinen Hüften aufgestellt, und lehnen sich ebenfalls zurück, bis Sie die Hände aufstützen können. So schieben Sie langsam und lustvoll Ihre Becken aufeinander zu, sehen sich wechselweise in die Augen oder dorthin, wo sich Ihre Mitte vereint.

385 **Aktiv – passiv.** Spielerisch und in absoluter Harmonie – das strebt die taoistische Yin-Yang-Methode an, die Sie in jeder Ihrer Lieblingsstellungen ausleben können. Yang steht für das weibliche, Yin für das männliche Prinzip (oder auch für Gewinn und Verlust, lieben und geliebt werden – eben den Ausgleich aller Dinge, wie das Leben nun mal ist), was sich im Liebesspiel so ausdrückt: Entweder Sie bewegen sich oder er. Einer hält immer nur »hin«. Zum Beispiel hält er seinen Aufständler im Missionar nur hin, während Sie sich unter ihm bewegen, die Hüften kreisen lassen, die kleinen Muskeln anspannen. Umgekehrt knien Sie sich so über ihn, dass nur er sich bewegt. Effekt dieses Wechselspiels: Sie können sich in Ruhe auf die Empfindungen konzentrieren, die die Liebkosungen des anderen auslösen.

386 **Es lebe das Löffelchen!** Entspannter geht es kaum: Egal ob Sie morgens vom Kuscheln zum Äußersten übergehen oder sich in einem Schlafsack aneinanderdrücken: Warm und geborgen ruhen

Sie aneinander wie zwei Löffel in der Schublade – zur »Flanquette« (siehe Nr. 338) finden die meisten Langzeitpaare wie selbstverständlich, wobei es meist die Von-hinten-Variante ist, obwohl das ganze auch von vorne funktioniert. Doch Löffel und Leidenschaft passen so gut zusammen wie Pudding und Haute Cuisine ...

Das gedrehte Löffelchen. Er liegt hinten, Sie vor ihm. Drehen Sie beide sich vorsichtig auf den Rücken, ohne den Kontakt zu verlieren. Ihr Oberkörper ruht neben seinem, Ihr Unterleib auf seinem Bauch. Stellen Sie die Füße auf, um ihm mehr Bewegungsfreiheit zu geben, oder bitten Sie ihn, sich mit einer Hand um Ihre Perle zu kümmern.

Schubbershow. Ziehen Sie das obere Bein an, und legen Sie ein Kissen so hin, dass es an Ihre Klit reicht.

Swing it. Beginnen Sie im »Grundlöffel« mit ihm hinten. Dann drehen Sie sich mehr und mehr auf den Rücken, ziehen dabei etwas die Knie gen Brust. Er schiebt seine Beine jetzt unter Ihre Kniebeugen, Ihre Beine liegen über seinem oberen Bein; er liegt fast im Neunzig-Grad-Winkel zu Ihnen. So können Sie bequem Ihre Klit mit der Hand erreichen. Sein veränderter Winkel sorgt für Oh, là, là statt Naja.

387 **Rip it off!** Sie lieben das Gefühl der Dringlichkeit, wenn er Ihnen den Slip zur Seite schiebt oder anreißt, um mehr Bewegungsfreiheit zu haben? Bitte sehr, dann dürfen Sie das auch. Boxershorts lassen sich wunderbar zerfetzen, bevor Sie sich an eine Tischkante lehnen und nur ein Wort sagen: »Jetzt!« Vor allem spannend, wenn in zwanzig Minuten Ihre Freunde vor der Tür stehen und Sie ihnen mit glitzernden Augen die Tür öffnen.

388 **Schnelle Jeans.** Man muss nicht immer einen Rock tragen, um die Fastsex-Chance der Minute auszukosten – Jeans erhöhen noch den atemlosen, drängenden Aspekt von »Rough Sex«. Ziehen Sie Ihre Jeans nur bis knapp zur Mitte der Oberschenkel und versuchen Sie, die Beine auseinanderzupressen. So erhöht sich der Muskeldruck auf das Becken enorm, setzt sich fort auf den Venushügel und lässt Ihre Klitoris weiter hervortreten. So streift er beim Eindringen mit

seinem Schaft lustvoll auf Ihre erhobene Perle, was Sie zu einem raschen Orgasmus peitschen könnte.

389 Schnell und leicht wie ein Spatz. Auch für Liebesspiele unter Zeitdruck hält das *Kamasutra* einen kleinen Hinweis parat, mit dem schwierigen Namen »Chatakavilasita«, was »die Jagd des Sperlings« bedeutet. Dabei stößt Ihr Geliebter nur noch ganz flach aus dem Becken heraus, während er bis zum Ansatz seines Schafts in Ihrer Muschel vergraben ist. Wenn Sie ihm dabei helfen wollen, drücken Sie im Missionar einfach Ihre Fersen rhythmisch in seinen Po. Die Vibrationen setzen sich bis zu seiner Prostata fort, kicken ihn zum Big O.

390 Aus kleinen ganz große machen: Sie knien sich hin, lassen sich zurücksinken und stellen dabei Ihre Füße flach auf, so dass sie eng am Körper stehen. Die Spannung bewirkt, dass Ihre Scheidenhöhle kleiner wirkt.

391 Rock 'n' Roll horizontal. Die anregendste Variation der Missionarsstellung seit Erfindung des Orgasmus: Er möge sich nicht mit beiden Beinen zwischen Ihre Schenkel legen, sondern versetzt, so dass ein Bein außen liegt und Sie wie zwei Scheren ineinander verschränkt sind. Jetzt macht er kreisende Rechts-links-Bewegungen wie ein Korkenzieher und bewegt sich so in Sie hinein. Liegt alles, wie es soll, und er stößt nicht, sondern rotiert mit den Hüften, dann bleibt er an Ihrer Klitoris kleben. Ja, es ist anstrengend. Und so was von gut!

392 Mach mal Pause. Das *Kamasutra* empfiehlt einem »Mann, der in den Künsten bewandert ist«, sein Leben nicht nur mit Arbeit zu verbringen, sondern feste Pausen für ein aufreizendes Liebesspiel einzuplanen. Jawollja! Schöne Grüße an Workaholics! Das gilt erst recht für Pausen im Home Office: Ihr Lover wird sich gern ablenken lassen, wenn Sie ihm die erotischen Möglichkeiten seines Arbeitsplatzes vorführen. *Variante eins:* Er sitzt auf dem Drehstuhl und lehnt sich zurück, Sie lassen sich im Stehen rücklings auf ihm nieder und stützen die Ellenbogen auf der Tischplatte ab. Lassen Sie Ihr Becken rotieren und fragen Sie später, wann Ihr Geliebter mal wieder zum Diktat dieser Art vorbeikommt. *Variante zwei:* Er stemmt in derselben Stellung einen Fuß gegen die Tischplatte und dringt so nur zur Hälfte ein, was die ganze Pause verkürzt, da nur seine Eichel gereizt wird. Und die reagiert bekanntlich auf komprimierte Zuwendung heftig.

Bonustipp: Doggystyle? Catstyle! Ganz Herr der Situation sein, dazu den scharfen Anblick eines ekstatisch gebogenen Rückens und angespannter Pobacken genießen: Doggystyle weckt seine archaischen Gelüste. Im Catstyle (»Marjama«), den ich mir vom *Kamasutra* abgeschaut und erweitert habe, wird es einen Zacken schärfer: Dabei liegen Sie auf dem Bauch, ein Kissen unter der Hüfte, er dringt von hinten im Knien ein. Wenn Sie jetzt die Beine anwinkeln und die Füße Richtung Po ziehen, kann er Ihre Knöchel umfassen und festhalten. Verboten gute Stellung, vor allem wenn er es schafft, Ihre Knöchel mit einer Hand festzuhalten und mit der anderen nach Ihrer Schulter zu greifen, um Sie doppelt im Griff zu haben. Während das Kissen unter der Hüfte gen Klitoris stupst und seine Eichel in Tiefen vordringt, aus denen Ozeane der Geilheit fließen, werden Sie abenteuerlich gut kommen.

Überall, nur nicht im Bett. Stellungen, Spiele, Sensationen: So rockt die Hütte!

Ein Ortswechsel hat eine sehr angenehme psychologische Folge: Wir benehmen uns anders, als wenn wir im Bett liegen. Wir werden mutiger oder verstohlener, hitziger oder alberner. Aber auf jeden Fall: anders. Und das wäre doch mal was Neues.

Küchentische & Co.

Seit der Postmann zweimal klingelte, wissen wir, was Spontansex ausmacht. Außerdem haben Küchentische und andere Haushaltsmöbel die optimale Hüfthöhe – für ihn. Eine Nummer auf dem Küchentisch lässt uns mindestens so wild und gefährlich fühlen wie einst Frau Lange und Herr Nicholson beim Seitensprung. Also: Tische frei, wir kommen!

393 Es ist angerichtet. Extrem verschärft wird diese Filmvorlage, wenn Sie sich zur Gänze auf den Tisch legen und auf die Seite rollen, dicht an der Längskante, und das obere Knie anziehen. Er schiebt ein Knie zwischen Ihre Beine auf die Tischplatte, während er von hinten eindringt. Der Begriff »Nageln« bekommt hier seine eigene Form, vor allem, wenn Ihr Geliebter eine Hand in Ihren Nacken legt und mit der anderen Ihre Knie fixiert.

394 Tischkerze. Anstatt auf dem Tisch zu sitzen und Ihre Beine baumeln zu lassen oder anzuziehen, damit Sie sie in seine Ellenbeuge hängen können, strecken Sie die Beine wie bei einer Yogakerze gerade nach oben. Er stützt Ihre Waden entweder mit beiden Händen oder indem er eine Schulter dagegenstemmt. Der Scheideneingang verengt sich, Sie spüren seinen Süßen intensiver.

395 Schwalbennest. Versuchen Sie, Ihre Knie so weit es geht in Richtung Ihrer Schultern zu ziehen, und dann die Knöchel zu kreuzen. Dadurch wird das Becken geneigt, er kann tiefer eindringen, und es sieht so wild aus wie es sich liest.

396 Öfter mal probeliegen. Eine optimale Hüfthöhe besitzen auch: Waschmaschinen, Gefriertruhen, Tischtennisplatten, Couchtische (wenn er auf einem Kissen davor kniet), Küchenspülen, Arbeitsflächen … Rutschen Sie stets dicht an den Rand, sonst schaukeln noch seine Balls gegen Kanten! Übrigens: Er kann zusätzlich den Winkel variieren, wenn er zwischendurch mal auf den Zehen wippt.

Schatz, wo möchtest du gerne noch kommen?

Sie möchten nicht unbedingt erwischt werden und es auch nicht mit einem Heer von Mücken aufnehmen – bleiben Sie also lieber Indoor. Meiden Sie Fahrstühle, prahlen Sie lieber hiermit:

397 Treppengeländer. Eigentlich wollten Sie ja in dieses Konzert, Sie sind bereits auf der Treppe mit diesem schrägen Handlauf und stellen fest: Wir sind allein. Niemand sonst ist da. Eine gute Gelegenheit, sich vors Geländer zu stellen und ein Bein in voller Länge darauf abzulegen. Ihr Geliebter steht eine Stufe darunter, und dringt ein. Wenigstens nur kurz, um später um so heftiger übereinander herzufallen.

398 Anderer Leute Lieferwagen – besser als Schatzis Autochen (obwohl einige Ketzer meinen, ausgerechnet der Smart würde sich zum Vögeln besser eignen als alle anderen Pkw!). Mieten Sie sich einen Sprinter oder bieten Sie beim Umzug selbstlos an, den Leihwagen zurückzubringen. Hach, machen wir doch geeern ...

399 Die Umkleidekabine im Schwimmbad. Sie: kniend auf der Bank. Er: stehend dahinter, ein Bein aufgestellt. Beim Umziehen, Anziehen, Ausziehen oder einfach so. Die vier Füße und ein leichtes Knarren werden Sie zwar verraten, aber dafür sind Sie frisch geliebt, die anderen nicht. Meiden Sie übrigens das Hamam, da werden die Geschlechter schon beim Ausziehen getrennt.

400 Dienst am Kunden. Beim nächsten Dessouskauf kommt er mit. Oder wenn er dringend eine neue Badehose braucht. Schnell ins Kaufhaus, bei der Servicekraft, die sich am meisten belästigt von Kunden fühlt, anhalten. Ab in die Umkleide! Die Arbeitsvermeiderin wird Sie jedenfalls ignorieren ...

401 Materialraum. Wenn einer von Ihnen wieder mal Überstunden schiebt, kann er den Floormanager bitten, den Materialraum (Papier, Drucker, Kopierer stehen da so drin) nicht abzuschließen. Bitten Sie den Liebsten hinein. Tun Sie es einmal im Leben auf dem Kopierer, aber lassen Sie alle Beweise verschwinden. Mit einem Freudenfeuer auf dem Parkplatz zum Beispiel, während Sie auf der Motorhaube weitermachen.

402 Sein Büro, Ihr Büro oder das Büro anderer Leute. Hoffentlich hat es da 'ne glatte Ledercouch, die quietscht so schön; doch auch der Chefsessel ist nett (nie wieder wird Ihr Chef Sie einschüchtern, denn immer wenn Sie ihn in seinem Sessel sehen, werden Sie denken: »Wenn du wüßtest!«) oder die Hocker in der Teeküche!

403 Vom Keller bis zum Dach. Es wird sich doch 'ne Party finden! Und im Keller anderer Leute ist es auch sehr nett. Und dunkel. Oder waren Sie schon mal auf dem stillen Dachboden in Ihrem Wohnhaus?!

404 Der Waschmaschinenraum anderer Leute. Fast so schön wie der Keller. Falls Sie einen eigenen besitzen: Die Vibrationen des Schleudergangs sind herrlich und übertönen die kleinen Schreie, die Sie ausstoßen werden, wenn Sie oben drauf sitzen und er davorsteht.

405 Schleudersitz. Sich fallenzulassen ist Vertrauenssache – oder eine Frage der flugfähigen Stellung: Wenn Sie Ihren Lover das nächste Mal dabei überraschen, wie er es sich in diesem großen Ohrensessel bequem gemacht hat, klettern Sie auf ihn, die Beine über den Lehnen und hinter den Sessel gehakt. Lassen Sie sich von ihm in der Taille festhalten, und legen Sie sich mit weit ausgestreckten Armen nach hinten, bis Sie nur noch von seinen starken Armen gehalten werden. Wenn Sie sich jetzt leicht aus dem Becken heraus bewegen, seine Bauchmuskeln köstlich an Ihrer Perle schubbern und Ihnen das Blut zu Kopfe steigt, erleben Sie einen freihändigen Gipfelsturm, der Sie zum Schweben bringt. Übrigens: Das funktioniert auf einem Schaukelstuhl noch besser!

406 Reisen bildet: Steigen Sie am Streckenanfang eines ICE-Zugs ein, und verziehen Sie sich alsbald auf die Toilette der 1. Klasse. Setzen Sie sich dort auf den Rand der Handspüle, und legen Sie los. Sie können auch an der Wand stehenbleiben und einen Fuß neben die Spüle stemmen. Nächste Haltestelle aussteigen und zurück. Da wird brav im Bord-Bistro gefeiert. Nehmen Sie unbedingt ein Stück warmen Butterkuchen, der ist ganz köstlich.

407 Im Schlafwagen durch die Nacht. Nehmen Sie einen Nachtzug, zum Beispiel nach Paris oder wohin auch immer. Reservieren Sie ein Abteil allein für sich. Nachdem der Kontrolletti Speis und Trank kredenzt hat, sind da nur noch die Nacht, er, Sie und das Rattern ...

408 Freuden des Sports. Falls Sie jemanden kennen, der zum Beispiel Handball spielt, fragen Sie nach den Trainingszeiten. Meist ist die Halle offen, und vor oder nach dem Spiel auch das Matratzenlager mit den harten blauen Matten. Alternative, falls kein Handballer frei: Stehlen Sie sich nachts auf den Sportplatz, und nehmen Sie die Plane von der Riesenmatratze der Hochspringer. Da ist's auch nett. Vielleicht finden Sie auch ein Trampolin ...?

409 Im Solarium. Ob einfach so in der Kabine oder in Sandwichstellung unterm Turbobräuner – nur schön saubermachen nicht vergessen, besser auch vorher. Gibt nach dem Akt lustige ungebräuntweiße Stellen überm Po!

410 In einem Wohnwagen: Mieten Sie sich einen Campingbus (gibt's für günstig), sausen Sie durch die Lande an schöne Orte. Für eine Nacht können Sie überall stehenbleiben, wo ein Parkschild steht; geduscht wird in Schwimmbädern. Ja, doch, kann man machen.

411 In Ihrem Jugendzimmer – besuchen Sie mal wieder Ihre Eltern, ihn bringen Sie mit. Wenn Sie noch Ihr altes Zimmer haben, schlafen Sie dort zärtlich mit ihm. Und seien Sie um Himmels willen leise! Süße Nostalgie ...

412 Waschgang: Sie *auf* der Maschine, er davor – kennen Sie. Legen Sie noch eins drauf: Er setzt sich auf die Maschine, Beine baumeln lassen. Sie setzen sich auf ihn, schlingen die Beine um seine Hüfte, kreuzen eventuell die Knöchel. Festhalten, Schleudergang – Action! Kommt am besten bei Weißwäsche (60° C und längste Schleuder) und hält seinen Po schön warm! Manche versuchen das auch auf dem vibrierenden Trockner.

413 Setzen Sie ihn auf einen Drehstuhl und sich selbst on top. Sie werden automatisch ins Rotieren kommen. Effekt: Die Fliehkraft, egal wie gering, wirkt aufs Ohr, die Schwindelgefühle machen Sie beide high. Hui!

414 Auch der Schaukelstuhl hat's in sich: Mann sitzt, Sie auf ihm. Schwingen Sie die Beine über die Armlehnen. Beugen Sie sich nach hinten, lassen Sie sich an den Händen festhalten. Ah, *da* ist der G-Punkt?!

415 Ist Ihr Wohnzimmer sexy? Eben war noch der Alltag da. Ein gutes Buch, ein solider Film, oder die besten Freunde sind gerade aus der Tür. Das Wohnzimmer verfügt über einen ähnlichen Wohlfühleffekt wie das Schlafzimmer, aber mit viel mehr Möglichkeiten! Sofa, Sessel, Chaiselongue oder Sideboards – hier können Sie kreativ werden. Praktisch jede Ecke lädt Sie ein, sie zu entweihen, sich aneinander zu vergehen, vom Teppich aufs Sofa und zurück in den Sessel, komm, halt dich hier fest, lass uns den Tisch da probieren …
Couch-Rotator: Von wegen, eine Couch ist nur zum Entspannen gedacht – so wird schon das Vorspiel spannend: Setzen Sie sich auf die seitliche Armlehne, ein Fuß auf dem Boden, der andere auf dem Polster. Rücken Sie dicht an den Rand – so kann er Sie kniend mit dem Mund begrüßen. Revanchieren Sie sich, indem Sie ihn bitten, sich so auf das Sofa zu legen, dass sein Po auf der Armlehne ruht. Dazu setzt er sich erst auf die Armlehne, lässt sich auf die volle Länge des Sofas zurücksinken. Durch die Schieflage steigt das Blut wohlig in seinen Kopf, während Sie seinen Ladyrocker mit der Zunge bespielen.

Wollen Sie mehr als eine Spielfilmpause »überbrücken«, darf er so liegenbleiben, während Sie sich mit dem Rücken zu ihm über ihn hocken. Halten Sie sich an der Sofakante fest. Falls Sie dabei ein erotisches Video laufen lassen, um so besser ...

Ablagefläche: Sonst stellen Sie auf den niedrigen Coffeetables Weingläser ab, heute trinken Sie später: Legen Sie sich auf den Beistelltisch, und zwar nur mit dem Oberkörper, eine Wange ruht auf den Unterarmen. Da der Tisch sehr niedrig ist, kniet er aufrecht hinter Ihnen – aber noch besser, er geht in die Hocke! So pocht er konsequent an Ihren G-Spot. Mutige lassen derweil die Kamera mitlaufen, die mit dem Fernseher verbunden ist, und sehen sich live dabei zu.

Beischlafsessel: Stellen Sie die Lehne eines nicht zu weichen Sessels auf etwa fünfundvierzig Grad – denn in diesem Winkel schubbern seine Bauchmuskeln am besten an Ihrem Lieblingsknöpfchen. Bitten Sie ihn, Platz zu nehmen, und legen Sie ein Kissen in sein unteres Kreuz, damit sich sein Becken senkrecht stellt – so kippt es auf den lustvollen Winkel. Knien Sie sich über ihn, Ihre Hände neben seinem Kopf. Er umfasst Sie bei den Hüften oder am Po. Schaukeln Sie mit den Hüften vor und zurück, nicht auf und ab: Die Belohnung sind intensivere Höhepunkte für beide.

416 Auf der Treppe (am besten einer mit Teppich bespannten, feine Leute haben so was, aber trauen sich nicht): Er sitzt mit geschlossenen Beinen da, Sie mit dem Rücken zu ihm auf ihm. Stellen Sie Ihre Füße auf zwei verschiedenen Stufen ab, so dass Sie das Gleichgewicht halten können und sich mit den Händen an der Wand, am Geländer oder der Stufe neben Ihnen halten können. Er hält Ihre Brüste fest.

417 Ab achtzehn. Sie werden sich wohl trauen müssen, es mal im Pornokino (Achtung: in Bayern an Feiertagen geschlossen) zu testen. Hintere Reihe. Vielleicht nur fummeln und schnell gehen – aber es hat was herrlich Unanständiges.

Open-air-Stellungen: Positionswechsel gefragt?

Wahrscheinlich wird es die zweite kriminelle Tat in meinem Leben. Das erste Mal klaute ich Bonbons, und jetzt könnten wir eine Anzeige riskieren, denn Sex in der Öffentlichkeit fällt unter »Erregung öffentlichen Ärgernisses«. Erregung. Hmmm! Aber, was tut man nicht alles für die Recherche … Und das kam dabei heraus (wir wurden nicht erwischt, Glück gehabt, und ziemlich viel Spaß sowieso …):

418 Ruderboot: Er sitzt auf der Isomatte auf dem Bootsboden, gern mit einer Decke im Rücken, an eine Bank gelehnt. Sie knien sich über ihn mit dem Rücken zu ihm, halten sich an der gegenüberliegenden Bank fest. Strecken Sie Ihren Rücken durch: So kippt Ihr Becken, er trifft genau auf Ihre innere Wohlfühlzone. Ja, theoretisch könnte er dabei noch rudern, aber wohin denn?!

419 Im Cabrio, die Variante für Rasante: Er setzt sich auf die Oberkanten der Sitzlehnen, spreizt die Beine und stellt die Füße auf den Sitzpolstern ab, hält sich dabei an den Kopfstützen fest. Sie knien sich dazwischen, um sich ihm mündlich zuzuwenden. (Mal unter uns: Eigentlich sollten Sie da oben sitzen und er sich an die Arbeit machen …)

420 Am See. Erfrischung nach dem Sonnenbad: Schwimmen Sie beide in eine ruhigere Ecke des Sees. Er setzt sich ans Ufer, aber so, dass Po und Hüfte noch leicht von Wellen umschmeichelt werden. Sie setzen sich mit dem Gesicht zu ihm auf ihn wie in der Reiterstellung, lassen sich dann langsam zurück ins Wasser gleiten, fassen ihn an den Händen – Sie liegen mit dem Oberkörper auf der Wasseroberfläche. Strecken Sie die Beine aus, stemmen Sie sie an den Uferrand – das sorgt dafür, dass Sie nicht rückwärts abtauchen! Jetzt kann er Sie an Ihren Händen leicht an sich ziehen, Sie sorgen mit den Beinen für die Gegenbewegung.

421 Nach dem Picknick: Sie sind beide satt und vom Schampus mit Erdbeeren angediddelt. Er möge sich an einen Baum lehnen, die Beine ausstrecken. Sie setzen sich kniend und mit dem Rücken zu ihm auf ihn, lehnen sich an. Und bewegen sich, soweit es Ihr Magen zulässt.

422 **Schubidu:** Männer lieben Füße, vor allem in hohen Hacken. Nehmen Sie ihn mit zum Schuhkauf. Bitten Sie ihn, das Knöchelriemchen zu schließen, während Sie sitzen. Zeigen Sie ihm per Skirt up, was Sie *nicht* darunter tragen. Davon kann Al Bundy nur träumen.

423 **Sie hassen campen? Sie werden es lieben!** Einfach mal ausprobieren – und abends ein Feuer anmachen und sich unter den Sternen an den Flammen lieben. Ja, er wird sich gleich doppelt so archaisch vorkommen, aber genau das ist der Sinn der Sache. Falls Sie kein Bärenfell als Unterlage haben – eine Decke mit Leopardenmuster oder eine mit falschem Fell tun's auch.

424 **Fahren Sie Aufzug** – aber nicht nach der alten Rock-hoch-umdrehen-vorbeugen-Nummer. Suchen Sie sich ein Hotel mit zahlreichen Stockwerken (Hilton, Sheraton, Radisson). Ziehen Sie sich beide edel an. Verabreden Sie, dass einer einsteigt, der andere erst im sechsten Stock zusteigt. Egal, ob Sie allein sind oder nicht: Sehen Sie sich nur an. Reden Sie kein Wort. Stellen Sie sich dichter voreinander, berühren Sie sich nicht. Streicheln Sie höchstens die Aura des anderen. Spüren Sie den Atem des anderen an den Lippen, am Hals, den Ohren. Wenn Leute ein- und aussteigen, nutzen Sie das »Umstellen« aus, um wie zufällig die Haut des anderen zu streifen. Fahren Sie so lange rauf und runter, bis Sie es nicht mehr aushalten.

425 **Klassiker Hochsitz.** Wie viele mögen es auf diesem wackligen, nostalgischen Klassiker getan haben? Vielleicht spekulieren Sie über wilde Schreie und heiße Stellungen, während Sie vor ihm die Leiter hinaufklettern, ihn bitten, Ihnen den Slip unterm Rock abzustreifen. Klar ist: Der Duft des Waldbodens, das Zwielicht der Blätter, die Naturverbundenheit erden mehr als jede Luxus-Suite.

Stabile Leitern laden dazu ein, sich zu ihm umzudrehen, bevor Sie den Aufstieg wagen: Sie lehnen mit dem Rücken an der Leiter, stellen ein Bein auf eine Sprosse. Er steht vor Ihnen, stellt ebenso einen Fuß auf die unterste Sprosse, geht leicht in die Knie, dringt ein. Sie halten sich an ihm fest, er sich an der Leiter. Bevorzugen Sie Positionen mit Ausblick: Oben sitzt er auf dem Jägersitz, lehnt sich an, streckt die Beine geschlossen durch. Sie stehen über ihm mit dem Rücken zu ihm, stützen sich auf der Brüstung ab, lassen sich auf ihm nieder. Fortgeschrittene verbinden ihm die Augen (mit seiner Krawatte), bevor sie einen Negerkuss von seinem Liebsten herunterknabbern.

426 **Action im Strandkorb:** Funktioniert gut, wenn Sie sich auf ihn hocken und Körbe in der letzten Reihe, nicht am Wasser, nehmen. Festhalten kann man sich an den Griffen zum Verstellen der Körbe. Sehr schön auch im Regen oder nachts, da sind weniger Zuschauer unterwegs.

427 **Jagen Sie sich gegenseitig durch den Sommer:** Versuchen Sie sich erst mit Federn zu kitzeln. Jagen Sie in den Garten, bespritzen Sie sich und ihn aus dem Gartenschlauch. Ja, natürlich tragen Sie keinen BH drunter! Die Aktivität schüttet bei beiden Adrenalin aus. Genau, das Zeug, das Herzklopfen verursacht und gern mit Verliebtheit einhergeht.

428 **Verschwitzte Laken, heiße Körper,** keine Abkühlung in Sicht, denn der Sommer brennt selbst in der Nacht auf Ihre Haut. Erinnern Sie sich noch an *Neuneinhalb Wochen?* Das Küchenpicknick mit erotischen Folgen? Vergessen Sie die Beteiligung von Lebensmitteln, und öffnen die Tür des Gefrierfachs. Ihr Geliebter darf sich davorsetzen und herrliche Frische spüren, während Sie sich auf ihn setzen und die Fußsohlen an seinen Po legen, um sich weit zu öffnen und das geile Kontrastgefühl von heißem Schwanz und kühlem Luftzug zwischen den Schenkeln einzusaugen.

429 Schaukel. Auf dem Spielplatz: Er sitzt auf dem Brett, Sie rittlings auf ihm. Bei jedem Abstoßen wird er mehr und mehr vordringen, es fühlt sich an wie der Gegendruck bei einem heruntersausenden Fahrstuhl. Alternative: Sitzen Sie auf ihm, aber er hält Sie nur fest, ohne einzudringen. Sie haben derweil Rin-no-tama-Kugeln in sich, die inneren Kugeln in dem Liebesspielzeug werden zum Schwingen und Klingen gebracht.

430 Sie sollten dringend seine Mutter kennenlernen. Natürlich um es im Schlafzimmer seiner oder Ihrer Eltern zu tun, was dachten Sie denn?

431 Besucherparkplatz. Trauen Sie sich, mit Ihrem Wagen in fremder Leute Garagenauffahrt zu parken und im Auto zu küssen und zur Sache zu gehen? *Yes!*

432 Drehwurm macht glücklich. Fahren Sie mit ihm auf der Drehscheibe eines Spielplatzes oder gehen Sie auf die Kirmes: Nach Drehwurm durch Karussell oder Scheibe ist Ihr Endorphinspiegel hoch genug, um auch beim Sex mal was anderes auszuprobieren (siehe dazu Kapitel 7).

433 Motorhaube: Wagen abkühlen lassen. Legen Sie sich halb über die Haube, lassen Sie einen Fuß – mit den höchsten High Heels, die Sie haben – auf dem Boden, das andere Bein schwingt er über seinen Oberarm. So vermeiden Sie Kratzer in seinem Liebling – selbst Sex könnte ihn da leider nicht besänftigen.

434 Im Zelt I: Zweimannzelte sind doch eher klein. So geht's trotzdem: Er sitzt im Schneidersitz, Sie setzen sich auf ihn, schlingen die Füße um seine Taille, stützen sich hinten mit den Händen ab. Hübsch für Zuschauer, wenn Sie eine Lampe im Zelt hoch! hängen.

435 Im Zelt II: Doch lieber ohne Publikum? Ab in den Schlafsack – zu zweit, Grundstellung Löffelchen. Winkeln Sie das untenliegende

Bein an, als ob Sie eine Treppe steigen wollten. Er schiebt sein unteres Bein zwischen Ihre, so dass sein Knie fast Ihre Vulva berührt.

436 Auf dem grünen Gras. Wozu pflegen Sie eigentlich den Rasen – etwa, um es niemals darauf zu tun?! Sie legen sich auf den Bauch, er kniet sich von hinten zwischen Ihre Beine und nimmt Sie wie beim »Schubkarrenrennen« hoch. Legen Sie was unter, sonst flucht die Waschfrau.

437 Fauler Tag: Sie haben eine Hängematte, wunderbar. Er setzt sich in die Mitte, so dass seine Füße auf einer Seite auf dem Boden stehen. Sie setzen sich mit dem Gesicht zu ihm auf seinen Schoß, lassen Ihre Beine auf der anderen Seite herunterbaumeln, und halten sich gaanz fest.

438 Fauler Abend: Reservieren Sie mit einem Handtuch eine Liege weit abseits vom Pool. Gehen Sie hin, wenn alle beim All-Inclusive-Dinner sind. Lehne halb hochstellen. Er legt sich darauf, stellt die Füße links und rechts auf den Boden. Sie steigen auf ihn, Füße ebenfalls am Boden, und lehnen sich zurück, bis Ihre Hände auf der Liege Halt finden.

439 Schon wieder eine öde Gartenparty. Schnappen Sie sich eine volle Kiste Bier, und schleppen Sie sie in eine ruhige Ecke. Er stellt sich mit dem Rücken zur Wand, Sie sich auf die Bierkiste. Einen Fuß an die Wand stemmen, während er Sie festhält; Sie stützen sich entweder mit den Armen weit ausgestreckt ab oder halten sich an seinem Nacken fest.

440 Nachts auf dem Fünfmeterturm im Freibad. Erst mal ab über den Zaun, Decke hinterherwerfen. Rauf auf den Fünfer. Er legt sich auf die Decke, Beine gerade, eins zur Seite abgestreckt. Sie legen sich so auf ihn, dass sein nicht zur Seite gestrecktes Bein zwischen Ihren Schenkeln ruht. Halten Sie seine Hände fest, stemmen Sie Ihre Zehen fest in den Fünfer.

441 Standing Ovations, Balance und Winkel: Stellungen für Stehenbleiber. Sexgöttinnen können sogar der heiklen vertikalen Variante etwas abgewinnen – nicht nur, weil Sex im Stehen zu den häufigsten Männerphantasien gehört. Es kommt nur auf den richtigen Winkel an.

In der Dusche: Versuchen Sie es nicht von vorne – ansonsten: rutsch, knack, Chiropraktiker. Besser: a tergo (von hinten), indem Sie ein Bein aufstellen und sich leicht vorbeugen, oder täuschen Sie ihn gleich bewusst und bleiben aufrecht stehen: Mit Hair-Conditioner zwischen den Schenkeln lässt es sich sexy und effektiv herumfluschen, während Sie den Wasserstrahl gen Klitoris lenken. Pressen Sie die Schenkel zusammen, um ihm das simulierte Gefühl zu schenken, in Ihnen zu sein und dennoch zu genießen, dass der warme Wasserstrahl von vorne seine Eichel liebkost. Natürlich darf er dabei Ihre Brüste einseifen oder seine Hände über Ihre Klitoris tanzen lassen …

Falls Sie es an einer *Hauswand* versuchen, suchen Sie eine mit Mauervorsprung in Kniehöhe. Hauptsache, Sie können ein Bein nach hinten abwinkeln und Ihren Fuß aufstützen. Jetzt schieben Sie Ihre Hüfte nach vorne – das erleichtert den Vorstoß. Wenn Sie sehr zierlich sind (sprich: leicht) und er regelmäßig Rücken und Bizeps trainiert, ist diese Stellung aus dem *Kamasutra* perfekt: Er lehnt an der Wand. Sie legen die Arme um seinen Nacken, schlingen die Schenkel um seine Hüften, stemmen die Füße gegen die Wand und stoßen sich rhythmisch ab. Er stützt Ihren Po mit den Händen.

Feucht, nass und glitschig: Liebesspiele in der Wanne

Baby, it's cold outside … Ob Sie ihn aus dem fadenscheinigen Grund, Ihnen sei kalt, in die Wanne locken oder sich zu einem gepflegten Wasserspiel bekennen: Sortieren Sie sich anständig! Sonst ertrinkt die Leidenschaft, wenn die Mischbatterie im Kreuz drückt, oder Sie bei gewagten Halbstehpositionen abglitschen und eine Affäre auf Krankenschein mit dem Orthopäden beginnen.

442 Diese drei Stellungen eignen sich für Nichtschwimmer – zum Vorspiel in der hauseigenen Badewanne:

Die Krebs-Schere. Beide sitzen halb aufrecht, mit etwas Angenehmen im Rücken. Sie legen Ihre Beine über seine, so dass seine Schenkel Ihre Kniekehlen stützen. Lassen Sie sich tiefer gleiten, bis Sie beide mit den Händen die interessanten Stellen erreichen können. Ölen Sie sich bei der Gelegenheit mit zum Beispiel Rosenöl ein. Denn auch wenn Wasser nass ist, wird es sonst Ihre Lotusblüte austrocknen!

Zum Hauptwaschgang: *Die gehockte Meerjungfrau,* die Sie aus der Scherenposition einnehmen, wenn er Sie an Ihren Händen zu sich zieht: Er liegt, Knöchel gekreuzt und Schenkel aneinander gepresst, Sie hocken über ihm. Er liegt kuschelig im Wasser, Sie leider nicht – dafür sollte er mit dem Waschläppchen an Ihrem Hotspot spielen oder mit 'nem Schwamm Ihre Brüste liebkosen.

Wenn Sie Ihren Spaß hatten, ist er dran mit dem *Missionar der Meere:* Sie brauchen als Untenliegende (a) eine Nackenrolle, (b) festen Halt – stemmen Sie einen Fuß gegen die Wand oder den Wasserhahn, der andere wird über den Rand geschwungen, gern mit Handtuch, und (c) ein Kissen unterm Po! Ansonsten verbiegt es ihm den Rücken, da er sich nicht wie sonst neben Ihrem Oberkörper abstützen kann, sondern auf den Wannenrand oder eine Ihrer ausgestreckten Hände ausweichen muss. Lassen Sie es brodeln – Fliesen können gewischt werden, nachdem Sie beide sich trockengefönt haben …

443 Wannenliebelei mit Zusatzeffekt: Bereiten Sie ein Bad, zum Beispiel mit sprudligem Sodiumbicarbonat beziehungsweise roten Zusätzen (Bodyshop). Trüffeln Sie das Bad auf – tropisch mit enormer Hitze, blauen und roten Lampen, Hibiskusblüten, oder romantisch mit weißen Kerzen, den Toilettendeckel abgedeckt mit rotem Samt. Legen Sie Nackenkissen bereit, Naturschwämme, Bürsten, Wasser, Champagner. Er wäscht sie, rasiert eventuell Ihre Scham (oder die Beine), und liebt Sie sanft im warmen Wasser. Beste Positionen: Sie hocken sich auf ihn. Wenn die Wanne groß genug ist, bleibt er on top, Sie hängen ein Bein über die Kante, das andere gegen die Armaturen gestemmt. Sonst opfern Sie ein Sofakissen und tauchen es unter Ihren Po.

444 Mehr Ideen mit Duschgel. Wärmen Sie das Bad vor, füllen Sie die Wanne knapp halb voll. Reiben Sie beide sich *vorher* mit einer Menge leckeren Duschgels ein. Er liegt unten, Sie oben – doch Sie schlafen nicht miteinander, sondern versuchen durch Hin-und-her-Schubbern auf kleinere und größere Höhepunkte zu kommen. Alternative: Benutzen Sie eine »Lochseife« mit 3,7 cm Durchmesser (bei www.sabasin.com oder als Knetvariante bei www.medintim.de)

445 Waschbeckensex nach Regieanweisung: Hinterlassen Sie eine schamlose Nachricht, wenn Ihr Badezimmerspiegel das nächste Mal beschlägt, die beschreibt, auf welche Weise Sie geliebt werden möchten, zum Beispiel: »Direkt hier und von hinten, Geliebter.« Trocknet der Spiegel, verschwindet die Nachricht – bis Sie das nächste Mal mit Wasserdampf einheizen, dann erscheint sie wieder. Die meisten Spiegel sind über dem Waschbecken: Füllen Sie es mit warmem Wasser, legen Sie einen Schwamm dazu. Stellen Sie sich mit leicht gespreizten Beinen davor und beugen Sie sich vor, bis Ihre Hände links und rechts an der Wand neben dem Spiegel liegen. Er stellt sich hinter Sie, dringt vor – und beträufelt währenddessen Ihren Körper mit Wasser und Schwamm. Mjamm, wieso tun wir uns eigentlich so selten so gut?

Und wo sonst noch, wo's feucht ist?

446 Im Regen. Kennen Sie den Film *Bandits,* in dem Jasmin Tabatabai mit einem sexy Cookie im Regen durch den Schlamm tobt? Das können Sie auch. Strandmatte und Kissen auf den Balkon, Regen abwarten. Er setzt sich im Schneidersitz hin, Sie oben drauf, schlingen die Knöchel um seinen Rücken – und lassen sich beregnen.

447 Die Spüle: Ihre Küche ist so mickrig, dass Sie es niemals auf dem Küchentisch tun werden – er passt nämlich nicht rein? Macht nichts: Setzen Sie sich mit gespreizten Beinen auf die Spüle. Wenn Ihr Geliebter gut ist, wird er hinter Ihnen mit warmem Wasser an Ihrem Po spielen.

448 Duschfreuden: Seifen Sie sich gegenseitig mit Haarkur-Shampoo ein – das glitscht schöner als Seife und trocknet die Haut nicht so aus. Widmen Sie sich gegenseitig Ihrem Po. Nach zehn Minuten Warmwasser und Fingermassage ist die Haut reif für leichte Schläge mit der flachen Hand oder dem Bademantelgürtel; die Nervenenden signalisieren nun nicht mehr: Schmerz, sondern: Mmmhhh … guuhut. Drehen Sie sich um, lassen Sie seinen Ladyrocker durch Ihre schaumige Pospalte glitschen, stellen Sie sich auf die Zehenspitzen, und nehmen Sie ihn zwischen die Schenkel.

Auf und in freiem Gewässer

449 Auf dem Ruderbötchen – Achtung, nichts für Seekranke: Er rudert in Sitzposition, Knie geschlossen. Sie setzen sich mit dem Rücken zu ihm auf ihn, schmiegen sich an seine Brust. Jetzt kann er nur noch paddeln, aber wollten Sie wirklich nur Bootfahren?!

450 Im tiefen Schwimmbecken: Ölen Sie vorher Ihre Vulva leicht ein – Wasser trocknet aus. Schwimmen Sie an den Rand, legen Sie Ihr Kinn auf die übereinandergelegten Hände, und suchen Sie mit den Füßen Halt an der Wand, dabei spreizen Sie die Beine. Er kommt von hinten angeschwommen, hält sich am Rand fest und stemmt die Füße an die Wand. Vielleicht findet sich ja noch 'ne schöne Massagedüse für Ihre Klitoris. Ein wenig wackelig, aber als Quickie akzeptabel.

451 Auf hoher (und nicht ganz so hoher) See. Wenigstens einmal sollten Sie es zu Wasser machen. Auf dem Segelschiff – zum Beispiel in der Schlafsackposition (siehe Nr. 435) in der Koje. Kein Törn in Sicht? Alternativ: die (Behinderten-)Toilette auf einer Fähre, die mindestens eine Stunde von hier nach dort braucht.

452 Im Whirlpool: Unter dem Geblubber sieht man wenig. Betreiben Sie, gegenüber sitzend, Zehenspiele unter dem Bikinislip, während andere um Sie herum sind. Wer's wagt, schmiegt sich auf ihn und rücklings in seine Arme, ist ja alles so harmlos … Sind Sie allein, suchen Sie sich eine Düse, die direkt auf Ihre Klitoris zielt. Sind Sie zu zweit, drängt er sich währenddessen von hinten an Sie. Oder Sie suchen eine Düse, die seinen Damm massiert, während Sie auf ihm sitzen.

453 Im Pool: Der Kick des Entdecktwerdens macht das Poolspiel spannend. Setzen Sie sich erst mal auf den Rand des Beckens, er möge wassertretend die Zunge zwischen Ihren Schenkeln auf Tauchstation schicken. Gleiten Sie dann sanft ins Wasser, halten Sie sich mit dem Rücken zur Wand am Rand fest. Er sucht Halt an den Fliesen (Zehen nach oben krümmen, dann geht's). Für Freischwimmer: Er versucht Sie von hinten wie eine Schubkarre durchs Becken zu lieben, während Sie nur mit den Armen Brustschwimmen. Schöne Grüße an Sabine B.: Wäre das nicht was für deinen Kollegen, der sonntags Schwimmen geht?!

454 Im Meer: Salziges Wasser trocknet empfindliche Schleimhäute aus – gönnen Sie sich viel Öl, bevor es in die Gischt geht. Suchen Sie sich entweder eine Stelle, wo er gerade noch stehen kann, und hängen Sie sich dort wie ein Klammeräffchen von vorne an ihn, oder er soll Sie so im Arm halten, als ob er Sie über eine Schwelle trägt. Wollen Sie es romantisch, legen Sie sich im Missionar so mit den Füßen Richtung anrollende Wellen, dass er allein durch rhythmische Wasserkraft in Ihnen bewegt wird. Und achten Sie darauf, nicht zuviel Sand in unmöglichen Körperöffnungen zu haben (fast nicht möglich).

455 Im See. Viele Seen haben eine Insel in der Mitte: hinschwimmen, lieben, zurück (beware of Mücken!). Sonst lieben Sie sich zu Vollmond auf dem Steg (Mutprobe!), oder, für weniger Mutige, lassen Sie sich ins Wasser hinab: Sie halten sich mit gestreckten Armen am Steg oder dem Einstieg fest, er sich an Ihnen. Funktioniert auch umgekehrt.

456 Alles so schön neblig hier: Gehen Sie ins Dampfbad, nehmen Sie ausnahmsweise Handtücher mit, die werden Sie als Tarnung brauchen. Lutschen Sie Eukalyptusbonbons, um nicht außer Atem zu kommen. Tragen Sie an schwitzintensiven Stellen wie unter den Brüsten, unter den Achseln, ein paar Tropfen ätherische Öle auf, wie Ylang-Ylang, Nelke, Vanille, Sandelholz – verführerisch lecker. Legen Sie die Handtücher über Ihren Schoß. Im Dampf sieht niemand, wie Sie mit der Hand darunter herumspielen. Übrigens: Für Sex wäre die normale Sauna einfach zu heiß (Kreislaufkollaps, Blutabschwellprobleme, Notarzt).

457 Im Salzwasserbad: Ob im Think tank oder einem speziellen Kurbad mit Salzwasseranlagen: Nur schweben ist schöner. Ölen Sie Ihre Einsatzgebiete vorher mit nativem Öl ein, versuchen Sie in der Schwerelosigkeit zueinanderzukommen. Funktioniert im Löffelchen oder wie die Klammeräffchen von Angesicht zu Angesicht.

458 Unter Wasser. Wenn Sie beide tauchen können, verlegen Sie den Akt mit Tauchausrüstung nackt unter Wasser. Es wird mehr Aufregung denn Erregung, aber dafür können Sie sehr damit angeben. Wichtig: Atmen Sie gleichzeitig ein und aus, um Auf- und Abtrieb aufeinander abzustimmen.

Spielzeuge, Spiegel und Schaukeln: Für Experimentierfreudige

459 Funktionieren Sie den Sitzball um. Entweder er sitzt, Sie auf ihm. Oder Sie legen sich mit dem Gesicht Richtung Boden darüber, er geht ein wenig in die Knie, um einzudringen. Erst schwierig, dann sexy. Und quietscht so schön.

460 Ligotage Surprise: Fesseln Sie ihn mit dünnen Lederbändchen, während er schläft, dann wecken Sie ihn mit Oralverkehr, bevor Sie sich auf ihn setzen. Dominette der Nacht!

461 Lightshow: In Läden für Partyzubehör finden Sie Stroboskoplampen. Mitnehmen, einstöpseln, das Schlafzimmer abdunkeln. Im pulsierenden Licht zu sexy Musik strippen.

462 Federweich. Boas, Federn (aus Daunenkissen zum Beispiel), übriggebliebene Puschel aus nie gebrauchten Staubwedeln: Richten Sie ein weiches Nest auf Ihrem Bett her. Verbinden Sie ihm die Augen, und bitten Sie ihn auf das Federnest.

463 Im Planschbecken. Besorgen Sie sich einen aufblasbaren Kinder-Swimmingpool und mehrere Flaschen Ihres Lieblingsöls – aber es sollte mineralhaltiges sein. Gießen Sie einen Teil davon in das Becken, reiben Sie sich mit dem Rest ein, nehmen Sie ein paar Toys mit und quietschen Sie herum. Auf Latexkondome müssen Sie dabei verzichten, die reagieren auf Öl porös (auf latexfreie Präservative ausweichen). Verlegen Sie den Spaß im Sommer auf den Balkon.

464 Antipasto. Natürlich kann die Uhr des Backofens ein Toy sein: Kochen Sie Spaghetti, stellen Sie die Zeit ein (um die elf Minuten), und legen Sie einen Quickie auf der Arbeitsplatte hin. Bis die Uhr klingelt, egal wie weit Sie beide sind, das Dessert wird um so leckerer. Sagt mein Lieblingskoch Giovanni.

465 Überraschungsszene. Leihen Sie sich einen Hardcorestreifen, deponieren Sie ihn im Videorekorder. Lassen Sie ihren Liebsten eine Zahl zwischen eins und hundert sagen. Spulen Sie bis zu der Minute. Turnen Sie bei Gefallen die gezeigte Szene nach.

466 Ein kleines Trampolin? Er im Schneidersitz, Sie auf ihm, die Beine hinter seinem Rücken. Versuchen Sie auf und ab zu schwingen. Mittelprächtig sexy, aber eine tolle Erinnerung.

467 Funktionieren Sie seine Erektion zu einem Vibrator um – mit den PVibe »Penisvibrator«: Er besteht aus zwei drei Zentimeter langen Minivibratoren aus Chrom, Stahl oder Gold, die mit einem Gummiring um seinen Schaft gelegt werden. Die Vibrationen lassen seine Eichel vibrieren; wenn er bis zum Anschlag in Ihnen verschwunden ist, reizen die Minis Ihre Klit. Sie können so zum Beispiel auch still ineinanderliegen und PVibe übernehmen lassen (www.pvibe.com oder bei Mae B., dem Frauenshop von Beate Uhse).

468 Technischer Hilfsdienst für XXL-Formate und XS-Mitspieler. Ihre Freundinnen würden Sie beglückwünschen, wenn Sie erführen, dass Ihr Herzliebster ein **XXL-Pornoformat** in der Hose herumträgt? Tja – der ist zwar schön anzusehen und anzufassen, aber für beide Beteiligten liegt die Crux in der Praxis. Eine Long-Dong-Fehlpressung mit dem Mund zu liebkosen wird schwierig (Maulsperre und Kieferkrampf), und ab gewissen Längen und Breiten kann der Sex auch schmerzhaft werden. Oder, was schade wäre: Er wird selten ganz steif, weil nicht genug Blut in die Übergröße hineinfließt. Da hat Mama Natur geprotzt, aber nicht an die Konsequenzen gedacht. Sex mit Penis-Übergrößen ist also nicht immer besser – er mag zwar King der Umkleide sein, aber verkehrstauglicher Übergröße-Umgang wird erst mal zur Technikangelegenheit:
Beim *Handjob* sollten Sie stets beide Hände verwenden. Variante 1: Handflächen anfeuchten, fest um seine Wurzel greifen, die andere Hand zur Druckunterstützung um die Greifhand legen, auf und ab gleiten. Und mit fest ist *sehr* fest gemeint! Ein Tick fester als Sie ein Rotkehlchen packen würden, damit es nicht wegfliegt. Vor allem kurz vor dem Höhepunkt lohnt es sich, die Eichel und den Übergangsring noch fester zu umfassen und auf und ab zu reiben. Variante 2: Geschlossene Fäuste – mit Öl oder Gleitgel versehen – übereinander um seinen Ladypusher legen, so dass er auf voller Länge umschlossen ist. Setzen Sie sich zwischen seine Beine, und biegen Sie sein Maxigerät zu sich hin, weg von seinem Bauch. Durch den Winkel wird der Blutrückfluss verhindert!

Für einen *Blowjob* sollten Sie eine Hand wie einen Ring vor Ihre Lippen halten, damit er nicht zu tief eintaucht, ab und an hart an der Wurzel auf und ab reiben – sonst sinkt er ab.

Beim *Hauptgang* kommt es auf Feuchte und Entspannung an. Heißt: Vorspiel, Vorspiel – oder K-Y-Jelly (Gleitgel). Atmen Sie tief aus, wenn er eindringt, dadurch wird die Vagina flexibler. Bitten Sie ihn, selbst um seine Wurzel zu fassen und seine Hand als Abstandhalter zu nutzen, bis sich Ihre Kleine an den Großen gewöhnt hat. Hat sie? Lassen Sie immer ein Bein flach liegen, auch wenn Sie das andere auf seine Schulter legen. Um gänzlich zu vermeiden, dass er an Ihre Gebärmutter stößt: Strecken Sie die Beine aus! Dadurch wird der Scheideneingang schmaler, er kann gar nicht so weit vorrücken, wie er wollte. Funktioniert in jeder Stellung: Beine zusammen! Das klappt im Missionar (seine Beine außen), im Reiter (Ihre Beine innen) und a tergo (halten Sie die Knie zusammen und richten Sie sich auf).

So. Aber was ist mit den Gegenstücken, eben den **Mr. XS,** die mehr auf Kaffeelöffellänge oder Textmarkerdurchmesser kommen? In den Händen einer Sexgöttin wird dieses sensible Thema zur »Kleinigkeit«: Bei *Handjobs* legen Sie zum Beispiel einen festen Ring aus Zeigefinger und Daumen um seinen Wurzelschaft, biegen seinen Ladyrocker leicht Richtung Hoden, bevor Sie mit der anderen Hand zu Werke gehen. Durch diese Standhilfe und den Druck nach unten wird er optisch länger und praller. So fühlt er sich sicher aufgehoben in *zwei* Händen – ein psychologischer Trick, der ihn vergessen lässt, dass die ganze Angelegenheit auch in eine Faust passen könnte. Das gilt auch für *Blowjobs:* Der Fingerring am Wurzelschaft garantiert Ihnen mehr Reibungsfläche. *Beim spannenden Teil* wählen Sie Stellungen, die den »Handschuheffekt« garantieren: Er sollte sich umschlossen fühlen, ohne aus dem Nest zu fallen. Im Missionar legen Sie zum Beispiel die Beine auf seine Schulter und halten sich an seinen Oberarmen fest. Das Becken kippt, Ihr Schatzhaus verkürzt sich, er dringt tief ein. Die entspanntere Variante: Sie schließen die Beine, spannen die Oberschenkel an. Funktioniert auch, wenn Sie flach auf dem Bauch liegen, ihn eindringen lassen, dann die Beine schließen, die Knöchel verschränken, und nur Ihre Hüfte bewegen. Er hält schön still. Als Reiterin on top vermeiden Sie Auf-und-ab-Bewegungen, sondern nehmen ihn auf und schieben Ihre Hüften vor und zurück..

Im Zweifel legen Sie bitte Hand an: Spreizen Sie Zeige- und Mittelfinger zum Victory-Zeichen, pressen Sie es auf Ihre Schamlippen, und lassen Sie ihn fest zwischen diesem Fingertor entlanggleiten. Der kleine Klammergriff, der in fast jeder Stellung funktioniert, hat zwei Vorteile: Sie spüren mehr, und er kann Ihnen nicht entkommen.

Ganz ohne Fingertricks kommen Sie aus, wenn Sie ihm schräges Eindringen ermöglichen: Drehen Sie sich im Missionar zum Beispiel mehr auf die Seite und ziehen Sie ein Knie zur Brust.

469 Der Singapore-Sling oder Was ist eine Liebesschaukel? Besitzen Sie eine überdachte Terrasse? Wunderbar – hier können Sie eine Aufhängefeder, Kette, Halter, zwei Schlaufen und eine Sling-Matte anbringen, die Platz für den Rücken bietet. Der »Sling« ist eine Liebesschaukel (sogar bei www.Neckermann.de gesehen), die Sie auch als Hängematte hängen lassen können, falls Gäste kommen. Wie das Teil zum Einsatz kommt, erfahren Sie unter anderem auf www.joyclub.de, Stichwort: Liebessattel. Das Getränk zu den Spielen, der Singapore Sling, besteht aus 2 cl Kirschlikör, 4 cl Gin, 3 cl Zitronensaft, 5 cl Soda, 1 Bl Puderzucker. Ab in den Shaker, mit Eiswürfeln und zwei Cocktailkischen servieren, à la votre.

Alkohol & Sex: Ein Glas Wein oder Sekt (wir reden von 0,2-Liter-Gläsern!) törnt an. Zwei Gläser machen wagemutig. Drei bis vier schlucken die Orgasmusfähigkeit bei beiden. Fünf heißt »Schöntrinken«. Sechs ist ein Gelage. Sieben ein Notfall.

6 Nur für mich – Solo-verführungen für Selbermacher

»Sagen Sie nichts gegen Masturbation –
es ist Sex mit jemandem, den man wirklich liebt.«
Woody Allen

Selfservice? Ja, unbedingt!

Selbstbefriedigung ist der Schlüssel zum Selbstverständnis, zur eigenen Lust – und die Voraussetzung, einem Mann zu zeigen, wie er mit Ihnen umzugehen hat. Und welcher Kerl wäre nicht gern der beste Liebhaber? So schließt sich der Kreis, und Sie können sich beruhigt den Feinheiten Ihres Solo-Sex widmen (der übrigens im 14. Jahrhundert als völlig normal angesehen wurde, während er im 18. für hysterische Ängste sorgte – die Menschheit ändert sich halt ständig in ihren Moralvorstellungen, tss, tss).

Bereiten Sie sich vor – Sie brauchen Ruhe, Zeit, Wärme, Dunkelheit, eventuell einen Schluck Prosecco, einen freien Kopf und einen entspannten Unterleib. Das funktioniert mit einem Bad oder einer Ovarmassage, die aus den medizinischen Weisheiten der taoistischen Lehren stammt: Lassen Sie Ihre Hände in Höhe der Eierstöcke auf der Haut kreisen, sechsunddreißigmal rechtsherum, sechsunddreißigmal linksherum. Spüren Sie die Wärme! Gönnen Sie sich mehr Feuchtigkeit, experimentieren Sie allein für sich mit Ölen, Gleitmitteln, Spucke.

Ähh … wie bitte? Sie machen so was nicht? Hm. Also: Masturbieren geht immer. Sollte auch jeder tun, ganz gleich, ob mit oder ohne Beziehung. Es ist ein genitales Fest, sich selbst gutzutun. Sie *sind* Ihre Vagina. Wie auch immer Sie sie nennen (Wie eigentlich? Muschel? Grübchen? »Da unten« etwa? Liebste, Schönste, Kleinste, geheimnisvolle Dame? Ich? Sie? Es?), dieses wunderbare Organ hat Ihre volle Aufmerksamkeit verdient. Meine Großmutter stammt noch aus der »Da unten«-Generation, meine Mutter sprach mit mir über meine Vagina oder Scheide, und mit den meisten Frauen meines Alters (das dritte Mal: dreißig) rede ich leider zu selten über Vaginae, fällt mir gerade auf. Wir reden nur von Sex, um das Wort zu umgehen. Oh. Da hab ich mich und alle anderen gerade ertappt. Haben Sie eine Lieblingsbezeichnung? Reden Sie mit ihr? Wenn sie eine Frau wäre, welches Kompliment würde sie gern hören? Wenn sie sich etwas von Ihnen wünschen dürfte, was wäre es?

Ich lege Ihnen, falls Sie mit Ihrem herrlichen Geschlecht uneins sind, die *Vagina-Monologe* von Eve Ensler (Piper Taschenbuch) ans Herz. Und bitte Sie, sich mit Ihrem sexuellen Ich anzufreunden, sie zu liebkosen, ihr zuzuhören, was sie will, wie sie es will. Und vor allem: von wem.

470 **Teasen Sie sich selbst:** Nehmen Sie Ihre Lieblingsphantasie, tun Sie es – aber kurz davor halten Sie inne, legen die Fußknöchel übereinander, pressen die Oberschenkel zusammen und streicheln sich an anderer Stelle weiter, Ihre Brüste, Ihren Bauch, Ihre Hände. Versuchen Sie, durch den Druck der Schenkel zu kommen. Wenn es nicht funktioniert – macht nichts! Wiederholen Sie dieses Spiel, atmen Sie laut, tief, sprechen Sie mit sich selbst, wie schön Sie sind, wie feucht, wie lecker und göttlich sexy. Sie werden belohnt: Nach einiger Zeit werden Sie Höhepunkte erleben, die von den Zehen bis zur Kopfhaut fluten. Nebeneffekt: Sie lernen, nur durch Schenkeldruck zu kommen, wann immer Sie wollen. Na ja, nahezu immer.

471 **Experimentieren Sie mit Zusatzstimuli:** Wie fühlt es sich an, währenddessen am Daumen zu lutschen? Wie ist es, dabei den Rücken am Laken zu schubbern? Zu schreien? Testen Sie aus, was Sie anmacht – um so besser können Sie einem Mann beibiegen, was Sie lieben.

472 **Nach drei Wochen heftigere Höhepunkte:** Ziehen Sie täglich dreißigmal Ihren PC-Muskel (siehe Nr. 24) zusammen und nach

247

oben. Vorteil: Ihre Genitalien werden mit mehr Blut versorgt, insgesamt sensibler für Berührungen und die »Bartholindrüsen« beiderseits des Scheideneingangs, die für Feuchte sorgen, reagieren besser. Nach einundzwanzig Tagen – so lange braucht der Körper, um etwas zu konditionieren – werden Sie den Unterschied zum ersten Mal *richtig* spüren. Einige Frauen haben dafür (nach der Geburt) den Beckenbodentrainer »Myself« entdeckt (gesehen bei www.sabasin. com). So. Und was Sie dann machen? Sich kurz vor der ersten Welle entspannen. Um die neu trainierten Muskeln so noch mehr zu spüren. Es ist der Hammer, sich während des Orgasmus bewusst locker zu machen!

473 **Lernen Sie Ihren Körper kennen:** Kombinieren Sie jede Fitnessübung mit Anspannung der PC-Muskulatur (siehe Nr. 24). »Masturbations-Yoga« nannte es mal eine Freundin. Probieren Sie, wie sich Klitorisstimulation mit Anspannung und ohne anfühlt – oder welchen Unterschied die Anspannung von Po, Bauch oder Oberschenkel macht. Experimentieren Sie mit Druck (zum Beispiel am Fahrradsattel), legen Sie feuchtwarme Waschlappen auf die Scham und spielen Sie darüber mit der Spitze eines Vibrators herum. Halten Sie dabei die Luft an oder atmen Sie laut. Benutzen Sie einen Dildo und einen Vibrator (und Gleitmittel, das wärmt!) gleichzeitig – experimentieren Sie herum!

Die Orgasmusfunktion sitzt nach Aussagen von Neurologen bei Frauen im rechten Schläfenlappen, bei Männern im Hypothalamus. Was Sie davon haben: Kurieren Sie Kopfweh mit lustvoller Onanie. Geben Sie sich selbst eine Kopfmassage – vorher und hinterher. Und essen Sie Pasta, die stimuliert diese Hirnregion …

474 **Geben Sie Ihrer Phantasie Raum.** Die Welt der Phantasie ist rauschhaft weit, ohne sie gäbe es keine Dichter, keine Leidenschaft und keine Erotik. Die Flucht in Gedankenspiele ist wie der Rückzug auf eine Insel, die im Meer des Alltags dazu einlädt, das Leben auf mehr Arten auszufüllen. Nutzen Sie Ihre Phantasien als Vorboten

dessen, was Sie noch erleben werden, denn sie liefern Ihnen uner-
schöpfliche Inspiration! Pflegen Sie den regelmäßigen Rückzug auf
Ihre geheime Insel im Kopf, und sei es einmal in der Woche, wenn
Sie sich eine halbe Stunde nehmen, um all die kleinen Begegnungen
der letzten Tage zu einer anregenden Vorstellung zu verknüpfen.
Was Sie im Kopf durchdacht haben, wird Ihnen leichter fallen, um-
zusetzen. Sei es der Quickie im dunklen Treppenhaus oder eine
Nacht voller sinnlicher Experimente.

475 **Sexy jour fixe:** Sich selbst etwas Lustvolles zu gönnen ist oft
eine Herausforderung – denn da warten die Pflichten gegenüber
Freunden, Familie, Geliebtem und Job. Jede Frau hat Fluchttaktiken, die verhindern, sich selbst Aufmerksamkeit zu schenken, sei
es der pralle Terminkalender oder das berühmte: »Wenn erst mal …
(der Abwasch fertig ist, der Urlaub da ist …), dann … (habe ich Zeit
für mich …).« Warum machen Sie es nicht, wie mit anderen festen
Terminen auch? Treffen Sie sich mit Ihrer Lust auf einen »jour fixe«,
und beschenken Sie sich selbst mit sinnlichen Erlebnissen. Eine Auszeit in der Sauna. Eine halbe Stunde in der Parfümerie. Ein Spaziergang durch die Stadt, bei dem Sie sich vorstellen, wo Sie überall
erotische Erlebnisse haben könnten …

476 **Keine Zeit für Liebe, Lust und Sinnlichkeit?** Legen Sie sich ein
Erinnerungs- und Vorfreudepolster an, um die Balance zwischen
Erotik und Alltag auszugleichen. Manche führen ein erotisches
Nächtebuch, in dem sie Phantasien und Erlebnisse notieren oder sich
Listen von lustvollen Aktivitäten anlegen, die sie gern ausleben
möchten. Die regelmäßige Beschäftigung wenigstens mit der Theo-
rie der »schönsten Nebensache der Welt« verhindert, dass Sie in
Routine erstarren, die Sie gar nicht wollen …

477 **Wie stellen Sie sich Ihre Lust vor?** Ist es eine Diva, eine wilde
Katze, ein scheuer Schmetterling? Das Tantra sieht die Lust als Teil
Ihrer Persönlichkeit, der umworben werden will, um Ihnen genuss-
voll zu dienen. Geschenke an Ihre Lust steigern nach tantrischer

Auffassung die Fähigkeit, sich in Begierde und Sinnlichkeit auflösen zu können. Beschenken Sie Ihre innere Lustgöttin, zum Beispiel mit der Herrichtung Ihres Schlafzimmers. Seidige Stoffe in allen Rottönen, Kerzenlicht, erotische Fotografien an den Wänden, frische Blumen im Wasser … Seien Sie großzügig in der Pflege der Lust, und sie wird stets Ihre anregende Begleiterin sein.

Die Vagina im Wandel der Sprachen – wo sagt man wie zum Reich der Mitte? Bitschigogerl, Bumbl (Bayerisch), Pussy, Cunt (Englisch), Mösle (Schwäbisch), Schmende (Jiddisch), Kolpos (Griechisch), Bugeta (Portugiesisch), Putii (Nepalesisch), Schatzchammere, Spieldose, Lusthöhli (Schweizerdütsch), Cunnus (Latein), Venusspalte, Biaschdn, Schnalle (Wienerisch). Scheide, Schoß: Poetisch. Hölle von Kalkutta: Henry Miller. Möse klingt böse: Süddeutsche Zeitung, 2001. (Was mir das Rechtschreibprogramm vorschlug: Schämende und Putzi. Pff). »Goethes Schwanz hieß übrigens Meister Iste.« Na, siehste, sagte Professor Gutknecht (Christoph Gutknecht: Ich mach's dir mexikanisch. *Lauter erotische Wortgeschichten, Beck Verlag), als er mein unpassendes Gesicht bei dieser seiner Gesprächseröffnung sah.*

Lust an und für sich

Kleine Do-it-yourself-Tricks für Ihr hoffentlich großartiges Vergnügen:

Bonustipp: Lass dich ansehen, Schönste. Machen Sie sich mit Ihrem Geschlecht vertraut, anstatt es nur durch gelegentliches Ertasten zu spüren – und erforschen Sie es mit einem langen Blick in den Spiegel. Nehmen Sie sich die Zeit, mit einer Taschenlampe Ihre Tsunami zu erforschen, auf ein Blatt Papier zu zeichnen, sich dabei zu merken, wie sich die Schamlippen verändern, wenn Sie erregt sind, welche Form das intime Herz besitzt, das sich aufblättert. Die Schönheit einer Vulva liegt in ihrer Veränderung. Nehmen Sie Farbe und Form auf, versuchen Sie, Vergleiche zu finden. Ist sie wie eine Blume geformt, farbenfroh wie eine Papaya, geheimnisvoll wie eine Auster?

»Studieren« Sie die Gesichter Ihrer Scham: wie sie aussieht nach einem heißen Bad, nach der Rasur mit Schaum, nach einem Fingerspiel mit sich selbst. Wie sie aussieht, wenn Sie einen Vibrator einsetzen, oder wie sie sich langsam öffnet, wenn Sie Gleitgel auftragen. Nehmen Sie einen Handspiegel zu Hilfe, um herauszufinden, warum Ihr Geliebter so fasziniert hinsehen muss, wenn Sie die Beine spreizen. Geben Sie ihr einen Namen. Einen, der den Respekt und die Liebe ausdrückt, die Sie für Ihre Sunny, Clara, Jenny empfinden. Behalten Sie das Geheimnis. Schreiben Sie in ein Oktavheft, was die Lady alles erleben möchte.

478 Machen Sie sich für Ihr Solospiel hübsch: Mit Dessous, die Sie sonst für spezielle Nächte aufheben. Betrachten Sie sich im Spiegel, streicheln Sie sich, behalten Sie die Pracht während des Fingerspiels an oder stellen Sie sich vor, dass es seine Hand ist, die Ihre Brüste gerade aus dem Spitzenhalter holt … Schenken Sie ihm das duftgetränkte Höschen oder ziehen Sie das Ensemble noch mal an, wenn Sie ihm zeigen, wie Sie allein mit den Fingern spielen. Der Vorteil: Er kann zusehen, ohne zuviel zu sehen.

479 Was tut Ihnen gut? Daumen, die doppelte Kreise ziehen, flache Handflächenreibung oder der gegenläufige Druck der Fäuste: Experimentieren Sie mit verschiedenen Handhaltungen, um herauszufinden, mit welcher Sie schneller kommen, mit welcher heftiger, welche mehr der Verführung dient und welche den Durst nach Erlösung erhöht … Verführen Sie Ihren Lustpalast mit all der Aufmerksamkeit, die Sie sich sonst von einem Liebhaber wünschen. Das *Kamasutra* empfiehlt, abwechselnd Liebesspielzeuge und die eigenen Finger einzusetzen, um die Empfindsamkeit der Klitoris zu steigern.

480 Machen Sie es sich warm. Wagen Sie Ausflüge aus Ihrem bisherigen Soloritual und entdecken Sie die sinnliche Erregung mit wärmendem Liebesspielzeug. Mit einem Hartglasdildo, den Sie im Wasserbad anwärmen. Mit Gleitmittel, das sich mit jeder Reibung weiter erwärmt. Oder mit einem feuchtheißen, herrlich rauhen

Baumwolläppchen, das Sie kreisend über Ihre Scham bewegen. Genießerinnen legen sich außerdem angewärmte, glatte Lavasteine (in Reformhäusern oder Eso-Geschäften) auf den Unterleib. Ausatmen …

481 **Natürlich kann man auch die elektrische Zahnbürste benutzen** – die Sie auf Ihre Finger halten, die auf Ihrem Sweetspot liegen und dann wie von selbst vibrieren. Vergessen Sie die Vorderseite von elektrischen Akkuzahnbürsten – die Rückseite ist es, die Spaß bringt, ohne aufzureiben. Seidenhöschen anbehalten, eventuell ein Tupfer Gleitgel auf die Klit geben, und los! Übrigens: Am besten eignen sich 3-D-Bürsten mit zwei verschiedenen Geschwindigkeiten und bis zu dreitausend Umdrehungen in der Minute!

482 **Deponieren Sie einen Dildo oder ähnliches in der Bettritze** und gönnen Sie sich ein zärtliches Rodeo. Oder Sie bleiben still drauf sitzen und streicheln nur Ihre Klit. Ein Toy mit gekrümmter Spitze, die Ihre »A-Zone« an der vorderen Scheidenwand ankickt, kommt besser. Das wusste sogar schon die berühmteste Bordellchefin Madame Gourdan, die unter anderem die Gräfin Dubarry, Mätresse von König Ludwig XV., ausbildete. Madame betrieb neben ihrem Lusthaus für Herren einen Versandhandel: mit Dildos aller Krümmungen, und, für das 18. Jahrhundert fortschrittlich, mit Spritzfunktion! Ihre »consolateurs« (Tröster) wurden auch von Nonnen bestellt. Schriftlich.

483 **Erhöhen Sie die Sensibilität Ihrer Klitoris, Ihrer Schamlippen, Ihres Venushügels.** Und verführen Sie sich ganz, ganz, ganz langsam und supersoft. Mit Federn, Blumenblüten, Rougepinsel oder der Spitze eines Seidentuchs, mit dem Sie über die Klitoris streicheln, bis sie zwischen den Fingern schier emporwächst. Denn je zurückhaltender Sie Ihr Geschlecht behandeln, desto deutlicher reagiert es. Effekt: Je feiner Ihre Klit reagieren kann, desto lustvoller wird später Ihr Sex, weil bereits geringerer Druck ausreicht, um Sie zu betören. Liebling, sanfter!

484 Gipfelstürme, die Sie nicht nur unter der Gürtellinie spüren.
Widmen Sie sich dem Energiekreislauf des Atems, um die Explosionswellen eines Höhepunkts bis in die Brust wogen zu lassen. Das Flussbett dieser Empfindung ist das »chi«, das durch Yoga, Tai-chi oder Pilates »ausgebaut« wird. Hilfreich dabei ist die innere Vorstellung eines Lichtstrahls, der von Ihrer Scham bis unter den Scheitel reicht, und an dem Sie gedanklich entlangatmen. Während Sie sich streicheln, lassen Sie den Atem in dem Lichtstrom auf und ab steigen.

485 Technik, die begeistert: Entdecken Sie die Verführungskraft Ihrer Fingerspitzen, um das Solospiel lustvoll zu verlängern. Wie fühlt es sich an, erst große Kreise auf der Scham zu fahren, dann kleinere? An den Härchen und Lippen zu zupfen oder mit dem Daumen an der Klitoris zu klopfen? Je langsamer und sanfter Sie vorgehen, desto mehr Grade an Sensibilität werden Sie entdecken, um sich letztlich langsam, aber gewaltig einem Höhepunkt entgegenzubringen.

486 Aktivieren Sie Ihr erotisches Nervenzentrum. In Ihrer Klitoris warten mehr Nervenenden als zum Beispiel in der männlichen Eichel darauf, geweckt zu werden. Tja, Jungs, nicht neidisch werden, dafür könnt ihr im Stehen … Genau. Erforschen Sie die lustvollen Reaktionen Ihrer Perle mit Heiß-kalt-Wechselspielen. Ob mit einer angefrosteten Aprikosenhälfte oder einem angewärmten Tuch, das Sie fest zusammendrehen, als ob Sie es auswringen wollten, bevor Sie es sich durch die Schamlippen ziehen: Mit jedem Grad-Celsius-Wechsel erhöht sich die Durchblutung Ihres göttlichen Organs.

487 Atemenergie. Eine völlig andere Art von Höhepunkt erreichen Sie, wenn sich Ihre kleinen inneren Lustmuskeln um einen Dildo herumschließen können – der Widerstand lässt sie noch schneller zucken. Nutzen Sie die Kraft des Atems und Ihrer Bauchmuskeln, um den Effekt noch weiter auszureizen. Versuchen Sie, beim ersten Eindringen kräftig auszuatmen. Wenn Sie die ersten Bewegungen einleiten, spannen Sie das Becken an und atmen tief ein. Sie werden spüren, wie Ihr Liebestempel den Dildo fast einzusaugen versucht und sich beim Höhepunkt stärker darum schließt. Natürlich klappt dieser Saugeffekt auch beim Liebesakt mit dem Liebsten …

488 Wasserfreuden & andere Variationen. Legen Sie sich unter dem Wasserhahn Ihrer Badewanne zurecht. Lassen Sie Tropfen für Tropfen auf Ihre Klitoris plätschern (ein wenig wie chinesische Wasserfolter). Oder halten Sie den vollen Strahl (vom Duschkopf) über Ihre Klit. Auch der Strahl eines Bidets lässt gut dafür einrichten. Bitte nie direkt in die Vagina zielen! Ebenfalls ganz reizend: ein Waschhandschuh aus Frottee zum Schubbeln. Probieren Sie es zur Abwechslung auch mal hockend.

489 Im Rhythmus der Musik. Sie kommen beim Onanieren wahnsinnig schnell, nur mit Ihrem Geliebten dauert es länger? Das mag daran liegen, dass Sie sich schwertun, Ihre Eigenregie und Kontrolle loszulassen und sich auf einen fremden Bewegungsrhythmus einzulassen. Überlisten Sie Ihre innere Regisseurin, die sich vor allem fragt: »Wie sieht das denn aus? Wie hört sich das denn an? Und wieso macht er das mit mir, ich entscheide gefälligst selbst, wann ich komme, so!«, und lassen Sie sich vom Beat der Bässe Ihrer Lieblingsmusik leiten. Ohne schneller oder langsamer zu werden, folgen Ihre Fingerbewegungen nur dem Takt der Songs. Sie werden überrascht sein, wie Sie dennoch kommen werden – und die neue Lust am Kontrollverlust gleich beim nächsten Mal mit Ihrem Liebhaber ausleben.

490 Sextoys sind dazu da, um mit ihnen zu spielen – und sie vielleicht auch anders zu verwenden als gedacht. Wie fühlt sich ein Vibrator an den Brustspitzen an? Wie ein Dildo, wenn Sie verschiedene Penisringe über ihn schieben? Und wie die ursprünglich für andere Spiele gedachten »Analbeads«, mehrere Kugeln in einer Reihe oder an einem Dildo, die Sie nacheinander verstecken und im Moment des Big O langsam oder schnell wieder herausziehen?

Entdecken Sie die Möglichkeiten der diversen Lovetoys, um sie nicht nur bei sich selbst, sondern auch mit Ihrem Geliebten erregend anders einzusetzen.

491 Ich kann kommen, so oft ich will. Oder? Die Legende von multiplen Höhepunkten sekündlich nacheinander trifft nur auf 1 Prozent aller Frauen zu. Meist ist es so, dass der zweite oder dritte Big O einer erneuten Stimulierung bedarf; der Abstand kann zwischen zwei bis zwanzig Minuten liegen. Da die Klit nach dem ersten empfindlich ist, ist eine direkte Stimulation für viele unerträglich. Die Kunst liegt darin, beim ersten Orgasmus langsam vorzugehen: Steigern Sie den Druck auf die Klitoris behutsam. Nach dem Höhepunkt machen Sie weiter, sanft genommen wie in der ersten Runde. Wer zu früh heftig rubbelt, verbaut sich die Chance auf Nr. 2. Üben! (Macht die Haut schön!)

492 Hochspannung. Hocken Sie sich mit gespreizten Beine hin, lehnen Sie sich nach hinten, bis Sie flach auf dem Rücken liegen, die Beine angewinkelt, die Knie heben Ihren Hüftbereich. Die Oberflächenspannung auf Ihre Schamblätter erhöht sich, Sie reagieren sensibler. Die Stellung ist auch für ein gemischtes Doppel mit ihm höchst sexy.

493 Kugelfreuden. Wenn Sie Vaginalkugeln für zu groß halten, versuchen Sie es mit »Ben Wa«-Kugeln von der Größe einer Murmel, mit einer zweiten Kugel inside. Belassen Sie eine Kugel in Ihnen, wenn Sie sich selbst lieben.

494 Erkunden Sie Ihre »lustvolle Sackgasse«: Ziehen Sie die Bauchund Beckenmuskeln an. Nehmen Sie einen Dildo – oder wonach immer Ihnen ist – und rücken Sie ihn sehr langsam vor. Suchen und spüren Sie den Punkt an Ihrem Muttermund, der lustvoll reagiert und nicht schmerzhaft. Da ist er, der U-Punkt – merken, und beim nächsten Mal integrieren, indem Sie Ihre Bauchmuskeln anspannen: So tritt der U-Punkt (auch Cervix-Point genannt) besser hervor.

495 Der Atemkick: Bringen Sie sich bis kurz davor, zwischendurch setzen Sie immer mal ab, atmen statt dessen laut und stoßweise. Wenn Sie merken, dass es losgeht, nehmen Sie die Hände zur Seite, heben die Beine leicht an und atmen wieder laut und stoßweise. Je öfter Sie üben, desto besser funktioniert es im »Ernstfall«.

496 Besorgen Sie sich Sensual-CDs – Männer mit aufregenden Stimmen lesen anregende Storys. Nachteil: Die Dinger gibt es bisher nur in den USA. Sonst hören Sie rein in *Liebesspiele* (von Nina & Jens Kramer, Ariston Verlag) oder *Heiß und innig. Erotische Geschichten* von Bettina Hesse (Audiobuch).

497 Lassen Sie sich von Geschichten aus dem www inspirieren – auf www.cliterati.co.uk surfen Sie durch 1500 sexy Phantasien (auf Englisch), bei www.janesguide.com finden Sie delikaten Schmutzkram, der aus dem Internet gesammelt wurde: unter »Reviews« klicken.

498 Des Kissens Kern. Viele Frauen haben ein Lieblingskissen, auf das sie sich bäuchlings legen, um sanft auf und ab zu schubbern. Legen Sie zwei Kissen aufeinander und deponieren Sie einen härteren Gegenstand dazwischen – Tennisbälle, Teigrolle, Teakholz-Schuhlöffel. So liegen Sie weich und haben trotzdem Gegendruck.

499 Leckere Früchte. Ach, ja: Als straflosen Penis- oder Vaginaersatz, der die Schleimhäute nicht strapaziert, sind nach Aussagen meiner sinnlichen Freundinnen nutzbar: Wassermelonen (zurechtschnitzen und entkernen, für seinen Spaß!), geschälte Zucchini (für Sie), Feigen (vor allem als Massagehilfe auf den Brustwarzen!!), und nicht allzu reife Mangos. Das Laken danach abschreiben.

500 Auf der Suche nach dem K-Spot. Die K-Spots »fand« ein Franzose namens Kivin – als seine Frau auf ausgefeiltem Cunnilingus bestand. Seine K-Punkte befinden sich links und rechts dicht neben der Klitoris am oberen Ende der Schamlippen – manche fühlen da zwei Knubbel, andere nur die Außenseite der Klit-Vorhaut. Egal: Massieren Sie mit Daumen und Zeigefinger die Seiten der Klit und schauen Sie, ob und was passiert.

501 Relaxte Reise – Was braucht ein weibliches Becken, um zu kommen? Entspannung. Und die erreichen Sie am einfachsten mit einer Wärmflasche. Wahlweise auf dem Bauch, zwischen den Beinen, im Rücken. Manche haben sogar Plüschüberzüge für die Warmwasserflasche, die sich auch zum Schubbern hervorragend eignen.

502 Sie wollen Höhepunkte, die Sie nicht nur unter der Gürtellinie spüren? Ein Grund mehr, sich dem Energiekreislauf zu widmen, der nach taoistischen und tantrischen Lehren jeden Körper durchzieht. Taoistische Lehren sprechen von einem »externen« Höhepunkt, wenn er sich nur im Beckenbereich abspielt – und von einem »internen«, der den ganzen Körper flutet. Das Flussbett dieser Empfindung ist das »chi«, das Sie durch Yoga, Tai-chi oder Atmen ausgebildet haben. Das schreibt natürlich wieder kein Fitnesscenter ins Faltblatt hinein!

503 Allein mit der Tabuzone: In der indischen Liebeslehre *Kamasutra* gilt Analverkehr als heiliger, göttlicher Vorgang. Jeder Mensch ist in der Analregion sensibel für Berührungen – nur auf welche, ist die Frage. Manche betört bereits ein sanftes Streicheln mit den eingeölten Fingern am Damm, ein neugieriges Tupfen einer Pfauenfeder. Andere ziehen eine indirekte Massage vor, bei der die Pobacken zusammengedrückt, gespreizt oder gegeneinander massiert werden, oder wenn ein Vibrator nur von außen an den Nebeneingang gehalten wird. Und wieder andere schätzen es, in dem Rosettenring Druck und Bewegung zu spüren: ob mit Analbeads (kleine Perlen an einem Faden aufgereiht, die nacheinander in den Seestern versenkt und dann schnell oder schön langsam hinausgezogen werden), einem Minivibrator mit abgerundeter Spitze oder einem Analdildo, der an der Spitze schmal und am Ende breit ist. Probieren Sie es aus,

257

aber lassen Sie eine Hand dabei stets an der »Kükenzunge« (Klitoris), um sich zu erregen.

504 Eintritt verboten. Wenn Sie sich mit einem Dildo lieben, versuchen Sie, ihn nur zwischen den Schamlippen entlangzuschieben, aber nicht eindringen zu lassen – wie ein Hotdog zwischen zwei Brötchenhälften. Trinken Sie Champagner, während das Spielzeug über Ihre Klit und in dem kleinen Lustcanyon entlanggleitet.

505 Die Welle reiten. Das Schöne am weiblichen Orgasmus ist, dass sich die Erregung nicht so rasch abbaut wie bei Männern (oder, wie der blinde Seher Teiresias laut griechischer Sage herausfand: Die Lust ist zu einem Teil im Manne, zu neun Teilen in der Frau. Wir Damen sind das genussvollere Geschlecht, also sollten wir es nutzen! Auch wenn es Männer blind vor Sorge macht, uns dann nicht zu genügen ...). Nutzen Sie die Hochphase nach dem Solohöhepunkt, und machen Sie mit einer anderen Technik weiter, um die Erregung zu halten. Lassen Sie zunächst die Klitoris aus, massieren Sie Ihre Schamlippen, nutzen Sie einen Dildo, spannen Sie die Beinmuskeln an – bis Sie nicht anders können, als wieder die Klit zu berühren. Sie werden nicht beim ersten Mal einen zweiten Gipfel stürmen, aber mit der Zeit reiten Sie die Welle öfter als nur einmal. Weil Sie es können!

506 Gleitgel macht auch für eine Hand allein Sinn: Während Sie einen gepflegten Hardcorefilm schauen, die heißesten Stellen von *Schmutzige Geschichten. Fantasien für erotische Momente* lesen oder den neuen »Twister« oder »Impulse-5-Universal«-Vibrator mit erstaunlicher Rotierfunktion testen: Aquaglide dazu und auf Spucke verzichten.

507 Sehen Sie sich selbst dabei im Spiegel zu – vielleicht mit dem Handspiegel, den Sie hinstellen können, um sich an dem Wunder zwischen Ihren Beinen sattzusehen, oder vor einem Spiegel, um sich selbst in die Augen zu schauen?! Was Sie sehen, ist Ihre erotische Seele.

508 Was wollen Sie hören? Sprechen Sie sich all das selbst vor, was Sie gern im Bett gesagt bekommen würden. Alternative: Bitten Sie einen Callboy, Ihnen eine Kassette mit von Ihnen erdachten Sätzen, Worten, Lauten zu besprechen.

509 Yes, I will. Nutzen Sie die »self-fulfilling prophecy«! Anstatt sich zu fragen: »Werde ich kommen?«, sagen Sie sich: »Ich werde kommen, aber sicher.« Vertrauen Sie dieser Klarheit, denn sie nimmt Ihnen den Druck. Behaupten Sie nie mehr, Höhepunkte seien nicht wichtig. Seien Sie dafür offen, wenn die Lust Sie anfliegt – und Sie zum Beispiel nach dem Workout oder einem hektischen Einkauf durch Adrenalin so angeschärft sind, dass Sie ganz kribblig sind. Tun Sie es sofort! Hören Sie auf Ihren Körper, anstatt ihn mühsam dazu zu bringen, hochzufahren.

510 Sagen Sie ja zu ästhetischen Sextoys, die speziell für die beiden Hauptlustzonen entwickelt wurden: wie beispielsweise zu dem ergonomisch geformten »Ultime« in hellblau, der an beiden Enden vibriert, wie ein U geformt ist und gleichzeitig G-Zone und Klit stimuliert, dabei dicht am gesamten Schambereich aufliegt. Und nicht wie ein Penisersatz aussieht, sondern wie ein süßer, einundzwanzig Zentimeter langer Ladyshave, mit dem Sie durch jeden Zoll kommen, ohne rot zu werden (bei www.eva.de).

511 Mut zur Likör-List: Alkohol entspannt, zuviel Alkohol schränkt Ihre Orgasmusfähigkeit ein! Trinken Sie trotzdem allein ein Glas Wein oder Prosecco kurz vor Schlafzimmer-Eintritt. Tasten Sie sich zu sich selbst vor – vom Nacken bis zu den Lenden. Experimentieren Sie mit Fingervibratoren und Gleitgel.

512 Denken Sie an Sex – ständig. Und nutzen Sie beispielsweise die morgendliche Dusche, um sich fast zum Kommen zu bringen. Den Blick tragen Sie den ganzen Tag mit sich rum. Wasserfestes Toy: zum Beispiel der »Jolie«, 9,5 Zentimeter türkisfarbenes Miniwunder (www.natural-contours.com).

513 Sauna intim. Versuchen Sie in der Sauna, jeden Schweißtropfen von Ihrem Bauch über Ihre Klit rollen zu lassen. Versuchen Sie in der Dampfsauna, sich selbst diskret zu berühren – am besten so, dass es aussieht, als ob Sie sich eine Fußballenmassage mit den Fingern geben, Fuß dicht an sich gezogen. Klar geht das mit einem Handtuch darüber ...

514 Zeigen Sie es ihm. Wovon Männer in einer Beziehung träumen? Nein, nicht von zwei Blondinen im Whirlpool. Acht von zehn wünschen sich, ihrer Herzliebsten zuzusehen, wie sie sich allein verführt – Soloeinlage mit Publikum. Eine Frau, die demonstriert, was ihr guttut, wirkt auf Männer erotischer als jeder Hardcorestreifen!

Was dagegen spricht: Ihr Schamfaktor. Sie werden bei der Idee nervös, vor den Augen Ihres Lovers Hand anzulegen!? Tun Sie es »sweet & shy«: Bitten Sie ihn, sich aufs Bett und an die Wand zu setzen, mit Kissen im Rücken, Beine gespreizt. Kuscheln Sie sich mit dem Rücken an seine Brust, lassen Sie sich in den Arm nehmen. Behalten Sie den duftigen Slip oder das Nightie an, dann schließen Sie die Augen und tun das, was Sie sonst ohne Zuschauer machen. Er kann Ihren Nacken küssen, Ihre Brüste streicheln – oder mitmachen. Vorteil: Er sieht ein bisschen, aber nicht alles, was Sie in Verlegenheit bringen könnte – und Sie sind in Zärtlichkeit vereint, anstatt ihm gegenüberzusitzen und sich unverhohlen ansehen zu lassen.

Mutigere Solistinnen binden ihn mit ein: Zeig du's mir, dann zeig ich's dir. Sie können zum Beispiel an einen Tisch gelehnt stehen, er dicht vor Ihnen, seinen Loverboy im Griff. Sehen Sie sich in die Augen oder auf die Finger. Fortgeschrittenen-Variante: Sie liegen Hüfte an Hüfte, Ihr Kopf in Richtung seiner Füße, beide mit Kissen im Nacken – zum Gegenseitig-Zusehen.

Sextoys, die keine sind: Sextoy-Sexpertisen

Sexy Matchball: Sexgöttinnen brauchen keine teuren Toys, um aus dem Schlafzimmer eine Spielwiese der Lust zu kreieren – es reicht ein:

515 Tennisball. Sie schütteln den Kopf, ich sehe es von hier! Aufschlagsreife Solistinnen spielen erst mal alleine Satz, Sex, Sieg!

1. Trainingseinheit zum Aufwärmen: Einen Ball auf den Boden (oder das nicht zu weiche Bett) legen, je nach Empfindlichkeitsgrad Ihrer Loving-Lady ein Tuch darüber, bäuchlings so legen, dass der Ball an der Klit schubbert. Hin und her, vor und zurück rollen, bis Sie den gewissen Rhythmus gefunden haben. Falls es Ihnen zu schweißtreibend ist, den Körper auf dem Ball zu bewegen, funktioniert es auch umgekehrt, wenn Sie sich auf den Rücken drehen ...

2. Block: Deponieren Sie Ihren Matchball zwischen den Beinen, nahe des magischen V. Versuchen Sie, per Muskelanspannung Schenkeldruck auf die Spitze Ihrer Lust auszuüben.

516 Die Kugel für Bastler. Funktionieren Sie einen eiförmigen Plastiksalzstreuer um, und deponieren Sie eine Stahlkugel in ihm – voilà, eine eigene Kugel für Ihren Solospaß. Nicht nur bei Kegelübungen sehr annehmbar.

517 Tea for two. Brühen Sie sich einen Ginkgo- oder Brennesseltee. Sowohl getrunken als auch sanft auf intime Körperregionen getupft, erhöht er die Durchblutung in unteren Regionen. Werfen Sie einen Blick auf Ihre Tulpe, wie sie blüht.

518 Mein Handtuch und ich. Rollen Sie mit Ihrem Venushügel auf einem zusammengerollten Handtuch herum – experimentieren Sie damit, es längs oder quer zu legen. Legen Sie eventuell etwas Hartes wie einen Teigroller, eine stabile, leere Plastikflasche oder eine Altarkerze ins Handtuch. Sagte die Hausdame des Pfarrers.

519 Dildo à la maison. Ihr Vibrator ist altmodisch, zu klein, zu langweilig oder Sie haben keinen, aber jede Menge (nicht zu kleiner!) Kerzen? Schneiden Sie aus Schaumgummi Hüllen, Aufsätze oder anderes zurecht, Kondom darüber (oder zwei) und für eine einmalige Spielangelegenheit verwenden!

520 Good Vibrations: Manche Ladys besitzen einen elektrischen Ladyshave. Dessen Rückseite, dezent mit einem Seidentuch umwikkelt, sicher Ihre Klit ganz reizvoll zum Vibrieren bringen kann.

521 Das eine zum Essen, das andere zum Spielen: Aufgeschnittene Trauben, Mangos oder Papayas haben einen sexy Gleiteffekt auf der Klitoris, und vor allem können Sie die andere Hälfte der Frucht währenddessen verspeisen oder auf Ihren Brüsten verreiben. Für deutliche Begegnungen lohnen sich Zucchini: Im Wasserbad angewärmt und mit einem Kondom bekleidet, dienen sie als Dildo-Ersatz. Ansonsten nehmen Sie, auch bei Toys, was *Sie* wollen: Vatsyayana, Verfasser des *Kamasutra,* betont, dass ein »künstlicher Lingam gemäß den Wünschen einer Frau« ausgewählt werden solle. Is klar, Meister.

Die am häufigsten verwendeten Begriffe für »miteinander schlafen«: ficken, vögeln, poppen, bumsen. Eher seltener: pimpern, flachlegen, nageln, Nummer schieben, pudern, schnaggseln, begatten, beiwohnen, vollziehen und be(i)schlafen. Ach, Schatzi, mach's mir einfach.

7 Lack, Leder, Latex: Und was soll ich damit?

»Ich habe gar nichts gegen Gruppensex,
wenn die Gruppe aus zwei Menschen besteht.«
Anthony Quinn

Fetische, Bondage & Discipline, sub/tops, Rollenspiele, Swinger, Streifzug durch abenteuerliche Lüste wie Lebensmittelfans, Weiße Studios oder Latexpartys, Knebeln, Voyeure, Exhibitionisten und Wachsspiele ... Was Sie davon haben, ist ein Ausflug in die weite Welt jenseits von spielzeugfreiem Sex. Und davon kommt man nie mit leeren Händen zurück, und sei es dass man nur um eine Erfahrung reicher ist: etwas gefunden zu haben, was knallt – oder die Gewissheit, nichts verpasst zu haben.

522 Fetisch und BDSM – Technik, Tabus, Tatwerkzeuge. Manchmal kommen Fetisch-Liebesspiele mit Anleihen aus Bondage, Sado/Maso oder Befehl-und-Gehorsam-Praktiken daher. Auch wenn »alles nur Spaß« ist – Regeln gehören dazu:
Sicherheit: Bei Fessel-, Schlag-, oder Knebel-Sessions immer ein Codewort (auch als *Safeword* bekannt) wie »Rot!« oder »Nebelscheinwerfer« oder eine Geste (doppelter Händedruck) vereinbaren. Damit ein »Nein« auch als »Schluss jetzt« und nicht als spielerisch bittendes »Nicht aufhören!« verstanden wird.
Technik: Egal ob Sie fesseln, sich eine Spreizstange zwischen die Beine binden lassen, mit Wachs hantieren oder vom Tätscheln zum Klapsen übergehen – die ersten zwanzig Minuten sollten Sie langsam und zurückhaltend angehen, da sich der Schmerz-Lust-Pegel erst hochschaukeln muss. Sie wärmen quasi die Nervenenden erst an.
Spanking: Je dünner ein Schlaginstrument, desto mehr schmerzt es. Deswegen ist eine Neunschwänzige Katze zwar nett für die martia-

lische Optik, aber die (mehr als neun) breiten Lederbänder tun kaum weh. Erstaunlich, aber wahr (ich durfte es in der netten Boutique Bizarre in Hamburg/Reeperbahn 35 ausprobieren. Autsch). Schlimmer ist da jede Reitgerte! (Doppelautsch.) Manche verwenden den Griff der Neunschwänzigen als Dildo (mit Kondom) und die Gerte als Drohinstrument oder Dekostück zum Gouvernantenoutfit, ohne zu spanken. Andere lassen das Accessoire einfach wie ein Coffeetable-Book herumliegen, anstatt es zu benutzen (wie die Peitschen von www.suendhaft.com). Beginnen Sie mit der flachen Hand, experimentieren Sie mit Handschuhstoffen – und immer erst an sich selbst. Geeignet ist die untere Hälfte des Pos; die Sweetspots liegen an den unteren Po-Rundungen. *Bitte hier nicht oder nur zart hauen:* Gesicht, Hals, Innenseiten von Armen und Schenkeln, Brüste nur mit sanften Viel-Bänder-Peitschen; genauso Hände, Bauch, Waden, Hoden, Vagina. Für jemanden, der nur wenig mehr als Klapse möchte und mehr auf die Stimmung als auf den Schmerz steht, sind Peitschen mit Seiden- oder Satinschnüren ausreichend. »Paddles« (das paddelartig geformte Züchtigungsinstrument wird bei Lehrer-Schüler-Spielen benutzt) sind ebenso intensiv. Alternativ: Pingpongschläger!

Light Bondage: Fesseln Sie nicht zu fest, wo Arterien und Venen direkt unter der Haut liegen. Dazu gehören: der Halsbereich, Handgelenke, Leisten, Ellenbeugen, Kopf. Sobald Taubheitsgefühl auftritt: runter damit! Wenn Sie es zum ersten Mal machen (lassen), nur die Handgelenke zusammenbinden. Nach und nach steigern.

Accessoires für gelegentliche Kinkspiele

523 **Schaftmanschetten:** Aus elastischem Silikon, kann die röhrenförmige Stulpe über Finger, Dildos und seinen Schwanz gezogen werden. Gleitgel auf den Noppen kommt gut, aber nach zwanzig Minuten bitte herunter vom Penis.

524 **Handschellen für Kommandospiele:** Billigware mit Plüsch ist bei wilder Action instabil; besser: Markenhandschellen mit Sicher-

heitsclip aus dem Waffen- und Edelsexshop sowie die Klassiker von Hyatt.

525 Ledermanschetten statt Handschellen – fühlen sich gut an, sehen sexy aus und sind auch für Fußknöchelfesselungen geeignet. Finger weg von sogenannten Anfänger-Sets zum Festkletten auf dem Laken – ein Ruck, und die Fesselstunde hat ein Ende.

526 Diamantförmige Dildos – eignen sich auch für backwards. Vorteil: Sie können wegen ihres breiten Sockels nicht einfach so verschwinden, der breitere Mittelteil stimuliert die sensiblen Regionen am Scheideneingang.

527 Dildo mit Saugnapf – einfach auf den Badewannenrand oder an die Wand pecken. Erregend, wenn er von vorne kommt und sich ein zweiter Venusspalter von hinten herandrängelt … Interessant sind dabei Cyberskin-Dildos mit verschiebbarer (Vor-)Haut auf hartem Kern. Die nahezu naturalistischen Spielschwänze sind allerdings ganz schön teuer.

528 Pfauenfedern! Praktischerweise gibt's die auch beim Floristen, im Eso-Shop oder Einrichtungsladen. Kitzelt, streicht, flattert – gern an den Innenschenkeln oder zwischen den Pobacken.

529 Analbeads – kleinste Kugeln an einer Schnur aufgereiht. Nacheinander und zärtlich in Ihrer oder seiner Rosette untergebracht, werden sie beim Höhepunkt herausgezogen. So müssen sich Trommel unter einem Wirbel anfühlen. Nicht mit »Stroker Beads« verwechseln – das sind Kugeln an flexiblen Schnüren, die um die Erektion gelegt werden.

530 Flipper, der blaue Delphin. Neu auf dem Markt der wasserfesten Vibratoren für Blubber-Amüsement: »Flipr«, ein Minidelphin, den man sich auf die Finger stecken kann, um in der Wanne herumzugründeln (www.adultshop.de).

531 Kryptische Geheimwaffe: der AFE-Vibrator (Anterior Fornix Erotic Zone = vordere Gewölbebogen-Erotik-Zone, die Sie spüren, wenn er a tergo kommt). Aus rotem Hartkunststoff, dünn (1,5 Zentimeter), zwanzig Zentimeter lang; das Ende ist gebogen. Das Teil stimuliert die Gegend, wo man den G-Spot vermutet, also die vordere Scheideninnenwand, und die frau allein selten erreicht. Auch als G-Spot- oder G-Lover bekannt (www.1.venize.com).

532 Sie wollen ihn überraschen – wetten, mit einer »Seemansbraut« rechnet er nicht. Wirklich niedlich: »Christy Canyon« (bei erotik-foryou.com). Futuristisch: das »Super-Lustrohr«. Sieht aus wie eine hohle Taschenlampe. Dämlicher Name, gute Sache. (Gefunden bei www.toys4you.de/ – als Absender steht bei dem Gayshop »Lighthouse Computer« auf dem Paket. Diskret!)

533 Rin-no-tama: zwei mit Bändle verbundene Kugeln, die fürs Training des Beckenboden gedacht sind. Gut – aber tragen Sie die Dinger mal den ganzen Tag. Oder behalten Sie sie an, wenn er auf Lip-to-Lips geht oder sanft seine Eichel an Ihrem K-Spot schubbert – holla! (gesehen bei www.boutique-bizarre.de)

534 Geliebte Schlafmaske – sitzt besser an Ort und Stelle als fluffige Seidentücher. Gibt es mit Plüschbesatz gegen Druckstellen, außen mit Lack oder Leder. Sie drücken ihm so ein Teil aufs Auge, lassen ihn niederknien, und hoffen sittsam darauf, was als nächstes kommt …

535 Rodeospiel: Sie brauchen dazu einen Oberschenkel-Harness (zum Beispiel bei www.prideworld.de oder boutique-bizarre.de unter »Strapon«). Hier wird der Dildo per Gürtel am Oberschenkel angebracht. Ihr Liebster darf den Rodeo-Harness um ein Bein schnallen und sich auf die Bettkante setzen. Schwingen Sie sich auf den Dildo. Er muss versuchen, Sie mit wippenden Bewegungen abzuwerfen. Wenn Sie sich dabei an seinem besten Stück sanft festhalten, wird er ziemlich schnell gezähmt sein …

536 Schwarz und wild. Kleben Sie sich schwarze Pflaster (mit Stoffschutz für die Nippel!) über die Brustwarzen, tragen Sie Parfüm mit Sandelholzduft (macht Männer angeblich wild – das wollen wir sehen …!), halterlose Strümpfe (Beine *nicht* eincremen, sonst kullern die Dinger um den Knöchel!), High Heels und eine Boa. Beziehen Sie Ihr Bett in Schwarz. Ihre Haut wird diabolisch gut aussehen, wenn Sie sich hinknien, das Ende der Boa festhalten, es durch Ihre Scham ziehen, er hinter Ihnen steht und am anderen Ende ruckelt.

537 »Die Perlen im Champagner festhalten« – so nennt sich diese Spielart des Knebelns. Die softe Methode wäre, ihm einen getragenen, sehr dünnen Slip auf die Nase zu legen und symbolhaft ein Seidentuch um seinen Kopf, über den Mund, zu schlingen. Er muss durch den dünnen Stoff noch atmen können, probieren Sie es an sich selbst aus! Vereinbaren Sie ansonsten »Brummcodes« – dreimal kurz, zweimal lang.

538 Das Gefühl von Gummi auf der Haut ist für ihn sexy? Besorgen Sie sich einen Spülhandschuh, dann schlüpfen Sie hinein, geben eine große Portion Gleitmittel darauf und beginnen sehr, sehr sanft, ihn zu reiben. Machen Sie sich nicht lustig, manche mögen es eben!

539 Sie haben dummerweise eine Latexallergie. Oder er. Forschen Sie nach latexfreien Vinyl-Handschuhen, falls es Sie nach Doktorspielchen gelüstet. (www.purenature.de)

540 Chocolate kiss. Nur für den Fall, dass Ihr Fetisch »Schokolade« heißt – nehmen Sie doch mal ein Stückchen in den Mund, bevor Sie sich ihm oral zuwenden. So haben beide was davon. Die Rückstände von weißer Schokolade sehen übrigens besser aus.

541 Fesselnde Spielchen: Knoten und Kombinationen
Seilschaft-Ausrüstung: Am besten sind geflochtene Seile (Segelshop, Baumarkt) ab 1,50 Meter Länge, möglichst glatt und weich. Beste

Dicke: 8 mm. Bitten Sie den Segelfachmann, Ihnen die Enden zu spleißen (mit Garn zu umwickeln), damit sich die Fäden nicht aufdröseln. Ein Finger sollte beim Binden immer noch zwischen Haut und Seil passen.

»Home made«-Alternative: Elastisches Verbandsmaterial, zumindest wenn Sie die Beine zusammenbinden. Eignet sich hervorragend zum Augenverbinden: Legen Sie aus einem Tuch ein passendes Rechteck für den Augenbereich, bedecken Sie die Augen Ihres Partners damit und fixieren Sie es nicht zu stramm mit dem Verband.

Hände fesseln: Ein fünf Meter langes Seil doppelt legen. Am Ende eine Schlaufe bilden. Um die Handgelenke legen. Seilenden durch die Schlaufe führen. Zweimal um die Hände herumlegen; entweder in gleicher Laufrichtung oder entgegengesetzt. Mit doppeltem Knoten sichern.

Slipstek zum Fesseln von Händen an Bettpfosten oder Füßen an Stühle: Seil um einen Gegenstand legen. Einmal verknoten. Eine halbe Schleife – wie beim Schuhezubinden! – nach oben legen, festziehen. Hält sicher – und lässt sich mit einem Zug wieder öffnen.

Knoten per Internet lernen, zum Beispiel bei www.erotikforum-hamburg.de/system/tips/bondagekurs1.htm. Knoten per Buch: *Das Bondage-Handbuch. Anleitung zum erotischen Fesseln* von Matthias T.J. Grimme (Black Label Verlag).

Für Fortgeschrittene: Je eine Hand an einen Fuß binden. Dafür müssen Sie großes Vertrauen haben, denn in dieser Stellung können Sie nicht sehr viel machen!

Hand-Oberschenkel-Fesseln – zum Beispiel aus Nylon-Cordura für Fesselfaule (im Shop oder Versand). Hält die Hände fest an Ort und Stelle und sorgt für interessante Positionen.

PS: Nur für den Fall, dass jemand es schick fände, Sie im Auto zu fesseln: No way. Irgend jemand fährt einem in die Seite, und dann sitzt man ziemlich dumm da.

542 **Verbindlicher Solitär.** Legen Sie Ihre Füße übereinander, binden Sie die Fußgelenke zusammen, legen Sie sich auf den Rücken. Bringen Sie sich bis kurz davor – und nehmen dann Ihre Finger

weg, versuchen Sie, alleine durch den Druck der Beine und Oberschenkel zu kommen. Wenn Sie dieses Spiel öfter machen, werden Sie nach einiger Zeit fähig sein, durch den Druck Ihrer Oberschenkel zu kommen.

Bonustipp: Basics zum Bondage. Alles, was aus Metall oder Plastik ist, sollten Sie nicht verwenden. Je dünner Schnüre sind, desto eher schneiden sie ein und behindern die Durchblutung (also Seidentücher oder Stockings nicht zu fest ziehen!). Neben weichen, festen Seilen eignen sich blickdichte Strumpfhosen, Gürtel vom Bademantel, Überzüge, Stoffstreifen aus Baumwolle oder Leinen. Alles nicht zu fest anziehen, der Gefesselte soll Bewegungsspielraum haben. Die Knoten sollten leicht zu lösen sein. Vorgefertigte Lederfesseln sollten keine scharfen Kanten haben und eventuell innen gepolstert sein. Hände weg von Billighandschellen!

Um zu testen, ob er auf Bondage steht: Halten Sie seine Handgelenke über dem Kopf fest, fragen Sie, ob es ihm gefällt. Tragen Sie ihm auf, seine Hände hinter dem Kopf zu halten, egal, was Sie mit ihm machen. Ist er brav – wunderbar. Das nächste Mal können Sie ihn mit den Armen überkopf festbinden. Vereinbaren Sie Safe Words, falls Ihr »Bottom« nicht mehr spielen möchte.

Wenn Sie seine Körperspannung erhöhen wollen, fesseln Sie seine Arme eng am Körper – indem Sie die Ellenbogen zum Beispiel mit einem Seil hinter einer Stuhllehne verbinden. Sorgen Sie ansonsten dafür, dass beim Fesseln seine oder Ihre Beine immer leicht angezogen und gespreizt sind. Gestreckte Beine, die sich nicht anziehen lassen, können den Höhepunkt verhindern.

543 Und was mache ich jetzt mit einem gefesselten Mann?! Der Reiz des Gefesseltseins liegt in der Auslieferung und der Hoffnung, dass gleich was Aufregendes anstatt 08/15 folgt. *Erster Kick:* Nicht nur die Handgelenke fixieren, sondern auch die Beine – seine! Gespreizt, mit genug Spiel, dass er die Knie anziehen kann. Mit durchgestreckten Beinen kann kaum ein Mann kommen – er muss sie leicht anziehen und öffnen können.

Jetzt liegt das Paket da in seiner Pracht – und nun? Sexgöttinnen wissen, was sie mit einem zur Bewegungslosigkeit verführten Mann anfangen – *Stufe 1: Auslassen und Hinhalten*. Ob Sie ihn mit Öl einreiben, mit Federn liebkosen, Fingernägel über seine Haut streifen oder Nippel und Lippen über seinen Körper tänzeln lassen: Sparen Sie Stellen aus! Dazu gehören sein liebstes Stück und sein Mund. Legen Sie ihm nach der auslassenden Streichelarie ein Kissen unter den Kopf, damit er Sie sehen kann. Wie Sie sich ausziehen. Das Spannendste (Slip) lassen Sie an. Berühren sich, ziehen ein Tuch durch Ihre Beine, machen schön vor seinen Augen an sich rum …

… um ihn nachfolgend die Augen zu verbinden. *Stufe 2: Zeit für sinnliche Quälereien*. Nehmen Sie einen Schluck Likör, küssen Sie seine Haut, seinen Mund, lassen Sie ihn etwas von Ihren Brüsten kosten. Beginnen Sie langsam, dann steigern Sie das Tempo. Jetzt wird es Zeit, ihn *dort* zu berühren – nicht mit der Hand, sondern mit unterschiedlichen Stoffen. Fragen Sie ihn, was er sich wünscht. Küssen Sie ihn statt dessen an seiner Eichel. Sagen Sie ihm, dass Sie nun Ihren Slip ausziehen …

… und befehlen Sie, dass er stillhalten soll, sonst hören Sie auf – mit dem, was Sie vorhaben. *Endphase:* Lassen Sie sich auf seinem Mund nieder, so dass seine Zunge Ihre Klit erreicht. Rücken Sie nach angenehmer Zeit Richtung Lenden, bis er in Sie gleitet – und nehmen Sie ihm die Augenbinde, später die Armfesseln ab, damit er Sie endlich auch berühren darf.

Übrigens, vermeiden Sie im Eifer des Geflechts bitte: Heiß-kalt-Spiele, Spanking, Kitzeln, abruptes Zurückbeugen während der Reiterstellung, und wenn Sie überraschend Wachs auf ihn tropfen, findet er das bestimmt originell, aber leider auch ausgesprochen unangenehm.

544 Paketdienst. Er ist der nette Junge von UPS, und er muss ein Paket nach Übersee bringen. Dazu muss er es allerdings gut verpakken: Bitten Sie ihn, ein langes (bis zu vier Meter), sehr weiches Seil (in Seglershops zusammen aussuchen) mehrmals um Ihre Hüften zu schlingen. Er soll es dann so zwischen Ihren Beinen hindurchführen und hinten befestigen, dass es bei Ihren Bewegungen an Miss Klit und dem Anus schubbert. Wenn er richtig gut ist, macht er einen Knoten direkt über Ihrer Klitoris. Wenn er eher der sanfte Typ ist, wird er Spitzenmanschetten mit Seidenbändern nehmen (gesehen bei Mae B.).

Andere Idee: Lassen Sie sich nach orientalischer Art fesseln – mit großen seidigen Tüchern, die er ganz um Ihren Körper wickelt, wobei er nur die für ihn im Moment wichtigsten Stellen freilässt.

545 Armchair-Variante: Sie setzen ihn nackt auf einen Stuhl mit Armlehnen, verbinden ihm die Augen mit einer Krawatte, binden seine Unterarme mit Kissenüberzügen an die Armstützen, Handinnenflächen nach oben. Ziehen Sie sich aus. Streicheln Sie ihn mit den Fingerspitzen, nur nicht an der interessanten Stelle. Führen Sie einen Tropfen Likör (Baileys? Calvados? Selbstgebranntes?) auf dem Finger an seine Lippen. Lecken, Schatz! Dann tragen Sie Likör auf Ihre Brustknospen auf und lassen ihn davon kosten. Legen Sie seine Handinnenfläche so hin, dass Sie sich an ihr reiben können. Beginnen Sie, seinen Penis zu kosen. Drehen Sie sich um, reiben Sie Ihren Po an ihm ... und spielen Sie solange weiter, bis er darum fleht, losgebunden zu werden!

546 Asia Light Bondage: Vertrauen, Neugier und die Fähigkeit, eine gewisse Passivität zu genießen – das sollte Ihr Geliebter mitbringen, wenn Sie ihn auf Asia-Light-Bondage-Art zu einem Lustpaket schnüren. Bitten Sie ihn, sich auf den Rücken zu legen, die Knie angewinkelt, so dass seine Füße dicht bei seinen ausgestreckten Armen stehen. Fesseln Sie ihm leicht mit zwei Seidentüchern jeweils Fußgelenk an Handgelenk. Die ungewohnte Position erhöht die Stauchung seiner Beckenmuskulatur und übt so einen angenehmen Druck nach unten auf seine Schamgegend aus. Berührungen werden durch die Oberflächenspannung der Haut noch deutlicher empfunden. Vor allem, wenn Sie sich nun ausführlich mit der Zunge oder einem eingeölten Finger seinen Hoden widmen ...

547 Wozu Krawatten außerdem taugen. Schlagen Sie ihm diese Binderspiele vor: Sie ziehen sexy Klamotten an, die man nicht über den Kopf ausziehen muss. Er verbindet Ihnen mit Krawatte Nr. 1 die Augen, zieht Sie bis auf die Unterwäsche aus, pustet über Ihre Haut. Gänsehaut! Lassen Sie sich anschauen, fühlen Sie die Blicke, ohne zu sehen. Mit Krawatte Nr. 2 streicht er über Ihre Haut und zieht sie zwischen Ihren Beinen durch. Wenn Sie mehr haben wollen, darf er Ihren Slip ausziehen und mit seinem Binder weitermachen. Danach lotst er Sie ins Bett. Sie setzen Sie sich auf ihn. Er schlingt Krawatte Nr. 3 von vorne so um Ihre Hüften, dass er sie links und rechts wie Zügel festhalten kann, um Sie zu »lenken«. Tauschen Sie die Positionen, Sie nehmen die Augenkrawatte ab, schlingen sie in der Missionarsstellung um seine Hüften und Po, um ihn näher an sich heranzuziehen und zu halten ...

Griechisch für Anfänger

So etwas. Macht eine Frau »so etwas«? Etwas, was als »Nicht da, Liebling« lokalisiert wird, etwas, das selbst unter Freundinnen als Gesprächsembargo gilt – eben das Etwas, das mit männlicher Lust und weiblicher Angst vor Schmerz zu tun hat.

Obgleich: Dieses »so etwas« hat seinen Reiz. Es ist das letzte Geschenk, das eine Frau dem Mann machen könnte, den sie liebt. Der alles von ihr kennen soll, mit dem sie sich zutraut, es auszuprobieren – um herauszufinden, ob sie es mögen, es als wollüstige Variante des Bekannten genießen könnte. Weil es eines der letzten Tabus ist, ein Hauch Perversion mitschwingt – und weil ich mich frage, ob ich nicht gerne die Sorte Frau wäre, die »so etwas« tut.

Das war es wieder, das »Etwas«, dabei ist es doch nur: Analverkehr.

Man könnte meinen, jeder Mann sucht sich mal mehr oder weniger einfühlsam seinen Weg in das verbotene Ringdelta. Mit dem Finger, einem gekonnten Abrutscher oder bei einem Küchengespräch. Ein derartiges Angebot bekam ich nur einmal – er war einundzwanzig, ich achtzehn, wir wollten alles testen; nur war er eben nicht der Mann, dem ich zutraute, mit mir, meinen Identitätszweifeln und meinem noch empfindsameren Hintern umzugehen.

Van Achtern zu kommen ist weniger unheimlich, als Sie meinen – mit der richtigen Technik kann Analverkehr sogar zu überraschenden Orgasmen führen. Weiblichen natürlich!

Demi-Analsex – nur mit den Fingern

Geschnittene, rundgefeilte Fingernägel sind ein Muss. Zunächst beginnen Sie mit einer anregenden Massage am Damm und rund um die Rosette. Ja, ihm gefällt das auch!, ob mit Latexhandschuh, pur, mit Fingerling bestückt oder einem kleinen Vibrator.

Zum Testen mit den Fingerknöcheln oder der Daumenfläche gegen den Anus drücken – eventuell Gel oder Öl benutzen und leicht eindringen. Wenn es gefällt – weitermachen! Ist auch eine prickelnde Ergänzung zu diversen Zungen- und Handspielen.

Die Prostata, so was wie der männliche G-Spot, kann von außen (mit Dammassage) oder von innen stimuliert werden. Finger anfeuchten (Gleitmittel auf Wasserbasis) oder Fingerling/Kondom darüberstülpen. Führen Sie ihn bis einschließlich des zweiten Fingerglieds ein, dann bleiben Sie zirka zwei Minuten still, bis der Liebste sich entspannt. Jetzt den Finger mit »Komm her«-Bewegung in Richtung seines Bauchnabels krümmen. Die runde Kugel, die Sie spüren, ist die Prostata.

Full Play

Grundsätzlich: Gleitgel oder Creme und Kondom benutzen. Niemals zwischen Scheide und Anus wechseln, ohne eine Waschung einzulegen. Und: Sie geben das Tempo vor, nicht er. Ein Wort zur Hygiene: In diesem Darmabschnitt herrscht stets Sauberkeit, Einläufe sind kein Muss, sondern nur eine Spielart. Sie brauchen beide keine Furcht vor unliebsamen Flecken auf seiner Schwanzspitze zu haben.

Die Schwellen-Überschreitung: tief einatmen und leicht nach

unten pressen – der Rosettenring wird entkrampft. Nützlich: ein erregendes Vorspiel oder wenn er (oder Sie) dabei Ihre Klitoris umgarnt.

548 Grundkurs Griechisch

Position für Anfänger: Sie in der Reiterstellung, er liegt auf dem Rücken, hält ihn am Schaft fest. Führen Sie ihn vorsichtig mit der Hand ein, wippen Sie langsam nach. Ausatmen. Leicht nach unten pressen. Wichtig: Er sollte sich immer mit Ihrer Klitoris beschäftigen, um Sie vom Anfangsziepen abzulenken.

Position für Fortgeschrittene: a tergo. Dabei »hält er nur hin«, und Sie kontrollieren Tempo und Tiefe. Zur Not legt er eine Faust um seinen Schaft, um nicht zu tief vorzudringen, bis Sie etwas anderes wünschen.

Position für Profis: Missionarsstellung mit der Variante, dass Ihre Beine auf seinen Schultern oder Oberschenkeln liegen. Tatsächlich ist diese Stellung am wenigsten schmerzvoll, auch wenn Sie einige Kontrolle einbüßen; doch mit den anderen Positionen gewöhnen Sie sich mental besser an das Gefühl.

Bonustipp: Doppeltes Vergnügen. Belassen Sie zwei Rin-no-tama-Kugeln in Ihrer Lustylady, während Sie Griechischstunde haben. Kümmern Sie sich dabei unbedingt selbst um Ihre Klit (vielleicht mit wärmendem Gleitgel), um die anfänglichen Spannungsschmerzen zu überwinden. Übrigens: Im Missionar, Knie angezogen und Füße gegen seine Brust gestemmt, tut's weniger weh, so kontrollieren Sie außerdem sein Vordringen!

Soft Play

Analingus – kein Mensch gibt es zu, fast jeder würde es lieben: feuchte Zungenschläge an der Rosette. Voraussetzung: Sie müssen sich beide sicher sein, weder Duft noch Sonstiges zu verströmen. Eine Dusche mit ersten analen Annäherungen und milder (Ziegenmilch-) Waschlotion ist der Anfang. *Beste Stellung für Sie:* auf dem Rücken, sehr stabiles Kissen unter dem Po, und so weit nach hinten schieben, dass er mit dem Kinn nicht auf dem Kissen aufliegt. Knie anwinkeln, er hält eventuell Ihre Knöchel oder Schenkel fest und lässt die Zungenspitze wandern. Die Neuheit genießen ... *Beste Position für ihn:* Doggystyle, er legt seinen Oberkörper auf einem Kissen ab. Vorteil: Sie können so um ihn herumgreifen und gleichzeitig seine Eichel stimulieren, während er, ausgeliefert und wahrscheinlich schamhaft, aber dann wie rasend genießt. Wenn Sie gschamig sind, nehmen Sie ein Dental-Dam zu Hilfe: eine Art quadratisches Mini-Latextuch. Manche zerschneiden dazu auch ein Kondom.

Alternative: Der Doppelfinger. Bitten Sie ihn, Sie gleichzeitig vaginal und anal zu liebkosen, vorsichtig seine Finger an der Membran zwischen den beiden Wohlfühlorten zu bewegen.

Gleitmittel hilft bei allen Spielen, ob anal oder nicht – aber bei Griechisch nicht die Finger von hinten nach vorn wechseln, da wandern die Ischerischia mit, Bakteriengangs, die nichts in Ihrer Mandeltorte verloren haben.

549 Gleitmittel oder nicht? Wer meint, Gleitmittel seien so notwendig wie ein Designer-Eierschalenaufklopfer, bringt sich um sinnliches Vergnügen. Denn Gleitmittel – ohne Geschmack, es sei denn Sie stehen auf Passionsfruchtaroma aus dem Labor – wirken nicht nur als Befeuchter, sondern intensivieren alle Empfindungen. Silikongele eignen sich zum Beispiel zur Körpermassage, am Po, den Innenschenkeln – und vor allem für beiderseitige Handjobs, wenn Sie es leid sind, in die Finger zu spucken oder ständig nach parfümiertem Öl zu duften, das auch noch die Satinlaken verhunzt. Glyzerinangereicherte Gele sind perfekt für Quickies: Wenn Sie auf das Vorspiel verzichten und sofort zur Sache kommen wollen, ist die Lotusblüte einer Frau naturgemäß noch zusammengezogen und nicht weit geöffnet wie nach dem vollen Verführungsprogramm. Der Einsatz von Nässe aus dem Spender hat den Vorteil, dass Sie beides haben: Enge und Feuchte. Kann zu überraschenden Ergebnissen führen!

Das Tubenwunder macht bestimmte Spielchen auch erst möglich:

Sie lieben es zum Beispiel, Ihre Klit an seinem Bauch zu schubbern, aber er beschwert sich über gereizte Haut? Mit einem Klecks Glide über seinem und Ihrem Schambein hat sich das erledigt.

Und vor allem können Sie mit Gleitmittel austesten, wo Sie beide noch so ineinandergleiten können: Zwischen den inneren und äußeren Schamlippen, in der süßen Pofalte, zwischen den Brüsten – und Sie stellen sicher, dass keine Reibungshitze entsteht.

Übrigens: Sobald Sie das Wort »Öl« lesen, zum Beispiel in Vaseline – auf keinen Fall mit Latexkondomen verwenden! Gleitgel-Klassiker: »K-Y«, »Eros Bodyglide«, »Secura Royal« und »Her Pleasure«, das nicht nur nass macht, sondern auch Ihren Zauberknopf sensibilisiert (www.usa-direkt.com).

Fetische sind kein S/M, sondern alles von sexy bis merkwürdig

Mit einem Blick auf die Laufstege oder die Musikvideos von Knödel-Shakira bis Kreisch-Britney ist klar: Fetischaccessoires sind ein ewiger Trend. Ob Korsagen, Lack und Leder oder Lingerie, überall schimmert sexy Fetisch. Der »Slic Chic« hat längst kein Abseits-Pervers-Image mehr, also her damit! Und tatsächlich gibt es den »gesunden« Fetisch – oder vielmehr: den weit verbreiteten, der in die Kategorie »Romantisch« fällt, wie den Duft des anderen zu lieben, eine Haarlocke aufzubewahren, oder den Drang zu spüren, den anderen zu und zu gern mit den Fingern oder der Zunge zu berühren. Ob Fashion-Victim oder Romantikerin: Wir sind alles kleine Fetischisten.

Nach der Onanie war der Fetischismus eines der ersten sexuellen Phänomene, das die Psychiater des 19. Jahrhunderts interessierte. Fetischismus wurde damals bereits, wie auch später in der Psychoanalyse, auf Assoziationen zurückgeführt. Magnus Hirschfeld, der berühmte Berliner Sexualforscher, verwarf diese Theorie Anfang des 20. Jahrhunderts und entwickelte eine eigene, die konsequent von dem sexualbiologischen Ansatz ausgeht. Herr Hirschfeld, aufs Podium bitte: Sexuelle Anziehung geht seiner Ansicht nach »niemals« von der gesamten Person aus (huch?!), sondern von bestimmten Persönlichkeitsmerkmalen (ach so). Er spricht deshalb von Teilanziehung oder partieller Attraktion. Dem entspreche die Vorliebe für schlanke oder fette, lang- oder kurzhaarige, dunkel- oder hellhäutige, blau- oder braunäugige Personen und so weiter. Und meine Sucht nach Unterarmen, Nacken und dem Halsgrübchen. Oder Petra und Männerfüße, Wilma und Frisuren, Wiebke und Zähne, Rolf und Fußgelenke … 1920 schreibt Hirschfeld in einem Aufsatz über »Geschlechtsanomalien und Perversionen«: »Die Zahl der Fetische ist unbegrenzt groß. Von Kopf bis Fuß gibt es kein Fleckchen am Körper, und von der Kopfbedeckung bis zur Fußbekleidung kein Fältchen im Gewand, von dem nicht eine fetischistische Reizwirkung ausgehen könnte.«

Da die Teilanziehung Grundlage jeder sexuellen Attraktion sei, gebe es gesunde und pathologische Fetischismen. Der gesunde Fetischismus höre dann auf, wenn die Attraktion des Partiellen – sei es Zunge, Zopf oder Stiletto – so überbewertet und von der Person losgelöst werde, dass die Person unwichtig sei. Na ja, auf Dauer nur mit 'nem Schuh vögeln wäre aber doch irgendwie unspannend. Oder?

Historisch gesehen sind die heutigen Fetischaccessoires eng mit der »Burleske« verbunden. Die Burleske, jene Mischung aus Varieté, Show, Musical und Strip, die Anfang des 20. Jahrhunderts in den Amüsiervierteln der europäischen Metropolen erblühte, fand berühmte Protagonistinnen, seinerzeit unter anderem das Pin-up-Girl Betty Page oder heute den Fetischstar Dita Von Teese, die gängige Kleidungs- oder Körperfetische überbetonen, mit S/M-Anleihen kokettieren und dabei so mädchenhaft tun, als sei das ganze eine hoch heitere Angelegenheit.

Vom Parfüm bis zum Pelz, vom Toy bis zum Anblick einer Jeansknopfleiste, vom Geruch von Leinen über die Berührung sanfter Seide bis zu Wörtern oder Farben: Ihren erotischen Fetisch können Sie sich zwar nicht bewusst aussuchen, Sie können ihn aber leben und lieben – mit Stil. Und falls Sie das Wort »Fetisch« nicht betört – nennen Sie sich doch »Enthusiastin« …

550 Gesellschaftsfähige Fetische in Action! Wie Sie Ihre kleinen »Animateure« ins Liebesleben integrieren:

Stiefel – natürlich können Sie die anbehalten. Und sie im Missionar um seinen Rücken schlingen oder auf seine Schultern legen.

Lassen Sie sich mit einem (falschen) *Nerz-Handschuh* Ihren Körper massieren, oder kosen Sie Ihren Lover mit dem Fellbesatz Ihrer Jacke, während er gefesselt am Bürostuhl keucht?! Und, by the way – verführen Sie ihn endlich mal im Pelz mit nichts drunter außer Pumps und Parfüm.

Leder – als Unterwäsche mit dem Vorteil, dass Sie sie auch drüber tragen können – etwa den Leder-BH über dem Lackkleid. Und: Die mechanischen Raffinessen sind heiß, zum Beispiel Slips mit Zip oder seitlichem Schnapper; BH und String-Ensembles, die aus Leder und Metallringen bestehen (unter anderem bei www.adultshop.de).

Latex – Kenner wissen, wie angenehm feucht es unter Latexhaut wird, wie empfindlich die Haut, empfänglich für zarteste Berührungen. Forschen Sie in Shops nach Miedern oder Slips, und tragen Sie sie unter Ihren Alltagsklamotten.

Natürlich ist es herrlich, den Seidenslip anzubehalten, unvergleichlich, wenn er ihn rigoros zur Seite schiebt. Aber versuchen Sie es doch mal mit *String-Ouverts* – dieses unten offene Nichts an Stoff wird er nicht erwarten!

Bitten Sie ihn, Sie mit glatten *Lederhandschuhen* von Kopf bis Fuß zu streicheln. Oder lassen Sie sich im Stoffladen *Lederstreifen* zuschneiden, zum Beispiel für Handgelenkfesseln und Augenbinden.

Sie lieben das Gefühl von *Kaschmir* auf der Haut? Und Dunkelheit? Bitten Sie ihn, eine leichte Kaschmirdecke über Ihr Gesicht und Ihren Oberkörper zu legen, während Sie miteinander schlafen. Oder umgekehrt.

Sie haben einen ganz einfachen Fetisch: *Seine Haut*. Nehmen Sie zwei ältere Laken, mit denen Sie Ihr Bett abdecken. Reiben Sie sich beide mit sehr viel Öl ein. Und dann glitschen Sie herum. »Frottieren« nennt sich das Amüsemang.

Vielleicht haben Sie sich einen dieser todschicken *Gürtel* geleistet, mit Lederfransen und Strass? Tragen Sie ihn auf nackter Haut, dazu ein geknotetes Hemd und eine Wasserpistole (was Sie mit der machen? Siehe Nr. 64), schwingen Sie sich auf ihn, und lassen Sie die Fransen tänzeln. Cowgirls alive!

551 Fetische, die keine sind. Aber vielleicht für Ihren Liebhaber?
Er mag kein Latex, Leder lässt ihn kalt und Pumps sind für ihn einfach nur schön anzusehen? Bitte, es geht auch harmloser:
Für Voyeure: graue dünne *Baumwollslips,* die den verräterischen Fleck von Ihrer feuchten Muschel nach dem Vorspiel offenbaren. Für gewisse Männer gibt es kaum ein besseres Kompliment! Die träumen auch von Slips, die bei ihrem Eintreten feucht auf den Boden klatschen. Schöne Idee.
Hat er sich als *Zuschauer* entpuppt? Lassen Sie ihn zuschauen bei allem, was Sie tun; geben Sie ihm Spiegel oder Lupe in die Hand. Oder Sie stellen sich vor den hohen Spiegel, legen die Hände an den Rahmen, beugen sich vor ... und bitten ihn, Ihnen dabei in die Augen zu sehen. Oder legen Sie einen schmalen Garderobenspiegel auf den Boden, knien sich links und rechts darüber, er dringt von hinten ein. Okay, hatten wir schon (siehe Nr. 127), aber ich kann Ihnen diese Spiegel-auf-dem-Boden-Idee nur empfehlen.
Der Test-Koffer: Auf was reagiert er am intensivsten? Verbinden Sie ihm die Augen und machen Sie das Was-ist-das-Spiel; streichen Sie ihm mit verschiedenen Objekten und Materialien (Seide, Wildleder, warmer Löffel, kaltes Plastik ...) über die Haut und seinen Schwanz.
Lassen Sie sich von ihm helfen, Ihre neue, todschicke, sexy *Korsage* zu schnüren. Fester, Liebling!
Steht er insgeheim auf *Körperschmuck?* Neben Einmaltattoos gibt es selbstklebende Strass-Steine (zum Beispiel von Art-Deco-Kosmetik, oder in Bijou-Brigitte-Läden) – rasieren Sie sich und kleben Sie sie auf den Venushügel.
Für gepiercte Brustwarzen würde er sterben – Sie allerdings auch, vor Schmerz? Nehmen Sie superleichte, schmerzfreie *Nippelanhänger mit Schlaufen* oder *Nippelringe* (»Clamps«) mit verstellbarer Halterung.

279

Sie leihen sich *Spezialfilme* aus (auf z.B. www.art-x.at erhalten Sie einen Überblick, was es da draußen nicht alles gibt ...) aus. Und kommen vielleicht auf Ideen.

Legen Sie ihm das *Fetisch-Magazin O,* einen *Bildband* von Roy Stuart oder Nobuyoshi Araki hin, und beobachten Sie, was bei ihm passiert.

Sie stehen beide auf *Dirty talk?* Auch das kann ein angenehmer Fetisch sein – erst recht, wenn er schmutzige Worte mit der Zunge auf Ihre Vulva »schreibt«. Oder gern auch mit einem Finger, der vorher zum Beispiel in kühles Mineralwasser oder in erwärmtes Öl getaucht wurde.

552 Fetisch-Ideen für Ihre Lust. Was sollte er für Sie tun, um Sie in Verzückung zu versetzen? Denn auch Männer und ihre Utensilien dürfen als sanfter Fetisch herhalten ...

Eine knackige *Lederhose,* sein nackter Oberkörper – und seine Erlaubnis, an seinem Oberschenkel herumzuschubbern, während er auf einem Stuhl sitzt und Sie ganz dicht hält. Vielleicht ist er so nett und verbindet Ihnen die Augen und fesselt Ihre Hände hinterm Rücken? Vielleicht tragen Sie dabei einen Slip, vielleicht Liebeskugeln in der Jadehöhle, oder vielleicht gibt er auch einen Klecks Gleitmittel auf das Leder, damit es sich besser reiben lässt.

Männer in Uniform haben einen unerklärlichen Reiz? Manchmal tun es auch ein Anzug und Handschellen, falls Sie gerade keine Cop-Uniform da haben (die gibt's in Fetisch-Shops). Er bleibt angezogen, Sie: splitternackt.

Sie geraten im Anblick von *Tätowierungen* in Verzückung? Er muss sich ja nicht gleich stechen lassen, das flattert im Alter unschön – malen Sie ihm eine. Mit Henna, Schablonen, Pinsel und Zeit.

Sein *Parfüm* lässt Sie ohne Umwege schwach werden? Finden Sie diesen Duft, sprühen Sie den Kragen Ihres Mantels ein oder einen Seidenschal, um sich high zu schnuppern; lassen Sie sich damit die Augen verbinden. Oder Sie legen sich ein getragenes Shirt von ihm übers Gesicht, während Sie onanieren.

Seine *Stimme:* Falls Sie das Glück haben, einen Mann mit Timbre zu lieben, lassen Sie sich von ihm eine Kassette aufnehmen (oder CD brennen), mit einem dirty Text, den Sie ihm vorschreiben.

553 Kleine Fußfetischisten lieben sexy Zehenspiele. Dafür, dass er Ihnen nachts die Zehen wärmt, könnten Sie sich nach getaner Heizarbeit revanchieren – mit gekonnten »Footjobs«! Es hilft, wenn Sie vorher trainieren, Kleinigkeiten mit den Zehen aufzuheben.
Natürlich sind Ihre zarten Füße gepflegt und rubbelfrei, die Nägel abgerundet gefeilt sowie dezent lackiert, bevor Sie zur Tat »schreiten«: Im Missionar könnten Sie Ihre Beine so um ihn schlingen, dass eine Ferse zwischen seine Pobacken drückt, am besten an seinen Damm. Der Effekt: Bei jeder Rückwärtsbewegung wird er indirekt an seiner Prostata stimuliert – wow, er wird sich fragen, wie Sie *das* hingekriegt haben. Genug davon? Ziehen Sie im Missionar die Knie bis zur Brust, lassen Sie ihn sich weit aufrichten, und »spazieren« Sie mit den Füßen seinen Bauch hoch, bis Ihre Zehen an den Brustwarzen spielen können. Tun Sie so, als ob Sie sie »aufheben« wollten.
Liegen Sie gemütlich in Fernsehsofaposition – Sie in der einen Ecke, Beine auf der Liegefläche, er in der anderen, Beine ausgestreckt –, und lassen Sie Ihre Füße sprechen, die versuchen, seinen Liebsten zu wecken. Schieben Sie Ihre Zehen unter seine Juwelen und schubsen Sie sie nach oben. Reiben Sie die Eichel zwischen den Ballen hin und her. Ist er aufgewacht, nehmen Sie ihn in die Kuhle des Spanns, legen Ihre Fußsohlen so dicht es ohne Verrenkung geht aneinander und lassen ihn durch die so geschaffene »Spann-Höhle« gleiten. Funktioniert auch als »Hardcore-Füßeln« unterm Restauranttisch! Da fast alle Männer Frauenfüße mögen, wird er fasziniert sein, was Sie alles ohne Hände hinkriegen, und Sie unterstützen, indem er Ihre Füße zusammenhält und auf und ab bewegt.

554 Fetischparty. Wenn Sie sich trauen, machen Sie Ihre eigene »Love & Libertine«-Party, stellen Sie sie unter ein Motto: Luden und Luder. Oder Lack und Nylons, Jeans und Leder. Mieten Sie gemeinsam mit Ihren besten Freundinnen eine Location, einen guten DJ, harte Getränke – ab geht's.

Rollenspiele für Erwachsene

Einmal jemand anders sein – Minidrehbücher für Turn-on-Theater
für zwei. Ob Göttin, Gräfin oder Geisha: Spielen Sie mit einer neuen
Identität. Grundregel aller Rollenspiele: Besprechen Sie vorher die
Grenzen: Wie weit Sie gehen möchten, welche Praktiken Sie nicht
mögen, welche Worte Sie nicht hören wollen. Und haben Sie Mut zu
Kostümen, Accessoires und Kulisse.

Vorspiele

555 Göttin & Priester: Welche Göttin sind Sie? Mondgöttin? Göttin des Feuers, des Nebels, der Musik? Spielen Sie mit Accessoires.
Er hat bei allem, was er mit Ihnen vorhat, um Erlaubnis zu bitten. Es
beginnt mit einem Bad, einer Fußmassage, einer rituellen Fütterung
von Mund zu Mund ... Seine »Opfergabe« ist seine Geduld, mit der
er Stück für Stück – und jeweils mit einer ausformulierten Bitte –
Ihren Körper erobert.

556 Miss Daisy und ihr Chauffeur: Nehmen Sie im Fond Platz. Er
soll den Rückspiegel so einstellen, dass er Sie sieht. Siezen Sie ihn,
geben Sie ihm einen anderen Namen! Nennen Sie die Adresse eines
verschwiegenen Parkplatzes. Streicheln Sie sich selbst, während er
fährt, ziehen Sie Ihre Unterwäsche aus – er darf sich nicht umdrehen! Auf dem Parkplatz setzen Sie sich hinter den Fahrersitz, lassen
Ihre Hände zwischen seinen Schenkeln spielen. Bewegt er sich, ist er
entlassen. Für heute zumindest.

557 Slipvisite! Verkleiden Sie sich als Gouvernante – schwarzer
Rock, Stiefel, weißes Hemd, schwarze Brille, scharlachroter Mund.
Geben Sie sich einen neuen Namen; vielleicht Madame Chloë? Er ist
der neue Internatsschüler, den Sie einer Visite unterziehen: Hat er
sich korrekt rasiert, Schuhe geputzt? Er soll sich ausziehen, damit
Sie den Sitz seiner Unterwäsche kontrollieren. Falls er »ungenügend« gekleidet ist oder sich während der Visite erdreistet, seine

Hände auf Wanderschaft zu schicken, wird er getadelt: Erst mündlich, und wenn er sich widersetzt, muss er sich vorgebeugt am Tisch von Ihnen berühren lassen, ohne einen Ton zu sagen. Sonst wird er exmatrikuliert!

558 Englische Anatomiestunde: Ein Seminar vor dem Spiegel. Sie als Studentin im Old-School-Look und Kniestrümpfen. Er der britische Professor, mit Lineal, Dirigentenstab, Reitgerte oder Laserlichtlampe, wie sie für Präsentationen verwendet wird. Er zieht Sie aus oder befiehlt, dass Sie sich selbst entkleiden, während er Ihnen die weibliche Anatomie erklärt. Gern mit englischen Vokabeln.

559 Wer bin ich? Verbinden Sie ihm die Augen. Lassen Sie ihn einen Moment allein. Sie wechseln das Parfüm, ziehen sich Latexhandschuhe an, reiben sie mit Öl ein, kommen wieder und sprechen kein Wort, während Sie nur seinen Genitalbereich massieren. Er fragt, wer Sie sind, und darf Namen raten. Denken Sie sich eine Phantasieidentität aus oder verwandeln Sie sich in einen Star oder schlicht und einfach in die Lady, die er heute morgen an der Ampel sah ...

560 Zwei Fremde. Sie treffen sich in einem Lokal – aber an zwei unter anderen Namen reservierten Tischen. Tun Sie so, als ob Sie sich nicht kennen, aber spontan fasziniert voneinander sind. Lassen Sie sich Getränke zukommen, setzen Sie sich beim Dessert zueinander, beginnen Sie sich zu verführen. Täuschen Sie Ihr Publikum, und Sie überraschen sich selbst.

561 Die Sieben-Tage-Verführung: Schießen Sie sieben Polaroids von Ihrem Körper – jedes zeigt nur ein Stück davon, sexy durchgestylt. Schreiben Sie einen siebenteiligen Kettenbrief, in dem Sie das Objekt der Begierde becircen, aber immer im spannendsten Moment aufhören. Verschweigen Sie Ihre Identität! Im letzten Brief bestellen Sie ihn in ein Hotel oder in die Wohnung einer Freundin. Mal sehen, ob er kommt – acht von zehn würden es tun!

562 Tax & Taxi: Gehen Sie mit ihm schick essen. Stehen Sie nach dem Dessert auf, um »sich frisch zu machen«, rufen Sie ein Taxi. Drücken Sie dem Kellner ein Kuvert in die Hand. Inhalt: Ihr Slip und eine Nachricht, dass Sie auf Ihren Begleiter im Taxi warten. Während er zahlt, instruieren Sie den Fahrer, dass er eine halbe Stunde herumfahren soll und dann zu Ihnen oder wo immer Sie hinwollen. Küssen Sie sich wie verrückt.

563 Das Boudoir-Bullets-Spiel. Bohren oder schneiden Sie ein kreisrundes Loch in das Papier Ihres Paravents (Durchmesser zirka sechs Zentimeter). Was nun? Mann kann durchgucken, Sie beim Ankleiden beobachten oder auf andere Ideen kommen, vor allem, wenn Sie auf der anderen Seite des Durchgucks auf die Knie gehen und Ihre Zungenspitze hindurchführen.

Dirty & dominant – Sie sagen, wo's langgeht

564 Dr. Love – Sie im Naughty-Nurse-Dress (zum Beispiel über www.takemetobed.co.uk) mit knappem Kittel, Stethoskop, High Heels und einem Erste-Hilfe-Koffer voller Spielkram (Latexhandschuhe, Öl, Seidentücher, Augenklappe ...). Er: Privatpatient zur Untersuchung: Massage, Schwellbehandlung, lustvoller Fragenkatalog nach dem Befinden: Na, wie geht's unserem Schwanz denn heute?

565 Kleopatras Tempeldiener – ja, es ist erotisch, sich von einem Mann die Füße waschen zu lassen, sich dann mit einem großen Schwamm von Kopf bis Fuß benetzen zu lassen und schließlich eingeölt zu werden (Silikongele oder Massageöl). Zur »Belohnung« darf er sich überall (»Russisch«: zwischen den Schenkeln, oder in den Achselhöhlen, am Halsgrübchen) an Ihnen reiben – nur eindringen darf er nicht.

566 These Heels Are Made for Walking. Dresscode für Sie: High Heels, Strümpfe oder Halter, kein Slip, Korsage, Rock oder langes

Männerhemd. Er: Hose, offenes Hemd. Er legt sich flach auf den Boden, Sie gehen über ihn hinweg, lassen ihn nur schauen. Um sich dann sanft auf seinem Mund niederzulassen …

567 Reifeprüfung ohne Anne Bancroft: Sie sind das Au-pair-Girl, er der jungfräuliche Erstsemester. Sie lassen sich von ihm erwischen: im Bad bei der Intimpflege, im Schlafzimmer bei der Eigenmassage – und weisen ihn ein. Dafür muss er Ihnen huldigen, als ob er alles zum ersten Mal sieht.

568 Hausfrau allein zu Haus. Dresscode: sexy Unterkleid, nachlässig übergeworfener Satinmorgenmantel, Puschelpantoletten, Stokkings mit Masche, Puschelstaubwedel. Er: ist der Heizungsmonteur, die Hausmeisteraushilfe … der die arrogante Lady überrascht und verführt.

569 Domina und Zögling: Er wird gefesselt – ans Bett oder an einen Stuhl. Schärfen Sie ihm ein, dass er sich nicht zu mucksen hat, sonst würden Sie aufhören oder ihn »bestrafen«. Teasen Sie ihn mit allem, was Sie haben: Federn, Seide, Lippen, Haare – doch lassen Sie sein bestes Stück aus. Forcieren Sie die Aktionen: Reiben Sie ihn mit warmem Öl ein, schubbern Sie sich an ihm, stellen Sie sich über ihn und beginnen Sie, an sich herumzuspielen – und wenn Sie bereit sind, haben Sie Sex. Hören Sie mittendrin auf – er soll darum betteln.

570 Die unsichtbare Dritte. Wenn Sie die Phantasie »Zwei Frauen, ein Mann« ohne die echte Gegenwart einer anderen Person durchspielen wollen, dann schalten Sie eine Dreierkonferenz mit einer Telefonsexhotline oder einer Dame aus den Kleinanzeigen, die Sie für eine halbe Stunde telefonisch buchen. Nur analoge Telefone vorhanden? Schalten Sie auf Lautsprecher!

Subtil & Submissiv

Jetzt sind Sie dran, ihm zu folgen – ohne Widersprüche, aber ein bisschen zieren dürfen Sie sich schon.

571 Das Geschenk: Mit der Annahme eines beliebigen Geschenks – ein Handschellenschlüssel, ein Kropfband, ein Bauchtänzerinnen-Kettchen oder der Zwanzig-Karat-Ring – werden Sie zur Sklavin in diesem Spiel. Es ist seine Aufgabe, eine Art Gebrauchsanleitung für sich selbst anzufertigen und Ihnen auszuhändigen, und damit den Spielablauf (von zum Beispiel einer Stunde Dauer, je nach Vereinbarung) zu erklären. Es kann damit beginnen, dass Sie ihn anders ansprechen, nur noch hinter ihm gehen oder eine Aufgabe erfüllen, wie Sekt von der Tankstelle holen, allerdings ohne Höschen unter den Kleidern.

572 Exklusiv-Kurtisane – er bestellt Sie übers Handy (»Coras Escort-Service, haalloo?!«) ins Hotel oder nach Hause. Dresscode für Sie: Platinblonde Pagenperücke, Stilettos, Sonnenbrille, Make-up und alles, was eng ist, versteckt unter 'nem knalligen Lackmantel. Er verlangt, Sie nennen Tarife. Bitte am Telefon klären, was (nicht) drin ist ...

573 Nachsitzen. Ihr Dresscode: Schuluniform, eventuell Zöpfe, weiße Kniestrümpfe oder Overknees, verruchte Underwear (zum Beispiel Slip ouvert) oder glattrasiert. Er soll Sie abfragen – über ein festgelegtes Thema – und bei jeder falschen Antwort mit Klapsen, Küssen oder Fingerspiel »bestrafen«; bei jeder richtigen darf die Schülerin für Sekunden mit seinem »Lineal« spielen.

574 I Love the Men in Uniform: Er als Cop, Sie haben die Verkehrsregeln übertreten. Sein Dresscode: schmucke Uniform, eventuell Accessoires wie Handschellen, »Schlagstock« (Ihr Lieblingsdiletto) und ein Notizblock, auf dem Vergehen und »Gebühr« notiert werden. Sie müssen währenddessen gaaaanz still halten oder eine andere Bedingung erfüllen.

575 Telefonsex – life! Sein Handy, Ihr Telefon. Er sitzt einige Meter weit weg, ruft Sie an und befiehlt Ihnen, was Sie tun sollen. Im Gegenzug beschreiben Sie ihm, was Sie dabei fühlen. PS: Wenn's zur Sache geht, auflegen nicht vergessen …

576 René und die O. – verabreden Sie sich zu einem Blind Dinner. Er spielt René, den Herren der O., und verlangt, was Sie anziehen oder weglassen sollen. Es ist auch an ihm, Sie in eine Gasse, eine Toilettenkabine oder in den Park zu zitieren und zu verführen.

577 Das Hausmädchen und der Butler. Ihr Dresscode: eine Minischürze (im Berufskleidungsgeschäft), High Heels, Hemdchen. Er: im Anzug. Sie putzen, bügeln oder schrubben den Boden, er kümmert sich mehr um Sie anstatt um die imaginären »Herrschaften«. Ja, ein bisschen wehren dürfen Sie sich.

578 Der Betrug: Geben Sie ihm das Gefühl, er sei Ihr heimlicher Liebhaber, von dem Ihr Mann (er) nichts wissen darf; oder spielen Sie seine Geliebte. Die völlig anders reagiert als seine »Frau«.

579 Mutproben im 3. Akt. Mietbare Bühnen (zum Beispiel das »Lustspielhaus« in München, www.lustspielhaus.de, das »Kleine Theater« in Bielefeld, das »Le Petit« in Wien …) bieten Ihnen eine neue Spielfläche. Fragen Sie das nächstgelegene Kabaretttheater in Ihrer Gegend nach Zwei-Stunden-Tarifen, ob für Sie ein Tisch, zwei Stühle auf der Bühne bereitstehen könnten. Ordern Sie vom Italiener Candle-light-Dinner. Laden Sie ihn per Post ein, mit dem Hinweis »Auf eigene Gefahr«. Sie sind für die nächsten Stunden allein – Sie können für ihn dort strippen, tanzen und sich im Spotlight lieben.

Risikospiele

Sie wollten schon immer mal wissen, wie bestimmte verbotene Spielchen funktionieren, um im Rahmen des Ästhetischen Spaß zu haben? Okay – es geht los:

580 Wachsspiele: Paraffinkerzen oder, noch besser, Stearinkerzen benutzen, sie schmelzen früher und sind deshalb weniger heiß als Bienenwachs – trotzdem sollte weder auf Nacken, Gesicht oder behaarte Körperstellen, noch auf Kopf oder Genitalien getropft werden. Hautstellen vorher massieren oder mit Klapsen desensibilisieren. Tropfen aus geringerer Höhe verursachen sinnlichen Schmerz, bei großer Höhe sind es Mind-Control-Spiele, die Angst vor dem Wachs ist größer als das bisschen Hitze, das eher wie ein Tropfen warmes Wasser wirkt.

Schlagen Sie ihm das *Mitternachtsspiel* vor: Besorgen Sie sich viele große weiße Altarkerzen und eine weiße Stearinkerze. Schlag Mitternacht nehmen Sie die Sicherung raus, alle elektronischen Geräte sind auf Null. Nur der CD-Player (batteriebetrieben) spielt (zum Beispiel *Carmina Burana* oder Songs von Enigma). Treten Sie ein, in nachtschwarze Dessous gekleidet. Halten Sie die Kerze unter Ihr Gesicht, führen Sie das Licht an Ihrem Körper entlang, so dass er Sie sehen kann. Bitten Sie ihn, Sie unter den Schutz seines Siegels zu stellen: Dazu gießen Sie sich Wachs über die Brüste, er soll es sofort! verreiben (machen Sie es ihm vor) und dann einen Ring hineindrükken. Er möge sich ausziehen, damit Sie dasselbe bei ihm machen können.

Im Fall unliebsamer Wachstropfen auf der Kleidung: Ab aufs Bügelbrett, Löschpapier darüber, auf kleiner Hitze schmelzen und aufsaugen lassen. Oder einfrieren, später runterbröseln.

581 Doktor Love, in den Whiteroom bitte. Das klassische »weiße Studio« (»White room«) ist gekachelt und mit einem Spiegel über der Liege ausgestattet. Es gilt als Gegenstück zum Black room, in dem es vor schwarzem Leder, Peitschen und anderem S/M-angehauchtem Zubehör nur so strotzt. Die Hierarchie der Rollen ist ähnlich: Einer ist der dominante Part – ob Arzt, Lehrer oder Domina –, der andere der willig folgende – ob als Sklave, Patientin oder Schüler.

Präparieren Sie Ihr Schlafzimmer: Weiß bezogenes Bett, eine Lampe mit biegbarem Schirm, um »Untersuchungen« auszuleuchten. Als

Frau Doktor tragen Sie knappen Kittel, Stethoskop, Brille, ein Klemmbrett, auf dem Sie vorher diverse Untersuchungen seiner erogenen Zonen notiert haben. Zeigen Sie während der Behandlung keine Erregung. Ihr Patient hat Ihren Anweisungen widerspruchslos Folge zu leisten. Untersuchen Sie ihn und sein bestes Stück genau: Was macht Babypuder auf der Penisspitze? Wie wirkt Zimt im Massageöl? Und wo kann man doch gleich überall Fieber messen?
Die Variante: Sie sind die Patientin und schildern Ihre Beschwerden (»Verspannte Oberschenkel, kitzlige Lippen, Augenbrennen«). Herr Doktor stellt die Diagnose und schreibt ein Rezept aus – zum Beispiel eine Anweisung, wie Sie sich selbst berühren sollen, oder er heilt Sie durch Handauflegen sowie therapeutische Maßnahmen wie eine Massage mit Augenbinde. Soll ja sehr gegen Augenbrennen helfen.

582 **Atemkontrollspielchen:** Sie müssen nicht zum Strick greifen – aber lassen Sie sich doch einfach mal so eine Hand auf den Hals legen. Beim Küssen. Oder wenn er sich von hinten an Sie schmiegt. Oder wenn Sie auf ihm sitzen. Sie sagen ihm, wie fest.

583 **Wasserspiele:** Nein, Sie müssen auch nicht aus dem Vollen schöpfen. Aber haben Sie schon mal versucht, Ihren Namen mit seinem Strahl an die Hauswand zu schreiben? Stellen Sie sich hinter ihn, nehmen ihn in die Hand … sehr lustig. Ernsthaft! Oder gehen Sie mit Ihrem Lover duschen, wenn Sie eigentlich urinieren müssten. Bitten Sie ihn, Sie mit der Hand zu liebkosen. Lassen Sie es laufen, während oder nachdem Sie kommen. Nichts für Feiglinge und Spargelesser, aber erstaunlich sexy!

584 **Schlag mich:** Nehmen Sie großflächige Instrumente wie Fliegenklatschen, die Hand, einen Pfannenwender aus Holz. Je breiter die Fläche, desto zärtlicher der Schmerz. Die Zwanzig-Minuten-Regel (siehe Nr. 522) einhalten – also sanft anfangen, nach und nach steigern.

585 Zupf mich: Lassen Sie ihn a tergo an Ihren Kopfhaaren oder an Ihrem Zopf ziehen – aber nur ein bisschen.

586 Die englische Erziehung. Wenn er Ihnen das nächste Mal wieder nicht die Wagentür aufhält, sagen Sie ihm, dass er fällig ist für eine »englische Erziehung«. Die Kunst des Wechselspiels zwischen Massage, Klapsen und Teasen stammt von britischen Internatsschülern, die auch als Erwachsene nicht von prickelndem Spanking (»Haue«) lassen konnten.
Er soll sich ausziehen, auf den Bauch legen. Verabreichen Sie ihm eine Massage, besonders intensiv und fest an seinem Po, so dass die Haut gut durchblutet ist. Das mindert den Schmerz, der folgt. Dann verteilen Sie Klapse, und zwar am Übergang zwischen Backen und Schenkeln. Wenn er sich beschwert, dass es weh tut, sagen Sie ihm, dass Sie für ihn Lady Geneva sind (oder wer immer). Streicheln Sie ihm die Hoden, bis er sich wieder entspannt. Weiter geht es mit Massage und erneuten Klapsen – nur dass Sie den Schmerz gleich wegmassieren. Diese Methode beruhigt die Nerven und verwandelt Schmerz in Lustimpulse. Also: Massieren, hauen, massieren, teasen. So lange, bis er schwört, Ihnen künftig *immer alle* Türen aufzuhalten.

587 Die Versohlung. Falls er Sie übers Knie legen möchte: Er sollte sich während der »Bestrafung« mit Ihrem Hotel Amor beschäftigen oder wenigstens ein Knie hinhalten! Und sich ordentliche Vergehen ausdenken, wie: Du hast den Kellner angelächelt. Ach ja?

588 »Tits-Trimming«-Spielchen: Schmerzliebhaber nehmen Brustwarzenklemmen mit Gewichten, aber es geht auch 'ne Nummer kleiner – zum Beispiel Anhänger mit federleichten Schlaufen oder Clamps mit verstellbaren, absolut schmerzfreien Haltern.

589 Spielkram mit Lebensmitteln. Die schlechte Nachricht vorweg: Honig und Sekt bekommen Ihrer Vagina nicht gut. Aber dafür: Baileys, Chilisoße, Eiscreme, Sambuca, Salinos, Marmelade, Joghurt …

Obst und Gemüse nur gewaschen oder geschnibbelt und nicht eis-
kalt, bei Frischware in Schale mit Latex-Rolli! Und: Es sollte nicht
gleich durchbrechen …

590 Ballspiele. In der Szene sind »Torturen« mit Lederkram an
seinen Hoden en vogue. Vergessen Sie die Hardcore-Action – Ihre
Spielzüge gehen so: Mit Daumen und Zeigefinger einen Ring um die
Stelle schließen, wo die Hoden am Unterleib »befestigt« sind. Sanft
drücken, bis sie etwas heraustreten. Jetzt mit Finger- oder Zungenspitze an den Seiten auf und ab fahren. Sie können sie übrigens auch
einzeln in den Mund saugen.

591 Knebelspielchen: Es muss nun nicht der S/M-Gummiball und
Trense sein. Aber nehmen Sie doch mal seinen Finger oder Daumen
in den Mund oder die Wangentasche und saugen Sie daran, während
Sie vereint sind. Ach ja: Unbeteiligt lässt ihn das wirklich nicht!

592 Mind-Control. Er soll Ihnen beim Anziehen diverser aufregender Dessous helfen, aber ohne dass seine Finger auf die Reise gehen.
Wenn Sie im Gouvernantenoutfit dastehen, fesseln Sie ihn, verbinden ihm die Augen. Erzählen Sie ihm, dass Sie eine Wachs-Erzie-
hung vornehmen werden, weil er ein ungehorsamer Junge war, das
hätten Sie in seinen Augen gesehen. Statt Kerzenwachs träufeln Sie
allerdings kaltes Wasser auf ihn. Seine Sinne werden es verwechseln.
Träufeln Sie Wasser auf seine Penisspitze, vermengen Sie es mit
Gleitgel. Dann lassen Sie ihn allein und verwandeln sich per Kla-
motte in eine andere Frau – sehr weiblich, mit Blümchenkleid und
Kokosduft. Binden Sie ihn los und nehmen ihn in die Arme, fragen
Sie, wer ihm das angetan hat. Und trösten Sie ihn weiter …

593 Halböffentlicher Blowjob: Bitten Sie ihn mit in eine Umkleide,
die einen Hocker drin stehen hat. Dort erwarten Sie ihn sitzend,
machen seine Hose auf und geben ihm den leisesten Blowjob, den Sie
je gemacht haben. Hören Sie kurz vorher auf (oder auch nicht?).

594 Ein Hauch von Schamlosigkeit: Gehen Sie mit ihm zum Passfotoautomaten. Bitten Sie ihn zu warten. Lassen Sie sich fotografieren – Rock hoch, Slip zur Seite geschoben. Fragen Sie ihn von drinnen, ob die Bilder was geworden sind.

595 Es endlich mal kommen sehen: Tragen Sie beim Quickie am Strand beide Ihre Sonnenbrillen und sonst gar nichts. Bevor er kommt, robbt er über Ihr Gesicht und liebt langsam Ihren Mund. Wenn er kommt, lassen Sie sein Sperma über Ihr Gesicht und vor allem die Brille laufen. Sieht ziemlich irre aus, von beiden Seiten aus betrachtet ...

Gesellschaftsspiele FSK 18

Es muss ja nicht immer Strip-Poker sein, um den Spieleabend zu gestalten. Auch mit ein paar anderen Ideen haben Sie gute Karten ...

596 Seitenweise Kicks: Besorgen Sie sich einen Bildband mit Bildern quer durch die Gelüste (zum Beispiel *Sex. Take a walk on the wild side* von Tony Mitchell, Edition Skylight) oder einen *Kamasutra*-Bildband. Zählen Sie von 120 lautlos rückwärts, er darf Stopp sagen. Die Seitenzahl, bei der Sie angelangt sind, aufschlagen – und nachstellen, was dort gerade passiert. Funktioniert auch mit erotischen Manga-Comics. Japanische erotische Mangas (wie Hentai-Mangas oder Mangas aus dem Carlsen-Verlag) stellen allerdings teilweise skurrile Liebesspiele dar, vielleicht inspiriert Sie der Zeichner Manara mehr! Mutige würfeln mit einem bis sechs Würfeln, rechnen die Augenzahl zusammen, schlagen die Seite auf und spielen die Szene nach.

597 Dizzling Dices – wilde Würfel: Präparieren Sie Spielwürfel mit selbstklebenden Etiketten, auf die Sie verschiedene Wonnen notiert haben – zum Beispiel Massage, Zungenkuss, Blow it up!, Nackttanz ... und lassen Sie die Würfel fallen.

598 Liebestarot: Besorgen Sie sich eine Packung Tarotkarten (im Buchhandel). Zaubern Sie zu Hause »Zigeunerstimmung« – Kerzenlicht, unter Ihrem Kartenlegerinnen-Flatterkimono betörende Dessous. Breiten Sie die Tarotkarten – nur die »Großen Arkanen« mit Eigennamen! – verdeckt aus. Bitten Sie ihn, seine linke Hand zwei Minuten auf Ihren Herzbusen zu legen und dann mit dieser Hand und mit geschlossenen Augen eine Karte zu ziehen. Spielen Sie nach, was die Karte aussagt – beim »Herrscher« zum Beispiel darf er sich eine Position wünschen, bei der »Gerechtigkeit« darf er erst kommen, wenn Sie gekommen sind …

599 Der Gipsabdruck. Wie Sie von *ihm* einen standfesten Abdruck hinbekommen: Besorgen Sie sich Gips aus der Apotheke (nicht aus dem Baumarkt, der ist nicht hautverträglich!). Nach Anleitung Gipsbahnen anfeuchten. Er sorgt derweil für eine schöne Erektion. Große Frischhaltefolie über das Modell stülpen, eventuell Hoden auch abdecken. Gips auftragen, trocknen lassen. Wenn sein Großer klein wird, kann der Abdruck abgenommen werden, und dient als formschönes Liege-Modell. Vielleicht ins Gästezimmer damit?!

Schatz, es sieht uns jemand zu – na, Gott sei Dank!

In jedem von uns steckt eine kleine exhibitionistische Ader – lassen Sie es raus, dieses kleine Tier. Zum Beispiel an einem der folgenden Orte:

Immer öfter zeichnen uns Videokameras allerorts auf. In Parkhäusern, U-Bahn-Aufgängen, Hauseingängen, an Geldautomaten, in Zoos … Bringt es Sie zum Schwitzen, wenn Sie an den Wachmann denken, der bei der Nummer im Parkhaus nicht wegsieht? Auch in einigen Hotels mit Schwimmbad werden Ü-Cams eingesetzt. Der Rezeptionist hat danach ein Lächeln verdient.

600 Public Viewing. Sagen Sie ihm, dass er ruhig mit den Jungs bei Ihnen einen Erotikfilmabend machen kann. Kommen Sie später dazu, schnappen Sie ihn sich: »Schatz, könntest du mal kommen, bitte?«, lassen Sie sich ein Zimmer weiter erzählen, was ihm an den Film gefallen hat, und vernaschen Sie ihn an Ort und Stelle. Und laut.

601 In der Schnellfotozelle. Ängstliche halten den Vorhang des Fotoautomaten mit einer Hand zu oder benutzen einen Mantel als Abdeckung. Währenddessen Fotos schießen. Und sie für den Nachfolger im Ausgabefach liegen lassen. Oder doch lieber mitnehmen?!

602 In der Videokabine eines Marken-Sex-Shops. Er sitzt, Sie mit dem Rücken auf ihm wie auf einem Stuhl. Praktischerweise können Sie da auch gleich ein Filmchen sehen.

603 Ihre Fensterbank. Zwar können Sie, falls Sie mit dem Rücken zur Stadt mit offenen Schenkeln dasitzen, nichts sehen – dafür spüren Sie die Blicke. Wenn er Sie zum Beispiel erst oral verführt, um dann aufzutauchen und subito einzudringen.

604 Schattentheater. Wie, die Fensterbank (Nr. 603) ist Ihnen zu heikel? Nachbar Schulz könnte Sie auf der Straße wiedererkennen? Spannen Sie Gaze vor das Fenster, geben Sie einige Lichtspots drauf, tun Sie es dann. Spannende Scherenschnitteffekte.

605 Die wahre Bestimmung eines Balkons. Balkone in Mietshäusern werden zu oft von Flaschenabstellern missbraucht. Schleppen Sie eine Luftmatratze hin, oder ziehen Sie einen halbhohen Bambussichtschutz ans Geländer. Und dann – tun Sie es. Mit der Gewissheit, gehört und gesehen zu werden …

606 In der Autowaschstraße: Wenn Sie nicht der Aushilfstankwart sieht, dann zumindest die Kamera und damit der Herr an der Kasse. Schnell muss es gehen – verlegen Sie sich auf einen Blitz-Blowjob (Wow-Techniken in Kapitel 5).

607 Truckerträume. Falls Ihnen Tankwarte nicht genügen – machen Sie einen Autobahntrip. Zeigen Sie Ihre hochgelegten Beine all den einsamen Lkw-Drivern. Und was Sie sonst noch so machen können bei Tempo hundertzwanzig. Schön langsam überholen – Sie werden der Star des CB-Funks sein!

608 Die Rastplatznummer. Lüsterne Lkw-Fahrer sind nicht Ihr Ding? Halten Sie an einer Raststätte oder einem einsamen Parkplatz. Falls Sie ein Cabrio haben – siehe Punkt davor, nur dass Sie allein Ihrem Mitfahrer eine Show gönnen. Oder schlendern Sie zu den Picknickmöbeln aus Waschbeton, setzen Sie sich auf den Tisch …

609 Altertümer neu entdeckt. Folgender Vorschlag stammt von einem Reisejournalisten: Tatort Venedig, hunderte von Inseln, und alles, was man braucht, ist ein geliehenes Motorboot (Rumheizen nur in der Lagune erlaubt), um mal ein Inselhopping der anderen Art zu betreiben. Dann kann man es zum Beispiel in einer Ruine auf einem Altar aus dem 13. Jahrhundert tun. Falls nicht zufällig gerade eine Gruppe japanischer Studenten mit Digikameras vorbeikommt.

610 Treppenhaus, spät nachts. Sie kommen gemeinsam nach Hause, Sie gehen vor ihm. In einem Rock und vielleicht mit Strapsen – das Höschen über die Halter gezogen. Eine Etage vor Ihrer Wohnung ziehen Sie das Höschen aus und lehnen sich über das Geländer. Das Licht geht aus. Sie bleiben da, bis das Licht wieder angeht.

611 Drehen Sie mal ein großes Rad. Sommerkirmes und Kettenkarussell öden Sie an? Macht nichts: Fahren Sie Riesenrad und sorgen Sie mit entsprechendem Kleingeld dafür, dass niemand anderes in Ihre Gondel steigt. Sie haben fünf Umdrehungen Zeit – und Zuschauer bei der Abwärtsfahrt.

612 Open-air-Kino oder -Konzert. Alle lungern auf Decken herum. Langen Rock anziehen, und es können zwar alle ahnen, aber keiner sehen, warum Sie sich rücklings auf ihn setzen.

613 **Im Vierundzwanzig-Stunden-Waschsalon.** Während Ihre Klamotten übereinander tümmlern, tummeln Sie sich auch.

Darf's ein bisschen mehr sein?
Zum Beispiel zu dritt?

Keine Frau sagt ernsthaft: »Hey, Schatzi, wie wäre es, wenn ich meine Freundin mal mitbringe ...?« Zuviel Eifersucht, zu viele Probleme. Dabei ist eine Triole ein Experiment wert! Zwei Männer, eine Frau; zwei Frauen, Ihr Liebster – wie Sie es hinkriegen, nicht nur zu zweit zu lieben. Voraussetzung: keine Überraschungsaktion (»Hallo Liebling, das ist Klaus, der will heute mal mitmachen ...«).

614 **Als Geschenk:** Fahnden Sie nach einer sympathischen Masseurin (zum Beispiel Kleinanzeigen). Schließen Sie Sex aus, aber lassen Sie ihn von ihr massieren – vielleicht verbinden Sie ihm dabei die Augen und massieren ihn zu zweit. Wenn die Lady geht, können Sie den bebenden Körper übernehmen (Kosten: ab 75 Euro). Fordern Sie quid pro quo – das nächste Mal kommt ein männlicher Masseur.

615 **Sexy Service:** Laden Sie ihn zu einem formellen Dinner ein – zu sich nach Hause, Abendgarderobe erwünscht. Bestellen Sie vorher eine Professionelle. Allerdings nicht für Sex mit ihm, sondern damit sie serviert, gern in sündiger Arbeitskleidung. Bereiten Sie soviel wie möglich vor, damit die Lady nur das Essen aufträgt, den Wein öffnet, einschenkt und wieder geht.

616 **Voyeur-Inspiration:** Besorgen Sie sich gemeinsam einen Callboy und ein Callgirl. Bitten Sie um ordentlichen Livesex nach Ihrer beider Wünsche und Anweisungen, und Sie schauen zu.

617 **Die Vorleserin:** Buchen Sie eine Professionelle, die gut vorlesen kann. Drücken Sie ihr erotische Texte in die Hand, und lassen Sie sie mit dem Rücken zu Ihnen beiden vorlesen. Was Sie währenddessen machen, sollten Ihnen schon einfallen ...

618 Buchen Sie eine »Masseuse« – die sich erst ihn, dann Sie vornimmt. Zum Beispiel mit eingeölten Lederhandschuhen?

619 Erotische Gesprächsrunde. Forschen Sie in Kontaktanzeigen nach einer Professionellen. Treffen Sie beide sich mit ihr, aber nur, um sich erzählen zu lassen, was Sie zu dritt wohl machen würden. Natürlich wird die Lady auch fürs Reden bezahlt, aber bitte nicht mehr als 50 Euro und den Cappuccino.

620 Schenken Sie sich selbst zum Geburtstag zwei Verwöhner. Regeln für die Kontaktaufnahme – siehe Nr. 141. Oder fragen Sie Ihre sexy Daueraffäre, was er davon hält, seinen gutaussehenden, einfühlsamen Kumpel (samt Aidstest) und jede Menge Kondome mitzubringen. Treffen Sie sich mit den Mitspielern im Hotel, damit Sie als erste gehen können, wenn Sie wollen.

621 Bi für Sie. Die einen schwören auf Freunde, die anderen auf Fremde (Stichwort Eifersucht) – fahnden Sie in Kleinanzeigen nach Bi-Frauen oder Bi-Männern, wenn Sie sich sicher sind, es ausprobieren zu wollen. Vielleicht einigen Sie sich vorher mit Ihrem Lover, dass er »nur« Ihnen beiden zusehen darf, aber keinen Sex mit der anderen Frau hat. Fragen Sie, ob er Probleme haben könnte, einen Mann anzufassen. Treffen Sie sich vorher an einem neutralen Ort zum Kennenlernen, ziehen Sie sämtliche Grenzen, die Sie nicht überschreiten wollen.

622 Gehen Sie gemeinsam in einen Pärchenclub – was da abgeht, siehe den Abschnitt »Was passiert in Swingerclubs?« auf Seite 301 f. Wichtig: Informieren Sie sich vorher über durchschnittliches Alter und Ambiente, Dresscode und das zahlenmäßige Verhältnis Mann/ Frau. Mehr als zwei bis drei Männer pro Frau sollten es nicht sein.

623 Setzen Sie eine Anzeige in Szenemagazinen auf – in der Sie klarmachen, dass Sie einen Schmusewilligen und keinen Rammler suchen! Oder stöbern Sie im Netz bei www.swinger-flirtline.net/

624 Arme und Beine sortieren. Bevor es zu einem wilden Geknäule kommt: Stellungen für Sex zu dritt oder mehr hat auch das *Kamasutra,* weitere finden Sie unter www.sexualpositionsfree.com, wo Stellungen anhand vom Puppen erklärt werden (in Englisch), oder in Hardcorestreifen mit dem Stichwort »Gangbang« oder »Threesome«. Wichtig: Die gleichgeschlechtlichen Parts sollten keine Scheu voreinander haben, sonst wird die Dreierverschmelzung schwierig.

Regeln für Triolen

1. Kümmern Sie sich währenddessen immer mehr um Ihren Partner als um den anderen.
2. Versuchen Sie nicht, den Zweitmann allein oder heimlich zu treffen.
3. Geraten Sie selbst nicht als Dritte dazu, wenn einer der anderen nicht damit einverstanden ist. Und: Sprechen Sie danach unbedingt mit Ihrem Partner, um auszuloten, ob er emotionales Unbehagen spürt.
4. Machen Sie eine Triole niemals ihm zuliebe, wenn Sie es nicht wollen, und verlangen Sie so einen Quatsch auch nicht von ihm.

PS: Immer an Verhütung denken.

625 Zwei Frauen, ein Mann: Spielen Sie »*Das seitliche Sandwich*«: Er liegt auf der Seite, mitten unter den Damen, und löffelt eine Mitspielerin, während sich die andere auch im Löffel an ihm schmiegt und zum Beispiel an seinen Juwelen herumspielt. Oder sich eine Hand von ihm ausleiht. Bei einem Wechsel drehen sich alle synchron zur anderen Seite. Beim »*Magischen Zirkel*« bilden Ihre drei Körper eine Triangel, die Lippen jeweils mit Cunnilingus und Fellatio beschäftigt.

626 Zwei Männer, eine Frau: Die beiden Herren sollten sich sympathisch sein und keine Angst vor homoerotischen Berührungen haben. Außerdem sind sie für *Sie* da, nicht umgekehrt (sonst haben Sie wie immer viel zu tun und nix davon, außer viel wegzustecken).

Positionen: Trotz aller Zuneigung sehen Männer beim Sex anderen Männern ungern in die Augen. Ungünstig ist dann zum Beispiel die A-tergo-Position mit gleichzeitigem Blowjob – oder die Jungs müssen die Augen zumachen. Besser ist: Sie on top, mit dem Rücken zu Nummer 1. Nummer 2. kniet sich so zwischen die Beine von Nummer 1., dass Sie entsprechendes mit seinem Penis anfangen können. Das »Sandwich« – Sie zwischen beiden, einer vaginal, einer anal – ist nur bei absoluter Entspannung und Vertrauen möglich.

Spiele für mehr als zwei Mitspieler

Noch geht's nicht zur Sache. Aber vielleicht. Eignet sich für Singlepartys und Ladies Nights, als auch überraschenderweise dafür, den Swingerclub aufzumischen.

627 **Du brauchst es doch!** Für vier bis sieben Spieler. Überrede- und Argumentierspiel mit zwei Zettelstapeln. Ein Stapel mit den Namen aller Spieler, der zweite mit lauter sexy Toys (möglichst weit gefasst) wie zum Beispiel »Fünf Jelly-Dildos in pink«, »ein feuchtes Handtuch«, »eine 69«, »eine Tüte Blowjobs« und so weiter. Die Stapel liegen verdeckt in der Mitte. Der oberste Namenszettel wird umgedreht und vorgelesen. Alle anderen ziehen vom anderen Stapel mit den verrückten Gegenständen und versuchen, den Spieler, dessen Name aufgedeckt wurde, davon zu überzeugen, dass er genau den auf ihrem jeweiligen Zettel stehenden Gegenstand unbedingt braucht. Wer den Spieler am besten überzeugt, erhält einen Punkt.

628 **Ich packe meinen Beischlafutensilienkoffer …** Mitspieler: vier bis unendlich. Sie kennen »Ich packe meinen Koffer …«? Einer beginnt, den BuKo zu packen, mit drei Dingen, die notwendig sind, um eine heiße Nacht zu verbringen. Der nächste wiederholt die Liste und packt ein weiteres Utensil dazu. Wer ein Teil aufzuzählen vergisst, muss rundum kurze Nackenmassagen verabreichen, während das Spiel weiterläuft. Oder spielen Sie es mit Ihren Freundinnen, bei der Gelegenheit können sie en passant über Liebesspielzeug reden.

Prosecco trinken hilft dabei. Oder Martini. Oder knackig kalter Sancerre. Und Eis!! Und Pralinen!!!

629 Das Doris-Dörrie-Nackt-Spiel: Im Kinostreifen *Nackt* zerstreiten sich zwei Paare, weil sie ihren Liebsten nicht blind wiedererkannt haben. Für Sie gilt: Ausziehen, Augenbinde auf, die anderen abtasten und bloß nicht danebenraten. Ein Schiedsrichter bestimmt, welche Körperteile betastet werden dürfen, welche nicht. Nachmachen – und besser machen!

630 Stadt Land Sex: Eine heitere Variante des bekannten Spiels, um das Nachbarspärchen zu schockieren. Statt »Fluss« ist ein Begriff aus dem reichen Schatz der Sexualität gefragt. Sie sind natürlich vorbereitet durch das Kinky Glossar am Ende dieses Buches ...

631 Die Liebeskomödie, für sechs bis viele Mitspieler: Zwei Spieler werden aus dem Zimmer geschickt. Dann bitten Sie einen weiblichen und einen männlichen Teilnehmer, sich für die »Vorführung« einer Liebesszene zur Verfügung zu stellen. Rufen Sie eine der hinausgeschickten Personen herein. Sie ist nun die Regisseurin und soll das Paar anweisen, eine bestimmte Pose einzunehmen. Ist die Regisseurin mit dem Bild einverstanden, erklären Sie ihr, dass sie nun den Part der Frau einnehmen muss. Holen Sie danach die zweite Person herein, und spielen Sie das Spiel mit ihr, bis sie ebenfalls den Platz eines der beiden Vorführenden einnehmen muss.

632 Das Halstuch-Spiel. Material: Ein »Spielball« in Form eines Halstuchs oder etwas Ähnliches, Spielfeld von etwa zehn bis zwanzig Metern Länge (zwei Endlinien reichen). Die Spieler (am besten eine Horde unternehmungslustiger Singles) werden in zwei Gruppen aufgeteilt, die sich hinter den Endlinien aufstellen. Die Spieler beider Gruppen werden von 1 an durchnumeriert (das heißt, jede Nummer kommt in beiden Gruppen je einmal vor). In die Mitte des Feldes wird das Halstuch gelegt. Der Schiedsrichter ruft eine Nummer auf. Die beiden entsprechenden Spieler versuchen nun das Halstuch hinter ihre Linie zu bringen. Dabei gelten folgende Regeln: Sobald ein Spieler das Halstuch berührt (es zum Beispiel in der Hand hält), darf er vom anderen abgeschlagen werden, allerdings nur so lange, wie er das Halstuch auch tatsächlich berührt (er kann es auch fallenlassen, dann besteht die gleiche Lage wie zu Anfang, nur dass das Tuch woanders liegt). Gelingt das Abschlagen, geht der Punkt für diese Runde an die Mannschaft des abschlagenden Spielers. Gelingt es einem Spieler, das Halstuch hinter seine Linie zu bringen, ohne dabei abgeschlagen zu werden, geht der Punkt an seine Mannschaft. Das Halstuch darf nicht geworfen werden. Meistens sind beide Spieler zur gleichen Zeit am Halstuch und schleichen umeinander. Hier ist die Gelegenheit günstig, sich unverfänglich zu rangeln.

633 **Jeopardy:** Zwei oder drei Teams treten bei Wissensfragen gegeneinander an. Dieses *Double Jeopardy* verlangt allerdings, dass bei falschen Antworten Kleidungsstücke abgelegt werden – nach den Wünschen der Gegner! Behelfen Sie sich dabei zum Beispiel mit dem »Wissensspiel der Erotik« (für zwei bis sechs Spieler), Inhalt: 110 übergroße Karten (um 20 Euro, über www.erospa-shop).

Die Szene und ihre Regeln: Swingerclubs, Darkrooms, wilde Orgien

Sie sind neugierig. Aber trauen sich nicht so recht, einmal zu erkunden, welche Gefilde von Sexualität es außerhalb Ihres Schlafzimmers gibt? Nur zu, denn das (Swinger-)Motto »Alles kann, nichts muss« ist die Garantie für Sie, nichts zu tun, was Sie bereuen würden … aber alles zu sehen, was Sie sich ansehen wollten, um zu entscheiden, ob Sie eine Spielart vielleicht mögen. Und sei es nur als Bildersammlung für Ihre Phantasien.

Was passiert in Swingerclubs?

Niemand muss mit Fremden schlafen. Sie müssen nicht Partner tauschen oder andere zusehen lassen. In guten Swingerclubs gibt es abschließbare Zimmer – und wollten Sie nicht schon längst mal auf so einer Liebesschaukel sitzen oder es im Spiegelzimmer tun? Falls Sie jemand aufs Laken einlädt – ein Nein reicht. Aufdringliche (meist Neulinge, alle anderen akzeptieren ein Nein sofort) werden von den Betreibern vor die Tür gesetzt.

Die Kosten: Frauen umsonst, Paare zahlen zwischen 30 und 40 Euro (inbegriffen sind Büffet, Getränke, Verhütung), Einzelherren um 75 Euro. Sie können checken, ob der Club umsichtig geführt wird, wenn Sie nach dem Verhältnis Frauen/Männer fragen. Mehr als drei Männer pro Frau sollten es nicht sein, es sei denn, Sie wollen Angebote wie geschnitten Brot.

In den guten der über hundertzwanzig deutschen Swingerclubs stehen Verhütungsmittel und Gleitmittel bereit, es ist sauber und gibt genügend Duschen. Lassen Sie sich bei telefonischer Nachfrage von den Betreibern erklären, wie es im Club aussieht (nach Website fragen), fragen Sie nach dem allgemeinen Angebot (Büffet in Aldi- oder Catering-Qualität?) und ob es Themenabende gibt (zum Beispiel freitags Lack & Leder only) oder einen »Tag der offenen Tür« (meist mittwochs, Sie können im Alltagsoutfit für günstiger kommen und nur mal schauen).

Das Outfit: Sie können sich vor Ort umziehen. Erotische Kleidung ist erwünscht – aber Sie können auch den Ultramini und 'ne durchsichtige Bluse über Ihren Dessous anbehalten, Schuhe sowieso. Für ihn gilt: nettes Höschen, ein Netzhemd, vielleicht ein sexy Body, und an den Füßen – tja. Schluppen? Boxerschuhe? Plateautreter wie's die Stripper haben? Er sollte sich was einfallen lassen, Straßenschuhe und Socken jedenfalls nicht.

Sprechen Sie vorher darüber, was Sie nicht tun wollen, werden oder dem anderen gestatten. Hört sich simpel an, ist aber die Basis für alles, was kommt.

Gute Swingerclubs haben nur abends geöffnet – um zu verhindern, Spielort von Seitensprungpärchen zu werden, die das Hotel sparen wollen. In einigen Clubs werden Professionelle angeheuert, um das

Frauenverhältnis zu heben: Finger weg. In anderen engagiert man hübsche Paare, um einfach das Bild mit schönen Menschen aufzulockern. Das ist okay. Übrigens: Die wenigsten Swinger sind dick und hässlich, das waren nur die Statisten, die RTL für seine »Reportagen« bucht.

634 Ich bin drin – und nun? Falls Ihnen jemand gefallen sollte, bitten Sie die Betreiber, Sie einander vorzustellen, oder nehmen Sie selbst Kontakt auf (manchmal reicht schon ein langer fester Blick). Nur nicht wundern: Bei einigen geht es sofort zur Sache (nach oben? ja/nein), andere reden erst mal, verabreden sich für die nächsten drei Male, bevor Sex zur Sprache kommt. Austesten. Schlendern Sie. Bleiben Sie nicht an der Bar an Ihrem Erdbeer-Daiquiri hängen. Schnappen Sie sich Ihren Liebsten, werfen Sie einen Blick durch falsche Spiegel, wälzen Sie sich allein herum (Stöckelschuhe vor Beliegen der Matratze ausziehen!).
Swingerclubs in Deutschland – zu finden im Swingermagazin *Josy* (in Sexshops) oder unter www.josy.com (unter »Clubszene«, weiterer »Pärchenclubs«; Clubs sind nach PLZ verlinkt), hier finden sich alle deutschen und einige internationale Clubs).

635 Swinger-Regeln
… *für Zuschauer:* Fragen Sie höflich, ob Sie zusehen dürfen, respektieren Sie ein Nein genauso wie eine geschlossene Tür. Offene Türen gelten als Einladung zum Zusehen beziehungsweise Mitmachen. Wenn Sie jemand einlädt und Ihnen nicht danach ist, sagen Sie Nein. Wird das nicht akzeptiert, gehen Sie zum Clubbesitzer. Denn die Regel lautet: Alles kann, nichts muss. Zuschauer sind akzeptiert, keiner ist verpflichtet, sich anderen anzunähern.
… *für Mitmacher:* Fragen Sie immer, bevor Sie sich dazulegen. Im besten Fall lernen Sie das Paar in Ruhe kennen und treffen sich zwei-, dreimal, bevor Sie aufs Lotterlager steigen. Fragen Sie das Paar, ob es Grenzen hat – zum Beispiel nicht küssen oder kein GV. Benutzen Sie immer Kondome. Besprechen Sie vorher *Ihre* Grenzen, und sprechen Sie offen das Thema Eifersucht an. Nehmen Sie es den anderen

Mitspielern nicht übel, wenn sie danach einfach gehen, ohne noch gemeinsam einen Drink zu nehmen – es geht hier um Sex, nicht um tiefe Zuneigung oder höfliches Beisammensein. Falls Sie auf eine Gangbangparty geraten – auch hier müssen Sie nicht alles machen und machen lassen; und dürfen auch Männer ablehnen.

Bonustipp: »Frivole« Bars – das Zwischending zwischen Swinger-club und Bar/Disco. Hier treffen sich potentielle Swinger, S/M-An-hänger, Exhibitionisten oder Neugierige im Bar-Ambiente, ohne dass etwas passiert. Auch als Normalsterblicher kann man dort ohne Ein-tritt Gin Tonic trinken, wenn es Sie nicht stört, eine offene Hose neben sich zu haben. Bars dieser Art haben meist Mottoabende (Herrenüber-schuss, S/M- und Fetischnight, Ladies Night) und dienen als Kontakt-börse. Gevögelt wird hier nicht unbedingt, aber es kann Ihnen passie-ren, dass sich die Dame auf dem Barhocker links neben Ihnen den Slip auszieht, um sich besser lecken zu lassen. *Adressen:* Hamburg: Down-stairs, Große Brunnenstraße 113, Hamburg-Altona, www.down-stairshh.com. Berlin: Möchtegern, Leibnizstraße 87, www.moechte-gern.de. Weitere in den Links von www.josy.com (siehe Nr. 634).

Darkrooms – gefährlich oder sexy?

In dieser »Dunkelkammer« sieht man weder die Hand vor Augen noch, wer einem gerade den Po tätschelt. In Zeiten von Aids ist un-geschütztes Vergnügen hier Selbstmord. Meist nur für Männer, aber einige Hetero-Sexshops verfügen über Hinterzimmer oder verwinkelte Gänge als Darkrooms.

Danke, Kommerz: Einige Gay-Clubs öffnen an bestimmten Ta-gen ihre sonst nur Homosexuellen vorbehaltenen Darkrooms auch der Heterogemeinde. Lokale Zeitungsanzeigen beachten (*Prinz, Sze-ne, oxmox, tipp, zitty,* Tageszeitungen …). Partys in Darkrooms oder Lack/Fetisch-Nächte unter: www.fetischparty.ch, www.hausatrium. de, www.lfc-online.de. Eine weitere Spielart der anonymen Begeg-nungen mit Fremden oder exhibitionistischen Kicks sind Parkplatz-treffs. Adressen unter www.eroxnews.de/parkplatz.html.

Cybersex – Liebesspiele ganz virtuell

Cybersex – das bedeutet meist heiße bis plumpe Chatgespräche, verbales Vorspiel im Stakkatotakt, das von zart oder rattenscharf bis blöde rangiert – eben wie an jedem Tresen einer beliebigen Bar.

636 **So funktioniert eine Internetaffäre:**

Reinkommen: Für viele Erotik-Chatseiten reicht eine einfache Anmeldung mit einem Passwort und einem selbstgewählten Usernamen (zum Beispiel Cinderella, Wildkirsche13 oder ähnliches). Einige sind kostenpflichtig, gezahlt wird via Bankeinzug oder Rechnung. Meiden Sie 0190-Kontakte, glauben Sie nicht alles, was man Ihnen erzählt (vor allem Personenangaben nicht: 80 Prozent aller Netzidentitäten sind geschönt oder schlicht falsch). Geben Sie keine Adressen oder Telefonnummern von sich heraus, höchstens die Handynummer.

Etikette wahren: Dazu gehört auch ein Nachspiel. Wer nach dem Höhepunkt einfach verschwindet, hinterlässt das Gefühl, benutzt und ausgenutzt worden zu sein. Und: Gehen Sie auf aggressive Mails gar nicht erst ein. Füttern Sie keine Trolle – im Zweifel *immer* ignorieren.

Lassen Sie sich von Worten verführen – denn das ist der Reiz des Spiels. Aber: Mit der »Treue« nimmt es die Community nicht sehr genau, deswegen sollten Sie sich nicht in romantischen Träumen verlieren oder auf Treffs bestehen. Wenn Sie sich sicher sein wollen, wirklich einen sympathischen Mann vor sich zu haben, flirten Sie per Voicechat. Mit Hilfe eines Mikrofons am Computer können Sie sich diverse Verse zuhauchen (beispielsweise über Yahoo-Chats möglich). Nutzen Sie die Telegrammfunktionen bei aol, ICQ oder den Messenger bei yahoo, wenn Ihr Flirtpartner dort auch Mailadressen hat.

637 **Die Chatiquette.** Spielregeln für Chats: Respektvoll bleiben. Keine Werbung, keine Beleidigungen, kein »Bumm, da bin ich, unterhalte mich«. Als »Newbie«, also Neuzugang im Chat, Zurückhaltung üben. Direkte Ansprache einhalten: »Hallo, lovemachine …« (statt »Hallo« reicht auch @). Nicht zu viele Smileys, Icons, Groß-

buchstaben verwenden. Bei Anzüglichkeiten in virtuellen Separées verschwinden. Ignorieren Sie Störer. Falls Sie in Erotikchats spielen: Keine Nicknames, in denen Zahlen unter 18 auftauchen (Lovegirl14), kein Hinweis auf Ihre Vorlieben (spankypetra), sonst werden Sie beballert mit Angeboten. Wenn Sie mit Ihrem Lover Chat spielen, konzentrieren Sie sich nicht nur auf ihn, sonst wirkt das wie ein arrogantes Paar, das auf einer Party nicht mit anderen redet.

8 Reden über die wortlose Angelegenheit

»Wer mit mir reden will, der darf
nicht bloß seine eigene Meinung hören wollen.«
Wilhelm Raabe

Nach einer Umfrage reden berufstätige Paare weniger als acht
Minuten täglich über Privates und noch weniger über erotische
Wünsche. Wie denn auch: »Schatz, die Leberwurstpreise sind gestiegen, und, ach ja, der Babysitter kommt heute, wie wäre es dann mal
mit einem kleinen perversen Rollenspiel im Hotel?«

Die Kommunikation geht im Lauf einer Beziehung am ehesten
flöten – dabei ist es doch so: Worüber man reden kann, das kann man
auch lösen; was einem jedoch nicht über die Lippen kommt, wird
weiterhin unlösbar bleiben. Reden ist der Schlüssel zum anderen,
besseren, interessanteren, experimentelleren Sex. Der auch mal sein
darf (auch wenn sich das Eingespielte gut anfühlt – ab und an wüssten wir schon gern, wie's hinterm Horizont weitergeht).

Dabei muss es nicht immer ein problemorientiertes Gespräch sein.
Kommunikation muss sich nicht um Kritisieren, Fordern und Planen drehen. Über Sex zu reden darf vor allem erst mal Spaß machen.
Das *Kamasutra* empfiehlt, erst mit Komplimenten zu beginnen und
dann Fragen zu stellen, die den anderen in Verlegenheit bringen –
aber dabei spielerisch zu flirten. Machen Sie Ihrem Geliebten also
mal wieder ein Kompliment und leiten Sie dann über zu Fragen wie:
»Magst du mein Haar? Würdest du gern mal daran ziehen, während
wir uns lieben? Willst du mich? Wie sehr?«

Verruchtes Vokabular

Es ist erstaunlich, mit wie wenigen Worten wir die komplizierteste
Sache der Welt begleiten: »Da ist gut. Nein, da. *Da!* Kannst du *sie*

anfassen? *Ihn* in den Mund nehmen …?« Alternativ in die Phrasen-
lexik schlecht synchronisierter Hardcorefilme zu verfallen kann's
auch nicht sein: Entweder springt sie bei »Bück dich, du Luder« vor
Entsetzen aus dem Bett, oder er fällt bei »Mach's mir richtig, du
Hengst« vor Lachen raus.

638 Sexgöttinnen erfinden eine eigene Sprache, um Körperteile,
Stellungen oder Praktiken zu umschreiben. Und weihen ihn in das
Vokabular ein, fragen harmlos: »Möchtest du wissen, wie ich meine
Lieblingsstellen nenne …?« Die Kunst ist, sich auf ein »Oberthema«
zu einigen, um auch andere Worte für den Vorgang an sich zu
finden – zum Beispiel klassische Musik (»ein kleines Allegro auf
meiner Violine spielen«) oder italienische Küche (»Die Kunst, ein
Tiramisu zu essen oder einen Zucchino zu putzen …«), vielleicht
auch einfach Konditorei (»Biscuitröllchen«? »Betthupferl«?). Sie
mögen das albern finden, dabei greifen viele Sprachen zu poetischen
Umschreibungen, um den Körper zu definieren. Nicht nur im *Kamasutra,* sondern beispielsweise auch im Portugiesischen: »Schenk
mir eine Brosche« ist eine Bezeichnung für Oralverkehr! Es geht
also auch romantisch und sexy, Sie können galant darüber reden, wie
Ihr Erdbeerteilchen es gern hätte, ohne schamrot um medizinische
Ausdrücke herumzustottern – sogar vor anderen.

639 Versuchen Sie »Darf ich …?«-Sex: »Darf ich deine Hose ausziehen und meine Finger an deine Lenden legen?«, »Darf ich meine
Brüste über deinem Gesicht schwingen lassen und sie dir an die Lippen drücken?« Klar, was folgt: Ja, ja, *ja!* Darf-ich-Sex gehört zu den
effektivsten Methoden für mehr Verbal-Action.

Sagen Sie doch, was Sie wollen

Wie Sie's gern von ihm hätten, wissen Sie ganz genau – aber wie sagt
man es ihm, dass Sie es sich zum Beispiel auf dem Tisch da vorstellen, mit flackernden Kerzen drumherum, erst Cunnilingus, dann
bitte schmutzige Worte, gefolgt von coitus a tergo, bei dem er seine

Hände auf Ihren Po stemmt?! So wie es sich hier liest, wohl kaum, es sei denn, er hat Cojones und antwortet mit: »Sehr wohl, Madame.« Hat er wie die meisten Menschen eine Abneigung gegen Gebrauchsanweisungen im vorwurfsvollen Kommandoton im Bett, kommen Sie mit »Mach's mir so und dann hochkant« nicht wirklich weit.

Sexgöttinnen besitzen Mut genug, um zu einem Ausweichmanöver zu greifen: der Gänseblümchentaktik. Dabei kommt es ausschließlich auf Ihren *Ton* an. Reden Sie Klartext, sagen Sie ihm genau, was Sie wollen – aber in niedlicher Tonlage. Alles, was Sie mit der »Daisy«-Stimme vortragen, säuseln, flüstern, seufzen und dazu noch den Kopf schieflegen, einen Schmollmund ziehen, den Augenaufschlag drauf packen und seine Hand auf Ihren Oberschenkel legen – »Könntest du mich ein bisschen quer über den Tisch legen und vögeln, bitte?« – rennt bei ihm offene Türen ein. Selbst Hardcorebegriffe kommen Ihnen im »Daisy«-Ton geschmeidiger über die Lippen, probieren Sie es aus! Und er fühlt sich weniger »bedroht«: Anstatt sich zu fragen, ob er Ihrem inneren Drehbuch wohl genügen wird, kann er nicht anders als reagieren: Sein limbisches System springt auf süße Tonlagen an, ohne Umwege über die zweifelnde Vernunft: »Bring ich das?«

640 Scheu vor eindeutigen Worten? So überwinden Sie sie: Sprechen Sie beim Ausatmen, und schließen Sie vor allem die Augen. Flüstern Sie ihm was ins linke Ohr, da geht's zu seiner emotionalen Gehirnhälfte. Erotisches Werben ist immer übertrieben – fangen Sie an ihm zu erzählen, was Sie (angeblich) letzte Nacht geträumt haben: Er und Sie im Flur, Ihre Hände gefesselt, Sie auf den Knien ... Verstecken Sie Ihre Ideen eben hinter Nachtgespenstern!

641 Und so fangen Sie im Bett an zu reden – indem Sie beschreiben, was er da gerade tut: »Deine Hand, wie sie das und das macht, fühlt sich gut an. Dein Mund macht das so gut an der und der Stelle.« Männer mögen es, wenn ihr Handeln gelobt wird; poetische Ausschweifungen über seine Haut oder den Duft seines Haars sind dagegen wirkungsfrei. Gehen Sie dann zu Ihren Wünschen über – mit der Wunschzettelmethode: »Darf ich mir was wünschen?« ist der magische Satz, wenn Sie einen Stellungswechsel wollen, eine Zungenmassage an Ihrer Perle oder eine Verführung im Flur. Denn Wünsche zu erfüllen ist für ihn allemal erfüllender als Aufträge abzuarbeiten oder Ihnen von der Stirn abzulesen.

642 Sexy Sagen für Erwachsene. Während Sie langsam miteinander schlafen, erzählen Sie ihm eine andere, zügellose Phantasie – hetero, homo, gewalttätig, romantisch, völlig egal: Stellen sie sich und ihm laut vor, wo Sie beide jetzt statt dessen sind, wer Sie sind und wer Ihnen zusieht, was Sie anhaben … Der Kick von Fühlen und wilden Bildern im Kopf kommt gut.

643 Das Briefgeheimnis: Sie schreiben ihm auf festem Papier einen erotischen Brief, in dem Sie ihm genau offenlegen, was Sie gern mit ihm tun würden, wenn er jetzt bei Ihnen wäre. Oder was er als Gaststar Ihrer schmutzigen Phantasien alles mit Ihnen anstellt. Am Schluss steht eine Verabredung mit Ihnen. Schneiden Sie diesen Brief in nicht zu kleine Schnipsel und geben Sie ihn zur Post. Erst wenn er das Puzzle zusammengesetzt hat, wird er das Briefgeheimnis erfahren.

644 Der Fortsetzungsroman: Beginnen Sie einen kleinen Roman. Die Hauptpersonen: Sie und er. Zwar tragen die beiden andere Namen, sind aber eindeutig zu identifizieren. Schicken Sie ihm jeden Tag ein Stück davon per E-Mail. Hören Sie an spannenden Stellen auf und bitten Sie ihn um Inspiration: Was soll die Frau tragen, wenn Sie sich in dieser Bar treffen? Wie küsst er Sie, wenn Sie allein sind? Wo berührt er sie zum ersten Mal? Nebenbei erfahren Sie etwas aus seiner erotischen Innenwelt, das Sie am siebten Tag erfüllen könnten …

645 Wie sag ich's dem Manne? Manchmal sind Frauen Prinzessinnen. Sogar dann, wenn alles in ihnen drängt: »Ich will mit ihm schlafen«, schweigen sie. Statt dessen verlegen sie sich aufs risikolose Abwarten oder auf nonverbale Signale, die aber oft uneindeutig sind.

Übrig bleibt eine verpasste Chance: Weil Männer auf deutlichere Anleitungen hoffen – während Frauen erwarten, dass er spürt, was sie will. Warten Sie nicht anständig darauf, ein unanständiges Angebot zu erhalten, sondern machen Sie eins. Die Wirkung des Klassikers »Ich will mit dir schlafen« ist enorm: Es dockt am Lustzentrum seines Gehirns an, Erinnerungen an Sex befeuern die Hormonausschüttung, er reagiert sofort. Vor allem das »Ich will« – ob »mit dir ins Bett«, »dich spüren« oder »Ich will dich« – gilt als Kick: Denn in »Ich will« schwingt die Lust auf ihn mit, für Männer erotischer als jede falsche Scham.

Die spielerische Art, ins zweideutige Gespräch zu kommen

Vergessen Sie Kommunikationsstrategien aus dem Psychohandbuch. Jedes Paar hat seinen eigenen Stil, nehmen Sie lieber den. Und spielen Sie! Das macht mehr Spaß, und führt schneller zu dem Sex, den Sie haben wollen.

646 **Flaschendrehen für Erwachsene:** Champagnerflasche leeren, währenddessen eine erotische »Aufgabenliste« schreiben. Auf wen die Flasche zeigt, der muss eine Aufgabe erfüllen – drei Minuten Fellatio, dreißig Sekunden ein Vibrator zwischen seinen Schenkeln, Bluse ausziehen, vierzig Sekunden sich selbst streicheln und den anderen dabei zusehen lassen, zwei Minuten Sex ohne Stoßbewegungen ... was immer Sie wollen.

647 **Küchengespräche.** Jedes Teil aus dem Kühlschrank, dem Obst- und Gemüsekorb oder der Vorratskammer wird auf Kinky-Tauglichkeit untersucht, indem Sie darüber reden, was sich damit anstellen ließe. Was sich nicht eignet, wird gekocht. Das andere – ausprobiert.

648 **Privatlesung:** Sie lesen sich gegenseitig erotische Literatur vor, während der Zuhörer den Vorleser an den Zehen massiert, die Kniebeugen streichelt, die Brüste liebkost ... Gewechselt wird nach zehn Minuten.

649 Lose und Nieten. Man nehme einen Kissenüberzug, schreibe auf kleine Zettel verdorben-zärtliche Wünsche, und dann wird gezogen, was in den nächsten zehn Minuten oder am heutigen Abend zu tun ist.

650 Wer wird Sexionär? Günter Jauch wäre neidisch: Jeder schreibt zehn Fragen auf, die er beantwortet haben möchte – zum Beispiel: »Du findest einen Lederslip unter meinem Kopfkissen. Was würdest du machen?«, oder: »Wenn du die Wahl hättest, wo würdest du am liebsten kommen?« Beantworten und ausführen.

651 Agentur for you. Melden sich am Telefon zum Beispiel mit »Private Escort, Leila am Apparat, was kann ich für Sie tun?« Bleiben Sie während seiner »Buchung« ernsthaft. Er bestellt eine Dame nach seinen Wünschen, darf sich Outfit, Parfüm oder Spezialtechniken aussuchen. Und genauso sollten Sie erscheinen, egal wohin er Sie zitiert: Kino, Büro, Hotel, hinter die Turnhalle ... Und nächste Woche ist er dran: »Agentur Sunnyboy, wir haben Männer für jede Tonart.«

652 Die kleine Kochschule. Er ist der Meisterkoch, Sie eine arrogante Lady, die exklusiven Unterricht mit Weinprobe nimmt. Der Chef de cuisine ordnet Arbeitskleidung nach seiner Wahl an. Statt bei der Kochsache zu sein, untersuchen Sie sämtliches Gerät sowie Zutaten auf erotisches Potential hin und spielen an Ihrem Sternekoch herum, bis alles al dente ist.

653 Könnten Sie das bitte noch mal machen? Siezen Sie sich. Im Bett. Mit Nachnamen, natürlich! Würden Sie mich freundlicherweise lecken, mein Herr?! Um daraus ein zartes Domina-Spiel zu machen: Nur einer siezt! Skurril: baut Sprachhemmungen ab ...

654 Masken – von der Zorro-Augenmaske, der halben venezianischen Maske bis hin zur Ganzgesichtslackmaske – finden Sie in Erotikshops oder bei Karnevalsausstattern. Setzen Sie beide Ihre Masken auf, bevor Sie sich treffen (es sei denn, er ist Zorro), legen Sie sich einen der Maske entsprechenden neuen Namen zu, und erzählen Sie sich gegenseitig Ihre Lebensläufe. Erst um Mitternacht dürfen die Masken fallen – und so lange zögern Sie auch den eigentlichen Akt hinaus! Der Vorteil ist: Hinter der Maske lässt es sich leichter über Hemmungen hinwegreden.

655 Schreiben Sie sich selbst einen Liebesbrief. In dem steht all das, was Sie schon immer hören wollten. Schreiben Sie genau das, was Sie anmacht, zum Beispiel auch aus der Perspektive eines Mannes, der versucht Sie herumzukriegen. Schicken Sie den Brief per Post an sich selbst, und freuen Sie sich auf die Lesestunde – Cyrano mal andersrum.

656 Liebe Dr. Lovely ... Schreiben Sie Briefe an eine imaginäre Briefkastentante. Inhalt: Bekenntnisse, Fragen (»Wie bekomme ich ihn dazu, mich mit Lederbändchen zu fesseln?«), Hoffnungen (»Ich wünschte, er würde mich im Auto vögeln«), Einladungen. Postfach ist die Wäschekommode oder ein Geschenkekarton mit Einwurfschlitz.

657 Was denkst du, Schatz? Komm, ich zahl für deine Antwort! Jeder erhält eine Rolle Ein- und Zweicentstücke (bei der Bank nach Wechselgeld fragen). Bei einem Dinner wird für die Offenlegung der Gedanken des anderen gezahlt, die Preise haben Sie vorher festgelegt, zum Beispiel zehn Cents für erotische Phantasien, zwei Cents für ein unanständiges Kompliment. Vielleicht müssen Sie einen Kredit aufnehmen, in Naturalien verzinst?

658 Penis & Pussy Puppeteers: Die einen lesen aus Handlinien, was die Zukunft bringt – Sie aus der Beschaffenheit seiner erogenen Zonen, was in *wirklich naher* Zukunft geschieht. Sehen Sie an seinen

313

Lenden, dass er gleich mit Ihrer Lieblingskette Ihre Brüste streicheln wird? Sieht er auf Ihrem Venushügel, wie er unter einem Tropfen Grand Marnier erbebt? Ja, es ist albern, aber wer hat gesagt, dass Sex ohne Lachen auskommen muss?

659 **Märchenstunde:** Erzählen Sie eine sexy Story von einem Mädchen, das auf einen Priester trifft, der gerade aus der Kirche ausgetreten ist und seit zehn Jahren keinen Sex mehr hatte ... Oder was immer Ihnen an gegensätzlichen Personen einfällt. Am interessantesten Punkt stoppen Sie und lassen *ihn* weitererzählen, was seiner Meinung nach passiert. Bitten Sie um Umsetzung. *Variante:* Nehmen Sie ein Volksmärchen Ihrer Wahl (Fortgeschrittene greifen zu römischen Sagen), und schleifen Sie es zweideutig um. Es war mal ein Mädchen mit einem roten BH, das machte alle Räuber im Wald verrückt ...

660 **Ja und Nein verliert:** Was macht Sie an? Sagen Sie es ihm – aber verabreden Sie vorher, dass bestimmte Wörter ausgeschlossen sind. Sowohl derbe Ausdrücke als auch eindeutige Begriffe wie Brüste, Penis, Mund ... Finden Sie Synonyme oder Metaphern. Wer ein Tabuwort benutzt, muss dem anderen mit dem »verbotenen« Körperteil für zwei Minuten zu Diensten sein. Mund, Mund, Munddddddd!!

661 **Wenn die Dinge reden könnten.** Psychologen setzen »Objektsprache« ein, um der Seele auf die Spur zu kommen – man lässt also Dinge reden, anstatt von sich selbst zu sprechen. »Hallo, ich bin der kleine feuchte Waschlappen ...«, »Tag, ich bin die schaumige Seife und soooo allein ...« Probieren Sie es aus. Führt zu urkomischen, aber sexy Dialogen mit Folgen.

662 **Ohrale Verführung.** Dirty talk fällt leichter, wenn Sie ihm die Augen verbinden und ihm alles sagen, was Sie unter seinem Blick niemals zu sagen wagen würden. Nach zehn Minuten tauschen Sie die Rollen. In der zweiten Runde beginnen Sie sich bei den Geständnissen zu berühren. Die weichere Variante: Sie sitzen Rücken an Rücken.

663 Lesen und nicht lesen lassen. Der eine liest laut Lieblingsstellen aus erotischen Büchern vor (zum Beispiel aus *Mehr Sex. Ein erotisches Stellenbuch* von Bettina Hesse, Wunderlich Verlag), der andere versucht, ihn davon abzubringen. Als Vorleserin tun Sie unbeteiligt, bis Sie es nicht mehr sind … Variante für Fortgeschrittene: Suchen Sie Stellen raus, in denen verführt wird. Er muss das ausführen, was Sie vorlesen.

664 Dienst nach Vorschrift: Machen Sie sich den harmlosen Spaß, mal nach Technik-»Lehrbüchern« vorzugehen (zum Beispiel Lou Paget: *Die perfekte Liebhaberin. Sextechniken, die ihn verrückt machen,* Goldmann Taschenbuch, oder Andrew Stanway: *Erotische Massagegeheimnisse. Leidenschaftliche Stunden durch sinnliche Berührungen,* Südwest Verlag), und probieren Sie bei ihm sämtliche Griffe aus, die Sie finden. Er liest vor, Sie sind Erfüllungsgehilfin. Ja, dieses Buch hier eignet sich vielleicht auch.

665 Der erotische Rorschachtest. Einen Klecks Tinte aufs Papier tropfen lassen, zusammenfalten, glattstreichen, aufklappen, drauflos reden. Wer am meisten erotisch Bedeutsames in den Flecken sieht, gewinnt zum Beispiel ein Hotelzimmerspiel. Wer nicht erkennt, was auf dem Bild ist (»Es ist ein Cockring!« – »Nein, Honeybunny, ein Backdoorstöpsel.«), muss ein sinnliches Spiel (siehe Kapitel 4, Nr. 193 bis 248) über sich »ergehen« lassen. Gibt Schlimmeres, oder?

666 Wolkengucker. Wer erkennt in den Cumuluswolken am ehesten erotische *Kamasutra*-Positionen? Bei einem Picknick sollten Sie das genau klären, während er an einen Baum gelehnt sitzt und Sie in seinen Armen lehnen.

667 Dolmetscherspiel: Was heißt »Baise moi«? (»Küss mich« eindeutig übersetzt, »Fick mich« im Hargot-Slang). Ein Spiel mit Wörterbuch – Sie brauchen ein italienisches, französisches oder englisches und spanisches Lexikon. Schreiben Sie sich Übersetzungen von Wörtern aller erotischen Art heraus, auch solche, die Sie auf Deutsch

315

nie sagen würden, oder Synonyme für Ihre Körperpartien (zum Beispiel heißt Lutscher »sucette«). Auf Perfektion kommt es nicht an. Verwenden Sie die Neuworte nicht nur, wenn Sie allein sind, sondern unter Leuten ...

668 Das S-P-O-Spiel oder Die andere Deutschstunde: Kennen Sie noch die Subjekt-Prädikat-(oder Verb)-Objekt-Regel aus den Grammatikübungen? Wie »Ich küsse deinen (und hier folgt das Objekt der Begierde)«. Folgen Sie der S-P-O-Regel: Sie schreiben ein Subjekt (Ich, Du, Er, Dein Mund, Deine Hand, Dein Ladyrocker ...), er das Prädikat (küsst, stößt, massiert, wandert über), Sie das Objekt (mich, meinen Hals). Papier nach jedem Wort umklappen, bevor Sie es weiterreichen, damit keiner weiß, was der andere geschrieben hat. Auseinanderfalten, lesen, lachen oder nachmachen.

669 Blind Date. Räumen Sie Ihr Schlafzimmer so auf, dass Sie sich darin blind bewegen könnten. Beide sind mindestens fünf Meter voneinander entfernt und verbinden sich die Augen mit einem Tuch. Tasten Sie sich allein mittels Ihrer Stimmen zueinander hin. Sagen Sie ihm, was er erst mit sich, dann mit Ihnen tun soll. Vorteil: Sie sind beide schamloser und folgen den Anweisungen.

670 Fill-in-Game. Schreiben Sie ihm einen aufregenden Brief oder einMinidrehbuch, in dem Sie aber wesentliche Verben oder Adjektive weglassen und dafür ein wenig Platz freilassen. Er fügt die Wörter nach Gutdünken ein. Lieben Sie sich nach Ihrer gemeinsamen Geschichte.

Anschluss unter diversen Nummern: Telefonsex

671 SMS-Hotline: Hundertsechzig Zeichen Erotik? Kein Problem: Männer denken in Bildern. Geben Sie ihm zwei, drei Anregungen, er denkt den Rest eh dazu: »Meine rechte Hand verschwindet in meinem schwarzen Slip, mein Mund umschließt deinen ...« Das waren siebenundachtzig Anschläge, aber sein Blutdruck ist auf hundertzwanzig. Ebenso wirksam: Befehle, was er mit sich tun soll, egal wo er jetzt ist. »Sieh auf die Uhr. Denke 60 Sekunden daran, wie es ist, auf mir zu kommen.« (73 Zeichen) Oder: »Wenn du zu mir kommst, zieh vorher deine Unterwäsche aus.« (57 Zeichen) Vermeiden Sie Reime, süßlichen Kram, Grinse-Icons. Tippen Sie bedeutungsschwangere drei Punkte.

672 **BettyPage trifft Lovemachine69:** Flirten Sie unter anderen Namen per E-Mail. Richten Sie sich dazu zum Beispiel über gmx andere Identitäten ein. Geben Sie im Anmeldungsfeld falsche Namen und Adressen an. Legen Sie sich andere Vorlieben zu. Gestehen Sie sich erotische Geheimnisse. Beim ersten analogen Date (in der richtigen, nicht virtuellen Welt) erfüllen Sie bitte das Profil aus dem Netz. Als Betty Page (oder wer immer Sie sind) wagen Sie sicher mehr als Lieschen Müller … Als Unter-der-Woche-Spiel für Weekendpaare eine gute Gelegenheit, sich aufeinander zu freuen.

673 **Telefonsex (T6).** Was Sie brauchen: ein Telefon, Ruhe, Wärme, Dunkelheit, Alkohol und Öl. Bringen Sie sich in Stimmung – Musik, ein Glas Wein, Kerzen anzünden, sexy aufbrezeln (und vor allem Akku aufladen!). Verabreden Sie sich zu einem Telefonat, bitten Sie ihn um dieselbe Vorbereitung. Suchen Sie sich ein bequemes Lager, wo Sie alles griffbereit haben, inklusive Massageöl, das Sie in eine flache Schale gießen. Halten Sie das Telefon ans linke Ohr – hier fließen emotionale Informationen besser als im rechten. Außerdem brauchen Sie Ihre rechte Hand, um sich gut zu tun. T6-Spiele beruhen darauf, zu beschreiben, was Sie mit sich tun. Was Sie mit ihm tun würden, wenn er da wäre. Und seinen Anweisungen zu folgen. Schließen Sie die Augen, lassen Sie den Verstand fallen, und der Körper wird folgen.

674 **T6 @ the Road.** Mit Handy und Freisprechzubehör dirigieren Sie ihn mit regelmäßigen Anrufen dorthin, wohin Sie ihn haben wollen, ohne die Adresse zu verraten. Vielleicht in eine Lingerie-

abteilung, ein Hotel oder in die Dusche eines Fitnessclubs? Seien Sie bereits vor Ort. Vielleicht soll er unterwegs einkaufen? Ein Toy aus dem Sexshop, Champagner, Kondome, Pflaumenjoghurt? Bevor er diese Aufgaben nicht erfüllt hat, erfährt er nicht, wo Sie stecken.

675 T6 @ Home. Sie telefonieren, während Sie in derselben Wohnung sind, aber in getrennten Zimmern. Und tragen sich gegenseitig auf, was Sie beide mit Ihrem Körper tun sollen. Sich anziehen, ausziehen, berühren, tanzen? Bis es heißt: Hey! Komm rüber und mach es selbst!

676 Intervallanrufe. Rufen Sie im Büro an. Sagen Sie nur einen Satz – wie: »Ich liebe dich«, »Ich will mit dir schlafen«, »Ich will, dass du heute nacht in mein Gesicht kommst« –, dann legen Sie sofort wieder auf. Wiederholen Sie das zu jeder vollen Stunde des Tages, und wechseln Sie die Inhalte von romantisch bis dirty. Bang!

677 Stimulieren Sie seine Vorfreude. Heute abend verabredet? Wärmen Sie ihn auf: Mit einer SMS um die Mittagszeit – dass sie sich auf seinen Mund freuen. Mit einer Mail um drei – in der Sie beschreiben, was in Ihrem Körper vor sich geht. Mit einem Anruf eine Stunde vorher bitten Sie ihn, das Parfüm zu tragen, das Sie an ihm so lieben, die beiden obersten Hemdknöpfe offenzulassen und Prosecco mitzubringen. Ein Zettel an Ihrer Wohnungstür verrät ihm, was ihn erwartet: Vielleicht Sie mit nichts als Chanel No 5 und einer Augenbinde am Leib?!

678 Los, sag mir was Schmutziges! Lautloser Sex ist öde. Dabei wäre es so herrlich, sich mitreißen zu lassen von Wohlfühlgeräuschen, Flehen, Unanständigkeiten von charmant bis schmutzig!
Männern fällt es schwer, neben dem Sex einen geraden Satz zu formulieren. Entweder vögeln oder quasseln! Schick: Das lässt sich ändern! Zum Beispiel durch manipulative Ja-Fragen oder durch Nachfragen. Ja-Fragen sind zum Beispiel: »Fühlt sich das gut an? Macht dich das an? Willst du mehr? Jetzt? Willst du, dass ich mich

umdrehe?« – und sind eindeutig mit »Ja, ja, *ja!*« zu beantworten. Hingebungsvolle Jas sind der Beginn Ihrer erotischen Kommunikation.

Nachfragen bringen ihn zum Reden: »Wie fühlt es sich an, wenn du deine Hand hierher legst? Was liest du in meinen Augen? Wo möchtest du auf mir kommen?« Sie sind sensibel genug, um zu erkennen, wann Sie die richtige Nachfrage stellen, er sich in Phantasie verliert. Bleiben Sie dran, schmücken Sie das gefundene Thema aus. In der besten aller Welten geht er natürlich auf all das ein, was Sie anregen. In der Realität kann es sein, dass er überfordert antwortet. »Hä? Wieso?«

Solche Momente überbrücken Sie offensiv: indem Sie sagen, was Sie *hören* wollen. »Soll sie doch sagen, was sie will«, ist sein geheimer Traum! Sagen Sie es sanft, wie: »Beschreibe mir bitte, wie es sich anfühlt, wenn du von hinten eindringst«, raffiniert wie: »Ich tue alles, was du willst – wenn du es mir ganz genau sagst.« Die dominante Methode ist die »Wenn, dann«-Ansage: »Wenn du mich so nennst ... dann werde ich ...«. Nenn mich Luder/Hure/Göttin – und ich werde es für dich sein. Sobald er Ursache und Wirkung begriffen hat, wird er es lieben, diesen Hebel anzusetzen.

Kommunikationsklischees: Es heißt, Männer reden Berichts-sprache und hören weniger zu, und Frauen Beziehungssprache (mit viel Konjunktiv und Subtext) und hören alles. Diese »Tatsache« ist jedoch für 100 von 100 Leutchen einfach nicht haltbar. Es gibt sie sehr wohl, zuhauf, die Frauen, die nicht zuhören, und Männer, die noch nach Monaten wissen, was man gesagt hat. Es gibt nicht die Kommunikations-unterschiede (außer, dass es mehr Worte für »Flittchen« und »Luder« gibt, und »Don Juan« oder »Casanova« positiver besetzt sind – pfui zu dieser Doppelmoral!); Sprache ist ein Instrument, das je nach Erziehung, Klasse (gibt es immer noch), Job und Gewohnheitsmuster entsteht. Plus: Jedes Paar hat seinen eigenen Kommunikationsstil. Lassen Sie sich also keine Allgemeinplätze für wahr verkaufen.

9 Andere Länder, anderer Sex?
Exotik für den Hausgebrauch

»Es ist gut, alles selber zu kosten,
was man zu wissen nötig hat.«
Hermann Hesse (»Siddartha«)

Was sind Tantra, Taoismus, Zen-Sex, sexual Qigong und Thai-Massage? Wie geht das, was soll das, kann ich das auch, oder muss ich da zur Volkshochschule? Und ist Exotik-Sex, wenn ich auf dem Leopardenfell rumturne, oder nur eine Erfindung von Redakteuren, die kein besseres Wort für genitale Ölmassage gefunden haben?!

Asia-Sex: Die Entdeckung der Langsamkeit

Wilde Küsse. Bisswunden. Zerrupfte Frisuren, Doggystyle hochkant, fünf Stellungen in drei Minuten – und gerade wenn's interessant wird, ist's vorbei. Nach der Ewigkeit von zwölfeinhalb Minuten, so die Statistiken zum Thema Beischlafzeiten unter Langzeitpartnern. Let's face it: Da werden Frauen gerade erst warm! Auch wenn Fastfood-Sex scharf wie Jalapeño-Chilis ist – manchmal muss es mehr sein als ein Snack.

Fernöstlichen Liebesweisheiten zufolge ist der Weg das Ziel – und praktischerweise haben sich die Lehren des Tantra, Tao, Feng Shui und Zen auch der schönsten Nebensache der Welt gewidmet, um aus Hundert-Meter-Sprints erotische Marathons zu entwickeln. Alles, was Sie dazu brauchen, ist Zeit, Muße, das Wissen um ein paar Geheimnisse, die bei näherem Hinschauen gar nicht so esoterisch sind – und ein Kerl, den es anmacht, Sie gaaanz langsam hochgehen zu lassen.

679 Lust beginnt im Kopf: Zen-Sex. Seit wann hat Zen was mit Sex zu tun? Haben buddhistische Mönche etwa …? Nein. Haben sie nicht. Zen, wie es der erfrischend unkeusche Zen-Meister Ikkyu Sojun bereits vor fast sechshundert Jahren lehrte, zeigt Wege auf, sich fallenzulassen, in jedem Tun voll aufzugehen. Egal ob durch Ikebana, Putzen oder eben das Liebesspiel. Techniken oder Stellungen werden beim Zen-Sex ignoriert – es geht allein um die innere Einstellung.

Die Sieben Wege zum Zen-Sex sind simpel – aber in der Konzentration liegt das Geheimnis. *Der erste Weg* beginnt mit dem Bekenntnis, Lust auf Sex zu haben, ohne sich selbst zu verurteilen. Gesagt, getan. Bingo. *Der zweite Weg* führt über die Phantasie – und die Lust im Kopf. Spielen Sie Ihre sexuellen Phantasien ausführlich durch, ohne dabei Hand anzulegen. Effekt: Sie glühen bereits vor, schalten den Alltag aus, und Ihre Sensibilität an. *Der dritte Weg:* die Lust an der Entdeckungsfreude. Der Zen-Meister Nan-in bezeichnete das Wissen über den anderen als Teeschale – man könne nichts mehr hineingießen, wenn sie nicht geleert wäre. Was soviel heißt wie: Keiner sollte sich auf dem Wissen über den eigenen Körper oder den des anderen ausruhen (»Routine« heißt das Hasswort), sondern immer wieder in jeder Situation auf Entdeckungsreise gehen. Forschen Sie noch heute nacht nach einem Punkt, den Sie an sich oder Ihrem Liebsten noch nicht kennen.

Der vierte Weg ist »Die Kunst des Handelns« – und bedeutet, dass Sie die Initiative übernehmen. Und zwar immer dann, wenn Ihnen danach ist, anstatt darauf zu warten, dass etwas passiert. *Der fünfte Weg* ist der der Vorfreude – das Geheimnis liegt im Zögern, Innehalten, darin, den Moment davor in die Länge zu ziehen. Ob vor einem Kuss, dem ersten Mal oder sogar, bevor er eindringt – die Hast zu besiegen ist sexy und lenkt die Konzentration voll auf alle Empfindungen. *Der sechste Weg* ist die Überraschung – etwas zu tun, voller Liebe, um den anderen und sich selbst damit zu überraschen.

Der siebte Weg lautet »Pfad der Vertrautheit«: Es bedeutet, jeden Augenblick auszukosten, als ob er neu wäre – auch wenn man die Situation kennt. Das Ausziehen, das Ineinandergleiten – egal wie oft Sie es bereits getan haben, nehmen Sie jede vertraute Handlung bewusst wahr. Lebe jetzt und bewusst – das ist Zen-Sex.

Auch für den Akt selbst hält Zen einige einfache, aber wirkungsvolle Lehren bereit. Unter anderem: *Der Weg des Eindringens,* der die Selbstbefriedigung anpreist, um sich kennenzulernen; *weiterhin Unvollkommenheit zu akzeptieren,* um sich selbst und den anderen zu lieben, wie er ist; *sämtliche Berührungen voller Liebe* und nicht mit Ablenkung oder Hast auszuführen sowie Geruchssinn, Augen, Mund und Stöhnen so bewusst wie möglich einzusetzen. Eigentlich ganz einfach – wenn man sich mal die Zeit nimmt …

680 **Das Geisha-Spiel.** Kleiden Sie sich in Kimonos, trinken Sie Tee (gern mit Schuss – aber nicht wie in der McDonald's-Werbung danebengießen), und bitten Sie ihn dann in Ihr warmes, schwach beleuchtetes Schlafzimmer. Nehmen Sie nur einen Hauch Öl, damit Ihre Hände gleiten, wärmen Sie Ihre Hände durch Reiben auf. Sensibilisieren Sie seine Haut durch lange Strichen mit Fingerspitzen und Nägeln, bevor Sie zulangen: erst kreisen (sanft um den Bauchnabel herum), dann streichen, schließlich drücken. Und vor allem: langsam, aber konsequent. An Muskeln dürfen Sie kneten (Po, Oberschenkel), sonst streichen beziehungsweise drücken Sie mit dem Daumen oder der ganzen Handfläche. Widmen Sie sich seinem Po. Beißen Sie ihn während der Massage in den Nacken, in den Po, und lassen Sie Ihre Finger zwischendurch wie Spinnenbeine über ihn laufen. Sparen Sie den spannendsten Bereich für zwanzig Minuten aus. Und er? Massiert erst Ihre Füße – und dann Ihren Rücken, Ihren Po, während er Sie von hinten liebt. Wer hat behauptet, das passe nicht zusammen?!

Endlose Vorspiele: Tantra

Tantra kommt aus der buddhistisch-hinduistischen Philosophie Indiens und bedeutet »Kontinuum« oder »Instrument zur Bewusstseinserweiterung«, Symbol ist das Götterpaar Shakti und Shiva. Lebensfreude, das bedeutet im Tantrismus, dass der Energiefluss zwischen den sieben Chakren eines Menschen nicht gestört sein darf. Die Chakren können als sich drehende Energiescheiben vorgestellt werden, die entlang der Wirbelsäule angeordnet sind und als »Innere Flöte« bezeichnet werden. Jedes einzelne Chakra ist mit einer Körperregion verbunden, und jedem werden bestimmte geistig-körperliche Eigenschaften zugeschrieben. Tiefe Atmung, gegenseitiges Streichen der Chakren, Füttern und Verwöhnen sind die Basiselemente des tantrischen Sex.

Die Sexualität wird im Tantrismus mit der weiblichen Urenergie gleichgesetzt und hoch verehrt. Mit Hilfe von Meditation versetzt sich der oder die Tantrika in einen tranceartigen Zustand, rezitiert heilige Silben und Sprüche (Mantras), betrachtet heilige Bilder und Formen (Mandalas und Yantras) oder betreibt Tantra-Yoga, das aus Reinigungen, Atemübungen (Pranayama), bestimmten Meditationsstellungen (Asanas) und aus intensiver Konzentration auf die Chakren und dort visualisierte Symbole besteht. Der Wortlaut eines der beliebtesten Mantras: »Om mani padme hum«, bedeutet: »Om, das Juwel im weiblichen Geschlechtsorgan. Amen.« Der Name für die Vagina lautet im Sanskrit »Yoni« und bedeutet »Heiliger Ort«. Das männliche Geschlechtsorgan wird »Lingam« oder »Vajra« genannt, was »Lichtstab«, »Donnerkeil« oder »mächtiges Zepter« bedeutet.

Die tantrische Schule »Weg der linken Hand« setzt auch den Geschlechtsverkehr ein, um zu höherem Bewusstsein zu gelangen.

Tantra & Sex

Für die weibliche Sexualkraft ist das dritte, das Nabelchakra das wichtigste erotische Energiefeld. Es liegt auf der Höhe des dritten Steißbeinwirbels – oder auch einfach zwei Fingerbreit unter dem Nabel – und wird als »tan tien« bezeichnet. Nur so nebenbei: Das ist auch der Punkt, auf den chinesische Tai-Chi-Meister Wert legen, um tief zu atmen, sich zu entspannen, zu meditieren, und sein »chi«, die ureigene Energie, zu mobilisieren.

Der Atem gilt im Tantra als Weg, den Kopf vom Alltag zu befreien und sich statt dessen auf das zu konzentrieren, was man tut. Atmen Sie ganz bewusst tief ein und aus, konzentrieren Sie sich nur auf die Tätigkeit des Atmens. Es ist ziemlich unmöglich, dabei noch zu denken – beste Voraussetzung, um statt dessen zu fühlen! Synchron-

atmung soll die gemeinsame Liebesenergie zusammenfließen lassen.
Ausprobieren ...

Die Liebesstätte und das Vorspielritual:
Feng Shui & Tantra-Sex

Feng Shui (ausgesprochen: fong schoi) ist die dreitausend Jahre alte
chinesische Kunst, Wohnräume und Gärten so zu gestalten, dass die
Lebensenergie »chi« ungehindert fließen kann. »Der Körper des
Drachen«, ein in neun Felder aufgeteiltes Quadrat für neun ver-
schiedene Lebensaspekte, ist eines der Schemata, mit denen Feng-
Shui-Experten Räume gestalten; so ist zum Beispiel die linke hintere
Ecke »Reichtum« gewidmet, die linke vordere dem »Wissen«.

Feng Shui & Sex

Die rechte hintere Ecke eines Zimmers gehört der »Partnerschaft«.
Hier sollten Objekte stehen, die Zweisamkeit symbolisieren. Spiegel
und Topfpflanzen gehören nicht ins Schlafzimmer – sie sorgen für
unruhige Träume. Das Schlafzimmer selbst sollte eher zurückhaltender eingerichtet sein als die anderen Räume; die Möbel sollten so
zueinander stehen, dass keine langen, geraden, leeren Freiräume
entstehen.

Und so bereiten Sie sich ein Feng-Shui-Lotterlager: Plazieren Sie
in jeder »Partnerschaftsecke« der Wohnung Feuersymbole, zum
Beispiel rote (Schwimm-)Kerzen oder rote Seidenrosen. Im Wohnzimmer sollten beispielsweise Guzmanien und Kussrosen stehen –
sie sollen seine Energie und Ihr Selbstbewusstsein stärken. Das
Schlafzimmer sollte üppig mit Kerzen versehen werden, am besten
rote und schwarze. Sinnlichkeit symbolisierende Früchte wie Birnen, Feigen, Mangos und Pfirsiche gehören in eine Schale; ein Kri-
stall auf dem Nachttisch bündelt positives Chi; Bettwäsche in warmen, zarten Farben (Orange, Gelb, Rot) stimuliert subtil Ihre Liebesenergie. Rollos sind Gift – besser sind sanft fallende, zarte
Gardinen. Ein ganz leichter Jasminduft in der Luft wirkt aphro-

disierend, und sämtliche spitz zulaufenden Gegenstände sollten entfernt werden.

681 Das tantrische Zwölf-Akte-Ritual. Wer meint, dass man, kaum aus den Büroklamotten raus und rein ins Negligé, eine berauschende Liebesnacht erlebt, hat zu viele Hollywoodstreifen gesehen und zwingt sich selbst zu Leistungen, die wir alle nicht stemmen können. Seien Sie nett zu sich, Sie haben keinen Kaltstarter, Ihre Seele, Ihre Psyche muss sich einstimmen dürfen, auf Zärtlichkeiten, Fühlen, Fastsowaswienichtdenken.

Das tantrische Ritual, um vom Alltag in die Liebeszeit zu gleiten, hat sagenhafte zwölf Stufen, auf denen Sie beide dem Gipfel entgegensteigen können. Können, nicht müssen – lassen Sie sich einfach von den Ideen inspirieren: Es beginnt mit der Vorbereitung der Liebesstätte – Kerzen entzünden, Blumen arrangieren (zum Beispiel Rosen oder Hibiskus), eine Duftlampe bereitstellen. Danach folgt die rituelle Waschung, bei der sich beide gegenseitig zärtlich waschen und abtrocknen. Bereits jetzt können Sie sich entspannen – es folgt die Salbung der Frau durch den Mann. Dazu werden reine Pflanzenöle mit ätherischen Ölen (zum Beispiel Rose, Sandelholz, Orangenblüte) gemischt. Im vierten Akt des tantrischen Rituals wird das Bett geweiht, indem Sie beide Blütenblätter ringsherum streuen. Im fünften Teil berührt sich erst der Mann selbst, im sechsten Teil streichelt und ehrt er Sie als Frau. Dabei soll er nach tantrischen Lehren beim linken Fuß beginnen, sich zum Scheitel vortasten, um am rechten Fuß wieder zu enden. Der siebte Akt gehört dem Wein – trinken Sie abwechselnd aus einem Glas. Der achte Akt widmet sich der Meditation – wandeln Sie ihn ab, indem Sie sich Ihre geheimen erotischen Phantasien erzählen. Im neunten Teil wird gefüttert – stecken Sie sich beide gegenseitig kleine Köstlichkeiten wie Obst, Nüsse, Schokolade zu. Der zehnte Akt wird spannender: »Lingam und Yoni ehren« wird er genannt. Küssen, streicheln, ehren Sie gegenseitig Jadestab und Jadepforte, streuen Sie Blüten darüber. Im elften Akt liegen Sie dich an dicht, halten leise, zärtliche Zwiesprache, tauschen tiefe Blicke, beginnen synchron zu atmen. Der zwölfte Akt gehört der »Heiligen Verschmelzung« – nach Küssen und Streicheln nehmen Sie in der Yab-Yum-Stellung Platz: Er sitzt im Schneidersitz, Sie setzen sich auf ihn, schlingen Ihre Beine um seine Hüfte, überkreuzen die Knöchel. Göttlich!

Die geheime Sexualenergie: Tao

Der Taoismus (Tao Chi-kung) war jahrhundertelang neben Buddhismus und Konfuzianismus eine der drei wichtigsten Religionen Chinas. Das beherrschende Zeichen ist das Yin-Yang-Symbol (Harmonie der Gegensätze Frau und Mann). Die Sexualkraft wird von Taoisten als Grundlage körperlicher und geistiger Gesundheit angesehen; während des Liebesspiels kommt es besonders auf die gezielte Aktivierung der sogenannten Meridiane an.

Tao & Sex

Bereits vor sechstausend Jahren wurden taoistische Liebesweisheiten entwickelt und überliefert; unter anderem wurde der Mann von der Natur auserwählt, der Frau erotisch zu dienen. Eine mehr als korrekte Einstellung, oder? Selbst die Verfasser des *Kamasutra* widersprachen der Einsicht nicht, als sie viertausend Jahre nach der ersten Tao-Liebesregel ihr legendäres Werk schrieben ...

Zurück zum »sexual tao«, auch »sexual Qigong« genannt: Über dreihundert über den Körper verteilte Druckpunkte bilden hier einen Energiekreislauf, der seinen Ursprung in den Genitalien hat und im steten Fluss bleiben sollte. Augenkontakt, Berührungen der Meridiane, die »Hirschübungen« (wie diese Männerübung funktioniert – siehe Nr. 688), tiefe Zungenküsse sowie bestimmte Neun-Stoß-Techniken gehören zur »Grundausstattung« der taoistischen Liebe. Übrigens: Nach Tao ist bei Männern die rechte Körperseite die empfindsamere, bei Frauen die linke!

682 **Die sieben Druckpunkte des Sexual Tao.** Die erotischsten »Druckknöpfe« des menschlichen Körpers liegen hier:

1. an der oberen Gesäßhälfte, wo die Beine in die Hüften übergehen – aktiviert Sexualdrüsen.
2. der siebte Wirbel des Nackens, sanft im Uhrzeigersinn massiert.
3. wo Lendenwirbel und Kreuzbein ineinander übergehen – das ist
   die kleine Vertiefung oberhalb der Gesäßspalte.
4. Ohrläppchen – erst das rechte, dann das linke massiert, lässt
   Energien fließen.
5. Handinnenflächen, kreisförmig massiert.
6. die Fußsohlen – aktiviert die gesamte Sexualität.
7. die Seiten des kleinen Fingers – zartes Streicheln schickt Wonne-
   botschaften an die Wirbelsäule.
7. der »Treffpunkt der drei Yin-Meridiane«; er befindet sich zirka
   drei bis vier Fingerbreit über dem inneren Fußknöchel am Hin-
   terrand des Schienbeins. Soll besonders erregend wirken.

Diese Punkte können geküsst, geleckt, gestreichelt, massiert oder
beatmet werden.

Zum *Vorspiel* eignet sich beim Mann die küssende Verfolgung des
Nierenmeridians: vom linken Schlüsselbein über die Brust bis knapp
am Nabel vorbei zum Schambein. Dasselbe dann seitenverkehrt vom
rechten Schlüsselbein an. Er dagegen sollte Ihren Magenmeridian
liebkosen: ausgehend vom Scheitel über die Augenpartie zum linken
Mundwinkel, weiter den Hals hinab, mit einem Stop im Nacken,
weiter das linke Schlüsselbein herunter, über die Brustwarze, hinab
zum Magen und zum Schoß. Danach dasselbe auf der anderen Seite.
Natürlich darf er währenddessen mit der anderen Hand den Garten
der Ekstase erkunden!

683 **Die acht Grundpositionen der Tantra- und Tao-Liebe.** Das Geheimnis der folgenden Stellungen ist, dass sie ineinander übergehen,
und Sie beide sich praktisch nicht zu trennen brauchen.

»Morgen- und Abendeinstimmung«: Der Mann liegt oben, seine Beine
weit auseinander. Sie schlingen Ihre Unterschenkel um seine Waden.
Dadurch entsteht sehr viel Nähe und Harmonie.

»Das rollende Kitzeln«: Dabei ist er oben, Sie stemmen Ihre Füße ge-

gen seine Brust und bewegen im Rhythmus seiner Stöße die Oberschenkel auf und ab. Eignet sich wunderbar für die 9mal-10-Sequenz (siehe Nr. 690)!

»Komm – Geh!«: Grundposition wie das »rollende Kitzeln«; doch Sie umfassen dabei die Taille Ihres Liebsten, indem Sie Ihre Hände zwischen Ihren Oberschenkeln hindurchschieben. So können Sie die Eindringtiefe regulieren – und sogar spielerisch Aggressionen abbauen!

»Shakti«: Er lässt sich auf den Rücken fallen, Sie hocken auf ihm und lehnen sich weit zurück, stützen die Hände zum Beispiel neben seinen Waden ab. Hilft übrigens auch bei Bauchschmerzen …

»Erotische Shakti«: Er liegt auf dem Rücken, Sie knien auf ihm, beide fassen sich gegenseitig an den Händen, während Sie ganz still auf ihm sitzen und nur den PC-Muskel spielen lassen (siehe Nr. 24).

»Die Ruhe«: Legen Sie sich aus der »Shakti«-Position gemeinsam auf die Seite. Dazu strecken Sie ein Bein aus, das andere umschlingt seine Hüfte. Bleiben Sie ruhig ineinander liegen, genießen Sie den Augenblick des Beisammenseins.

»Der Elefant«: Sie trennen sich kurz voneinander, Sie legen sich auf den Bauch, die Beine zusammen. Er legt sich von hinten flach auf Sie, doch nur Sie bewegen sich, indem Sie Schenkel und Beckenboden rhythmisch anspannen.

»Der stoßende Tiger«: Erheben Sie sich beide aus dem »Elefanten« in kniende Positionen. Bleiben Sie dicht beieinander, er sollte zum Beispiel eine Ihrer Brüste umfassen. Legen Sie eine Hand auf seine, damit Sie in zärtlichem Kontakt bleiben. Lassen Sie beide Ihren Gefühlen freien Lauf.

684 **Spezielle Tao- und Tantra-Techniken für längeres Vergnügen.**
Der Liebesmuskel und die Saugtechnik: Dem Liebesmuskel, bekannt als PC-Muskel, den Sie spüren, wenn Sie den Harndrang zurückhalten (siehe Nr. 24), wird im Tao und Tantra eine höhere Kraft während des horizontalen Vergnügens beigemessen. Seine Saugkraft ist vor allem während der Neuner-Stoßtechnik (siehe Nr. 690) für intensiveres Feeling nötig; Kontraktionen wirken auf den Uterus und setzen natürliche Glückshormone frei.

Im Tantra wird er mit der Luftballonmethode fit gemacht: Entspannt auf den Rücken legen, Knie anwinkeln, dabei die Füße flach am Boden lassen. Pressen Sie den Rücken *nicht* flach an den Boden. Zwischen den Knien halten Sie einen gefüllten Ballon. Beim Einatmen ziehen Sie den Muskel zusammen, stellen sich vor, wie Sie den Luftballon mit dem Beckenboden ansaugen. Beim Ausatmen wird der Muskel entspannt. Wiederholen Sie diese Übung mehrmals – platzt der Ballon, haben Sie andere Muskelgruppen zu sehr aktiviert.

Im Tao wird er so trainiert: Der PC-Muskel wird im Stehen rasch und kräftig hochgezogen, auch die Pobacken werden angespannt, dabei sieben Sekunden tief einatmen. Atem sieben Sekunden anhalten. Beim Ausatmen alles wieder entspannen. Und das ganze sieben mal sieben Mal. Dabei dürfen die Schamlippen kreisend massiert werden. Effekt: Während der zunächst bewegungslosen Vereinigung können Sie ihn einsaugen und später im Rhythmus der Neuner-Technik vaginale Empfindungen steigern.

685 **Das Yoni-Ei – die innere Massage.** Das Ei der Erleuchtung war früher nur der chinesischen Kaiserin und den Konkubinen vorbehalten: Mit einem Yoni-Ei können Sie Ihre gesamte Scheidenmuskulatur und den Beckenboden trainieren, oft besser als mit Liebeskugeln. Yoni-Eier gibt es in verschiedenen Größen (meist 3,5 mal 4 cm) und aus verschiedenen Mineralien (Jade, Rosenquarz, Obsidian) – jedes Mineral wirkt heilsam oder stimulierend auf bestimmte Punkte und tantrische Chakren. Das Ei wird mit den inneren Muskeln gehalten und bewegt. Effekt: Durch die bessere Durchblutung werden Sie widerstandsfähiger gegen Entzündungen, sensibler für erotische Berührungen, und sogar Orgasmusprobleme können damit verschwinden (ab zirka 30 Euro, über www.tantra-berlin.com oder tantrashop.ch oder in esoterischen Shops).

686 **Das sexuelle Atmen – Sexual Qigong.** Atemtechnik ist im Tantra eine grundlegende Methode, um Lust in alle Körperbereiche zu bringen. Sie brauchen zirka dreißig Minuten Zeit, um die »Innere

Flöte zu öffnen«: Legen Sie sich auf den Rücken, die linke Hand auf Ihrer Yoni, die rechte darüber. Schließen Sie die Augen, atmen Sie tief und geräuschvoll ein, als ob Sie an etwas saugen. Ziehen Sie beim Einatmen den PC-Muskel zusammen (siehe Nr. 24), entspannen Sie ihn beim Ausatmen. Stellen Sie sich vor, Luft durch die Genitalien zu saugen und wieder herausfließen zu lassen; der Bauch wird sich dabei zusammenziehen. Stellen Sie sich vor, wie der Luftstrom von den Genitalien immer höher steigt – ähnlich wie ein Fahrstuhl, Etage für Etage. Beginnen sie nach fünf oder zehn Minuten, mit der rechten Hand dem Atemfluss zu folgen – von den Genitalien bis hin zu Stirn oder Scheitel. Geübte Tantrika stellen sich sieben Etagen vor – jeweils eine für jedes ihrer sieben Chakren. Bei jedem halten sie inne, werfen einen Blick in die »Etage« und lernen so, die Wahrnehmung für ihre Empfindungen zu vertiefen. Effekt dieser Übung, die Sie alle zwei Tage für zirka zehn Minuten machen können: Entspannung, PC-Muskel-Training, nach und nach gesteigertes Lustempfinden. Das sexuelle Atmen ist auch während des Liebesspiels möglich und soll dabei helfen, sich auf alles und vor allem den anderen restlos einzulassen.

687 Das Rin-no-tama-Spiel. Die japanischen Liebeskugeln Rin-no-tama (meist aus marmoriertem Silikon, das Sie sogar in der Spülmaschine reinigen können!; sonst bitte welche mit Latexüberzug oder aus Metall besorgen, die bleiben länger einsatzfähig) sind mit einem Bändchen verbunden und werden nacheinander eingeführt. Wenn Sie sich nach Indianerart hinhocken, dürfen die Kugeln nicht herausgleiten – wunderbares Training für Ihren PC-Liebesmuskel. Spielen Sie eine Mutprobe durch: Gehen Sie einmal um den Block mit den schwingenden Kugeln in sich.

688 Die Hirschübung – der trockene Orgasmus. Die taoistische Hirschübung wirkt direkt auf die männliche Prostata sowie die Kreuzbeinpumpe – das Gegenstück zum weiblichen PC-Muskel. Männer spüren diesen Muskel meist im Analbereich, wenn sie den letzten Tropfen Urin herauspressen wollen; er leitet Empfindungen zum Gehirn und zurück. Nach der taoistischen Theorie verfügt ein Mann mit einer starken, elastischen Prostata nicht nur grundsätzlich über die Fähigkeit, länger zu können, sondern sogar den Samenerguss mehrfach zurückzuhalten und trotzdem einen Orgasmus zu bekommen. Doch vor dem Erfolg steht hartes Training der »Hirschübung« über einige Wochen: Neun mal neun Mal soll der Liebste täglich seinen Analmuskel zusammenziehen; beim Anziehen einatmen, den Atem halten, ausatmen und den Muskel entspannen. Effekt: Ist er kurz davor, wendet er genau diese Übung an – also anspannen, Atem anhalten, innehalten. Durch das Zusammenziehen des Schließmuskels soll die Prostata in entgegengesetzter Richtung als sonst entleert werden und steht nicht mehr unter dem Druck wie sonst kurz vor dem Erguss. Danach kann er mit flachen Stößen »gefahrlos« weitermachen.

689 Der Jen-Mo-Punkt – *Stop and gooooo!* Zwischen männlichem After und Hodensack ist ein besonderer Akupressurpunkt: der »Jen-Mo«-Punkt. Drückt man mit drei Fingern darauf, fühlt er sich wie eine kleine Einbuchtung an. Sehr kurz vor dem Höhepunkt gedrückt, werden die Kanäle an der Basis der Prostata verschlossen; das Ejakulat soll nach innen fließen und absorbiert werden. Doch dieser Punkt ist nicht einfach zu finden – zu nah am Hoden gedrückt, gelangt Sperma in die Blase; zu nah an der Rosette, wird der Erguss überhaupt nicht gestoppt. Außerdem soll der Punkt so lange gedrückt werden, wie die Prostata sich zusammenzieht – geübte Jen-Mo-Meister können damit sogar die Länge dieses nach innen gerichteten Orgasmus verlängern: auf mehrere Minuten! Da hilft nur: suchen, finden, üben. Ob er allein oder Sie beide zu zweit – selten hat Schatzsuche soviel Spaß gemacht.

690 Im Tao-Rhythmus zur Ekstase: Die 9mal-10-Sequenz. Die 9mal-10-Sequenz der Stöße ist der taoistische Takt der Liebe, entstanden aus der Überzeugung, dass diese Gleichmäßigkeit die beste Reflexzonenmassage für beide Genitalien ist, die sich wohltuend auf Organe und Seele auswirkt. Und so funktioniert es: Beide suchen sich

331

eine bequeme Position, meist die Missionarsstellung. Er beginnt – langsam! – mit neun flachen Stößen, bei denen nur die Eichel eindringt, und einem tiefen Stoß, also bis zum Anschlag. Als nächstes folgen acht flache, zwei tiefe Stöße; weiter sieben flache, drei tiefe, sechs flache, vier tiefe … bis zum Schluss ein flacher Stoß neun tiefen vorausgeht. Ist er damit durch, beginnt er von vorne, anzustreben ist eine dreimalige Wiederholung (für Rechenfans: zweihundertsiebzig Stöße!). Abkürzen, variieren oder Tempiwechsel – sind natürlich erlaubt! Währenddessen empfiehlt das Tao den Einsatz der PC-Muskeln (siehe Nr. 24), sowie die Variation des Atmens: Bei einer Sequenz zum Beispiel während der Stöße einatmen, bei der nächsten dabei ausatmen. Profis variieren auch noch den Winkel während der Sequenz und wandern in Uhrzeigerrichtung rund um die Schamlippen. Effekt dieses Zählspiels: Aufbau der Lust, Stimulation sämtlicher Organe und die absolute Harmonie zwischen Yin und Yang. Oh, ganz abgesehen davon, dass es einfach herrlich lange dauert …

691 Heißkalte Mentholküsse: *Warnung:* Folgende Tricks sind riskant, haben aber ähnlichen Suchtfaktor wie Vanilleeis mit heißen Kirschen – und beruhen auf demselben Prinzip: zwei Sinneseindrücke auf einmal serviert. Heiß und kalt. Oder auch: cremig und fest.

Das Geheimnis von Mentholspielen liegt in den ätherischen Ölen von Zahnpasta, Bonbons oder Tee, die genau diesen Heiß-Kalt-Effekt haben – und in der gekonnten Applikation von Japan-Öl, ABC-Salbe oder minzhaltigen Cremes auf höchstens fünfcentgroßen Hautstellen. *Grundregel:* Weniger ist mehr. Und noch mal: Weniger, wenig, winzigklein ist mehr, *mehr.* Die Wirkung von Menthol auf seiner Haut entspricht nämlich der von rotem Pfeffer im Mund; also mit der kleinsten Dosis anfangen, abwarten – nach zwei Minuten entfaltet sich heißkaltes Prickeln.

Für Menthol-Start-ups empfiehlt sich Zahnpflege: Zähne putzen (nicht mit Ajona, sonst drohen Verminzungen zweiten Grades!), ausspülen und testen, wie sich sein bestes Stück mit dem Frischekick auf Ihrer Zunge verträgt. Extrahype: Beträufeln Sie Ihre helfende

Hand mit normalem Massageöl. Das Öl lässt die zarten Minzspuren aus Ihrem Gaumen intensiver wirken. Alternative: Etwas »After Eight« im Mund behalten oder an Pfefferminztee nippen. Und sich dann folgende Bewegungen des Mundes vorstellen: Den Schaum von Cappuccino hauchen (an seiner Eichel oder den Hoden). Das Weiße aus einem Negerkuss herausschlecken (seinen Schaft auf und ab). Ein Bonbon im Mund hin und her schieben (wenn Sie seine Eichel im Mund haben).

Fortgeschrittene lutschen vorher an minzigen Bonbons (No-No: »Fisherman's«, Ihr Geliebter würde *nie mehr* mit ihnen reden, geschweige denn jemals wieder mit Ihnen Sex haben) oder lecken abwechselnd am Peppermint-Lolli und an ihm, seinen Lenden und den Innenseiten der Oberschenkel. Effekt: Sein gesamter Unterleib beginnt wohlig zu vibrieren. Sie verstärken den Effekt, wenn Sie erst mit langsamem, warmem Atem über die Hautstelle pusten und dann wieder die Luft scharf durch gespitzte Lippen einsaugen, so dass ein kühler Luftstrom entsteht. Klar können Sie ihm vorher die Augen verbinden, um ihm diese Überraschung zu schenken.

PS: Bei Überdosis aller Art rettet eine Erste-Hilfe-Waschung mit kaltem Wasser und Shampoo; das entfernt die Minzrückstände sofort, Seife reicht nicht aus!

692 Das Lexikon der asiatischen Liebeskunst

Asia Bondage (auch: Japan-Bondage oder Shibari). Die japanische Kunst des Bindens unterscheidet sich stark von unseren Fesselspielchen: Der aufwendig verpackte Körper kommt einem Kunstwerk gleich, und wird zum Beispiel nicht an Bettpfosten (in der Anne-West-Light-Version) oder an Andreaskreuzen (typisch für abendländische S/M-Rituale) fixiert. Die Erotik des Shibari folgt dem Motto: Der Weg ist das Ziel – also der Prozess des Schnürens, nicht das, was Sie danach mit dem handlichen Paket anstellen könnten. Shibari-Meister schnüren nicht die Handgelenke aneinander, sondern arrangieren die Arme so, dass die Fingerspitzen jeweils am anderen Ellenbogen zu liegen kommen, das Seil wird mehrfach um den Körper herumgeführt – unter den Brüsten, als Fischnetzmuster kreuz und quer, als Haltegurt mehrfach um die Taille und zwischen den Beinen entlang … Die langsame Fesselung und die Ästhetik der spielerischen Demut spielen die bestimmenden Rollen, dazu das Material (Hanf, Jute) sowie rote Seide auf weißer Haut. Beim Shibari genießt der Gefesselte mehrere Kicks: Er ist ausgeliefert, und präzis gesetzte Knoten sorgen für stimulierenden Druck auf erotische Akupressurstellen. Sie brauchen für Shibari-Experimente weiche Seile von zirka zehn Metern Länge. Setzen Sie Knoten erst, wenn Sie abschätzen können, welche Stelle Sie treffen. Angenehm: mehrere Knoten nacheinander, wenn Sie das Seil durch die Beine ziehen. Hübsche Strickmuster liefert der Bildband *Asia Bondage* von Steven Speliotis (Goliath Verlag).

Ben-Wa-Kugeln kreisen hierzulande bisweilen noch als zierliche metallene Geschicklichkeitskugeln in den Händen. Größere – fast wie Golfbälle – nennen sich *Qigong-Kugeln,* und verbreiten beim Schütteln entsprechenden Dingdong-Sound. Die Ben-Was nutzen Geishas zum Trainieren des Beckenbodens – sie versuchen die Kugeln stehend mittels ihres PC-Muskels (siehe Nr. 24) inside zu halten. Die größeren *Qigongs* eignen sich für Akupressurmassagen – outside! Asiatische Liebhaberinnen rollen die Kugeln zum Beispiel die Innenschenkel des Liebsten hinan oder lassen sie über seiner Nierengegend rotieren, um die Ausschüttung seiner Sexualhormone anzukurbeln. Der Unterschied zu den verbreiteten *Geisha-Kugeln* ist, dass Ben-Was ohne Schnur auskommen, sondern die unteren Bauchmuskeln stärken, wenn sie per Druckpresse entfernt werden. Je trainierter Ihr PC-Muskel, desto intensiver Ihre Orgasmen! Und: Für sämtliche tantrischen Liebespositionen, in denen Sie beide nur still ineinander ruhen, ist Ihr innerer Massagesalon der Hit!

China-Bad (auch: Russische Ölung). In China wissen gute Liebhaber, dass sie den Schoß ihrer Liebsten in Hitzewallung bringen sollten. Der Trick: Er taucht zwischendurch seinen Allerheiligsten in warmes Öl. Entweder nehmen Sie dazu eine flache Schale und testen die Hitze des Öls an Ihrem Ellenbogen – ist es dem zu heiß, ist es das für Ihre Kitty auch. Sie können auch Wärmeöle aus dem Sexshop nehmen und auf Erhitzen im Wasserbad verzichten. Oder mit warmem

Wasser mit ein paar Spritzern Rosenöl beginnen. Entweder reibt er sich seinen Öltaucher selbst ein, oder Sie schöpfen zwischendurch aus der Schale und benetzen ihn. Die erhöhte Durchblutung steigert Ihre Empfindsamkeit in Sekunden!

Denudation. In Japan wird Mann nicht beschnitten, dennoch gilt eine entblößte Eichel als ästhetisches Muss. Nicht nur als Hygienegoodie, sondern weil Phallus noch gefälliger aussieht und Madame ohne Probleme an das sensible Frenulum kommt (siehe Nr. 308). Früher banden Japaner eine Rückhalteschnur kunstvoll um ihre Jadeflöte, heute tun es Penisringe aus Silikon, Gummi oder Leder. Die Handhabung: Erst wird die Vorhaut weit zurückgezogen, dann der Ring (je nach Üppigkeit des Häutchens) etwa in der Mitte des Schafts angesetzt, die Vorhaut so fixiert. Für den Akt wird das Teilchen entfernt, aber für kunstvolle Blowjobs ist diese Zurückhaltung angebracht: Wird die Eichel pur liebkost, brauchen Sie viel Feuchtigkeit, damit Reibbewegungen nicht scheuern. Er genießt einen massiveren Höhepunkt – der etwas länger auf sich warten lässt, aber der Weg zum Gipfel ist intensiver als sonst …

Ehrentitel. In China gibt man den Organen der Lust und Liebe poetischere Titel, als wir es gewohnt sind. Die schönsten für ihn (anstatt »nur« Lingam): Gesandter, getreuer Diener, karmesinroter Vogel, Jadeflöte, Jadezepter, Schildkröte, Yang-Gipfel. Für sie (statt »nur« Yoni): Anemone der Liebe, Kükenzunge (Klitoris), zinnoberrote Höhle, Muschelschale, Schmelztiegel, Herz der Pfingstrose, Juwelenfassung, rote Perle, Schatzhaus. Wenn der getreue Diener die Kükenzunge besucht: Lassen Sie sich von der Poesie bezaubern. So können Sie ihn ungehemmter um etwas bitten, als von »da unten« rumzureden, Sie können unter Leuten miteinander über Sex plaudern und keiner merkt's – und mit der Zärtlichkeit der Kommunikation auch für mehr Sensibilität füreinander sorgen, voller Respekt und Bewunderung. Alles eine Frage der richtigen Worte!

Erotische Massage. Im Gegensatz zur bei uns verbreiteten praktischen Massage, bei der es mehr auf Muskellockerung oder Dehnung ankommt, sind die taoistischen und altchinesischen Techniken eine eigene Disziplin des erotischen Vorspiels. Taoistische Liebe geht stets mit den heilenden Aspekten einher; ist der Partner zum Beispiel durch körperliche Arbeit angespannt, benötigt er ein anderes Massagevorspiel, als wenn er den ganzen Tag bequem in der Sonne saß. Je nach Befindlichkeit des Partners werden folgende Methoden angewandt (die alle ins Französische übersetzt wurden – das Gerücht ist, dass Franzosen als erste Europäer diese Vorspieltricks klauten): Effleurage (rhythmische, gestrichene Kreise) bei Nervosität. Tapotement (Klopfen) gegen Stress. Pétrissage (Kneten) nach einem faulen Tag. Des weiteren kennt die erotische Tao-Massage noch Reiben, Kneifen, Drücken, Kratzen, Hämmern, Schütteln, Vibrieren … Um Ihre Finger an die unüblichen Bewegungen zu gewöhnen, müssen Sie üben – am besten an seinem Po! Den können Sie tatsächlich kneifen, schütteln, kneten, beklopfen oder leicht kratzen. Bitten Sie ihn, Ihnen zu sagen, was ihm gefällt – vielleicht auf einer Skala von eins bis sechs. Behandeln Sie erst danach gezielt seine erogenen Zonen: den unteren Rücken, die Innenschenkel, den Bereich zwischen Nabel und Schambein, die Brust, die Waden und die Achillessehne – und zum Schluss die Lenden!

Geisha-Kugeln. Die japanischen Kugeln sind im Gegensatz zu den *Ben-Wa* mit einem Band verbunden – manchmal mit einem recht langen! Wir empfehlen, beide Kugeln im Schatzhaus zu tragen: Da sie ständig um Platz miteinander ringen, entsteht eine hervorragende innere Massage – vor allem, wenn Sie liegen, die Beine überkreuzen und die Oberschenkel aneinander schubbern, während Sie mit einer Hand Ihre Kükenzunge liebkosen. Für Pärchen dienen die Geisha-Pearl-Strings: Dabei sind mehrere kleinere Kugeln (Traubengröße) an einem Band aufgereiht. Die Bällchen werden nacheinander in der Muschelschale versteckt – und zum Höhepunkt langsam oder mit einem kräftigen Zug an dem Band herausgezogen; sie stimulieren dabei die Pforte Ihres Rosengartens. Könner probieren das auch im Garten hinterm Haus …

Gibberish. Eine Art spielerisches Gebrabbel. Heißt: Seufzen, flüstern, hauchen, knurren Sie, wenn Ihnen nicht nach Dirty talk ist – das entspannt durch die Vibrationen, die von Ihrer eigenen Stimme auf Ihren Körper ausgehen, und törnt seinen Urmann an. Über das Ohr

reagiert sein limbisches System auf Locklaute unmittelbar mit mehr
Enthusiasmus. Tricky: Da er mit Zuhören abgelenkt ist, kann er tatsächlich länger durchhalten. Wenn Sie einen Zufrühkommer hinauszögern wollen: Sprechen Sie Gibberish!

Handmassage. Im Tao wird den Meridianen und Akupressurpunk-
ten ein hoher Stellenwert im Liebesspiel zuerkannt – vor allem in
Füßen und Händen, die den Körper in seiner Gesamtheit symbolisieren. Eine Solohandmassage oder gegenseitige Fingerentspannung
gilt als bestes Mittel, wenn beide den Kopf nicht frei für Leibesübun-
gen haben. Dabei wird jeder Finger einzeln fest gestrichen, massiert,
geknetet; der Daumenballen rotierend gedrückt; ganz zart in die
Zwischenräume der Finger des anderen eingetaucht. Nach fünf bis
zehn Minuten fluten stresshemmende Hormone den Körper, alle
Organe sind bereit für Berührungen, ohne dass das Hirn auf Sorgen-
wanderschaft geht.

Harikata. Die japanischen Dildos, ursprünglich aus Horn oder
Schildpatt, sind innen hohl und wurden von Männern als Erektions-
hilfe übergezogen, aber auch von Frauen benutzt – verschließbare
Harikata konnten zum Beispiel mit warmem Wasser gefüllt werden! In westlichen Erotikshops werden Überziehglieder aus Silikon
angeboten (zum Beispiel als Strap-on mit Hüftgürtel), um aus dem
Durchschnitts-Lingam einen Ladyshocker zu zaubern. Eleganter ist
die britische Harikata-Variante: Der P-Vibe (www.pvibe.com, er-
hältlich etwa auch bei Mae B.) besteht aus einem Silikonring mit
zwei Minivibratoren, kaum so groß wie ein kleiner Finger. Er zieht
sich den Ring bis ans Schaftende, die Vibes übertragen sich auf
seinen gesamten Yang-Gipfel, die Eichel vibriert! Wunderbar für
tantrische Stellungen, zum Beispiel die Yab-Yum-Position (siehe unten)!

Karezza. Der italienische Begriff beschreibt eine Technik aus den
indischen Sanskritlehren des *Kamasutra,* die einst zur Empfängnis-
verhütung angewandt wurde. Dabei dringt er zwar ein, aber beide
bleiben bewegungslos ineinander, lassen nur ihre Beckenbodenmus-
keln spielen. So soll es zu höherer Seelenverbindung kommen. Setzen Sie sich nicht unter Druck: probieren Sie einfach aus, wie lang

Sie es beide durchhalten, sich nicht groß zu bewegen. Legen Sie heftige Zwischenspiele ein, bevor Sie wieder zur Ruhe kommen. Bis sich die aufgestaute Spannung entlädt.

Kuss des Geistes. Das tantrische Vorspiel-Spiel ist eine spannungsgeladene Methode, um mittels Kopfkino auf Touren zu kommen: Sie beide sitzen sich gegenüber, aufrecht kniend, mit einem Kissen unterm Po als Stütze. Sie atmen aus, wenn er einatmet, und umgekehrt. Wiegen Sie Ihr Becken bei jedem Ausatmen vor. Stellen Sie sich in allen Einzelheiten vor, wie sich der Körper des anderen anfühlt, wie Sie ihn berühren werden, wie er Sie berührt. Wie Sie sich küssen, wenn die Distanz zwischen Ihnen nicht wäre. Wie Sie ineinandergleiten werden, viel später. Sehen Sie sich dabei in die Augen. Folgen Sie Ihrem Atemrhythmus. Nichts für Ungeduldige, aber für Pärchen, die sich blind verstehen lernen wollen.

Lingam-Massage. Die tantrischen Fingerspiele mit Mandel- und Olivenöl konzentrieren sich bis zu einer Stunde ganz auf seinen Lieblingsbereich. Dabei wird sein Flötenspieler massiert wie ein Muskelstrang, statt auf und ab gerieben zu werden. Vorher jedoch wird symbolisch eine Schale Wasser mit einer Blüte gereicht: als Symbol, dass sein Blütenstengel heute Vorrang hat. Beginnen Sie am Damm, arbeiten Sie sich zart an den Hoden hoch, bevor Sie ihn in alle zehn Finger nehmen und mit eingeölten Händen massieren – so wie Sie seinen Rücken massieren würden, nur um einiges sanfter. Wenn er zwischendurch die Erektion verliert: um so besser, das fördert seine Entspannung – er wird sich wieder aufrichten, versprochen. Das ergänzende *Vajva-Ritual* spezialisiert sich mehr auf seine Hodengegend und den Damm: Hier fahren Sie mit der weichen Daumenseite all jene Mulden nach, wo Muskeln an Knochen grenzen.

Neo-Tantra/Osho-Tantra. So lautet die moderne Variante der uralten Tantratechniken. Es enthält vor allem viele Selbstliebenrituale, die die Selbstbefriedigung feiern. Bewusste Atmung, Beckenbodentraining und Streicheln des eigenen Körpers sind wesentliche Zutaten für mehr Spaß allein. Erkunden Sie sich selbst: Wie fühlt es sich an, zu kommen, während Sie eine Hand auf Ihre Stirn legen? Oder dabei an feinen Härchen ziehen? Laut ausatmen und Geräusche dabei machen? Osho-Tantra empfiehlt, Selbstlieberituale vor den Augen des Partners zu pflegen, damit er lernt, was Ihnen guttut. Bei erhöhtem Schamgefühl legen Tantriker sich ein Seidentuch über die Augen …

Shiva-Nataraj. Der Tanz der Göttin Shakti für ihren Liebsten Shiva. Im Tantra werden oft Entspannungsmusiken aufgelegt (Meeresrauschen, Schlangenbeschwörermusik), um den Alltag auszublenden; auch die Liebesbewegungen können dem äußerem Rhythmus einer Musik folgen oder einem inneren Rhythmus, wie er durch synchrones Atmen und die wellenartigen Bewegungen beider Körper entsteht. Ist Ihnen das zu esoterisch, nutzen Sie trotzdem die Kraft der Musik: Tanzen Sie mit ihm, nackt und langsam. Lieben Sie sich zu afrikanischen Trommeln – um Ihren Blutdruck hochzujagen. Oder tanzen Sie für ihn, auf dem Tisch – aber lassen Sie dabei ruhig den Hut auf …

Shunga. Die Bilderrollen wurden auch als *Maikomono* verwendet – als Lehrmaterial für angehende Geishas (Maikos). Die bildliche Darstellung von Stellungen und Methoden wurde in Japan als »Kopfkissenbücher« bezeichnet, die auch junge Ehefrauen oder lüsterne Herren inspirierten. Sie brauchen aber keine alten Shungas für Ihre Zwecke – lassen Sie sich von erotischen Bildbänden zu Stellungen inspirieren. Wählen Sie nach dem Zufallsprinzip eine Seite aus, und stellen Sie nach, was Sie sehen …

Tan-tien. So wird im Tao das »Zinnoberfeld« zwischen Bauchnabel und Schambeinfuge genannt. Auf der Linie liegen sieben Liebespunkte in etwa zweieinhalb Zentimeter Abstand – vom »Göttlichen Haus« im Nabel bis zum »Chu-ku« am Venushügel beziehungsweise an seinem Schaft. Jeder der Punkte soll während des Vorspiels fünf Sekunden bestrichen oder mit der Zungenspitze gedrückt werden. Wandern Sie langsam von oben nach unten – sexy Verzögerungstaktik!

Tantrika. Die geläufige Bezeichnung für Tantra-Praktizierende. Männer reden Frauen mit *Shakti,* Frauen Männer mit *Shiva* an. Damit meinen sie jeweils das Göttliche im anderen, machen den anderen zum persönlichen Gott in ihrem Universum – und schließen damit Eifersucht aus! Göttinnenstellungen sind zum Beispiel: »Die stoßende Shakti«, wenn Sie auf ihm knien und seine Eichel mit kippenden Beckenbewegungen anstupsen; oder: »Der stehende Shiva«, wenn er vor Ihnen steht, Sie auf einen Tisch gelegt hat.

Watsu. Eine Art japanisches Wasser-Shiatsu, das aber auf chinesischen Heilmethoden aufbaut. Dabei wird der Körper des Partners im Wasser gehalten, massiert, gestreckt und gedehnt, und es werden spezielle Punkte, sogenannte *Tsubos,* gedrückt. Gerade die Schwerelosigkeit des Wassers macht es möglich, dass Sie Ihren Partner auf den Arm nehmen, er sich Ihnen ausliefert. Es ist eine Vertrauensübung, die unter den Blasen eines Whirlpools sexy wird, wenn Sie hinter ihm sitzen und seine Lendengegend massieren, seine Nieren drücken, die Innenseiten seiner Oberschenkel abtasten. Im Gegenzug hält er Sie im Schwimmbecken auf den Armen, aber so, dass seine Hand unter Ihrem Po liegt und Sie sich diskret an seinen Unterarm drücken können, während er Sie durchs Wasser zieht.

Yab-Yum-Stellung. Die klassische buddhistische Götterpaar-Vereinigung. Dabei sitzt er aufrecht, die Beine gekreuzt oder lang ausgestreckt, Sie auf ihm mit dem Gesicht zu ihm, die Fußknöchel hinter seinem Rücken gekreuzt. Sie legen beide jeweils die rechte Hand auf die Herzgegend des anderen. Manche legen ihre eigene linke Hand dann noch über die rechte des Partners. Andere legen dabei ihre Stirnen aneinander oder sehen sich tief in die Augen, während sie synchron atmen. Wieder andere legen die Hände auf dem Rücken in Herzhöhe. Hier ist weniger die Lust im Vordergrund, sondern die Vereinigung der Seelen – eine der schönsten Stellungen für Liebende!

Yin-Yang-Rituale. Es geht stets um die Harmonie zwischen Weiblichem und Männlichem. Eine Form ist das *Yin-Yang-Rollenspiel:* Der »Yin« erfüllt als Diener die Wünsche des »Yang«, der sie nur entsprechend klar äußern sollte; es geht dann auch nur um die Erfüllung der Wünsche des Yang. Beim *Yin-Yang-Rollentausch* wird die Frau zum Mann, der Mann zur Frau, vor allem im Verhalten: Sie verführt und verführt, er gibt sich hin und unterwirft sich. Taoistische *Yin-Yang-Stoßtechniken* beruhen auf der Kombination von flachen, nur kurz eintauchenden Stößen mit tiefen Tauchgängen. Was Sie davon haben: Lernen Sie voneinander. Er, sich hinzugeben, Sie, zu führen.

Yoni-Massage. Von diesem tantrischen Vorspiel kann man genug kriegen – es dauert knapp eineinhalb Stunden, in denen er sich Ihrer Mondgrotte mit den Fingern widmet, sie massiert, an den Härchen zupft, den Damm massiert, den Eingang kitzelt, Ihre Klit mit unterschiedlichem Druck und Tempo behandelt, mal mit einer Hand knetet, mit der anderen krault, mal eindringt und mit der anderen Hand die Schamlippen zusammenpresst, währenddessen über Ihren Bauch bis zu den Brüsten pustet, Sie küsst oder seine Hand schützend auf Ihren Bauch, Ihre Stirn legt … Der edle Hintersinn: So lösen sich Beckenblockaden, und durch die gesammelte Aufmerksamkeit fühlen Sie sich in Ihrer Sexualität angenommen und akzeptiert. Die Techniken sind dabei weniger relevant als die intensive Aufmerksamkeit.

Zwillingsquelle. Diese taoistische Technik vereint zwei angenehme Dinge auf einmal: Er berührt Ihre Yoni und saugt dabei gleichzeitig an Ihren Brustspitzen. Dazu liegt er an Ihrer Seite, rutscht auf Mund-Nippelhöhe. Jetzt kreist er genauso mit der Zunge um Ihren Vorhof, wie er Ihre Klit liebkost, oder er saugt, während er mit einem Finger kurz mal eindringt. Variante: Sie sitzen sich so gegenüber, dass Sie dicht an seinem Schoß sitzen, er Sie gleichzeitig berühren und an den Brüsten küssen kann. Der Sinn: Er hat so Kontakt zu den beiden wichtigsten Lebensquellen der Welt – und der Lust …

693 Die Kunst der erotischen Fußmassage. Hingebungsvoller Liebesdienst und subtile Verführungstechnik: Die erotische Fußmassage mit Anleihen aus der chinesischen Akupressur gehört zu den raffiniertesten Methoden der Sexgöttin. Die Druckpunkte wirken direkt auf die inneren Organe, können anregen oder entspannen und bei richtiger Behandlung sogar Ohnmächtige erwecken!

Für den Fall, dass Sie ihn einfach nur um den Verstand massieren wollen, gilt die Grundregel: Männer sind kitzlig, also fassen Sie härter zu. Ansonsten dürfen Sie alles tun, wonach Ihnen ist: Drücken.

Kreisen. Fest streichen. Rotieren. Den feuchten Finger zwischen seinen Zehen hin und her gleiten lassen und ihn damit komplett wahnsinnig machen …

Zum Anbeißen leckere Männerfüße sind zwar Mangelware, aber Sie können zum Beispiel in der Badewanne beginnen und damit Geruchsbefindlichkeiten killen. Setzen Sie sich ihm gegenüber und stützen Sie den Fuß auf Ihrem angezogenen Knie ab. Lockern Sie seine Muskeln, dehnen und strecken Sie den Fuß, rütteln Sie einzeln an den Zehen. Erst dann widmen Sie sich der »sexuellen Reflexologie«. Stellen Sie sich vor, der Fuß (übrigens genauso wie die Innenhand!) symbolisiert seinen Körper: Zehen stehen für Kopf und Gesicht, Ballen für die Brust, Mittelfuß für Zwerchfell und Unterleib, Ferse für Genitalien und Becken. Die drei magischen Punkte sitzen hier: Am Übergang der Ferse in den Unterfuß – hier wirkt pumpender Druck direkt auf seinen Beckenbereich. Zwischen Knöchel und Achillesferse finden Sie eine Vertiefung: Leichte Striche und rotierende Massage aktivieren den Hormonfluss. Zum Schluss: Lange Striche und zarte Kniffe an der Außenseite des Unterfußes vom Ballen bis knapp vor der Ferse dürften ihn sämtliche gute Vorsätze vergessen lassen. Vor allem, wenn Sie den anderen Fuß auch so lasziv verarzten. Einzige Gefahr: Er könnte Ihnen ganz und gar verfallen.

694 **Oh, là, là, der Orient – Das Abc des Morgenlandes.** »Amour oriental«, »Die Erotik des Morgenlandes«, »Liebe aus 1001 Nacht« – wie auch immer wir es nennen, es verspricht Sinnlichkeit und mehr. Auch wenn wir alle ein wenig verliebt sind in das Klischee des 18. Jahrhunderts, in dem der Orient als Welt aus »Bädern, Düften, Tänzen, Genüssen« figurierte, wie der französische Dichter François-René de Chateaubriand schwärmte; auch »die Entführung aus dem Serail« war mehr Wunsch als Wirklichkeit. Dennoch: Widmen wir uns dem schönen Schein. Die Erotik des Orients schwelgt in Duft und Körperkontakt, sie ist so vielfältig wie der Sternenhimmel – voller Rituale, mystischer Stimmungen und spezieller Techniken. Über allem steht das »weibliche Prinzip«: die Frau als verführende Göttin, die zur Jagd anregt, aber selbstbewusst genug ist, sich nicht als zu

leichte Beute zu präsentieren. Lassen Sie sich verzaubern zu Tausendundeiner Liebesnacht?

Aphrodisiaka. Die Helfer der Liebe, versteckt in Gewürzen oder Lebensmitteln. Schon in der Antike glaubte man an die einschlägigen Kräfte des »Zauberkrauts« Alraune (ein »psychoaktives« Nachtschattenkraut), das im alten Griechenland beim Aphrodite-Kult verwendet wurde. Aphrodite, die Göttin der sinnlichen Lüste, wurde durch Speiseopfer milde gestimmt und revanchierte sich mit Leidenschaft. Einige Inhaltsstoffe der Aphrodisiaka wirken auf den Hormonhaushalt, durch manche wird der Blutdruck gesteigert, auch die entspannungsfördernden Wirkungen einiger Pflanzen können das Liebesleben bereichern. Dazu gehören: Safran (enthemmt), grüner Curry (durchblutend), Anis (entspannt), Laos oder Knoblauch (euphorisiert) und Früchte wie Jujube oder Honig gemischt mit Ingwer, die das Gefühl des Verliebtseins auslösen sollen. Köstliche Verführungen bieten die Kochbücher *Arabische Küche – Mittelmeerküche* von Claudia Roden (Christian Verlag) oder *Die orientalische Küche. 157 Gerichte aus Tausendundeiner Nacht* von Ghillie und Jonathan Basan (Collection Rolf Heyne). Aber: Wer Lust hat, würde durch jedes Essen betört. Wer keine hat, kann sich an dem Zeug überfressen, und es tut sich trotzdem wenig …

Augenblicke. Als Geheimwaffe der Verführung gelten die mit Khol-Stift betonten Augen als Mittelpunkt des Gesichtes; die Augen Kleopatras oder Nofretetes gelten als Schönheitsideal. Das alte Spiel von Ansehen, Wegsehen und Ansehen können Sie unterstützen, indem Sie mit einem Schleier spielen, sich Masken aufsetzen oder die Hände Ihres »Habibi« (Arabisch für Liebling) nur mit den Augen leiten.

Bangkok-Perlen. Diese auch »Jelly-Beads« genannten Toys bestehen aus vier bis fünf auf einer Schnur aufgezogenen weichen Plastik- oder Gummikugeln in unterschiedlicher Größe, von murmel- bis walnussgroß. Sie werden nacheinander in die Anusrosette oder den Duftgarten eingeführt und langsam oder ruckartig herausgezogen. Vor allem im Moment des Gipfels hoch stimulierend! Im Morgenland wurden sie verwendet, um die Geliebte sanft auf die Spielart des Analverkehrs vorzubereiten.

Bauchnabel. – Weibliche Erotik hat im Orient nicht nur eine prominente Stellung, sie ist freizügig und selbstbewusst; ihr Lieblingsaccessoire ist der geschmückte Nabel beziehungsweise die Bauchkette. Ein Edelstein, Hennamalereien oder aufgeklebte Strass-Steine setzen den Nabel der Frau in Szene, laden zum Küssen und Anbeten ein.

Bauchtanz. »Eine Frau ohne Bauch ist wie Himmel ohne Sterne«, so ein arabisches Sprichwort. Dabei hat der Bauchtanz wenig mit Bewegungen des Beckens zu tun – den Begriff prägte der französische Schriftsteller Emile Zola, der den Tanz 1880 beschrieb. Er übersetzte nicht den Begriff *Raqs Sharki* (»Östlicher Tanz« – mehr dazu siehe Seite 348), sondern benannte ihn nach den Bewegungen des Bauches: »Danse du ventre«. Accessoires des »Belly Dance«: »Halhal«, Fußkettchen mit Glöckchen, »Jalajil«, klingende Metallanhänger, und »Al-Kaff«, ein Handschmuck, der Fingerringe und Armband durch Ketten verbindet (»Handblume«). Tragen Sie zum Beispiel eine Handblume, wenn Sie Ihrem Liebsten zeigen, wie Sie mit sich alleine spielen!

Düfte. Wohlgerüche spielen die Hauptrolle in der orientalen Erotik, ausführliche Körperhygiene ist ein Akt des Vorspiels und Zeichen des Respekts vor dem Partner. Der morgenländische Hang zum Verschwenderischen erstreckt sich auf Räucherwerk und Veilchendüfte, Raumdüfte, Seifen und Hautparfüms, die vor Moschus, Vanille, Amber, Orangen oder Rose überfließen, und wird üppig bei der Körperpflege eingesetzt. Um für verführerische Wohlgerüche zu sorgen, geben Sie ein paar Tropfen Öl ins Badewasser, wie Jasmin, Sandelholz oder Rose. Damit die Haut geschmeidig und anziehend duftet, reibt die orientalische Kurtisane sich mit einem erlesenen Mandel- oder Avocadoöl ein. Oder sie verbindet das Einölen bereits mit einer erotischen Massage, bei der der Körper als Massageinstrument eingesetzt wird …

Erostempel. Im vorderen Orient taten bis ins 3. Jahrhundert nach Christi Priesterinnen in Erostempeln Dienst, vereinigten sich in Liebesritualen mit Männern, um sie zu »segnen«. Der Traum von dieser »heiligen Hure« ist passé, doch die Tradition privater Erostempel lebendig. Dazu gehört das Bett, das weibliche Terrain, als Tempelaltar, mit einem Himmel oder Stoffbahnen umrahmt, Beleuchtung mit Kerzen. Im männlichen Terrain ein Sitzlager mit Kissen und niedrigem Tisch für die »Mezze« (Vorspeisen oder Fingerfood). Hier nimmt der Liebste Platz, wenn er seiner »Göttin« zusieht. Wie sie tanzt, ihn schließlich im Bett erwartet. Die Tradition will es, dass der Mann seine Göttin erst anbetet, bevor er zu ihr gleitet – sei es mit zärtlicher Verfütterung der Häppchen, einer Fußmassage oder langsamem Entkleiden.

Fingerfood. Süßes, Obst, Kandiertes, Nüsse, Herzhaftes und Blütenessenzen symbolisieren in ihrer Reichhaltigkeit die Liebe und den Wohlstand. Eine »Mezze-Tafel« (eine Art Häppchenkarawane) ist das Ritual des Erholens zwischen den Liebesspielen und besteht aus belebenden Gerichten mit Gewürzen wie Koriander, Kreuzkümmel, Safran, Vanille, Kardamom und Zimt. Die Fingerhäppchen sollen das innere Feuer entfachen, gelöscht wird durch süße Küsse und Tee, der auch mal aus dem Bauchnabel des Geliebten geschlürft werden kann.

Fußwaschungen. Rituelle Waschungen der Füße sind Gesten des Respekts, sie wirken entspannend, wärmend und aphrodisieren, wenn Sie sie mit einer erotischen Akupressurmassage verbinden siehe Nr. 693). Eine Schüssel mit Wasser, gesprenkelt mit Patschuliöl oder Mandarinenseife, Schwamm, Bimsstein sowie ein vorgewärmtes Handtuch sind die Accessoires, um sich vom Scheitel bis zur Sohle geliebt zu fühlen.

Getränke. Arrak, Raki, Mokka, Tee aus ganzen Pfefferminzblättern: Diese Getränke gehören zur Einstimmung wie bei uns das Glas Champagner. Arrak und Raki werden meist zu dreiviertel mit Wasser gemischt; die Farbe erinnert, so das Sprichwort, an »den Samen ungeküsster Jünglinge«.

Haarmassage. Langes Haar ist der Urbegriff der verführenden Weiblichkeit – nasse Haare werden dazu genutzt, um sie über den Körper des Geliebten zu schlängeln oder seinen Stab zu umschlingen. Könnerinnen schleudern ihr nasses oder mit Rosenhaaröl behandeltes Haar so über Po und Rücken, dass die Spitzen wie winzig kleine Rutenhiebe wirken.

Hamam. Der osmanische Badetempel geht auf ein schamanisches Reinigungsritual zurück, bei dem Körper, Geist und Seele von Alltag und Sorgen befreit wurden. Die Kombination von Reinigen, Schwitzen und Massage auf dem »Göbektasi«, einer beheizten Marmorplatte, ist ein Traum in Schaum. »Tellaks« (Bademeister) verwöhnen mit Meersalzpeeling, Wasserschwällen, pflegenden Seifen und Sultansöl, Kräutertee und Entspannung in Räumen wie aus dem Märchen. Im Orient werden Frauen nur von einer »Natir«, einer Badefrau, behandelt – in hiesigen Hamams übernehmen die Tellaks. Sie werden sich wie der Königin der Nacht fühlen!

Hände. Sagen beim Tanz mehr als ein Wort: Manche Kulturen des Vorderen Orients entwickelten magische Hand- und Fingerstellungen, die »hastas« oder »mudras«. Es gibt Meditationsgesten und Gesten, die die weibliche Schönheit herausheben. Die Handzeichen werden im indischen »Odissi«-Tanz benutzt, bei dem vierundzwanzig Charaktere dargestellt werden, um eine Geschichte zu erzählen. Oft sind die Hände mit roter Farbe betont. Das Spiel mit den Händen hat eine magische Wirkung auf Ihren privaten Zuschauer: Eigentlich sieht er Ihre Hände auf seinem Körper tänzeln!

Haut. Die Totalrasur, bei beiden Geschlechtern, beruht auf tausendjähriger Tradition: Im alten Ägypten trugen Tänzerinnen nur eine Perlenkette, die sich um ihre Hüfte und durch ihre Beine schmiegte, kein Härchen auf dem Venushügel. In den Serails orientalischer Herrscher rasierten Eunuchen den königlichen Konkubinen täglich den ganzen Körper, meist mit einem »Schaum« aus Zitrone, Zucker und Honig. Heute sind die Nassrasur (mit Gel, immer einer neuen Dreifach-Klinge, und danach etwa zwölf Stunden keinen Slip tragen) wie auch das Epilieren zum Vorspiel geworden – manche rasieren sich gegenseitig, rücken damit ihren schönsten Schatz in Szene.

Kissen. Verschleierte Windlichter und Tee aus bunten Gläsern: Das Bild einer Frau, ruhend auf Kissen oder einem Diwan, ist im Orient ein Symbol der sinnlichen Dienerin, die ihren Geliebten erwartet. Anstatt im Bett, dem Altar der Göttin, ist eine Frau auf einem Kissenlager eine Erfüllerin der Lüste, die mit Hilfe der Kissen unter dem Po oder dem Bauch in die Position gerückt wird, die er sich wünscht.

Körperpuder. Seidenkörperpuder ist das Deodorant des Orients – es kühlt und lässt die Haut schimmern. Im Intimbereich sorgt es für köstliche Enge, und wenn es essbares Körperpuder ist, tragen kundige Liebhaberinnen es an den Stellen auf, die sie geküsst und mit der Zunge liebkost haben wollen.

Lichtspiele. Elektrisches Licht ist tabu – Lichtinseln und Kreise aus Kerzen in Teegläsern, dicht zusammengestellt auf einem Messingtablett, zaubern Stimmung wie weitab von dieser Welt. Das Flakkern der Kerzen symbolisiert den Wunsch, das Leben jetzt zu leben, solange die Kerze brennt. Das Entzünden der Lichtkreise um das Bett herum stellt den Beginn einer Verführung dar.

Liebesgarten. Vor- und Verführungsspiele im Schutz des Gartens spielten im Orient eine Rolle, wenn das Paar heimlich zueinanderfinden wollte. Meist wurden in den Liebesgärten auch Liebeskräuter angepflanzt, die nach Sex dufteten; ein Brunnen, Pavillon oder Bänke sollten die Liebenden verführen. Ein gestohlener Kuss, ein kleiner Schlag mit einer Rute, das Schmücken der intimsten Stellen mit Blumenkränzen, gefolgt von einem Fangspiel ... Dabei werden die Kleider anbehalten!

Massagetechniken. Orientalische Massagen dienen der Pflege des Körpers. So verbinden sich Peelings gern mit Fußmassagen, Rückenmassagen mit einer Intensivpflege unter der Gürtellinie, und Zusätze wie Salz, Schlamm oder Rubbelhelfer wie Handschuhe oder Leinensäckchen gehören dazu. Jede Massage ist ein sinnliches Fest, für die Nase, die Haut, die Lust.

Nagchampa Agarbathi. Diese Räucherstäbchenduftnote ist der beherrschende Geruch vieler erotischer Begegnungen, frei von künstlichen Zusätzen. Ursprünglich wurden die handgerollten Stäbchen zur energetischen Reinigung eines Raumes verwendet.

Olisbos. Der Leder- oder Holzdildo stammt aus der Zeit, als Silikon oder Gummi noch nicht für Toys verwendet wurden; der griechische Name entstammt dem Phallos- und Osiriskult. Der Vorteil: Holz oder Leder nehmen die Körperwärme an, sind antiallergen und unempfindlich gegen Gleitmittel, Massage- oder Silikonöle, die andere Toys oft nach einiger Zeit angreifen. Sexy und praktisch!

Oriental-Pop & Samba-Oriental. Die aus den USA neu gemixten Stile verbinden Orient und Okzident auf CD – dabei werden Samba- oder Discosounds mit orientalischen Klangfolgen verwoben, die Tanzbewegungen sind eine Mischung aus Shimmy (das rhythmische Zittern der Hüfte) und Freestyle. Die Exotik der Trommeln und Instrumente verführt zu der Stimmung, die Sie für einen lasziven Abend in Ihrem Beduinenzelt brauchen. CD-Tipps: *Buddha-Bar* (George V Records), *Café Oriental* (Zyx), *Bar Lounge Classics – Oriental Edition* (Doppel-CD, Sony BMG).

Ornamentik. Arabesken, Tribal-Elemente, Gold und Ringe: Schmuck ist für orientalische Frauen gleichbedeutend mit »Würde« – ohne Schmuck wäre sie keine Göttin mehr, sondern »nur« eine von vielen. Der Wunsch, sich göttinnengleich in Szene zu setzen, drückt sich auch in Dessous aus: Unterwäsche, reich bestickt oder ornamental gewebt, wird lieber anbehalten als vorschnell abgelegt, um den Status als Angebetete nicht zu entzaubern.

Persisch. Bei diesem Ölbad wird sein Lieblingsteil in ein warmes Öl-Wasser-Gemisch getaucht (zum Beispiel in einem hohen stabilen Gefäß), um dann in Ihrem Lusttempel zu verschwinden. Drei Stöße, tauchen, stoßen, tauchen … Die Methode führt zurück auf die Zeit, als Öl Wohlstand bedeutete – er schenkte der Geliebten damit Hab und Gut.

P-Punkt. Der P-Punkt (P wie »Perineum«), das männliche Äquivalent zum G-Punkt, liegt außerhalb seines Körpers: etwa zwei Fingerbreit hinter den Kronjuwelen auf seinem Damm (lat. Perineum). Eine sehr glatte, seidige Stelle, manchmal ist ein kleiner Knubbel fühlbar. Wer es beim Sex schafft, diesen Spot mit dem Finger zu massieren, gilt als unschlagbare Liebhaberin (siehe Nr. 290).

Schleiertanz. Der Schleiertanz ist eine Variation des Bauchtanzes, der sich in arabischen Ländern oft auf die Eröffnung des *Raqs Sharki* (siehe Seite 344) beschränkt: Die Tänzerin lässt den Schleier beim Hereinkommen hinter sich herschweben, um ihre Präsenz zu verstärken und tanzt ihn in kurzer Zeit ab. Ihn »abzutanzen« bedeutet, sich verletzbar zu machen, offen für erotische Experimente, und sich der Sinnlichkeit zu unterwerfen. Transparente Stoffbahnen symbolisieren die mythische Weiblichkeit – Körperteile sind sichtbar, aber nicht zu erkennen: Mehr Stoff ist mehr Erotik.

Serailpastillen. Kleine kegelförmige Pastillen aus duftenden Substanzen, denen man aphrodisierende Wirkung nachsagt. Die Namen wirken verführerisch: Sandelholz, Amber, Myrrhe, Rosenwasser, Zimtblüte …

Sternenzelt. Liebe unter Sternen ist eine sehr naturverbundene Liebestechnik des Orients – am liebsten nach Mondgezeiten: Bei Neu- und zunehmendem Mond wird geflirtet, zu Voll- und abnehmendem Mond setzt sich die Energie heftig frei.

Stolz. Orientalische Frauen schöpfen ihr Selbstbewusstsein von innen, nicht nur aus Blicken der Männer. Komplimente werden mit Dank, nicht mit Beschwichtigung entgegengenommen.

Tausendundeine Nacht. Sheherazade entging ihrem Tod, indem sie dem Sultan eine endlose Geschichte erzählte – bis er sich in sie verliebt hatte. Erotische Storys zu erzählen, vorzulesen oder nachzuspielen hat im Morgenland als Vorspiel Tradition wie bei uns der Zungenkuss. Wenn ein Mann eine Frau umgarnt, dann nicht mit deutlicher Ansage; er verpackt seine Wünsche in eine ausgedachte Geschichte.

Tee. Einen Mann auf einen Tee einzuladen kommt fast einem unmoralischen Angebot gleich. Frauen gehen noch weiter, lassen warmen Tee aus ihrem Mund auf seine Haut tropfen, belassen ihn im Gaumen, wenn sie zu Oralverkehr übergehen.

Verwandlung. Rollenspiele sind kein Tabu; mal ist er der Sultan, mal sie die Königin von Saba, die gebadet werden will. Ein Verführungsspiel, dabei bedient man sich der Rollen, die aus der Mythologie stammen. Doch es sind stets Rollen, die gleichberechtigt sind, Unterwerfung findet nicht statt!

Zaubersteine. Liebesamulette, die sowohl Gefahren abwenden als auch die Potenz stärken sollen und aus künstlerisch gestalteten Mineralien, Fossilien oder Holz bestehen. Der »Hegab« oder »Tilsan«, wie die Amulette im arabischen Raum genannt werden, ist oft ein zum Skarabäus geschliffener Smaragd. Ihn zu verschenken bedeutet, dem anderen die Treue zu halten.

Bonustipp: Eine alte arabische Schrift enthüllt, dass Frauen on top restlos befriedigt werden können, ohne dass er zustößt – mit der *»dok el arz«*-Stellung, die »auf den Punkt hämmern« bedeutet und für die vor allem eins nötig ist: die starken Arme Ihres Geliebten. Wenn Ihr Lover mit ausgestreckten Beinen aufrecht auf dem Bett sitzt, hocken Sie sich auf ihn und kreuzen Ihre Beine hinter seinem Rücken, legen die Arme dicht um seinen Hals. Er greift nach Ihrer Taille oder gerne dem Po, um Sie auf und ab zu bewegen *und* vor und zurück zu schieben.

Westliche Sehnsüchte nach exotischem Sex: In den männlichen Phantasien ist die Idee von erotisch-exotischem Sex meist mit devoten Asiatinnen besetzt, die sich behende um ihn kümmern, bevor sie ihm in jeder nur erdenklichen Form zu Willen sind. Die weiblichen Überlegungen von »exotischem Sex« gehen mehr in die diffuse Richtung des orientalischen und indischen Sex, bei dem Fingerspiele, Stellungen und ritualhafte Aktionen einen Rausch an Körperlichkeit und Orgasmen nach sich ziehen; oder sie kreisen um die Legende vom dunkelhäutigen Mann, der mit seiner Über-Männlichkeit ihrer Ur-Weiblichkeit huldigt.
Beide Vorstellungen haben etwas gemeinsam: Es ist Quatsch. Aber sie offenbaren den tiefen Wunsch nach einem Sexualpartner, der sich kümmert, bemüht, entführt und hilft, eigene Grenzen zu überschreiten. Hey! Das können wir auch selber machen!

10 Wenn er nicht mehr kann und sie fremdgeht – und andere heikle Konstellationen

»Wer seinen Sex nicht gebraucht, verliert ihn.
Und das wäre arge Verschwendung.«
Oswalt Kolle

Erektionsstörungen, Rentnersex, Phasen der Unlust, Seitensprünge, Verhütung: Es gibt einige Begleiterscheinungen der Sexualität, die nach ihren eigenen Regeln ticken:

Mit 66 Jahren hört der Sex nicht auf

Schaue ich mir so meine Eltern an, dann glaube ich nicht an den Mythos von keuschen Rentnern. Die beiden spielen immer noch Fangen (wenn auch langsamer), betreiben Immunschutz, indem sie sich ständig ausgiebig küssen, und wenn es zur Sache geht, dann zwar inzwischen in gelenkschonenden Positionen, aber handfest. Das weiß ich selbstverständlich nur aus ihren neckischen Andeutungen, aber davon gibt es arg viele. Sie sind der Beweis, dass jeder Mensch Sex haben kann und sollte, und nicht ausgerechnet der diesem Recht entgegenstehen sollte, mit dem man zusammen ist. Egal, wie alt man ist oder welche Ausreden es gibt.

Fakt ist: Über ein Drittel aller Frauen zwischen sechzig und achtzig haben regelmäßig Sex, und noch mehr hätten ihn gern. Britische Frauen im Alter zwischen siebzig und achtzig Jahren bilden mit 1,7 sexuellen Aktivitäten im Jahr das absolute Schlusslicht in Europa. Spanische Frauen dieses Alters liegen mit siebenundzwanzigmal pro Jahr ganz vorne; deutsche Frauen mit siebenmal im Mittelfeld.

Dass sie nicht öfter Sex haben, liegt oft ganz einfach daran, dass es in ihrer Altersklasse wenige Männer gibt. Selbstbefriedigung ist für die Ladys sowieso kein Tabu mehr, höchstens die Frage, wie frau damit umgeht, dass sie immer noch will, aber Mann aus biologischen Gründen nicht mehr so recht, so oft, so hart kann. Denn auch die Wechseljahre sind mitnichten ein Bremser in Sachen weiblicher Lust. Lust haben Frauen danach nämlich immer noch. Zwar wird bei manchen die Vagina nicht mehr so rasch feucht (als Gegenstück zum Penis, der nicht mehr so ratzfatz hart wird; der niedrige Spiegel des Hormons Östrogen lässt eben die Muschel nicht mehr so feucht werden), aber der Orgasmusfähigkeit tun ein paar Geburtstage mehr keinen Abbruch.

Störend sind nur die Kleinigkeiten, die das Leben beim Älterwerden mit sich bringt: Schmerzen, Krankheiten, Wehwehchen. Medikamente, die die Lust im Zaum halten (das steht zwar nur selten unter »Nebenwirkungen«, ist aber so, vor allem in der Wechselwirkung verschiedener Präparate, die zum Beispiel bei Diabetes oder gegen Bluthochdruck genommen werden).

Hinzu kommt der langweilige Moralansatz, Menschen über sechzig hätten gefälligst keinen Sex zu haben, das gehöre sich nicht. Junge Leutchen reagieren bei dem Thema oft peinlich berührt und fragen dumme Dinge wie: »Muss dass denn sein?«, oder auch: »Kann das noch sein?« Pff, nebbich. Na klar geht das, wenn auch mit Holpern: In einer Umfrage gaben bis zu 32 Prozent der älteren Frauen einen Mangel an Zärtlichkeit an, bis zu 41 Prozent klagten über nicht ausreichenden sexuellen Kontakt, weil der Partner desinteressiert, krank beziehungsweise impotent war oder Beziehungsprobleme vorlagen. Für etwa 13 Prozent reduzierte sich der Sex auf eine reine Routineübung, was häufig auf Kommunikationsprobleme zurückzuführen war. Na, das kennen wir doch irgendwoher: Für diese Probleme muss man nicht mal sechsundsechzig werden. Genausowenig wie für das Phänomen, dass die Erektion nicht so will, wie Mann es gern hätte. Die Alten haben dieselben Probleme wie die Jungen. Aber Sex haben sie dennoch und wollen ihn auch. Kein Grund also, zusammenzuzucken, wenn es heißt: Sex im Alter.

Neuere Studien belegen, dass fast die Hälfte aller fünfzigjährigen Männer über Erektionsstörungen klagt. Bei den Sechzigjährigen sind es 57 Prozent und bei den Siebzigjährigen sogar 67 Prozent. Gleichzeitig ist trotz Verringerung der sexuellen Aktivität im Alter der Stellenwert sexueller Befriedigung bei älteren Männern vergleichbar mit dem bei jüngeren Männern. Männern geht es also ähnlich wie den Frauen: Sie haben weniger Sex als sie gern hätten.

Das Schöne am Seniorensex: Verhütung brauchen sie nicht, dem Leistungsanspruch begegnen sie längst mit Gelassenheit, körperliche Schönheit braucht es nicht zur Liebe – und die Herren können länger. Das Recht auf Sexualität im Alter sollte also natürlich bleiben, anstatt hinter vorgehaltener Hand belächelt zu werden. Schließlich definierte im Jahr 2002 die Weltgesundheitsorganisation (WHO) Sexualität als zentralen Bestandteil des gesamten Lebens. *Yeah!* Das beinhaltet Geschlechtsverkehr und geschlechtliche Identität sowie Erotik, Genuss, Intimität und Reproduktion. Sexualität wird als zentraler Bestandteil des menschlichen Lebens anerkannt und – ganz wichtig – als altersunabhängiger Faktor dargestellt. Hallelujla! Holt die Rheumakissen raus und legt sie unter den Po, meine Damen! (Keine Sorge, noch schmunzel ich selbst, aber auch ich werde älter und werde dasselbe durchmachen: Menopause, empfindlichere Haut, verzögerte Lubrikation, ein Kerl, der gerade keine Erektion zur Hand hat, Ausweichen auf andere verrückte Spielchen, und endlich, endlich, endlich: Essen ohne Reue.)

Aber, um mal einen Rentner zu zitieren, der es besser weiß als ein junges Hühnchen wie ich: »Wer keinen Partner hat, um seine sexuellen Bedürfnisse auszuleben, soll bitte masturbieren, um seinen Hormonhaushalt am Laufen zu halten. Es wird nämlich viel schwieriger, nach zehn Jahren Pause wieder anzufangen. Ich bin überzeugt, dass, wer früh anfängt und bei der Sache bleibt, gute Aussichten hat, bis ins hohe Alter erfüllte Sexualität zu erleben. Außerdem hält Sex jung. Es ist erwiesen, dass sexuelle Aktivität das Leben verlängert. Durch sie, durch befriedigende Orgasmen, wird eine Vielzahl von Glückshormonen ausgeschüttet. Untersuchungen zeigen, dass Menschen, die regelmäßig Orgasmen haben, weniger gefährdet sind, einen Herzinfarkt zu bekommen. Wir wissen, dass Frauen, die regelmäßig Orgasmen haben, viel seltener zu Inkontinenz neigen, weil

353

die Beckenbodenmuskulatur dadurch ständig trainiert wird. Auch die Haut bleibt straffer, wenn man sexuell aktiv ist. Und, davon bin ich überzeugt: Sex ist das beste Mittel gegen Altersdepression.«

Sagt? Dr. Oswalt Kolle natürlich, einer der klügsten, herzlichsten Menschen in Sachen Aufklärung.

Die Herren der Erschöpfung

Trotz aller Bemühungen kommt es immer mal wieder vor: der uninteressierte Penis. Er kommt nicht hoch. Bleibt nicht lang genug hart. Bleibt weich, wenn auch halb erhoben. Oder kommt gleich gar nicht. Was ist denn da los, wollen Männer nicht immer? Nö: Sie wollen nicht immer, und noch weniger können sie immer. Gefallen tut ihnen das selten. Den Damen allerdings auch nicht. Beide Seiten nehmen es furchtbar persönlich, wenn der Schwanz nicht steht. Er denkt, sie verlässt ihn bestimmt bald, sie denkt, er verlässt sie bestimmt bald und probiert es mit einer anderen, und beide sind gehemmt, es zu thematisieren, weil sie gehört haben, dass man sich ein Problem auch einreden kann. Also lieber pscht, pscht und weiter bibbern.

Machen Sie sich als erstes bitte nicht verrückt, wenn er (oder Sie) ihn mal nicht hart bekommen, ganz gleich, was Sie mit dem Butterkuchen anstellen, oder wenn er nicht zum Orgasmus kommt. Gerade bei Paaren, die sich frisch gefunden haben, taucht das Phänomen von gutem Sex, aber leider ohne Ende auf. Der »Orgasmus retarda«, wie Sexualforscher den verzögerten Big Bang beim Mann nennen, kommt nach urologischen Umfragen bei 8 Prozent aller Männer vor und beruht auf einer Panne im Nervensystem. Unter Einfluss von Stress stolpert dieses sensible System über die Bettkante. Die Angst, nicht hart genug zu sein, Unsicherheit, was aus der Nacht wohl wird, aber auch »Freudenstress«, der die ersten Male aufregend und beängstigend zugleich sein lässt – alles beeinflusst den Hormonhaushalt. Dabei sinkt das Dehydroepiandrosteron, kurz DHEA, das den Sympathikus (das ist der unserem Willen kaum unterworfene Teil des Nervensystems) und damit den Orgasmus ankickt. Keine Sextechnik der Welt kann dann an der Orgasmusschüchternheit etwas ändern – im Gegenteil, sein Lieblingsorgan wird nur um so trotziger. Dazu muss er nicht mal übermüdet oder alkoholisiert sein. Sondern nur irritiert von der Freude, endlich den begehrten Körper zu berühren, und gefangen in diffuser Furcht vor dem Kontrollverlust. Da hilft für diese Nacht nur: Ohne viele Worte auf Kuscheln umsteigen und auf die Zeit vertrauen. Mit wachsendem Vertrauen zueinander wird es ihm leichter fallen, die Selbstkontrolle zugunsten der Lust aufzugeben und zu kommen. Später, aber gewaltig.

Anders tickt der Schwanz, der gerade nicht so kann, wie sein Herr will. Dabei gibt es allerdings Unterschiede: »Erektile Dysfunktion« – er kommt nicht hoch – und »Appetenzstörung« – er hat sowieso keine Lust – sind zwei verschiedene Vorkommnisse. Und, um Himmels willen, keine Krankheit!

Stress, Müdigkeit, Alkohol, Leistungsdruck (der vor allem in den ersten Monaten einer neuen Liebe entsteht; genauso wie das kurzfristige Fremdeln des Schwanzes, der sich sozusagen trauen muss, eine Beziehung eingehen zu wollen, und Sie nicht enttäuschen will) oder einfach ein völlig normaler Aussetzer sind die häufigsten Gründe für einen renitenten Penis.

Es sei denn … ja, was?

Es sei denn, wenn es über eine sehr, sehr lange Zeit so geht. »Lange« heißt über ein halbes Jahr. Dann können nämliche sexuelle Stolpersteine dieser Art erste Anzeichen einer Krankheit sein. Ob psychische oder organische Ursachen zugrunde liegen, kann der Urologe klären; eine schulmedizinisch anerkannte Therapie wird sogar von der Krankenkasse bezahlt.

Ganz, ganz selten kommt es vor, dass eine lange erektionsfreie Zeit (länger als ein halbes Jahr) auch bedeutet: Er steht nicht auf Frauen. Oder er steht nicht auf Sie. Ich erwähne es nur der Vollständigkeit halber, mir ist das nämlich passiert. Ganz schön doof. Ein Super-GAU, aber es kommt vor: Wenn ein Mann keinen Sex mit der Frau haben will, mit der er zusammen ist, Ausreden erfindet oder so lange vor dem Fernseher sitzen bleibt, damit er nicht ins Bett muss, während sie noch wach ist und vielleicht Sex will: Tja. Dann macht das weibliche Gegenüber ihn nicht an. Mist.

355

Nach der Meinung der meisten Therapeuten hat es wenig Sinn, bei psychisch bedingter Enthaltsamkeit (er will nicht) auf Dauer zu einem Aufbauarsenal zu greifen. Doch um sich selbst wieder zu bestätigen (»Geht doch!«) oder organische Ursachen zu beheben (wenn er will aber nicht kann), kann eine ärztlich überwachte Behandlung mit Viagra beispielsweise oder Testosteronpflastern Sinn machen. Stärkungsmittel der Zukunft sind auch Medikamente wie Andro-Gel, Uprima und Vasomax (Topiglan geht in England gerade in die zweite Testphase), die sowohl im Kopf als auch im Penis wirken. Nur: Bitte *nicht* allein mit Stärkungsmitteln experimentieren, da die Nebenwirkungen für bestimmte Menschen gefährlich sein können.

Der beste Tipp kommt von meiner Mutter: »Alles nicht so eng sehen. Es ist doch völlig okay, dass beide nicht immer gleichzeitig funktionieren. Wo liegt das Problem?« Sie hat recht. Bei vielen Paaren ist es oft nur ein vorübergehender Erektionsausfall, der sich mit der Zeit wieder gibt. Machen Sie sich und ihn nicht verrückt. Sein Penis ist zwar ein Standbein seiner Identität als Mann, aber er ist doch auch weit mehr als das.

695 **Endlich gefühlsecht: Safer Sex muss sein.** Manche rollen sich einfach ab, die nächsten fühlen sich an wie eine Duschhaube, und »gefühlsecht« ist wohl ein Mythos. Trotzdem: In diesen Zeiten muss der »French letter«, muss ein Kondom sein, wenn der One-Night-Stand eine angenehme Erinnerung bleiben soll, die Eisprungphase verhütet sein will oder Sie beide vielleicht gerade etwas auskurieren, wie die allgegenwärtigen Feigwarzen.

Steigen Sie um – auf PUR. Polyurethan(PUR)-Präservative (zum Beispiel von Durex, eZON, Trojan) besitzen den Vorteil, dass sie keine Latexallergie auslösen, zarter gebaut sind und Körperwärme besser weiterleiten, so dass sie den Begriff »zweite Haut« wirklich verdienen – der Duschhaubeneffekt hat sich damit erledigt. Und: PUR-Kondome vertragen fetthaltige Cremes (also zum Beispiel auch Öle), die Latextütchen so porös wie ein Mehlsieb machen. Öl- und Badewannen-Spielchen sind da kein Risiko mehr.

Männer beschweren sich oft, dass ihre Eichel eingeklemmt wird, sie nur noch wenig fühlen oder ihr bestes Stück zusammenklappt. Inzwischen gibt es Präser mit größerem Hut – also mehr Platz für die Eichel, während der Schaft noch sicher und eng umschlossen wird (zum Beispiel Blausiegel Comfort). Diese Ausrede ist also passé.

So, und wer zieht ihn an? Im Prinzip ist das seine Sache, aber Sie können ihm helfen, indem Sie ihn vorher noch ein wenig anblasen oder währenddessen die Hoden mit einem feuchten Finger massieren, damit das Rüberrollen beide nicht zu sehr aus dem Konzept bringt und er schließlich mit halbgarem, halb angezogenem Schwanz aufgibt.

Sexgöttinnen-Trick: Nehmen *Sie* die Sache in *eine* Hand – mit dem One-Hand-Roll-Downer. Träufeln Sie vor dem »Anziehen« einen Klecks Gleitcreme in die noch eingerollte Kondomhaube (oder Öl, falls Sie auf PUR umgestiegen sind). Setzen Sie das Hütchen mit der Wulst nach außen oben an, dann rollen Sie es in einem Rutsch mit einer Hand herunter (Üben an einem Zucchino hilft ungemein). Währenddessen können Sie ihm zum Beispiel mit der freien Hand die Brustwarzen massieren, um ihn abzulenken. Effekt des feuchten Innenlebens: Seine Eichel glitscht wie in natura. Um für Sie das Plastikgefühl zu minimieren, verteilen Sie nach der Kostümierung Gleitmittel in langen Strichen von oben nach unten auf dem Geschenkpaket und auf den Hoden. Durch diesen Handjob sackt er Ihnen garantiert nicht weg, und währenddessen bleibt Mr. Rubber schön da, wo er soll.

Falls Sie es mit dem Mund wagen: Nehmen Sie nur das Reservoir zwischen die Lippen, setzen Sie das Kondom auf die Eichel, und rollen Sie es mit zwei, drei Mundbewegungen nach unten, den Rest erledigen Sie mit der Hand. Mal abgesehen davon, dass Sie dann einen leichten Gummigeschmack im Mund haben, werden Sie beide erstaunt sein, wie leicht das Mit-dem-Mund-Überziehen geht. Üben Sie an einer Zucchino, wenn Sie mögen, die Sie vorher leicht angewärmt haben, bis sie in etwa die harte, aber dennoch elastische Konsistenz einer Erektion hat.

Frauen gehen fremd. Männer auch

»Frauen waren niemals treuer als Männer«, ist die einhellige Meinung moderner Anthropologinnen wie Helen Fisher oder Sarah Blaffer Hrdy. Das Bild der treuen Hausfrau, der aufopfernden Mutter, der lustlosen Gattin – ein Mythos. Männliches Wunschdenken und evolutionstheoretischer Bockmist; wie die Legende, nur Männer wären »von Natur aus« polygam. Fakt ist: Männer können absolut treu sein. Und Frauen haben Abenteuer. Sie können Sex von Liebe trennen und ihre Herzen teilen. Nur dass heute der Hausfreund eben nicht ins Haus kommt – sondern per Annonce, Online-Chat oder auf der Dienstreise eingefangen wird, um sich mit ihm von Hotelzimmer bis Hochsitz zu verlustieren. Julia Onken (*Die Kirschen in Nachbars Garten. Von den Ursachen fürs Fremdgehen und den Bedingungen fürs Daheimbleiben,* Goldmann Taschenbuch) fand heraus, dass 44,5 Prozent der Frauen gezielt nach Affären suchen. Nichts von wegen: »Es ist einfach so passiert.« Es passiert nie einfach so (und wenn, dann fragen alle, wie man es arrangieren könnte, dass es nur so aussieht). Die Lust am Zweitlover ist sogar gestiegen: Anfang der neunziger Jahre tobten erst 31 Prozent der legal verpartnerten Ladys durch die Betten (bei Männern 43 Prozent). Interessant: Je älter Frauen werden, desto eher sind sie einer außerhäusigen Liaison zugeneigt. Mit dem Alter geht das Gewissen, kommt der Genuss – und das klare Ja zur Daueraffäre. Diskret und ohne viel Aufstand in die andere Art der »Wechsel-Jahre«.

Also sind Frauen nicht treuer als Männer? Vier Damen dazu: Nicole (28, händelt zwei Affären gleichzeitig): »Nein, sie haben nur schneller ein schlechtes Gewissen.« Lisa (30, Serienmonogamistin): »Ein Gerücht. Sie sind aber definitiv diskreter.« Ellen (39, Gelegenheits-Seitenspringerin): »Körperlich – nein. Seelisch – vielleicht.« Barbara (35, Liebhaber-Liebhaberin): »Sie versuchen es, und verbiegen sich. Die einzigen treuen Lebewesen sind Seepferdchen.« Mit Verlaub: Tauben auch.

Vier Frauen, die sich bekennen. Ob Gelegenheitsbeischlaf, romantische Untreue mit Herzflattern, eheliches Arrangement oder einfach Lust auf körperliche Liebe – der weibliche Seitensprung hat viele Gesichter. Sehnsucht, begehrt zu werden, der Wunsch nach neuen sexuellen Erfahrungen, Bedürfnis nach Abwechslung oder der reizlose Partner sind genauso machtvolle Triebfedern wie Neugier, Einsamkeit oder das Rachemotiv. Ein Nebeneffekt bleibt nicht aus: Danach fühlen sich die meisten Frauen glücklich, zufrieden, begehrenswerter und selbstbewusster.

Gewissenlos sind trotzdem nicht alle: Besonders ungeübte Wilderinnen fremder Gefilde und Frauen unter dreißig leiden an Mitteilungssucht. Einen Seitensprung zu beichten, um sich besser zu fühlen oder auf Absolution zu hoffen, geht in jedem zweiten Fall schief. Und tschüss, Betrügerin.

Verschweigen ist also »besser« als Beichten. Oder ist »sein lassen« eine Alternative? Ohne jetzt spießig sein zu wollen: Das schlechte Gewissen schlägt eindeutig auf die Orgasmusfähigkeit. Und, by the way: Ist es nicht so, dass ein Fremdgang schon das Ende einer Beziehung ist, nicht erst der Anfang vom baldigen Ende? Eine Flucht, die zu neuen Fluchten führt? Bis man dort angekommen ist, wo Weglaufen nicht mehr nötig ist und der Sex und die Liebe so gut sind, dass man nicht anderweitig rumprobieren muss. Dann kann frau, statt fremdzugehen, auch gleich ganz gehen, oder hält besser die Klappe.

Sex während und nach der Schwangerschaft

Aus medizinischer Sicht ist es in der Regel völlig unbedenklich, in der Schwangerschaft miteinander zu schlafen. Weder werden Wehen durch die Kontraktionen der Gebärmutter beim Orgasmus ausgelöst noch kann das Baby durch den Penis angeditscht werden.

Gut zu wissen ist allerdings: In den ersten Monaten kann durch den neuen Hormoncocktail im Blut die Lust auf den Akt an sich flöten gehen. Das ist völlig normal, genauso wie Schwangere aber auf Streicheleinheiten und Kuscheln nicht verzichten möchten. Es wäre ganz gut, den Herren zu erklären, dass man als Schwangere gerade ein paar andere Sachen im Kopf hat als Sex: Wie geht das Leben weiter? Was bedeutet es, Mutter zu werden? Ängste, Organisation,

Selbstbeobachtung: Man ist einfach nicht mehr dieselbe. Der innere Rückzug heißt nicht, sich von ihm zurückzuziehen, sondern sich erst mal wieder auf sich zu besinnen.

Im zweiten Schwangerschaftsdrittel steigt bei vielen Frauen die sexuelle Lust. Stärkere Durchblutung der Genitalien, größer werdende Brüste – der Körper fühlt sich weiblicher an, sexueller. Der Bauch ist noch nicht so groß, dass er störend wirken könnte. Zum Ende der Schwangerschaft flacht die Lustkurve meist etwas ab; weil die angeschwollenen Brüste weh tun, der Bauch stört, Mama in spe ist müde, fühlt sich unbeweglich, ausgelaugt und unsexy.

Völlige Lustlosigkeit ist genauso normal wie ständige Lust während der Schwangerschaft – und alles muss besprochen werden. Ich scheue mich sonst vor dem Wort »muss«, aber in diesem Fall müssen beide den Kontakt zueinander halten. Wie sich wer fühlt. Mit Sex, ohne Sex. Was statt dessen gut tut. Wie sich Elternsein und trotzdem auch sexuelle, erotische Wesen sein miteinander verbinden lassen.

Und nach der Geburt?

Andrea Przyklenk schreibt dazu: »Vor allem die Frauen sind in Bezug auf das erste sexuelle Beisammensein nach der Geburt sehr unsicher. Die Gründe dafür sind vielfältig: Durch die Geburt sind die Geschlechtsorgane noch emotional mit Schmerz besetzt. Die Frauen haben Angst vor Schmerz, falls zum Beispiel die Dammschnittnaht noch nicht vollständig abgeheilt ist. Keine Frau sieht nach der Geburt sofort wieder aus wie zuvor. Eventuell hat sie Schwangerschaftsstreifen, der Bauch ist noch nicht vollständig zurückgebildet etc. Die meisten Frauen sind erschöpft, weil sie schließlich einen Säugling versorgen müssen – den es nicht interessiert, ob seine Mutter genug Schlaf bekommt oder nicht. Das Baby beansprucht manche Frauen emotional völlig. Sie haben einfach keine Lust auf Sex. (…) Viele junge Mütter brauchen (…) eine Phase der Ruhe, in der sie sich an ihren veränderten Körper gewöhnen möchten. Darüber hinaus haben Frauen häufig Angst vor Schmerzen beim Geschlechtsverkehr. Die Geburtswege sind noch gereizt, die Dammnaht noch nicht verheilt.«

Erfahrene Hebammen sehen das Thema übrigens gelassen: Wenn

schon während des Wochenbettflusses (ein Wundsekret, das noch vier bis sechs Wochen fließt) Lust aufkommt: Nur zu. Einzige Regel: Die Frau macht den ersten Schritt zum Akt. Wenn sie will, geht's zur Sache, aber erst dann.

Es kann aber auch ganz anders sein. Eine Freundin erzählte mir, sie habe nach der Geburt innerhalb einer kleinen Woche wieder Lust auf Sex gehabt. Ob das normal sei? Ich denke – na klar! Normal ist das, was guttut. Ihr Liebster indes fürchtete sich: Er wollte ihr nicht weh tun und musste erst mal verdauen, Vater geworden zu sein.

Ich wollte wissen, ob ihre Muschel nicht ziemlich aus der Form gegangen war. Eine schließlich nicht ganz unerhebliche Sorge, ich gebe es zu: Bin ich noch eng genug für Sex? Schließlich ist der Beckenboden einigermaßen malträtiert, es stellt sich das »Penis lost«-Gefühl ein: Ist er schon drin? Fühlt er was? Während der Schwangerschaft hat der Beckenboden ein enormes Gewicht zu tragen und wird »wahnsinnig gedehnt«. Wird er nach der Geburt nicht trainiert, erschlafft er, und es können noch nach Jahren massive Probleme auftauchen. »Dazu zählen eine Senkung der Scheide und Harninkontinenz, das heißt Schwierigkeiten beim Einhalten des Urins«, erklärt eine Hebamme. Hm. Was dagegen hilft: Viermal täglich zehnmal den PC-Muskel anspannen (den wir beim Pinkeln spüren wie auch dann, wenn wir versuchen, einen Pups im Zaum zu halten – siehe Nr. 24). Nach etwa vier bis acht Wochen ist die Süße wieder so trainiert, dass sich auch das Verlorener-Penis-Gefühl auflöst.

Die Lügen der Männer – seine sieben lässlichen Sünden

»Weiße Lügen« nennen Psychologen jene »auslassende Wahrheit«, die Männer in einer Beziehung gern an den Tag legen. Um Dinge zu vereinfachen, um nicht unnötig in Diskussionen verwickelt zu werden, und letztlich, um sich anstrengende Konsequenzen zu ersparen.

Beim Lügen beziehungsweise Auslassen ertappt, ist zwar das

Vertrauen erschüttert – aber vielleicht war es dumm, überhaupt nachzufragen? Dinge zu fragen wie: »Hab ich zugenommen?«, oder: »Könntest du ohne mich leben?«, oder: »Kannst du Sex ohne Liebe haben?«, oder: »Hörst du mir eigentlich zu?«, oder …

Die sieben Lügen der Männer – was Sie als Sexgöttin wissen sollten, aber nicht zu fragen brauchen:

Hochmut: »Ich kann auch gut allein sein.« Nein. Kann er nicht. Männer brauchen Frauen. Das ist das letzte Geheimnis, das Wissenschaftler den Männern entrissen haben. Frauen verkraften eine Scheidung zum Beispiel eher und kommen schneller darüber hinweg. Männer neigen dazu, sich im Trennungsschmerz zu verlieren, ohne einen Ausweg zu finden. Deswegen wird er aber nicht zugeben, dass er ohne Sie eingehen würde. Genausowenig aber würde er zugeben, dass er nur ganz gern *mal* für sich ist. Ohne Sie. Ohne überhaupt jemanden, aber hauptsächlich, um Ihnen einfach mal aus dem Weg zu gehen. Ob im Hobbykeller oder auf dem Golfplatz: Er macht das nicht nur, weil es ihm Spaß macht. Sondern weil er Sie nicht sehen möchte. Selbstbestimmt. Doch kommen Sie nicht auf die Idee, ihm das gleich für immer und immer angedeihen zu lassen, dann geht er ein. Letztlich ist das wohlgehüteteste Geheimnis der Männer das: Reichen Sie ihm nur den kleinen Finger, und er wird das ganze Leben an Ihnen kleben bleiben. Männer sind eigentlich das opferbereiteste Geschlecht, und ihre längste Liebe gehört der Frau, die sie nicht halten konnten.

Zorn: »Ich bin nicht eifersüchtig.« Männer, die sagen, sie seien nicht eifersüchtig, lügen auch bei anderen Gelegenheiten. Sobald ein anderer Mann auftaucht, wird das Rivalenprogramm angeworfen. Der evolutionäre Spermawettbewerb nimmt seinen Lauf. Es ist das einfachste von der Welt, einen Mann eifersüchtig zu machen, indem Sie in seiner Gegenwart lobend über einen anderen Mann reden oder in der Bar fünf Sekunden lang unverwandt einen anderen ansehen. Der Revierkampf beginnt. Und wenn er es hundertmal verneint, er ist insgeheim zornig bis aufs Blut. Auf Sie, auf den anderen, auf sich selbst, dass er so ist, wie er ist. Hänseln Sie ihn nicht damit. Wissen Sie es und gut.

Ein anderes Geheimnis des versteckten Zorns liegt allerdings im Alltag – Männer hassen es, wie Frauen fahren. Egal, ob Sie seine Liebste sind oder die Dame vorn im Twingo, »Du fährst prima« heißt: Er kann es kaum ertragen, dass jemand anders die Kontrolle hat und nicht er.

Neid: »Ohne mich geht im Job gar nichts.« Na klar, und als nächstes behauptet er, es würde ihm rein gar nichts ausmachen, dass *Sie* mehr verdienen als er. Was er jedoch hübsch für sich behält: Der Neid, wenn es jemand vor ihm geschafft hat und mehr Geld, mehr Ansehen oder den tolleren Dienstwagen kriegt. Zugeben würde er es nicht – denn auch dieser Neid wäre eine Schwäche. Männer lernen, sich für Schwächen entschuldigen zu müssen (wenn sie sich überhaupt zu entschuldigen lernen), Frauen, sich für ihre Stärken zu entschuldigen. Jedoch ist der Neid ein wohlgehütetes Geheimnis, das er nie zugeben würde. Konkurrenz und Wettkampf erfolgreich zu bewältigen ist des Mannes Anliegen, Geld zu verdienen ist ein Mittel, um sich wichtig und existenzberechtigt zu fühlen; sieht er sich selbst als Versager, reicht das schon, andere müssen es ja nicht auch noch wissen. Und die anderen – sind Sie. Sie sollen ihn toll finden und nicht verachten. Vor allem nicht dafür, dass er Rückschläge im Vergleich zu Frauen viel schlechter wegsteckt.

Zudem bekommen zirka 40 Prozent der Männer das »Brotverdienersyndrom« mit: Er *muss* für Sie sorgen. Er will nicht als Depp dastehen, und er wird deshalb auch nie die Notwendigkeit der Gleichberechtigung einfach so akzeptieren. Neidisch ist er aber nicht nur auf seine Kollegen, den Chef oder Ihren Gehaltszettel. Neidisch ist er auch auf alle, die jünger sind. Er würde am liebsten ewig fünfundzwanzig sein. Niemals würde er zugeben, dass er es schrecklich findet, die vierzig überschritten zu haben.

Geiz (Habgier): »Geld spielt keine Rolle, Schatz.« Stimmt. Wenn es um *seine* Angelegenheiten geht. Er will zwar im Falle einer vorhandenen Kleinfamilie für Sie sorgen (und wird extrem reizbar, wenn er das nicht mal theoretisch kann); doch lieber hätte er es, wenn er sich von weiteren Pflichten freikaufen oder alles für sich behalten könnte.

Genauso geizig wie mit dem Geld geht er mit seinen Befindlichkeiten um. Männer, die auf die Frage »Ist was?« mit »Nichts« antworten, haben genausoviel zu verbergen wie eine Frau, die diese Antwort gibt. Kein Mensch denkt jemals nichts, besonders nicht mit diesem gewissen Blick. Letztlich ist es so: Wenn Sie jemanden zum Handeln brauchen, fragen Sie eine Frau. Wenn Sie jemanden suchen, der redet, ohne viel zu sagen, fragen Sie einen Mann. Weiter kommen Sie damit nicht unbedingt.

Völlerei: »*Sag mir ruhig, wenn ich übertreibe ...* « Sie wissen als Frau genau, dass Sie nur mit einer Augenbraue zu zucken brauchen, damit er von seinem dritten Bier auf der Party lieber Abstand nimmt. Aber: Er hasst es, gemaßregelt zu werden. Er will trinken, essen, rauchen, bis es ihm zu den Ohren wieder rauskommt. Er will mit einem Kasten Bier neben der Fernbedienung faul herumliegen, er will Junkfood, er will Chips, er will Frauen, die ihm nachlaufen. Und lässt es. Fügt sich lieber, denn es würde ihm keinen Spaß machen, all die Völlereisehnsüchte unter Ihren Augen auszuleben. Dann lieber gar nicht, und statt dessen weniger Stress haben. Weniger Spaß zwar auch, aber das ist nur halb so schlimm wie eine Diskussion, in der seine Lebensart zerpflückt wird. Fragt sich nur, wessen Sünde das Erziehen Erwachsener jetzt ist?

Wollust: »*Ich könnte nie mit einer Frau schlafen, die ich nicht liebe.*« Doch, kann er. Es kommt sogar noch schlimmer: In nur vierundzwanzig Stunden denkt er mindestens zehnmal daran, wie es wäre, mit dieser oder jener Dame zu schlafen, die just nur gerade vorbeigeht. Er würde aber weder zugeben, dass er ihr (a) nachgesehen hat, geschweige denn (b) sie sexy findet, noch (c) jemand anderer als Sie die ständige Vertretung in seinen Phantasien sind. Was die Verheimlichung indes *nicht* bedeutet: dass er alle anderen spannender findet als Sie und Sie gleich morgen verlassen wird, um seine Träume zu verwirklichen. Und wo wir gerade bei der Wollust sind: Er denkt beim Sex nicht immer nur an Sie. Na und? Dafür hat er ihn nur mit Ihnen! Meist, jedenfalls. Denn Männer würden schon gern treu sein – wenn sie eine Frau finden, der sie treu sein können.

Dafür fürchtet er sich insgeheim, für immer auf seine feuchten Phantasien zu verzichten, wenn er sich mit Ihnen ganz und gar und mit Ring festlegt. Er wird dann so gut wie nie mit drei Frauen in einer Badewanne liegen, wenn er Sie heiratet. Darauf zu verzichten, und sei es eine noch so abwegige Wunschvorstellung, macht ihm angst. Zugeben? Nö, würde er nicht.

In die Wollustlüge fallen auch Antworten wie: »Nein, du hast nicht zugenommen« (er weiß, er würde nicht mehr mit Ihnen schlafen dürfen, bevor Sie nicht wieder in die 36er Hose reinpassen), oder: »Ich begehre dich so wie am ersten Tag« – dass er das nicht tut, ist nach einigen Jahren so normal, wie es in der Natur des Menschen, und noch mehr in der des Mannes, liegt, sich nach Abwechslung zu sehnen. Aus der Befürchtung, etwas zu verpassen, zu vermissen und am Ende eines Lebens all das zu bereuen, was Mann *nicht* getan hat. Aber bis dahin will er Sex (es gibt für einen Mann keinen schlechten Sex, es sei denn, es ist gar kein Sex), und zwar greifbaren. Und sich das nicht versauen mit der Wahrheit, dass Sie am Anfang die Versuchung schlechthin waren und jetzt zwar auch noch erste Klasse sind, aber eben bekannte erste Klasse. Und deswegen werden Sie nach dem Sex nur eins hören, wenn Sie ihn fragen, woran er denkt: »Nur an dich.« Auch wenn er in Gedanken gerade die Bundesliga durchgeht.

Trägheit: »*Natürlich bin ich für eine gleichberechtigte Partnerschaft mit all ihren Pflichten.*« Nein. Er hasst es, im Haushalt zu helfen. Weil er dabei nicht der Boss ist, der delegiert, sondern das Helferlein. Auch noch eins, das angepfiffen wird, wenn er was falsch macht oder gar das kochende Eierwasser zum Teeaufgießen benutzt (weil's doch so praktisch ist). Und weil es viel netter ist, ein Pascha zu sein. Natürlich genießt er es, bemuttert zu werden. Natürlich hasst er es, wenn Sie aber plötzlich wie eine Mutter zu ihm sind.

»Hörst du mir zu??« Ein weiteres Geheimnis seiner Trägheit: Er macht sich selten Mühe, Sie *wirklich* zu verstehen. Manchmal schaltet er einfach ab, während Sie erzählen und erzählen. Denn er weiß: Er kann sich nicht wichtig machen mit brillanten Lösungen, weil Sie ja eh nur jemanden zum Zuhören brauchen. Außerdem machen Sie eh, was Sie wollen, und da wartet er lieber auf Anweisungen. Und außerdem hat das Leben ihm gezeigt, dass er Frauen nie verstehen wird, sondern nur lernen muss, mit ihnen umzugehen. Deswegen wird er auch verheimlichen, dass er Kompromisse und Versprechen hasst. Er weiß, dass sie notwendig sind, um miteinander auszukommen. Doch bereits in dem Moment, wo er sie eingeht, ist er fürchterlich genervt. Er geht nur lieber den Weg des geringeren Widerstandes. »Ist das okay für dich?« würde er mit Nein beantworten, aber er weiß genau: Das wäre das Ende der Fahnenstange.

Letztlich ist es aber doch so: Lügen hin, Lügen her; nehmen wir die Männer so, wie sie sind, es gibt keine anderen. Sie versuchen es ja auch mit uns.

696 Gehört »Ich liebe dich« ins Bett?

Angeblich wirkt ein »Ich liebe dich« kurz vor dem Orgasmus so abtörnend wie eine Werbeunterbrechung für Babynahrung während eines Pornos. Ich weiß nicht, warum das Klischee, dass ein Liebesschwur nicht ins Bett gehört, immer wieder verbreitet wird. Vielleicht aus Furcht, dass die Leidenschaft auf Kuschelniveau schrumpft, weil die Herzensbeichte die Geilheit empfindlich stört? Weil ein »Ich liebe dich« so heilig ist, dass es nicht mit Sex entweiht werden darf? Oder aus Angst, dass er die Replik verweigert?

Wahr ist: Ihr Liebesgeständnis kann Sex noch erotischer machen. Ausnahme: One-Night-Stands, die wir Frauen aus falscher Scham mit ein wenig Liebe moralischer gestalten wollen – und Beziehungen, die noch nicht definiert wurden. Denn wenn das erste »Ich liebe dich« in Ekstase fällt, statt »nüchtern«, entsteht der fatale Eindruck, Lust mit Liebe zu verwechseln. Doch Liebende dürfen im Bett verschwenderisch sein mit den drei magischen Worten, um aus dem Sex ein emotional verbindliches Liebesspiel zu schaffen. Durch die seelische Erregung wird ein Hormoncocktail angemixt, der es in sich hat: Adrenalin steigert die Sensibilität, Oxytocin die Kusslust und Testosteron die nackte Gier. Und Ihr »Ich liebe dich« bestätigt: Es ist gut, was du da machst. Es ist gut, dass es dich gibt. Und es wäre eine gute Idee, wenn wir nicht Sex und Liebe verbal trennen würden – sie sind ein unschlagbares Team.

Schlechter Sex – schlechte Beziehung?
Ein paar unerfreuliche Thesen

Sex ist ein unberechenbares Biest, und auch Virtuosen liegen dann flach da und fragen sich, warum nicht funzt, was funzen soll. Da haben weder Klitoris noch Neokortex mitzumischen, sondern schlicht *Magie*. Die Magie, die mit aller technischen Perfektion nicht zu erreichen ist: Da lernt man jemanden kennen, bei dem stimmt einfach alles. Er sieht so aus wie zwei Millionen Dollar das Stück. Wie er geht, steht, riecht. Was er sagt, wie er es sagt. Keine einzige falsche Geste, kein überflüssiges langes Härchen auf dem Handrücken. Ein Mann wie bei www.parship.de bestellt. Und dann – der erste Kuss. Der irgendwie … nichtssagend ist. »Hey«, denkt man, »aber das Gegenüber ist doch wunderbar! In allem! Sogar der Body, alles, was eine Frau wie ich gesucht hat. Oder?« – Trotzdem fehlt da was. Der unerklärbare Funken. Man geht ins Bett, macht das, was man immer macht, doch seltsam distanziert, als ob man neben sich auf der Bettkante sitzt und sich selbst dabei zusieht, wie man Begeisterung heuchelt. Man sieht eine hinreißende Performance, mit allem Drum und Dran, Aufbäumen, Stöhnen, filmreifer Oralverkehr, aber … tja. Ein Seifenschälchen auszuwaschen hätte mehr Sinn gehabt.

Dann wieder trifft man einen ganz anderen Menschen. Man fühlt sich wohl, alles gut, aber als Liebhaber hat man ihn nicht auf dem Zettel, von Aussehen, Art und Macken her ist er irgendwie am Beuteschema vorbeigeschrammt. Gänzlich unperfekt. Dennoch fühlt man sich miteinander wohl, ganz undramatisch. Man schlüpft aus

Versehen doch ins Bett, wie es halt so kommt – und dann: Kosmische Urerfahrung! Jede Berührung seiner Fingerspitzen ein Feuerwerk, und man fragt sich, wie man auf so abgeschmackte Achtziger-Jahre-Bezeichnungen für Sex (erdbebenartige Wallungen, Kaskaden von Verlangen und so) kommt. Aber nur die beschreiben annähernd den Urknall. Seine Zunge: anbetungswürdig. Sein Mund: zu kundig, um wahr zu sein. Wie sich die Körper aufeinander einlassen. Wie leicht es ist, nicht zu denken. Wie schön es ist, zu geben und anzunehmen. Wieso nur? Sonderlich ausgefeilt ist die Aktion auch nicht, fragt sich der verwunderte Mitspieler, und setzt sich auch für einen Moment auf die Bettkante. Die Vorstellung ist, na, ja: nicht gerade bühnenreif. Aber wie sie sich anfühlt! Es passt, ohne dass einer der beiden etwas tut, was perfekt wäre. Außer sich einzulassen und überrascht festzustellen: Huch! Da passt was aber ziemlich gut zusammen. Aber wieso nur?! Chemie?

Diesem »Wieso nur« auf die Spur zu kommen, könnte Ihr Sexleben revolutionieren. Vielleicht hat es etwas damit zu tun, dass Sie sich mit jemandem im Bett wälzten, der nicht ihr Muster-Mann war und genau darum soviel besser passte als alle neurotischen Muster-Männer es je getan hätten? Oder liegt es daran, dass Sie bisher einen Männertyp hatten, den *man* gut zu finden hatte, und nun haben Sie die Abweichung gewagt und festgestellt: Es gibt ja noch soviel mehr neben dem Mainstream, was viel besser für mich passt?! Und zu meiner Klitoris sowieso, die ja eh keine Ahnung von Regeln und Beziehungsmustern hat, aber genau sagt, wann ihr was guttut. Sollten wir uns alle nach der Klitoris richten, um Beziehungen fürs Leben zu schließen?

Das hieße ja, Lust wäre der Motor einer Beziehung; wobei sie doch nur der Motor des Sex ist.

Und was Sex geil und auf Dauer auch in einer längeren Beziehung erfüllend macht, ist der letzte Rest von jener unerklärbaren Magie, die das Wort »Hingabe« am ehesten beschreibt. Auch »Chemie« kommt dem ganzen sehr nah: Wenn die Chemie stimmt, und sich die Akteure in für sie (Ich wiederhole: nur für diese zwei!) existentiellen Bereichen ergänzen, beantworten, ausfüllen – dann schwingt etwas zusammen, was sich kaum herbeistreicheln und -tricksen lässt. Ganz Schlaue nehmen diesen Zauber her, nennen ihn »Life Changing Sex« und versuchen Bücher daraus zu machen – LCS, hört sich an wie PMS oder Lacto-Joghurtbazillen!

Doch ein das Leben verändernder Sex kann für jeden anders sein, bei den einen ist es die Chemie zwischen den Körpern und nur das. Für die nächsten macht der Mix aus Liebe und Respekt füreinander den Zauber aus, die Chemie des Alltags, die so gut funktioniert, übersetzt sich auf das horizontale Liebesleben und findet dort ihre erotische Harmonie. Die einen können nur guten Sex mit jemandem haben, von dem sie sich geliebt fühlen, andere nur mit jemandem, von dem sie sich begehrt fühlen, die nächsten brauchen die Wut, die übernächsten die beiderseitige Aggression, die sich in körperliche Aktion übersetzt, und manche brauchen schlicht das Älterwerden, um mit sich selbst und ihrer Lust einig zu werden. Ich behaupte: Wenn es beim Sex so »passt«, dann passt auch etwas anderes zwischen den beiden. Es muss nicht Liebe sein, aber irgend etwas in ihren Persönlichkeiten, was sich ergänzt und sein Pendant findet. Manchmal ist es nur Sex. Oft genug mehr.

Holpert es dagegen schon von Anfang an und wird es auch nicht nach dem magischen zehnten Mal Sex besser (das ist meist der Punkt, wo sich beide entspannen und nicht mehr von diffusen Versagensängsten begleitet werden), dann passt etwas nicht zwischen dem Paar. Eine gewagte These?

Sollte man Sex als Indikator für eine mögliche Beziehung nehmen? Und ist Sex wirklich sooooo wichtig? Haben wir nicht andere Probleme? Hartz IV zum Beispiel?

Ja, haben wir, aber dafür, dass Sex nicht wichtig ist, treibt er uns ziemlich um. Wäre Sex eine natürliche Lebensangelegenheit, so wie Essen, Atmen, Duschen, würden wir uns nicht so damit beschäftigen.

Trotz unseres hochentwickelten Geistes sind wir immer noch Wesen, die einen Geschlechtstrieb besitzen, der bei dem einen diese, bei dem anderen jene Ausformung hat. Er verändert sich im Lauf der Lebensjahre, mal befreit er, mal frustriert er, bringt uns in haarsträubende Situationen oder merkwürdige Beziehungen, mal ist er enorm wichtig und dann wieder jahrelang nicht, weil unser Leben gerade auf andere Dinge konzentriert ist.

Doch zurück der Frage, ob Sex (und die Begeisterung der Klitoris) ein Lackmustest sein könnte, um mit einem Menschen eine Beziehung einzugehen; kurz gefragt: *Je besser der Sex, desto besser die Beziehung?*

Öhhhh. Würde ich von mir (33) ausgehen: Ja. Bei meiner Lieblingskollegin Marie (36) ebenso. Würde ich von meiner Freundin Lisa (45) ausgehen: Jein bis eher nicht, weil: Sex super, Beziehung: Hm, verbesserungswürdig. Würde ich von Johanna (26) ausgehen: Ganz gewiss nicht! Der Sex war sensationell, die Beziehung konnte man in der Pfeife rauchen, weil sie schlicht nicht vorhanden war und nur aus gelegentlichen SMS-Verabredungen zu eben diesem Sensationssex bestand.

Hm. Schade. Ich hätte es gern gehabt, wenn es so einfach wäre: Guter Sex, guter Mann, heiraten Sie ihn. Ich hätte mir gewünscht, dass aus dem Gleichklang der Körper, erotischer Präferenzen und der gewissen Magie etwas abzuleiten wäre, um einem die Partnerwahl leichter zu machen. Geht also nicht, aber vielleicht entzaubert diese Einsicht wenigstens den Mythos Sex? Und hält einen davon ab, sich gleich nach einem Orgasmus unsterblich zu verlieben und den Kerl samt seinen Neurosen in das Schongehege ewigen Verständnisses zu betten?

Oder untermauert es, dass man auch mit jenen Menschen geilen Sex haben kann, mit denen es sich nicht leben lässt – einfach weil da zufällig zwei erotische Bedürfnisse aufeinandertreffen, die sich ähneln: Johanna und ihr SMS-Macker, die genau das Unverbindliche geil finden. Lisa und ihr Superlover, bei dem es nicht auf die Beziehung ankommt, um guten Sex zu haben, sondern einzig und allein auf das Sich-aufeinander-Einlassen in dem Moment, wenn sie nackt voreinander stehen und ihre Beziehung mit Zärtlichkeiten ausleben. Oder eben ich, die mit einem Mann den besseren Sex hat, mit dem sie auch über dasselbe lachen, mit dem sie arbeiten und mit dem sie reden kann.

So individuell sind also die Empfindungen, was guter Sex braucht, in was für einem Gefühl- oder Beziehungsumfeld er stattfinden sollte – und was eben nicht vonnöten ist. Mein Vater würde diesen Gedankengang reduzieren auf: »Schätzchen, vielleicht brauchen sie es eben so«, wenn ich mich mal wieder darüber beschwere, wie man denn bitte sehr ein tolles Liebesspiel haben kann mit einem Kerl, der einem nur Herzschwierigkeiten bringt und mit dem man sich sonst oft bloß rumärgert. Ja, möglicherweise ist es wirklich so schlicht: Vielleicht brauchen sie es, und ich brauche etwas anderes, so wie jeder. Danke, Dad, Lektion gelernt. Zumindest die, dass guter Sex in jeder Konstellation vorkommt und für jeden anders ist.

Wird vielleicht andersherum ein Schuh draus? Ist auf Dauer schlechter, oder auch »nur« unsensibler, zu seltener, distanzierter, langweiliger Sex ein Hinweis darauf, dass diese beiden Menschen nicht miteinander alt werden sollten?

Aha! Gehe ich von mir aus und überdenke die letzten neunzehn Jahre, kommt dabei heraus: Ja. Vor allem der unsensible Sex, bei dem Mann einfach nur fickt oder quasi in eine Frau onaniert und hier und dort herumgreift, Cunnilingus im Lauf der Zeit restlos vergisst und auch sonst nur zu überschaubaren Streicheleinheiten neigt, ist das deutlichste Signal, dass sich hier zwei zusammengetan haben, die es nicht sind. Der eher mäßige Sex der ersten drei, vier Wochen Verknalltheit hat sich nicht gebessert, und ist weniger, unpersönlicher, wortloses, liebloser geworden. Das alltägliche Leben miteinander hielt zwar noch die eine oder andere Zärtlichkeit im Wort und in der Hand bereit, aber die Sexsache war eher ein Picken nach Brosamen. Und in dem Maß, wie sich meine Lebensgefährten weniger auf Sex und Intimität einließen, rückten wir immer weiter auseinander. Vielmehr, es wurde immer offensichtlicher: Wir hatten von Anbeginn an nicht zueinander gepasst. Nur die Schatten unserer gegenseitigen Projektionen hatten sich getroffen und alles verklärt, wir ahmten Pornosex nach, um »gut im Bett« zu sein, und wollten vor allem geliebt werden, statt zu lieben. Plötzlich bleibt man dann in einer Beziehung kleben, wo es wenigen schlechten oder gar keinen Sex gibt und auch keine Zärtlichkeit, keine Komplimente. Keine Chemie.

Und bei Lisa? Dito. Johanna? Yep. Marie genauso. Mal sehen, ich telefoniere gerade herum, für eine Statistik, die alles andere als repräsentativ ist; aber manchmal reicht es ja tatsächlich, von zehn Menschen die Bestätigung zu bekommen, um etwas als wahr einzustufen. Denn nichts ist wertvoller als persönliche Erfahrung, und genau auf die will ich hören.

Also. Bisheriges Ergebnis ist, dass guter Sex auch in merkwürdigen Beziehungen vorkommt, vor allem in solchen, die nicht als Beziehung definiert sind. Eben diese SMS-Geschichten oder Pingpong-Affären. Noch häufiger kommt guter Sex in guten Beziehungen vor (da bin ich erleichtert; guter Sex scheint eine Beziehung zu begünstigen; und eine gute Beziehung den Sex zu verbessern). Schlechter, seltener oder unsensibler Sex jedoch war immer der Anfang vom Ende einer Partnerschaft. Oder deckte auf, was in der Beziehung nicht stimmte – sei es das mangelnde Miteinander-Reden, das mangelnde Interesse für die Wünsche und Interessen des anderen oder eben doch die mitgeschleppten Ängste, die keiner sichtbar machte.

Oft genug war bei diesen Beziehungen der Sex bereits von Anfang an eher unerfüllend, unecht, überbetont oder so, dass einer von beiden nicht das bekam, was er wollte, auch wenn der andere ganz zufrieden war. Alles, was in Leben und Alltag nicht zusammenpasste, fand auch beim Liebesspiel nicht zueinander. Oft leider nur für einen der beteiligten Parts: Es sind meist Frauen, die mäßigen Sex monieren, Männer beschweren sich, wenn sie »gar keinen Sex« haben oder dass es der Lady wichtiger ist, wie sie aussieht, dass sie zu uneindeutig ist, Blasen ablehnt, es ihm überlässt, sie zum Höhepunkt zu bringen, ohne einen kleinen Hinweis darauf, wie er es denn am besten hinkriegen könnte, oder sich in Opferhaltung darbietet: Na, gut zwei Monate sind vorbei, lass ich ihn halt mal wieder ran.

Frauen beschweren sich darüber, mit wie wenig Gespür er vorgeht. Wie schnell und nach Schema F. Wie vaginalfixiert. Reinstecken, los. Wie wenig Zeit er fürs Küssen aufwendet. Wie wenig er sich dafür interessiert, ob sie gekommen ist, oder zwar schlechtes Gewissen heuchelt, aber beim nächsten Mal dennoch nicht beihilft.

Wie ihnen die Abwesenheit von Romantik, Phantasie, Prickeln abgeht. Wie der Mann sie gar nicht wahrzunehmen scheint und davon ausgeht, prächtigen Sex zu haben, während sie sich fragt, ob das schon alles war. Es ist die Distanz, die Frauen zu schaffen macht. Die desinteressierte Hand, die planlos Kurven abfährt, der desinteressierte Blick, die geschlossenen Lider, der Finger, der nie wirklich sucht, der Schwanz, der sich auf seine Lust konzentriert, anstatt Stellungen zu probieren, von denen sie auch etwas hat. Das Abwehren eines Gespräches über die frustrierende Situation.

Was für ein Beziehungsgrollen auch immer hinter schlechtem, wenigem oder unsensiblem Sex steht: Er fordert Redebedarf. Es wäre sträflich, dieses Thema unberührt zu lassen und still vor sich hin zu leiden, ohne wenigstens zu versuchen, es zu thematisieren. Und zu ändern. Denn es ist wahr: Worüber Sie reden können, das können Sie meist auch ändern. Alles, über das man sich nicht mal zu sprechen traut, ist auch selten veränderbar. Ludwig Wittgenstein sagte: »Wovon man nicht sprechen kann, davon muss man schweigen.« Ich folgere daraus: Alles, was man in Worte fassen kann, darüber kann man auch mit anderen reden. Also suchen wir uns mal die Worte. Oder jemanden, der »mitreden« kann, denn auch, wenn Sie über alles reden können, so ja noch lange nicht mit *jedem!*

Kommunikation als Schlüssel zum guten Sex mit allem Zipp und Zapp, Stimmung, Interesse, die Kunst der Berührung, Intimität? Ja.

Denn wenn es nur Schüchternheit, Hemmungen, alte Ängste und Sorgen sind, die zu einem stocksteifen Sex ohne Lust führen, kann Reden, Probieren und noch mal Reden helfen. Oft genug sind es auch nur schlichte Unkenntnis, Unsicherheit, Mutlosigkeit, die einen eigentlich sensiblen Menschen zu einem lauen Liebhaber machen. Da ist Ihr Gespür gefragt: Will er nicht (dann müssen Sie sich auf Dauer fragen, ob Sie mit einem Mann, der Ihren Bedürfnissen kein Interesse schenkt, das Leben verbringen wollen) oder kann er nicht? Wenn er nicht anders *kann,* aber *will,* schenken Sie ihm dieses Buch. Manchmal muss man nur wissen, wie es geht, um es zu tun.

Manchmal ist reizloser werdender Sex aber auch ein Signal für etwas anderes: das Schwinden der Zuneigung. Dann hat er oder sie nicht mal Lust, zu reden: »Wieso, ist doch alles bestens, *ich* hab kein Problem, wieso machst du jetzt eins draus?«; oder auch: »Andere haben gesagt, ich bin ein guter Liebhaber, so.«

Ja, *so,* und? Aber nicht für mich! Und wie weit sollen Schonung und Verständnis eigentlich noch gehen, wenn *nicht mal mehr* der Sex in einer Beziehung stimmt?! Und sich das Gegenüber überfröhlich und echauffiert verbittet, darüber zu reden? Wie können wir noch eine Sekunde länger mit einem Mann zusammensein, der nicht mal mit einer Landkarte die Klitoris findet, obgleich man sie ihm oft genug gezeigt hat? Wie lässt sich mit einer Frau leben, die sich weigert, den Penis zu berühren, weil sie das eklig findet? Wie kann man es aushalten mit einem Mann, der nicht leckt, und sich damit in seiner ureigensten Weiblichkeit abgelehnt fühlen? Wie kann Mann mit einer Frau zusammensein, die sich jedes Mal wie ein Opferlamm aufs Laken legen lässt und einen dabei mit vorwurfsvollen, untertassengroßen Augen so anguckt, dass man sich als Schwein vorkommt? Wie soll man als Vollblutmensch damit umgehen, wenn das, was als »schönste Nebenbeschäftigung der Welt« gilt, sich zu einem Quell an Frustrationen entwickelt, ganz gleich, wie nett und hilfsbereit der Partner ist? Will man wirklich aufs Leben verzichten, auf Lust, auf gegenseitiges Begehren, und vor der Zeit zum Sexrentner werden?

Ich sage Nein zu schlechtem Sex. Nein zu halbherzigem Gefummel, Nein zu verdrießlichen Egomanen, die ein Gespräch über den eigenen Sex abwimmeln mit »Nun setz mich nicht unter Druck«, und Nein zu Männern, die nicht lecken. Ich sage Nein zu Frauen, die es sich in der Opferrolle bequem gemacht haben und Sexverweigerung als Waffe einsetzen (gibt's auch in der männlichen Ausführung, furchtbar) oder glauben, ihr Orgasmus sei *seine* Sache, schließlich hätten sie schon genug damit getan, überhaupt mit ihm zu schlafen (was ihnen ohnehin schon Schuldgefühle macht, aus welchem Grund auch immer).

Wann Sie aufhören müssen,
die Sexgöttin für ihn zu sein

- Wenn er fremdgeht und versucht, es Ihnen in die Schuhe zu schieben (du willst zuviel, zuwenig, du bist zu dick, zu dünn, zu übermächtig), denn: Wer fremdgeht, hat selbst entschieden, niemand sonst, nicht mal seine dominante Mutter. Es sei denn, Sie haben explizit verabredet, dass jeder mit jedem schlafen kann, wie es Ihnen beiden passt.

- Wenn er nicht zurückruft, sich trotz gegenteiliger Aussagen seit einem Jahr immer noch nicht hat scheiden lassen, Ihr Ex ist oder so Dinge sagt wie: »Ich habe Angst vor einer Beziehung.« Denn all das heißt nur: Schatz, du bist es nicht für mich, ich habe Angst vor einer Beziehung *mit dir*.

- Wenn er Ihnen kaum bis nie mit Aufmerksamkeit begegnet. Dann ist er bequem und braucht etwas, was er vermissen kann: Sie.

- Wenn er sich nach einer oder mehreren tollen Nächten nicht mehr meldet. Er ist nicht von einem Bofrost-Laster überfahren worden, er will nur kein Leben mit Ihnen. Jeder Mann, der ein Leben mit einer Frau will, ruft an, bemüht sich, trägt sein Herz auf der Zunge und will Kontakt und Sex.

- Wenn er für all seine Macken, Neurosen und Kränkungen, die er Ihnen zumutet, Rechtfertigungen anbringt wie: »Ich bin eben so«, oder: »Du wusstest, auf was du dich einlässt.« Kein Mann ist so bescheuert, die Frau, die er fürs Leben will, blöd zu behandeln; nein, er reißt den Arsch zusammen und sieht zu, dass er seine Macken in den Griff bekommt, von notorischer Eifersucht über Alkoholismus oder eine nervende Exfrau bis hin zu Fußnägelkauen. Ja, so einfach ist das. Und alle anderen Egoisten, die sich auf Ihre Kosten einen lauen Lenz inklusive Supersex ohne Herzpflichten machen – die brauchen Sie nicht. Und die brauchen auch keine Sexgöttin, sondern eine Ohrfeige.

- Wenn Sie an ihm nur aus Furcht hängen, sonst alleine zu sein – auch wenn er nicht der ist, von dem Sie träumen. Sondern einer, der Phrasen drechselt wie: »Ich habe Angst vor Intimität / verletzt zu werden / Verantwortung«, oder auch: »Ich steh so unter Druck, da kann ich eben keine Beziehung haben«; wenn er einer ist, der nie gesagt hat: »Ich liebe dich« (und zwar nüchtern, nicht betrunken; und auch nicht, während er in Ihnen steckte), oder vielleicht ist er auch einer, der »ganz doll viel Zeit braucht um seine Traumata zu verarbeiten und deswegen nie zurückruft / nicht mit mir schläft / mit anderen Frauen flirtet / keine Beziehungsansage macht«; kurz: wenn er ein böser Junge ist, aus dem in nächster Zeit kein guter Mann wird. Dann gibt's nur eins: Ja, tschüss, lieber allein als einsam mit ihm. Denn um die Einsamkeit des Herzens zu spüren brauchen Sie keinen Mann, der geliebt wird, aber zum Lieben zu faul ist oder es einfach nicht tut.

- Wenn er von Ihrem Geld oder Ihrer Aufmerksamkeit lebt, wenn er nimmt, nimmt, nimmt und sich nur mit einer Erektion bedankt; wenn er noch damit beschäftigt ist, sich darüber auszulassen, wie schlecht es ihm als Kind ging und dass er deswegen heute kein Kuscheln und Streicheln mag; und wenn er überhaupt zu beschäftigt ist, um Ihnen zuzuhören oder Sie zu bewundern: Hey, Sie haben bereits eine Anusrosette, eine zweite ist unnötig!

- Wenn er Sie versetzt, Ihre Arbeit nicht wichtig nimmt oder nicht kennt, ständig vergisst, wo Ihre Klitoris ist, und in Gesprächen nur darauf wartet, ein Stichwort zu erhalten, um von sich zu erzählen: Dann meint er nicht Sie, sondern nur Ihre Qualität, ihn wichtiger zu nehmen als sich selbst. Und dafür auch noch Sexgöttin sein? Hallo, dafür werden andere teuer bezahlt!

- Wenn Sie nicht wissen, was *Sie* von *ihm* wollen. Aha? Wollen Sie Sex? Weitermachen. Wollen Sie Liebe? Versuchen Sie nicht, ihn mit Sex dazu zu bewegen, da kommt er entweder von selbst drauf oder gar nicht. Wollen Sie, dass er Ihnen einen Heiratsantrag macht? Hm. Wenn er es nicht sowieso vorhat, wird Sex ihn dazu nicht unbedingt motivieren (auch wenn es in diesem Buch drei Tipps gibt, die einen Antrag nach sich ziehen könnten: Nr. 150, 348 und 693), frei nach dem Motto: Warum sollte ich die Kuh kaufen, wenn's die Milch doch umsonst gibt? Instrumentalisieren wir Sex besser nicht als Manipulationsmittel. Ja, ja, ich weiß, ich oute mich damit als Naivchen, denn die meisten tun genau das (Belohnung, Bestrafung, Verlockung). Wäre schön, wenn es einfach nur Sex wäre, die angenehmste Art, einen Abend miteinander zu verbringen, außer Essen, versteht sich.

- Wenn Sie versuchen wollen, einen Mann zu halten oder ihn zu überzeugen, dass Sie die Richtige sind und nicht seine Freundin / Frau / die Dame, in die er verliebt ist. Schöner wäre es doch, einen Mann zu haben, den man nicht erst davon überzeugen muss, dass Sie der Knaller sind. Und den Kerl gibt es, unter Garantie. Also, los! Raus aus dem falschen Bett! Und rein in das richtige, wo es außer guten Sex auch einen Menschen gibt, der Sie gut behandelt.

Nachwort

Mein geliebter Mann,

ich danke Dir. Dass es Dich gibt. So viele Jahre, so viele Morgen, an denen ich in falschen Betten aufwachte und mir dachte, es wäre besser, nicht geboren zu sein, als dauernd diese Suche und Zweifel auszuhalten. Schön, es ließ sich darüber wunderbar schreiben. Mit Scheitern kenne ich mich aus, die Gründe sind mir alle wohlbekannt, und ich hoffe, die Fehler, die ich notiert und publiziert habe, anderen ersparen zu können. Idealistin!

Ja, Sex kann man jede Menge haben; guter allerdings ist selten. Ich habe viel ausprobiert, auf der Suche nach mir, meiner Lust, den Dingen, die mich anknallen, und meiner Sexualität Raum geben. Ich wollte leben bis zum Anschlag, und dazu gehörte nicht nur, Freunde zu haben, einen Job, eine Familie, Gesundheit und einen knackigen Kontoauszug. Dazu gehört auch eine kraftvolle Sexualität. Erfüllt von Lachen und Liebe. Leidenschaft und Zartheit. Sicherheit. Abwechslung. Geborgenheit. Frieden schließen mit mir selbst. Mit meinen Phantasien, die mir selbst schon unheimlich wurden. Frieden schließen mit dem Ärger, an der unberechenbaren Größe Mann zu scheitern; mit dem einen ließ sich gut über Sex reden, mit dem anderen überhaupt nicht. Wie oft habe ich im Bett 1a-Shows abgezogen, und wenig davon gehabt. Weil es nicht bis unter die Haut und ins Herz ging. Ich musste zweiunddreißig werden, um mit einem Mann besseren Sex zu haben als mit meiner eigenen Hand.

Aber ich hatte Glück, der Mann bist Du. Ich liebe Deine Wärme, Deine Konsequenz. Ich mag es, wenn ich nachts neben Dir aufwache und zu Dir hinübergreifen kann. Ich liebe es, Dich zu küssen und mir Dir über unseren Sex zu reden. Ich liebe Deinen Humor, wenn wir scheitern und beim Fesselprojekt die Halterung aus der Wand kracht oder ich mich bei dem Versuch, für Dich auf dem Tisch zu strippen, panisch am Kronleuchter festhalte, weil der Stiletto zu hoch ist. Ich liebe Deinen Gesichtsausdruck, wenn ich mit einer unmöglichen Variante ankomme, die wir jetzt!, sofort!, unter allen Umständen und im Namen der Recherche für das Volk! ausprobieren *müssen* (ich vermeide das Wort »sollte«, es hört sich so benimmlich an), und Du Dich fragst, ob es eine gute Idee war, mit einer Sexsachbuchautorin verehelicht zu sein. Dann behaupte ich frech, die Standesbeamtin Frau B. hätte Dich zum Mitmachen verpflichtet. Sie hatte sich geweigert, uns das lebenslange Glück zu versprechen. Ich weiß. Dennoch hatte ich Glück. Das Leben griff nach mir und warf mich weit hinaus; jetzt weiß ich, wann ich angekommen bin. Es ist genau jetzt. Es ist genau hier. Es ist bei Dir. Es war ein verdammt langer Weg. Und er hat sich gelohnt. Lass uns weiter so gut miteinander umgehen. Es ist eine gute Zeit, die wir bis hierher gemeinsam hatten, auch wenn wir uns gerade erst trafen, es ist gestern erst gewesen oder eine Ewigkeit her.

Ach, Männer sind was Wunderbares. Sie haben Liebeskummer wie wir, sie haben Zweifel wie wir, und manche fragen sich noch mit Ende dreißig, ob sie gut genug sind im Bett. Sie sind frustriert wie Frauen, gehemmt wie Frauen und fasziniert vom anderen Geschlecht. Sie verstehen es nicht, aber sie versuchen, mit uns umzugehen. Eigentlich brauchen wir keine Angst voreinander zu haben oder uns bekämpfen. Keine Beziehungen führen, in denen ständig darum gerungen wird, wer dem anderen über ist. Wir wollen geliebt werden (manche mehr, als selbst zu lieben; und manche genau so, wie sie es sich vorstellen, geliebt zu werden – aber das ist ein anderes Buch), wir wollen die Sicherheit, es mit einem einzigen Menschen für den Rest des Lebens ertragen und anpacken zu wollen. Warum tun wir es nicht? Und hören auf, uns gegenseitig etwas vorzuspielen, uns das Leben schwerzumachen, den Liebsten als Therapeuten oder Versuchskaninchen zu missbrauchen, und leben einfach?

Einfach nur leben. Alles steckt in diesem Satz drin. Alles. Du hast ihn mir geschenkt, mein Mann, danke für diesen Satz.

Lass uns leben, mein schlauer gar nicht alter Wolf, einfach nur leben. Und ein neues Handbuch erdenken. Flachlegen in der Ehe, oder so was. Damit Herz und Verstand sich treffen, um aus Sex das Beste zu machen, was wir kriegen können. Nein, was wir geben und annehmen können. Wollen. Ich will.

Sie auch?

Anhang

Kinky Glossar: Lexikon der Leidenschaft – Was ist Tossing oder was sind K-Spots?

Algerisch-Französisch = Anilingus, Lecken des Anus (auch »Rimming« genannt). Birgt viel Verlegenheit, aber auch Spaß.

»arabische Vagina« = Anus. Es lebe die Jungfräulichkeit??!!

Balak = ein Phallus aus Holz und Wachs (der andere ist ein Fußballspieler und schreibt sich anders).

China-Bad = auch »persisch« genannt; während des Aktes zieht er ihn aus ihr, taucht ihn in heißes Wasser oder Öl und versenkt ihn wieder. Dadurch soll eine stärkere Durchblutung entstehen, Lust und alles andere gesteigert werden. Na jut.

Cream = Sahne, Sperma. Jetzt verstehe ich den Song von Prince!

Deutsch = Er oben in ihr unten. Bambi-Sex, in der Szene auch Vanilla-Sex genannt. Frechheit.

Digitatio = sich gegenseitig zum Orgasmus reiben. Prima Sache.

Diletto = italienisch für Entzücken, kann aber auch ein Dildo sein.

ez-rider = sprich: »easy rider«. Ein Dildo, an dem unten ein Gummiball befestigt ist. Nein, da fehlt mir die Recherche. Hüpfhüpfhüpf ...

Goldfisch = Beide fesseln sich die Hände auf dem Rücken und versuchen trotzdem miteinander Spaß zu haben.

Hickey = der gute, alte Knutschfleck. Besitzanzeigendes Hämatom.

Indisch = umgangssprachlich für die Ausübung zahlreicher verschiedener, teilweise akrobatischer Stellungen, übernommen aus dem Kamasutra ...

Italienisch = Achselhöhlensex, Herkunft nicht belegbar.

Kink-Sex = to kink (am.) bedeutet »verknoten«, »verdrehen«. Also völlig verdrehter Sex, zum Beispiel an unmöglichen Orten in phantasievoller Aufmachung oder Verkleidung; einfach alles, was abseits der Routine und angeblicher Normalität ist und anmacht –

und was Ihnen ganz persönlich gefällt. Your Kink ist my kink, oder auch: Ich liebe es mitzumachen, was du machst.

K-Punkte = Ein Franzose namens Kivin hat diese Hotspots an den Schamlippen entdeckt, knapp unterhalb und jeweils links und rechts von der Klitoris. Zusätzlich weist er noch auf den C-Punkt hin (c von »controlling«): Er soll sich zwischen Vagina und Anus, also etwa in der Mitte des Damms, befinden. Kivin behauptet, K- und C-Punkte gleichzeitig und gekonnt massiert, brächten den Höhepunkt in acht Minuten. Nun denn!

Mamma-Koitus = Brust-Verkehr, auch »Spanisch« genannt.

Necking = kommt noch vor Petting und schließt das Berühren der Geschlechtsorgane aus. Wie schade!

Rimming = Popolecken, um genau zu sein: den Anus. Gegenseitiges Lecken dieser Art nennt sich ganz romantisch: Rosenblatt. Zur Sicherheit können Sie aufgeschnittene Kondome mit Geschmack als Läppchen dazwischenlegen.

Russisch = anale Stimulation und Massage mit einem in Öl getauchten Finger. Muss nicht funken, kann aber.

Schwedisch = dabei wird der Penis beim Eindringen so unten am Schaft festgehalten, dass die Vorhaut zurückgezogen wird und die Eichel freiliegt. Bringt Quickies auf Tempo! Danke für den Tipp, Madame S.

Tossing = überraschender Sex mit Fremden (Zug, Flugzeug und so weiter).

Tribadie = Zwei Damen rubbeln ihre Schatzkästchen aneinander.

Weißes Studio = Doktorspiel für Erwachsene: Sie als Krankenschwester verkleidet, untersucht ihn ausführlichst. Im schwarzen Studio dagegen werden SM-Praktiken ausgeübt.

Kontaktanzeigen richtig lesen

69: »Französisch«, Oralsex beider Partner

a/p: aktiv/passiv; Großbuchstabe bedeutet, dass man entweder A (Aktiv) ist oder P (Passiv), so heißt a/P zum Beispiel: »aktiver Partner gesucht, passiv bin ich selbst«

AV: Analverkehr

B: Bondage (Fesselspiele)

BDSM: Abkürzung für Bondage & Discipline (Fesseln und Züchtigung), Dominance & Submission (Dominanz und Unterwerfung) und Sadism & Masochism

Bi: bisexuell (an Männern und Frauen interessiert)

Devot: unterwürfig

Dom: dominant (tonangebend, aktiv)

DW: Damenwäscheträger

Französisch: Oralsex

Griechisch: analer Geschlechtsverkehr

GS: Gruppensex

GV: Geschlechtsverkehr

NS: »Natursekt«, Spiele mit Urin

O: nach dem Roman *Die Geschichte der O,* absolute sexuelle Unterwerfung

ofI: ohne finanzielle Interessen

OV: Oralverkehr

PT: Partnertausch

SM: Sadomasochismus

TV: Transvestit (mit Kleidung des anderen Geschlechts)

TS: Transsexueller (nach operativer Geschlechtsumwandlung)

Adressen schöner Sexshops analog und im Web

Shoppen ohne Verkäuferblicke im Nacken, Angebote quer durch den Lustgarten: www.adultshop.de, www.erotik-toys.de, www.ladiesfirst.de, www.lustmittel.de, www.playstixx.de, www.sinshop.de

Internetanbieter mit Sinn für Sinnlichkeit

www.sabasin.com – Lovetoys, Filme, Literatur, Tipps

www.corsagen.com – wie der Name schon sagt …

www.sexualpositionsfree.com – neue Ideen für Liebespositionen

www.emotionalbliss.com – Liebesspielzeug, von Frauen entworfen

www.cliterati.co.uk – 1500 inspirierende Phantasien (auf Englisch) www.eroluna.de – Veranstalter von sündigen Nächten

www.ladiessecrets.de – Versandhandel, unter anderem auch alle Markengleitgele

www.das-erotische-kabinett.de – ausführliche Besprechungen und Vorstellungen von erotischer Literatur, Bildbänden und mehr

Fetische über www-Shopping

Einmal alles bitte – zum Beispiel hier: www.wicked-chamber.com (Metallsuits, flotte Hängerchen mit Kugel-Lager, Lederaccessoires und alles sogar sexy) oder unter www.fetishuniverse.de und www.schlampenladen.de (Fetischbekleidung, Accessoires, Toys, Underwear)

Schöne Dessous, Mieder, Corsagen, Korsetts: www.dessous.de, www.lingerie.de, www.ars-vivendi.de, www.agentprovocateur.com, www.korsett.de, www.revanchedelafemme.de, www.Cherry-picking.de, www.dessousworld.de (Unterwäsche und Ausstattung für Rollenspiele)

Weitere Standardversandhändler: www.redbody.de, www.scandal-no-1.de, www.amors-welt.de, www.schwarze-mode.de sowie www.marquis.de/onlineshop.

http://gloria-brame.com – die amerikanische Hohepriesterin des Kink und Psychologin Gloria Brame schrieb das Urwerk *Come Hither. A Commonsense Guide to Kinky Sex* (Fireside Books). Lesenswert.

www.marterpfahlverlag.com/links.html – Komplettlinkliste für jedes härtere Thema.

www.schlagzeilen.com – auf der auf S/M und Bondage ausgerichteten Seite finden sich massenhaft kinky Links zu Veranstaltungen, Online-Shops, Büchern und News.

www.escort-special.com/ES_Specials/ES_Specials_Events_GE.htm – Kinky Events.

www.das-erotische-sekretariat.de – aktuelle Filmtipps, Kultur, Events, Ausstellungen, Messen; Poesie, Bilderfluten sowie Schlafzimmertricks.

www.artoffice.de – englischsprachige Site, auf der zahlreiche Künst-

ler ihre erotischen Bildwerke veröffentlichen – da kommen Sie auf
Ideen …

Vor Ort

München

Domination Shop, Rosenheimer Str. 68, 81669 München, Tel.:
089/448 19 79, Fax: +49 (0)89/448 89 00, www.domination-shop.
com/

Ladies First, Kurfürstenstr. 23, 80801 München, Tel.: 089/271 88 06,
www.ladiesfirst.de

Hamburg

Jungbluth Steel & Fashion Body Manipulation, Marktstraße 108 und
Marktstraße 25, 20357 Hamburg, www.jungbluth-design.de

Boutique Bizarre, Reeperbahn 40, 20359 Hamburg

Der 2te Streich! Clemens-Schultz-Straße 29, 20359 Hamburg, Tel.:
040/31 79 25 00

Ruhrgebiet

Black Fashion Corner, Petra Nitsch, Leydelstraße 15, 52064 Aachen

Boutique Secrets, Marienplatz 1, 50676 Köln

Berlin

Hautnah, Uhlandstr. 170, 10719 Berlin, Tel.: 030/882 34 34

Katharsis Design, Gisela Hombach, Nostitzstraße 30, 10965 Berlin,
Tel.: 030/68 89 33 20

London

Agent Provocateur. Der Sohn von Vivienne Westwood macht Mode
für drunter, die viel zu schade zum Verstecken ist: 16, Pont Street,
SW 1 London

New York

Die Unterwäschengigant »Victorias Secret« ist fünfmal im Big Apple
vertreten, unter anderem 5th Avenue und Broadway. www.victo-
riassecret.com

Shops NUR für Frauen

Femintim (Schweiz), Merkurstrasse 52, CH-8640 Rapperswil SG,
Tel.: 0041/55/210 66 56, www.femintim.ch

Kleine Freiheit, Hudtwalckerstr. 20, Hamburg, Tel.: 040/78 89 58 25, www.kleineFreiheit.com

Ladies First, Kurfürstenstraße 23, München, Tel.: 089/271 88 06, www.ladiesfirst.de

Mae B., Hamburg, im Hanseviertel auf der Bleichenbrücke 10, Tel.: 040/34 80 98 97; Frankfurt, Karstadt, Zeil 90, 1. Etage, Tel.: 069/20 97 68 78; Berlin, Karstadt, Hermannplatz, 1. Etage, Tel.: 030/61 20 10 05; http://mae-b.beate-uhse.com

Sachbücher, Bildbände, Special-Interest-Zeitschriften

Tao, Tantra & Zen-Sex

Margot Anand: *Tantra oder Die Kunst der sexuellen Ekstase,* München 1998 (Orbis Verlag)

Philip Toshio Sudo: *Zen-Sex,* München 2002 (dtv)

Werner Waldmann: *Feng Shui für Liebende,* Stuttgart 1999 (Trias Verlag)

Chian Zettnersan: *Taoistische Schlafzimmergeheimnisse. Tao Chi-Kung. Altchinesische Grundlagenmedizin für Gesundheit und Langlebigkeit. Von der tiefen sexuellen Weisheit der Liebe,* Aitrang 2000 (Windpferd Verlag)

Sextoys & Spezialwissen

Dan Anderson/Maggie Berman: *Ein Schwuler verrät seiner besten Freundin, was Männer wirklich antörnt,* Berlin 2006 (Ullstein Taschenbuch)

Vanessa Z. Goy: *Qualvolle Liebe. SM-Phantasien,* Siegburg 1999 (Seitenblick Verlag)

Matthias T.J. Grimme: *Das Bondage-Handbuch. Anleitung zum erotischen Fesseln,* Hamburg 1999 (Charon Verlag)

Paul Joannides: *Wild Thing. Sextipps for Boys and Girls,* München 2002 (Goldmann Taschenbuch)

Laura Meritt: *Lauras Spielzeugschatulle. Alles über Sextoys,* Berlin 2001 (Querverlag)

Dan Savage: *Aus purer Lust. Sextipps von Dan Savage,* München 2000 (dtv)

Sab Schönmayr/Martin Kessel: *Lexikon der Lustmittel. Sexspielzeug von Action Rubber bis Zaumzeug und wie man es lustvoll anwendet,* Frankfurt a.M. 2002 (Eichborn Verlag)

Steven Speliotis: *Asia Bondage,* Frankfurt a.M. 2002 (Goliath Verlag)

Valerie Steele: *Fetisch. Mode, Sex und Macht,* Berlin 1999 (Berlin Verlag)

Claudia Varrin: *The Art of Sensual Female Dominance. A Guide for Women,* New York 2000 (Citadel Press)

Jay Wiseman: *Supermarket Tricks. More than 125 Ways to Improvise Good Sex,* Oakland, CA 1998 (Greenery Press)

Special-Interest-Magazine

Ritual, englisches Fetischmagazin (um 17 Euro)

Die Laufmasche, Fuß-Fetisch-Magazin (um 9 Euro)

DFP – Dressing for Pleasure, englisches Lack-Leder-Latex-Magazin (um 17 Euro)

Anregende Bildbände

Dahmane Benanteur: *Dahmane. Erotic Session,* 196 S., Zürich 2003 (Edition Skylight)

Dahmane Benanteur/Chloë des Lysses: *Porn Art,* s/w-Bildtafeln, Paris 2000 (Editions Alixe)

Günter Blum: *Unpublished,* 144 S. mit 80 Duotone-Abb., Heidelberg 2002 (Edition Braus im Wachter Verlag)

Norbert Guthier: *Guthier No 3. 6x6.com,* Bildband in Schuber, 160 S. mit s/w-Tafeln, Heidelberg 2003 (Edition Braus im Wachter Verlag)

Vlastimil Kula: *Kula,* Bildband, 240 S. mit s/w-Tafeln, Köln (Taschen Verlag)

Stefan May: *Couples,* 128 S. mit Duotone-Tafeln, Kempen 2002 (teNeues)

Aus der erotischen Spielekiste

Love Cubes Kamasutra: Würfelspiel – erst wird seine Position, dann Ihre bestimmt. Mit dem dritten und vierten Wurf zeigt sich, welche Körperstelle wie berührt werden soll. Fertig ist die Kamasutra-Stellung ohne Leistenbruch (um 20 Euro, in vielen Erotikshops oder über www.phantasms.com).

Love Cubes Romeo & Juliet: Würfelbrettspiel, beruht auf intimen Fragen, hart-zarten Aufträgen und Antworten. Gewinner werden verwöhnt, Verlierer wunderbar bestraft. (19,90 Euro, über www.lovershop.de oder www.himbeere.net)

Love Cubes Tarzan & Jane: Würfelspiel mit Auftragskatalogen und 300 Varianten von Liebesspielen von Massagen bis zu gewagten Abenteueraufträgen. (19,90 Euro, über www.wunderland-ohz.de)

Elke Jacobsen: *101 Nacht. Lustvolle Phantasien für sie und ihn,* Frankfurt a.M. 1999 (Scherz Verlag). Vorgedruckte Karten mit allerlei Wünschen für jede Woche des Jahres; für sie, für ihn, mit Platz für eigene Notizen.

Rausch der Sinne: Set mit Spielbrett, Würfel, Figuren, Accessoires wie Augenbinde und Vibrator. Sie müssen Aufgaben bestehen, Gutscheine sammeln und einlösen; interessant wird es gegen Ende des Spiels. (49,90 Euro, über www.spiele-der-lust.de)

Phantasms (Neuauflagen heißen: *Partnerlink):* Liebesspiele für zwei; für eine Stunde, eine Nacht, Wochenenden … 70 Spielvarianten – jeder erhält ein Buch, in dem Rollenspiele und Phantasien verzeichnet sind. Heimlich wählt jeder eine Rolle und begibt sich mit neun Kartensets in ein Theaterstück (um 40 Euro, in Sexshops oder über www.amazon.de [nach »Brand-X 103« suchen] sowie www.1a-erotik-discount.de). Achtung, bei antiquarischen Ebay-Angeboten Phantasms-Hetero-Ausführung bestellen! Wenn Sie eine Hete sind, versteht sich.

Domino-Kamasutra: Dominospiel mit Stellungen aus der indischen Stellungsfibel. Einige durchaus nachturnbar (ab 12,95 Euro, über www.privategames.de).

Love Heart: herzförmige Box mit 365 Liebeslosen mit diversen Spielideen fürs ganze Jahr. (25 Euro, www.privategames.de)

Nightlife: unmoralisches Brettspiel für 2 bis 6 Spieler. Führt durch virtuelles London, durch Bars, Sexshops, S/M-Clubs. Würfeln Sie sich durchs Nachtleben, hauen Sie Eros-Dollar auf den Kopf und erfüllen Sie Aufgaben aus 220 Aktionskarten. (50 Euro, zum Beispiel über www.privategames.de)

Tadahiko Nagao/Isamu Saito: *Kokology für Verliebte. Das Spiel des Herzens,* 154 S., München 2004 (Piper Taschenbuch): Fernöstlich inspiriertes Fragenbuch. Harmlose Fragen (»Welche Farbe müsste Ihre neue Tischdecke haben?«) offenbaren heimliche Gelüste.

Wissensspiel der Erotik: Testen Sie Ihr erotisches Fachwissen. Vielleicht findet sich ja auch die eine oder andere Anregung! 110 übergroße Karten. Für 2 bis 6 Spieler (19,95 Euro, über www.erospa-shop.de).

Mittelalterliches Lustspiel: Basiert auf einem historischen Glücks- und Geschicklichkeitsspiel. Für 2 bis 8 Mitspieler. Auf einem alten Gemälde wurde ein Lustspiel inszeniert, bei dem Sie Aufgaben, die an das sündige Mittelalter erinnern, zu bestehen haben. Mit Spielfeld, Spieltalern, 55 Aufgabenkarten (um 30 Euro, www.spiele-der-lust.de).

Mem Eros: Memoryspiel für 2 bis 4 Spieler. Zur Verschärfung wurden ein paar Karten dazugeschmuggelt, die Sie auffordern, ein Kleidungsstück auszuziehen. Inhalt: 66 erotische Spielkarten (um 20 Euro, www.privategames.de).

Pantomime Erotica: Eine Art Scharade für 2 bis 6 Spieler. Zeigen Sie einen Bauchtanz oder führen Sie Ihre Lieblingsstellung vor. Mit 110 Spielkarten mit über 300 erotischen Begriffen (um 20 Euro, www.geschenke-versandhaus.de).

»Erotik ist der eingefangene Augenblick.
Leben Sie ihn. Trauen Sie sich.«

Anne West

Gute Mädchen tun's im Bett –
böse überall

Wer sich traut, hat mehr vom Lieben

Entdecken Sie Ihr erotisches Potential! Anne West macht Mut (und Lust!), neue Gefilde der Sexualität zu erkunden und zu tun, wovon Sie sonst nur träumen. Wer genug hat von der Missionarsstellung, findet in dieser leidenschaftlichen Anleitung tausend Ideen mit Gefühl und einer Prise Risiko. Prickelnde und hocherotische Shortstorys machen Appetit auf mehr – ganz ohne »Leistungsdruck« und »Erfolgszwang«. Motto: Erlaubt ist, was Spaß macht – und womit beide Partner einverstanden sind.

Knaur Taschenbuch Verlag

Anne West

Sag Luder zu mir

Gute Mädchen sagen danke schön,
böse flüstern 1000 heiße Worte

Hier sind die Sextipps fürs 21. Jahrhundert: lustvoll, mutig, experimentierfreudig und sehr sinnlich. Anne West führt vor, was man alles mit dem Mund machen kann: beißen, küssen, schlingen und züngeln, stöhnen, flüstern, keuchen und sprechen: »Mach mich an!«

Eine Anleitung nicht nur für Frauen, sich auf Entdeckungsreise in die weiten Gefilde der (verbalen) Lust zu begeben.

»Humorvoll, klug, angereichert mit viel Lebensphilosophie zum Thema Beziehungen, zugleich ein leidenschaftliches Plädoyer für unverblümtes Reden miteinander – mal eine ganz andere Beschreibung der wichtigsten Nebensache der Welt.«
Bild am Sonntag

»Ein wirklich witziges Buch über Dirty Talking.«
Die Woche

Knaur Taschenbuch Verlag

Anne West

Schmutzige Geschichten
Fantasien für erotische Momente

Vergessen Sie alles, was Sie bisher über Liebe, Lust und Leidenschaft zu wissen glaubten – denn Anne West weiß es besser! Mit ihren sexy Bestsellern über das freundliche Miteinander der Geschlechter hat Anne West bereits eine riesige Fangemeinde erobert, der sie nun rasante, witzige, indiskrete, rührend-zärtliche und immer erotische schmutzige Geschichten erzählt – über Männer, die lieben, Frauen, die begehren, und Paare, die ungeahnte Abenteuer in den Untiefen der Erotik erleben.

»Für Herzblätter, denen Blümchensex einfach nicht reicht.«
Fit for Fun

Knaur Taschenbuch Verlag

Beste Antworten auf letzte Fragen

Anne West

Warum Männer so schnell kommen und Frauen nur so tun als ob

Eine Gebrauchsanweisung für das andere Geschlecht

Männer und Frauen werden niemals gleich sein. Woher kommen die kleinen Unterschiede mit den großen Auswirkungen? Wie können wir den anderen verstehen?
Anne West, die wohl erfolgreichste Erotikratgeberin der Nation, kennt die ungehörigen, aber wahren Antworten auf Beziehungsfragen wie diese. Mit ihrem unnachahmlichen Charme beschreibt sie, wie es kommt, dass er so schnell kommt, und liefert damit den Schlüssel zum Selbstverständnis – und zum jeweils anderen Geschlecht.

Knaur Taschenbuch